Dr.-Ing. Karl Heinz Beelich
Dipl.-Ing. Hans-Hermann Schwede

Denken
Planen
Handeln

Grundtechniken für zweckmäßiges
Lernen und Arbeiten mit vielen
Erläuterungen und Anwendungs-
beispielen

3., überarbeitete Auflage

VOGEL Buchverlag Würzburg

Die 1. und 2. Auflage erschienen in der
Kamprath-Reihe unter dem Titel »Lern- und
Arbeitstechnik«

CIP-Kurztitelaufnahme der Deutschen Bibliothek

Beelich, Karl Heinz:
Denken – Planen – Handeln : Grundtechniken für zweck-
mäßiges Lernen u. Arbeiten; mit vielen Erl. u. Anwendungs-
beispielen / Karl Heinz Beelich ; Hans-Hermann Schwede. –
3., überarb. Aufl. – Würzburg : Vogel, 1983.
(Vogel-Fachbuch : Universal : Lern- u. Arbeitstechnik)
Bis 2. Aufl. u. d. T.: Beelich, Karl Heinz: Lern- und
Arbeitstechnik
ISBN 3-8023-0746-1
NE: Schwede, Hans-Hermann:

ISBN 3-8023-0746-1
3. Auflage. 1983 (unveränderter Nachdruck 1991)
Printed in Germany
Copyright 1974 by Vogel-Buchverlag Würzburg
Druck und buchbinderische Verarbeitung:
Friedrich Pustet, Regensburg

■ **Das Buch ist das Ergebnis** eines Teamworks.

■ **Das Buch ist das Ergebnis** eines ständigen Auseinandersetzens mit den Problemen des Lernens. Beide Verfasser haben selbst eine lange Ausbildung erfahren und sind seit mehreren Jahren in der Erwachsenenbildung planend und lehrend tätig. Lange genug, um die Bedeutung und Notwendigkeit des „Lernen-Lernens" und wirkungsvoller Lerntechniken zu kennen. Viel zu kurz, um aus der Rolle des Lernenden herausgeschlüpft zu sein.

■ **Das Buch hat zum Ergebnis,** daß der Leser die Grundtechniken überprüft, sie auf seine Lern- und Arbeitssituation anwendet und somit die gesteckten Ziele besser erreicht.
Umfassend, aber in knapper Form und an vielen Beispielen aufgezeigt, werden die Kenntnisse,
Fähigkeiten und Fertigkeiten beschrieben, die vor allem Erwachsenen das Lernen erleichtern.

■ **Das Buch hat zum Ergebnis,** in sich drei Bücher zu vereinigen:
— Grundlagen zweckmäßigen Lernens
— Methoden geistiger Arbeit
— Methoden der Lösungsfindung

■ **Das Ergebnis dieser Gesamtdarstellung** einer Methodik des Lernens und Arbeitens hat . . .

. . . den **Vorteil**
— eines neuen Denkansatzes (. . . die durch den Lernenden selbstgesteuerte, konstruierende Planung und Durchführung von Lernprozessen)
— einer Fülle Beispiele und Anregungen
— einer umfassenden und typografisch derzeit einmaligen Darstellung
. . . aber auch — durch Umfang und Art der Darstellung verursacht — den **Nachteil**
— einer gerade noch vertretbaren kleinen Schrifttype und
— eines relativ hohen Preises

HALT!
Haben Sie die 2. Umschlagseite mit den Kapitelüberschriften und den dazu gehörenden Symbolen gelesen?
. . . wenn ja, dann können Sie jetzt entscheiden,
— erst Inhaltsverzeichnis (← S. 6)
— oder zuerst Kapitel 0 „Das vorliegende Buch" zu lesen.
. . . übrigens: der **mutige Leser** wählt als erstes den kleinen Eingangstest auf den Seiten 15 bis 17.

!

Inhaltsverzeichnis

0.   Das vorliegende Buch

Unter **Lern- und Arbeitstechnik** sind ausgewählte Verfahren und Methoden zusammengefaßt, die sich mit dem Aufnehmen, Verarbeiten und Weitergeben von Informationen befassen.

Im Mittelpunkt steht der Denkansatz, einer durch den Lernenden selbstgesteuerten, konstruierenden Planung und Durchführung von Lern- und Arbeitsprozessen.

0.1.   Zielsetzung des Buches

> . . . wer ein Buch schreibt, muß wissen, welche Aufgabe es erfüllen soll!

■ Die menschliche Leistung in der heutigen Zeit verschiebt sich von der Ausführung manueller Verrichtungen immer mehr zu **schöpferischen geistigen Tätigkeiten.** Damit wird der Mensch tagtäglich vor Aufgaben gestellt, deren Bewältigung neue Methoden für zweckmäßiges und zielsicheres Lernen und Arbeiten erfordern.

> Wir geben **Lern- und Arbeitshilfen** mit der Absicht, daß der Leser verändert in seinen Einstellungen und Fähigkeiten, in seinen Kenntnissen und Fertigkeiten sein wird.

■ Ziel der Ratschläge und Hilfestellungen ist es, die **Fähigkeit zum Lernen des Lernens** zu verstärken, d. h. Anstöße zu geben, immer wieder neu zu lernen: Sei es im gleichen Gegenstandsbereich auf höherem Anforderungsniveau, sei es in anderen Gegenstandsbereichen.

■ **Ziel der Darstellungen ist es nicht,** wissenschaftliche Abhandlungen über Lernpsychologie, Lerntheorien, „höhere" Denkprozesse und Informationstheorien zu verfassen . . .
. . . diese sind im reichlichen Umfange vorhanden.

■ Absicht der Verfasser ist es, diese theoretischen Erkenntnisse in **praktische Hinweise** und **Anregungen** für das Lernen und Arbeiten des einzelnen umzusetzen.

■ Ziel des Buches ist es auch, eigene Arbeitsweisen in Frage zu stellen, zu überprüfen und eventuell zu verändern.

Im Bereich des Lernens, des geistigen Tätigseins gibt es gewisse **Grundregeln,** die zu wissen einfach notwendig sind, um nicht immer wieder von Ärger und Resignation geplagt zu werden. Je nach Fähigkeit, Einstellung und Tätigkeit des einzelnen sind Lösungsmethoden und Arbeitstechniken äußerst unterschiedlich.

So stellen die erwähnten Verfahren und Hilfsmittel **keine sklavisch anzuwendende „Rezeptsammlung"** dar, sondern sie sind vom Leser zu überprüfen und zu variieren, um eine Verbesserung seiner Lerngewohnheiten zu erreichen.

Abweichungen im Rahmen unterschiedlicher Aufgabenstellungen und individueller Arbeitsweisen sind nicht nur möglich, sondern in vielen Fällen zwingend erforderlich.

■ Absicht der Verfasser ist es, mit der **„konstruierenden"** Planung und **Durchführung** von Lern- und Arbeitsprozessen ein Hilfsmittel zum zweckbewußten Denken und Handeln zu geben.

■ Eine weitere Zielsetzung besteht in der eindeutigen Darstellung, daß . . .

> . . . derjenige, der Probleme hat, vordringlich selbst an ihrer Lösung arbeiten muß.

0.2. Der Ansprechpartner

■ Dieses Buch wendet sich an Schüler und Studenten, Lehrer und andere Berufstätige, die neues Wissen aufnehmen und weitergeben wollen.

■ Es wendet sich an alle **Lernenden,** die sich um die Grundlagen und Verfahren rationeller geistiger Arbeit bemühen.

■ Es wendet sich an alle **Geistesarbeiter** mit konkreten, realisierbaren Ratschlägen und verschweigt auch nicht die Grundlagen, aus denen diese Hinweise resultieren.

■ Es wendet sich an alle Mitmenschen, die nie mit ihrer Arbeit fertig werden, die jedes Buch fünfmal lesen müssen (bis sie es verstanden haben).

■ Es wendet sich an alle **Einsichtigen,** die erkannt haben, daß die laufenden Veränderungen der Lebensumstände und Arbeitsverhältnisse neues und anderes Wissen bedingen. Diese Veränderungen in den gesellschaftlichen, technisch-wissenschaftlichen und wirtschaftlichen Bereichen machen nicht nur eine Weiterbildung notwendig, sondern fordern eine persönliche Weiterentwicklung beim **„Lernen des Lernens"** jedes einzelnen.

■ Es wendet sich an alle **Wißbegierigen,** die Lust am Weiterlernen haben und mal schauen wollen, wie es andere so machen und was es Neues gibt.

0.3. Methodik der Darstellung

■ Das Ergebnis geistiger Tätigkeiten — also auch der **Lernerfolg** — wird in erster Linie von drei **Hauptfaktoren** bestimmt:

1. die **Eingangsvoraussetzungen** des Lernenden (Lernerfahrungen, erworbene Lernfähigkeiten, soziale und gegenständliche Umwelt u.ä.),

2. die **Methoden** und **Verfahren,** mit denen die auftretenden Probleme gelöst werden, und von ebenso großer Bedeutung,

3. die **Motivation,** d.h. das Interesse, das Engagement, das man seiner Arbeit entgegenbringt.
Die in dem vorliegenden „Ratgeber" enthaltenen Hinweise und Tips können weder mangelnde Motivation ersetzen noch fehlende Lernvoraussetzungen sofort nachholen. Sie können aber dem interessierten Leser helfen, die vorhandenen Lücken aufzudecken, sie im Laufe der Zeit zu schließen und somit zu einer wirkungsvolleren Arbeitsweise zu finden.

■ Die empfohlenen **„Arbeits- und Lerntechniken"** haben sich bewährt und sind ein Resultat langjähriger Untersuchungen und Erfahrungen. Sie finden in vielen Tätigkeitsgebieten Anwendung, und dementsprechend vielfältig sind auch die Wissensgebiete, aus denen die Anregungen und grundlegenden Kenntnisse kommen.
So läßt es sich nicht vermeiden, daß Informationen sich überschneiden und Zusammenhängendes auseinandergerissen werden mußte.
Mit Hilfe des Inhaltsverzeichnisses und den nachfolgenden Angaben über den Aufbau des Buches wird es Ihnen dennoch möglich sein, die richtigen Hinweise zu finden und das dazu notwendige Verständnis zu entwickeln (Bild 0.1).

■ Ausgehend von der **Motivation** als entscheidende Voraussetzung erfolgreichen Lernens werden im Kapitel 1 **„Grundvoraussetzungen"** alle die Beiträge aufgeführt, die die Grundeinstellung und den Arbeitsplatz des Lernenden betreffen.

Informationen müssen aufgenommen, verarbeitet und weitergegeben werden (Bild 0.2).

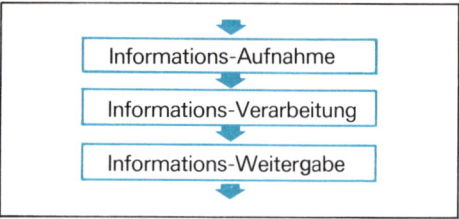

Bild 0.2

Diese Gesetzmäßigkeiten und die daraus abgeleiteten Grundregeln dieses für das Lernen wichtigsten Prozesses sind in dem Kapitel 2 **„Der Mensch als informationsverarbeitendes System"** und im Kapitel 3 **„Informationsaufnahme und Informationsverarbeitung in der Anwendung"** dargelegt.
Die ersten drei Kapitel bilden die Grundlagen für das zentrale Thema des Buches, der

konstruierenden Planung und Durchführung von Lern- und Arbeitsprozessen.

1 Grundvoraussetzungen für ein rationelles Lernen und Arbeiten

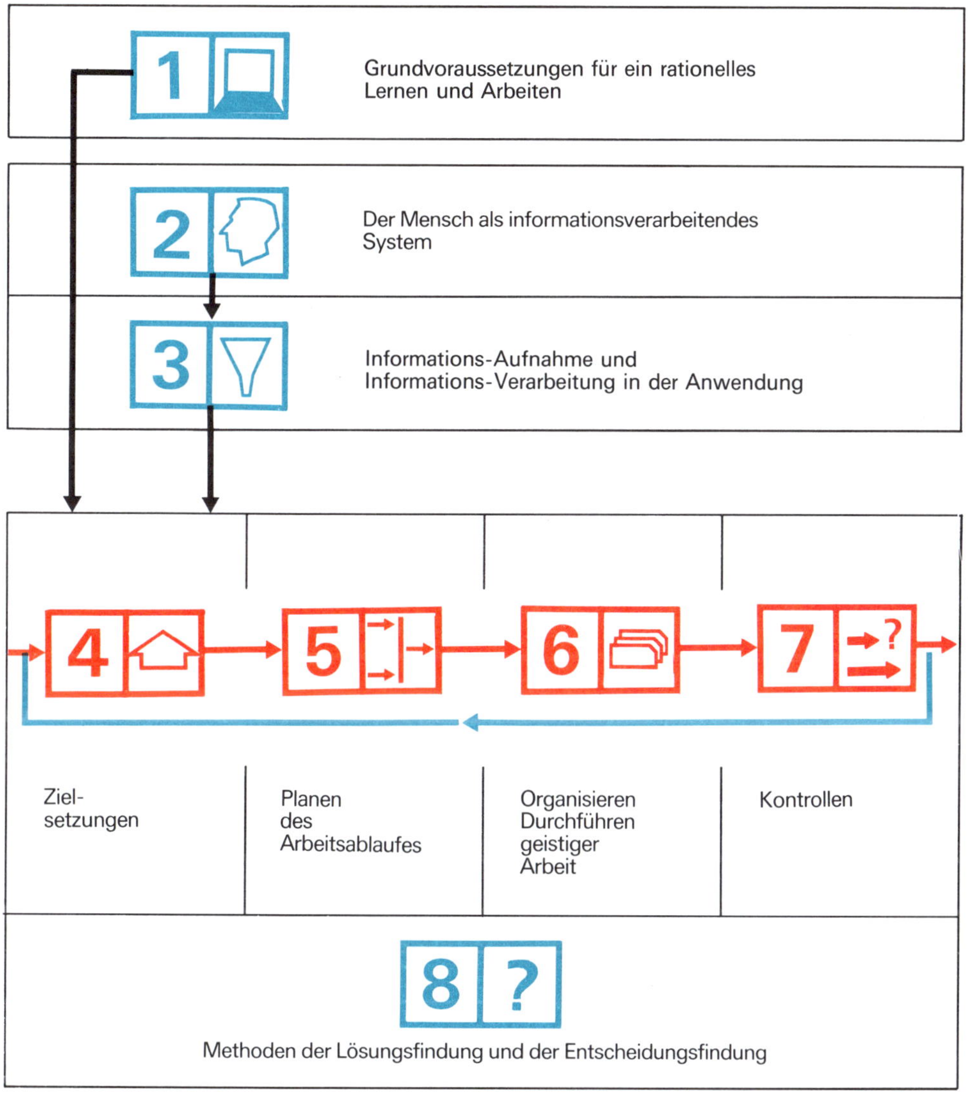

2 Der Mensch als informationsverarbeitendes System

3 Informations-Aufnahme und Informations-Verarbeitung in der Anwendung

4 Ziel-setzungen

5 Planen des Arbeitsablaufes

6 Organisieren Durchführen geistiger Arbeit

7 Kontrollen

8 ? Methoden der Lösungsfindung und der Entscheidungsfindung

Bild 0.1

Geistige Arbeit muß geplant, durchgeführt und kontrolliert werden,

d. h., auch Lernprozesse müssen — ähnlich wie bei technischen Prozessen — in bestimmten Phasen (Stufen) und mit der notwendigen Rückkopplung zum Ziel geführt werden.

Diese immer wiederkehrenden Teil-Elemente geistiger Arbeit werden anhand von **Stufenplänen, Ratschlägen** und vielen **Beispielen** in den Kapiteln

---

4 Zielsetzungen,
5 Planen des Arbeitsablaufes,
6 Organisieren und Durchführen geistiger Arbeit,
7 Kontrollen

---

ausführlich beschrieben.

Eindeutig angegebene Zielsetzungen übernehmen dabei die Funktion einer Art „**Führungsgröße**" bei allen inhaltlichen, methodischen und organisatorischen Überlegungen.

Das folgende Schema (Bild 0.3) macht nochmals Reihenfolge und Zusammenwirken der vier Prozeßfaktoren geistiger Arbeit deutlich.

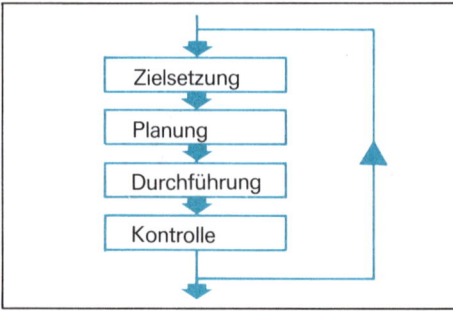

Bild 0.3

Diese **Mehrstufenmethode** zur „konstruierenden" Planung und Durchführung von Lern- und Arbeitsprozessen besteht aus vier grundlegenden Teilprozessen:

■ 1. Phase: Zielsetzung

Der erste Schritt jeder geistigen Tätigkeit ist das Festlegen des Zieles. Hierbei ist möglichst genau zusammenzustellen, welche Aufgaben und Teilaufgaben gelöst werden sollen. Weiterhin sind die Zielsetzungen abzugrenzen und nach ihrer Notwendigkeit, Auswirkung und Bedeutung zu überprüfen.

■ 2. Phase: Planung und Entwicklung

Diese Phase umfaßt alle Planungsmaßnahmen, wie
● das Erarbeiten und Festlegen notwendiger Lern- und Arbeitsschritte,

● das ablaufgerechte Planen der Arbeits- und Lernsituationen,
● das Auswählen der Verfahren, Methoden und Bedingungen,
mit dem Ziel, ein Optimum aus Aufwand und Erfolg zu erreichen.

■ 3. Phase: Organisation und Durchführung

Die nach der inhaltlichen und zeitlichen Ablaufplanung vorgesehenen Maßnahmen werden in der dritten Phase durchgeführt. Das ist ein Prozeß, der von der Bereitstellung der notwendigen Informationen und Hilfsmittel über die Durchführung von Untersuchungen, dem Auswerten der Informationen und dem Finden von Lösungsvarianten bis zur Ergebnisfixierung reicht.

■ 4. Phase: Kontrolle

In diesem Teilprozeß wird
a) der erreichte Endzustand mit dem Anfangszustand verglichen und
b) der Endzustand an der Zielsetzung (Soll-Zustand) überprüft.
Diese Soll-Ist-Vergleiche dienen dazu, Abweichungen festzustellen, deren Ursachen zu finden und nach Möglichkeit zu beseitigen.

■ Diese **Mehrstufenmethode** bietet mit ihren Abwandlungen ein ausgezeichnetes Hilfsmittel bei allen nur denkbaren Lern- und Arbeitsproblemen.
Die Methode kann Anwendung finden

bei einer Studien- und Seminararbeit,
bei Prüfungsvorbereitungen,
bei experimentellen Versuchen.

Sie haben
● einen Vortrag zu halten,
● einen Bericht abzufassen oder
● mangelhafte Lösungen zu verbessern.

Auch hierbei wird Ihnen diese Mehrstufen-Methode mit ihren Variationsmöglichkeiten eine Hilfe sein.

■ Alle **Tips** und **Hinweise** in diesem Buch verstehen sich als eine **Anregung** und **Aktivierung** zum **schöpferischen Denken**.

Denken Sie daran:
der Lernende muß sich immer wieder von vorgefaßten Einstellungen freimachen, Fantasie entwickeln und nicht an einmal eingeübten Abläufen „kleben" bleiben. Hierzu gehört auch das Bemühen, zu jeder Aufgabe nicht nur eine, sondern mehrere Lösungen zu suchen, um daraus die jeweils geeignetste Variante auszuwählen.

Um Ihnen auch hierbei eine Hilfestellung zu geben, sind im Kapitel 8 „**Methoden der Lösungsfindung**" einige Methoden und ihre Anwendungsmöglichkeiten dargestellt.

■ Damit Ihnen das vorliegende **Buch als Nachschlagwerk und Lernhilfe** ein wirklicher Ratgeber ist, beachten Sie noch **nachstehende Hinweise:**

● Jeweils am Ende der 9 Kapitel finden Sie eine kurze Zusammenfassung mit den entsprechenden Lernregeln.

● Beispiele, Fragen und Ergänzungen in den Kapiteln sollen das Verständnis erleichtern und das Wissen vertiefen.

● Für genauere oder erweiterte Informationen über einzelne Spezialgebiete ist das Literaturverzeichnis vorgesehen.

● Die Sammlung der benutzten Begriffe und ihrer Definitionen soll neben einem Sachwortverzeichnis das Arbeiten mit diesem Buch erleichtern.

● Alle Kontrollfragen, die durchgehend numeriert wurden, sind mit ihren Lösungen im Anhang des Buches aufgeführt. .

0.4. Wie arbeite ich mit dem Buch?

■ Die neun Kapitel können einzeln und in beliebiger Reihenfolge durchgearbeitet werden. Jedes der Hauptkapitel befaßt sich mit einem Hauptproblem geistiger Arbeit, das allerdings eng mit den anderen verbunden ist und mit einer Zusammenfassung abschließt.

■ **Ratschläge für den Leser**
1. Für den ganz eiligen Leser:
● Inhaltsverzeichnis überfliegen,
● Zusammenfassung der Hauptkapitel überlesen.

2. Für den eiligen Leser:
● Inhaltsverzeichnis durchlesen,
● Hauptkapitel überfliegend lesen,
● Zusammenfassungen und „Interessantes" genauer lesen und einige Notizen machen.

3. Für den Leser, der gerade an einem speziellen Problem arbeitet:

● Inhaltsverzeichnis, ggf. Stichwortverzeichnis lesen,
● Problem heraussuchen und den entsprechenden Inhalt durcharbeiten (Bild 0.4).

Beispiele		Bild 0.4
Sie wollen wissen, wie man überhaupt **Informationen** aufnimmt und verarbeitet…		3.0.
Sie sollen im **Praktikum** einen **Versuch** „fahren" und wissen nicht recht, wie man so etwas plant…		5.6.
Sie haben einen **Vortrag**, ein **Referat** zu halten und nur sehr wenig Zeit zur Vorbereitung…		6.6.
Sie möchten bei der Erstellung eines **Fragebogens** nicht allzu viele Fehler machen…		7.4.

4. Für den Leser, der nicht nur spezielle Ratschläge sucht, sondern auch gern Zusammenhänge und Grundlagen kennenlernen möchte:

Beispiel 1:
● Das gesamte Buch durcharbeiten,
● Fragen beantworten,
● Wichtiges „herausziehen".

Beispiel 2: Literaturstudium (Bild 0.5).

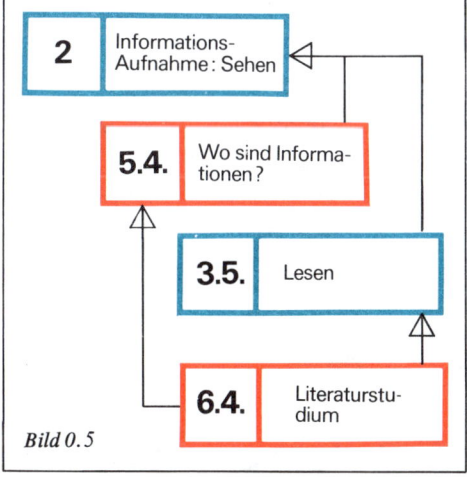

2 | Informations-Aufnahme: Sehen

5.4. | Wo sind Informationen?

3.5. | Lesen

6.4. | Literaturstudium

Bild 0.5

13

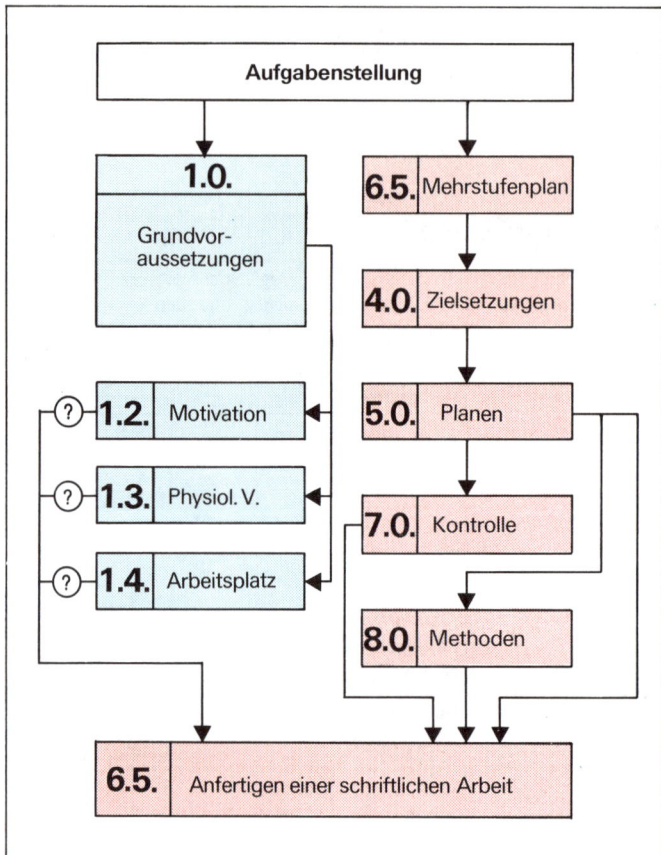

Beispiel 4:
(Bild 6.3 – S. 137)
Fundstellenübersicht, in der für verschiedene Aufgabenstellungen Hinweise auf Fundstellen (Kapitel) und deren Informationsumfang gegeben wird.

Bild 0.6

5. Für den Leser, der sich für das Lernen überhaupt nicht interessiert:

... sind einige Witzchen und Bemerkungen im Text verstreut.

Lörni las bei Aldous Huxley:
Der kluge Mensch sucht sich selbst die
Erfahrungen aus, die er zu machen wünscht.

Die Verfasser hoffen, daß dieser Leser beim intensiven Suchen doch noch einige Lernanregungen erhält!

■ Wenn Sie aufmerksam bis an diese Stelle gelesen haben, ist Ihnen der **„rote Faden"** dieses Buches und des geplanten Lern- und Arbeitsprozesses schon geläufig:

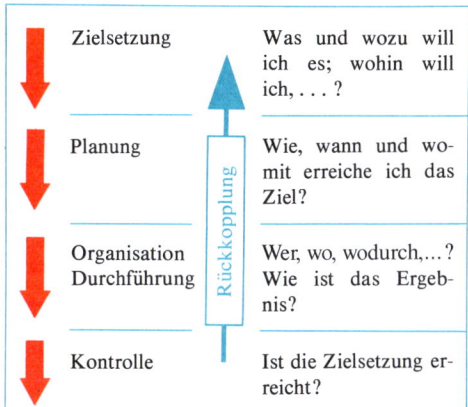

... und diese Vorgehensart mit ähnlichen Fragestellungen sollten Sie immer wieder bei Ihrer Arbeit anwenden.

■ Um die Arbeit mit diesem Buch zu erleichtern, beachten Sie die Hinweise in Bild 0.7.

Wollen Sie wirklich von den Ratschlägen und Hilfestellungen profitieren, dann müssen sie üben und trainieren, das neue Wissen anwenden und kontrollieren.

Ein **Nachteil** dieses Buches ist es, noch zu wenig Übungen, Tests und Kontrollfragen anzubieten. Der beschränkte Umfang und damit ein nicht allzu hoher Preis sind die Ursache für diese Begrenzung.

Ein **weiterer Nachteil** besteht darin, daß die Kenntnis des hier Dargestellten allein nicht genügt, sondern ein Gewinn sich erst dann einstellt, wenn der Lernende die Hinweise und Ratschläge in der Praxis anwendet.

SCHWARZ	„halbfett"	Schlagwörter, Stichwörter, Überschriften u.ä.
Normaler Text und leichtes Hervorheben	(←B)	Hinweis auf einen Begriff, eine Definition (S. 221 ←)
	(←)	Hinweis auf ein Stichwort, eine Seite, ein Kapitel u.ä.
	$\sum$	Kennzeichen der Zusammenfassung (jedes Kapitel wird unter diesem Zeichen noch einmal zusammengefaßt)

BLAU	■	Hauptabschnitte im jeweiligen Kapitel
Vor allem Beispiele und mittleres Hervorheben	•	Unterpunkte/ -abschnitte im Hauptabschnitt
	▭	Aussagen mit mittlerer Aussagekraft
	■	Beispiele

ROT	▭	Aussagen mit hoher Aussagekraft
Wichtige Aussagen und starkes Hervorheben	!	Aussage mit höchster Aussagekraft
	⚠	Wichtige Regeln, Ratschläge, Merksätze

Bild 0.7

0.5.   Ein kleiner Eingangstest (zum „Anwärmen")

Bei der Verbesserung der persönlichen Lerngewohnheiten und der Steigerung des Lernerfolgs steht die Bedeutung der Lerneinstellung außer Zweifel.

Wenn Sie keine besondere Notwendigkeit sehen, Ihre Arbeitsweise zu verbessern oder sich dieser Mühe nicht unterziehen wollen, so hat es wenig Zweck, dieses Buch durchzulesen.

Trotzdem ist jetzt der richtige Zeitpunkt für Sie, sich davon zu überzeugen, wieviel Sie über zweckmäßige Lernregeln wissen.

Kreuzen Sie die Ihrer Meinung nach richtigen Aussagen des **Testblattes** (Bild 0.8) an und versuchen Sie, die gestellten Fragen zu beantworten. Die richtigen Antworten finden Sie selbst beim Durcharbeiten des Buches.

Kontrollieren und überdenken Sie Ihre Antworten.

T	Wie lernt und arbeitet man Ihrer Meinung nach am zweckmäßigsten?			
Nr.	Frage/Feststellung	JA	NEIN	Hierzu Seite
1	Am zweckmäßigsten beginnt man mit der schwierigsten Arbeit, um diese möglichst bald hinter sich gebracht zu haben!			36
2	Was man lernt, hat keinen Einfluß darauf, wie man es lernt!			136
3	Drei oder vier Stunden langes intensives Lernen ist zweckmäßiger als eine Aufteilung der Lernzeit in mehrere Abschnitte von dreißig bis vierzig Minuten!			36/37
4	Man kann sagen, je schneller einer liest, desto besser kann er behalten!			79/148
5	Gibt es Dinge in Ihrem „Arbeitsraum", die Sie bei Ihrer Tätigkeit stark ablenken?			37–40
6	Programmiertes Lernen ist Lernen nach sorgfältig vorgeplanten und in ihrer Wirkung gesicherten Programmen!			142/143
7	„Notizen machen" wirkt sich störend aus beim Zuhören und Auffassen während eines Vortrages!			77/144
8	Am besten lernt man, wenn man sich kein genau begrenztes Ziel vornimmt, da es den Lernvorgang zu stark einengt!			85/89
9	Überprüfen Sie Ihre Arbeit, um herauszufinden, wo „Schwachstellen" sind?			158/188
10	Wer müde ist, hat sich wahrscheinlich überarbeitet!			33–36
11	Die Augen ermüden, wenn sie zu lange gebraucht werden!			33–36
12	Bewirkt eine Fremdkontrolle die positivsten Reaktionen auf Ihre Arbeits- und Lernfreude?			191
13	Kann man seine tägliche Arbeit zum Prüfstein seiner Fähigkeiten werden lassen?			
14	Ein Test wirkt auf das Verhalten zurück, das er ermitteln soll!			181/182
15	Lernende mit der Note „befriedigend" lernen nach der Methode A schlechter als Lernende mit der Note „gut"!			
16	Erziehung fundiert auf der Notwendigkeit, immer recht zu haben!			
17	Es ist besser, genug Ideen zu haben, auch wenn einige davon falsch sind, als immer deshalb recht zu haben, weil man gar keine Ideen hat!			73–75
18	Die anerzogene Angst, einen Fehler zu machen, erzeugt die arrogante Gewißheit des Rechthabens!			
19	Interesse an einer Idee ist ein ausreichendes Motiv, sie mit großem Eifer weiterzuverfolgen, auch bei auftretenden Schwierigkeiten und auf Kosten von persönlicher Bequemlichkeit!			26
20	Ohne seine Triebe würde der Mensch langsam aussterben!			20/21

Bild 0.8

T	**Wie lernt und arbeitet man Ihrer Meinung nach am zweckmäßigsten?**			
Nr.	Frage/Feststellung	JA	NEIN	Hierzu Seite
21	Die Leistungsmotivation ist in ihrer Entwicklung vom Erziehungsverhalten der Eltern abhängig.			63
22	Können Sie von sich behaupten, daß Sie mit Ihrem Geld genauso arglos umgehen wie mit Ihrer Zeit?			109
23	Das Literaturverzeichnis gibt Auskunft über den Inhalt eines Buches.			161
24	Bei der Formulierung eines Lernzieles muß zum Ausdruck kommen, was der Lernende am Ende einer Lernstrecke anders und besser oder überhaupt erst wird tun können.			97
25	Bei Angst vor Mißerfolgen oder in einer anderen „Streß-Situation" stehen die „Kräfte" nicht frei zur Verfügung, die Ergebnisse sind schlechter!			65–67
26	Gelernt wird nur hier und da, vergessen aber den ganzen Tag.			64–66
27	Der Körper ist abwechslungsweise auf Aktivität und Erholung eingestellt.			35
28	Unabhängig davon, ob ein Problem oder ein Thema in die Form einer Frage oder einer Aussage gekleidet ist, sollte man bei der Bearbeitung Fragen beantworten, d.h. man sollte jede Problemstellung in möglichst viele Fragen „zergliedern".			81/82
29	Gibt es Gründe, bei „gebundener" Themenwahl die Bedingungen der Themenabgrenzung und präzisen Ziel-Formulierung einzuhalten?			97
30	Die Gehirne der Menschen unterscheiden sich im Prinzip nicht. Sie unterscheiden sich nur in dem, was sie gelernt und eingeübt haben.			45–48
31	Der Mensch vergißt etwa 80% des Gehörten oder Gelesenen, wenn er es nur einmal gehört oder nur einmal gelesen hat.			66
32	Vom Lernenden werden besonders die Lernziele akzeptiert, die nicht zugleich Motive zu ihrer Erreichung enthalten.			25–31
33	Ein Zitat muß nicht unbedingt exakt angegeben werden.			159/160
34	Zuhören allein ist zu wenig. Man muß das „Gehörte" weiterdenken.			77/143
35	Um ein Problem zu lösen, muß der Lernende in der Lage sein, relevante, früher erlernte Prinzipien und Regeln zu vergessen.			91/92
36	Ob Informationen abgerufen werden können, hängt entscheidend davon ab, wie „intensiv sie im Gehirn eingespeichert" wurden.			154–159
37	Aus der Gliederung muß der logische Aufbau einer schriftlichen Arbeit nicht sofort hervorgehen.			104ff.
38	Beim Vergleich möglicher Lernaufgaben ist das „Finden" neuer Methoden von geringerem Wert als das selbständige Anwenden dieser Methoden.			80/81
39	Lernen als „einzelner" und „in der Gruppe" sind keine Gegensätze, sondern notwendige Ergänzungen.			75–77

17

1. Definition

Lern- und Arbeitstechniken sind ausgewählte Verfahren und Hilfsmittel zur Aufnahme, Verarbeitung und Weitergabe von Informationen.

Arbeit = Umsatz von Energie und Verarbeitung von Informationen während einer Tätigkeit

Lernen = Verhaltensänderung durch Wahrnehmen von Umwelteindrücken.

2. Ziele

Verbesserung von Lern- und Arbeitsergebnissen durch praktische Ratschläge und Hinweise für ausgewählte Gebiete der Lern- und Arbeitstechnik, im besonderen durch:

● Anwendung der Erkenntnisse der Informationstheorie,

● zweckmäßige Arbeitsvorbereitung und Arbeitsgestaltung,

● rationellere Planung, Organisation und Kontrolle der Lern- und Arbeitsprozesse,

● methodische Arbeitsweise bei der Suche nach neuen Lösungen.

3. Grundlagen

Aufbauend auf den theoretischen Erkenntnissen der Lernpsychologie, Lern- und Arbeitsphysiologie und der Informations- und Organisationstheorie werden „Techniken" empfohlen, die Resultate langjähriger Untersuchungen und Erfahrungen sind.

4. Methoden

● Erkenntnisse und Methoden der Aufnahme und Verarbeitung von Informationen.

● Mehrstufenpläne für die Planung von Arbeitsabläufen.

● Mehrstufenpläne für die Organisation und Durchführung geistiger Arbeit.

● Methoden der Selbst- und Fremdkontrollen.

● Methoden der Zeit- und Terminplanung.

● Methoden der Lösungsfindung u. a.

5. Inhalt

■ In unserer heutigen Welt mit immer komplizierter werdenden gesellschaftlichen, technischen und wirtschaftlichen Vorgängen steigen die geistigen Anforderungen an den Menschen ständig. Um diesen Anforderungen zu genügen, muß nicht nur mehr gelernt werden, sondern vor allem rationeller.

■ Lernen ist immer von gewissen Voraussetzungen und Randbedingungen abhängig:

● Lernerfahrungen, Informationszustand,

● Motivation und Lernbedingungen.

Der Prozeß der Informationsaufnahme, -verarbeitung und -wiedergabe unterliegt bestimmten Gesetzmäßigkeiten. Werden diese berücksichtigt, **so ist ein vorgeplantes, rationell gestaltetes und abgesichertes Lernen und Arbeiten möglich.**

■ Ähnlich wie in technischen Prozessen werden auch Lernprozesse in bestimmten Phasen und mit der notwendigen „Rückkopplung" zum Ziel geführt:

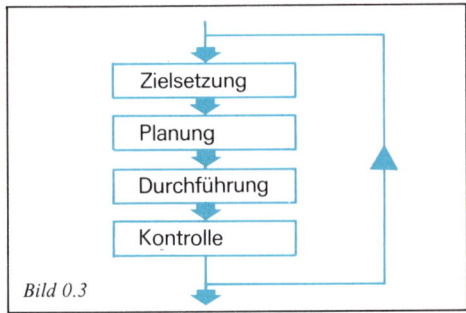

Zielsetzung

Planung

Durchführung

Kontrolle

Bild 0.3

■ Im Mittelpunkt des in 9 Kapitel gegliederten Buches stehen Aussagen über rationelle Lern- und Arbeitstechniken in den Kapiteln 4 bis 7. Was an organisatorischen, inhaltlichen und kontrollierenden Maßnahmen vorgeschlagen wird, findet man hier. Die in diesen Ratschlägen und Hinweisen verarbeitete Theorie ist in den Kapiteln 1 bis 3 vorangestellt. Interessierende Lösungsmethoden sind in Kapitel 8 wiedergegeben.

 Will sich ein Lernender orientieren, sich in seinen Fähigkeiten und Möglichkeiten weiterentwickeln und seine Umwelt gar mitgestalten, so muß er seine Lernprozesse selbst steuern und regeln können.

1. Grundvoraussetzungen für ein rationelles Lernen und Arbeiten

■ Es ist sinnlos, sich mit ausgefeilten Lerntricks und umfangreichen Arbeitstechniken an bestimmte Problemlösungen heranzuwagen, ohne bestimmte **Grundvoraussetzungen** zu beachten.

Es gibt Umstände, die uns das Lernen und Arbeiten erleichtern, und solche, die es beträchtlich erschweren.

Da das einleuchtet, ist es verständlich, wenn wir uns im ersten Kapitel mit eben diesen **Grundvoraussetzungen** beschäftigen.

Zu den wichtigsten Dingen, die ein Lernen erleichtern, zählen:

> ● eine **positive Grundeinstellung** zu den Lernaufgaben,
> ● die Kenntnis der persönlichen **Lerngründe,**
> ● eine vernünftige **Ernährung** und ausreichende **Bewegung,**
> ● ein zweckmäßiger, gemütlicher **Arbeitsplatz,** ohne einen bestimmten Grad an Gemütlichkeit zu überschreiten,
> ● der richtige, individuell gewählte **Lernrhythmus.**

1.1. Menschliche Bedürfnisse und Lernen

1.1.1. Warum lernen wir?

■ Wir möchten also lernen!
Lernen geschieht in komplizierten Lernprozessen und stellt eine Leistung dar.
Wir möchten zweckmäßig und schnell lernen. Das wiederum bedeutet: hohe Lernleistungen erzielen. Um diese Lernleistungen zu vollbringen, müssen wir wissen, welches die ausschlaggebenden Faktoren sind.

> Welche Faktoren der Persönlichkeit (Einstellungen, Fähigkeiten) und der Umwelt (Reize, Anregungen) sind am Zustandekommen einer Lernleistung maßgeblich beteiligt?

■ Im Bereich der Lernforschung gibt es noch relativ wenig gesicherte Aussagen. Für auszuwählende Lernhilfen sind aber zwei sich herauskristallisierende Aussagetendenzen von Wichtigkeit.

■ Die **Erbanlagen** werden nicht (mehr) als der wichtigste Faktor (Anteil) für eine Begabung angesehen, denn **Lernfähigkeit und Lernleistung sind** nicht nur **Voraussetzung für das Lernen,** sondern auch deren Ergebnis.

Frühere Lernerfahrungen, bestimmte Abläufe von Lernprozessen und die Umweltbedingungen sind ent-scheidende Faktoren für die Lernfähigkeit eines Menschen.

Neben dem in seiner Bedeutung „zurückgetreten" biogenetischen Anteil (erbbestimmende Anlagen) sind hier besonders zu nennen:

> ● der entwicklungspsychologische Anteil (Reifungsprozesse, Prozesse in vorschulischen Bereichen, Sozialisationsprozesse u. ä.)
> ● die Lernmotivation (Lernwille) und der
> ● Anteil der Lernorganisation und der angewandten Methoden.

■ Weiterhin hat man herausgefunden, daß nicht ein einzelner Faktor bestimmend wirkt, sondern daß die verschiedenen Faktoren in wechselseitiger Abhängigkeit die **Lernleistung** beeinflussen. Gegenseitiges Unterstützen und Zusammenwirken schaffen dementsprechend günstige und lernfördernde Situationen.

■ Diese Aussagen über die Faktoren der Lernleistung werden uns das gesamte Buch über begleiten. Bevor wir sie aber näher untersuchen und Lernhilfen daraus ableiten, müssen wir erst eine Frage beantworten, die vor der gewünschten Lernleistung steht . . .

. . . die Antwort auf die Frage:

Warum lernen wir?

> Bei allen unseren Handlungen und Verhaltensweisen müssen wir uns stets vergegenwärtigen, aus welchen Gründen wir das tun, welche Bedürfnisse und Wünsche dahinterstecken.

So ist das auch beim Lernen.
Warum lernen wir also?
Stellen Sie sich einen zufriedenen, völlig zufriedenen Menschen vor, der selig vor sich hinlächelnd auf dem Kanapee ruht.
Was tut er, was tut er demnächst? Nichts!
Solange er keine Bedürfnisse hat, tut er nichts.
Also lernt er auch nicht. **Warum sollte er?**
Leider — oder auch zum Glück — ist dieses eine fiktive Situation. In Wirklichkeit ist es anders, ganz anders:

! > Ohne Lernen ist der Mensch nicht lebensfähig.

Seine natürliche Mängelsituation bietet ihm ohne Lernprozesse keine Lebenschance. Erfolgt kein Lernen, so riskiert der Mensch sein Leben. Wenn der Mensch also leben will, dann muß er lernen wollen. Er muß lernen, damit er seine persönlichen Bedürfnisse befriedigen kann.

■ Wer denkt schon bei „Pythagoras" und „Buchführung", bei „Leonardo da Vinci" und „Assimilation" daran, warum wir eigentlich lernen und warum manchmal so schlecht. Haben Sie daher Verständnis, wenn wir näher auf diese Hintergründe — die Bedürfnisse des Menschen — eingehen.

Man darf den lernenden Menschen nicht losgelöst von seiner Umwelt, seiner Umgebung sehen. Um Hilfen geben zu können, muß man den Menschen in eine enge Verbindung mit eben diesen Bedürfnissen und seinen Umweltbedingungen bringen.

1.1.2. Menschliche Bedürfnisse und ihre Hilfsmittel

■ Die **einfachsten Erlebnisse,** die jeder Mensch kennt, werden von den Trieben verursacht. Es ist müßig, darauf hinzuweisen, was Hunger ist und welche Gefühle der Durst, die Müdigkeit und der Geschlechtstrieb auslösen.

Die meisten dieser biologischen Grundbedingungen werden im allgemeinen in unseren täglichen Abläufen nicht bewußt erlebt. Erst wenn sie nicht erfüllt

werden, treten Komplikationen auf (kein Schlaf, keine Bewegung, kein Kontakt zu anderen Menschen). Wichtig ist bei diesen Vorgängen die Erkenntnis, daß beim Auftreten dieser Triebe unsere Sinnesorgane sofort nach Möglichkeiten suchen, sie zu befriedigen. Parallel dazu tauchen Vorstellungen und Gedanken auf, wie man diese Befriedigungssituation herbeiführen kann.

> Der Trieb und der menschliche Wille setzen also bestimmte Ziele, die mit Hilfe der Wahrnehmung, des Gedächtnisses, des Denkens und durch Handlung realisiert werden sollen.

■ Ohne diese Triebe würde der Mensch langsam aussterben. Diese Triebe zwingen ihn aber, mit der **Außenwelt** Kontakt aufzunehmen. Dazu benutzt er seine Sinnesorgane. Mit Hilfe dieser Sinnesorgane und seines Gedächtnisses bildet der Mensch seine Umwelt ab. Dabei müssen wir uns darüber im klaren sein, daß es ein **subjektives Bild** ist.
Beispiele dafür sind das Bild von hell und dunkel, Hitze und Kälte, Silber und roten Blumen, aber auch das „Bild" von Essiggeschmack und Autolärm. Die Wirklichkeit besteht aus physikalischen und chemischen Vorgängen (soweit sie bekannt sind), die in uns Empfindungen hervorrufen können. Diese Empfindungen — kombiniert mit den bisherigen Erfahrungen — ergeben **Wahrnehmungen** (wohlgemerkt: subjektive Wahrnehmungen).
Wir erhalten somit kein „wirklichkeitsgetreues Abbild" unserer Umgebung, sondern es wird das „ausgewählt", was wir gerade brauchen oder uns besonders auffällt. Uns prägen sich nur solche Informationen ein, die von subjektiver Bedeutung sind.
Da jeder wahrgenommene Gegenstand begrifflich erfaßt, bezeichnet und eingeordnet (in bisherige Erfahrungen eingegliedert) wird, ist an jeder Wahrnehmung das **Gedächtnis** mit beteiligt.

> Wahrnehmung und Gedächtnis sind also nicht zu trennen.

Nun ist aber ein begriffliches Erfassen, ein Vergleichen und Einordnen bereits ein Denkprozeß und, falls wir „neue" Informationen aufnehmen, ein Lernprozeß.
Dieses **Denken** ist neben der Wahrnehmung und dem Gedächtnis der wichtigste Vorgang, mit dessen Hilfe die menschlichen Triebe, Gefühle und Wünsche ihre Ziele erreichen können. Denken setzt immer dann ein, wenn etwas erreicht werden soll, wie

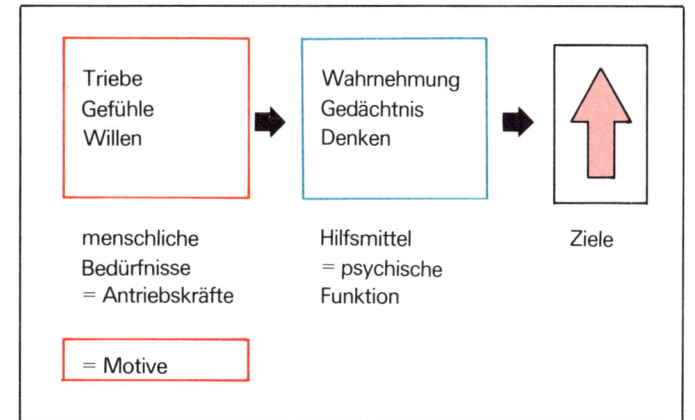

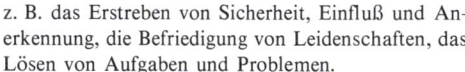

z. B. das Erstreben von Sicherheit, Einfluß und Anerkennung, die Befriedigung von Leidenschaften, das Lösen von Aufgaben und Problemen.

■ **Wir fassen zusammen:** (Bild 1.1)

● Triebe, Gefühle und der Wille sind die Kräfte, die uns antreiben, uns zu bestimmten Verhaltensweisen zwingen und uns bestimmte Ziele setzen.

● Wahrnehmung, Gedächtnis und das Denken sind die entsprechenden Hilfsmittel, die wir einsetzen, um diese Ziele zu erreichen.

● Die Antriebskräfte bezeichnen wir auch als **Motive.**

1.1.3. Mögliche Einteilung und Rangfolge menschlicher Bedürfnisse

Als wesentliche menschliche Bedürfnisse sind zu nennen:

● **physiologische Bedürfnisse,** wie
Hunger, Durst, Wärme, körperliches Wohlbefinden u. ä., sind Bedürfnisse, die der Mensch zunächst zu befriedigen sucht.

● **Sicherheitsbedürfnisse,** wie
physische Sicherheit: Der Mensch ist nach persönlicher Sicherheit gegen Verletzung, Beraubung, Mord u.ä. bestrebt. Er sucht Geborgenheit.

wirtschaftliche Sicherheit: Der Mensch versucht, seinen Lebensstandard zu erhalten und zu verbessern. Er fürchtet sich vor Arbeitslosigkeit und Einkommensverlusten.

● **soziale Bedürfnisse:** Der Mensch verlangt nach Anerkennung, Freundschaft und Prestige.
Er will dazugehören, er möchte akzeptiert werden.

● **Bedürfnis nach Selbstachtung und Selbstverwirklichung:** Der Mensch will sich der eigenen Leistung

erfreuen. Er will eine Arbeit, die wichtig und bedeutungsvoll ist. Sein Einsatz soll positive Ergebnisse bringen. Sinnlose Tätigkeiten verachtet er. Sein Streben zielt dahin, seine Fähigkeiten und Fertigkeiten durch Ausbildung und Übung weiterzuentwickeln. Er will Erfahrungen machen können, Fortschritte sehen und unabhängig sein.

■ Betrachtet man eingehend die menschlichen Bedürfnisse, so läßt sich im allgemeinen eine **Stufung** von „niederen" zu „höheren" Bedürfnissen (Motiven) feststellen (Bild 1.2).

Die höheren Motive können erst dann realistisch angestrebt werden, wenn die niederen befriedigt sind. Dabei ist ein befriedigtes Bedürfnis natürlich kein Antrieb mehr, es motiviert nicht mehr. Zu beachten bleibt hierbei, daß wir den Zielsetzungen, die wir noch nicht erreicht haben, eine weitaus größere Bedeutung beimessen als umgekehrt.

1.1.4. Verhalten bei Beschränken oder Nichterreichen der Bedürfnisse

Fassen wir nochmals zusammen:

> Die Befriedigung menschlicher Bedürfnisse ist gleichzeitig Voraussetzung, Antriebskraft und Randbedingung des Lernens. **!**

Das bedeutet:

● Ohne Lernen stirbt der Mensch aus.

● Bedürfnisse treiben den Menschen zum Lernen an.

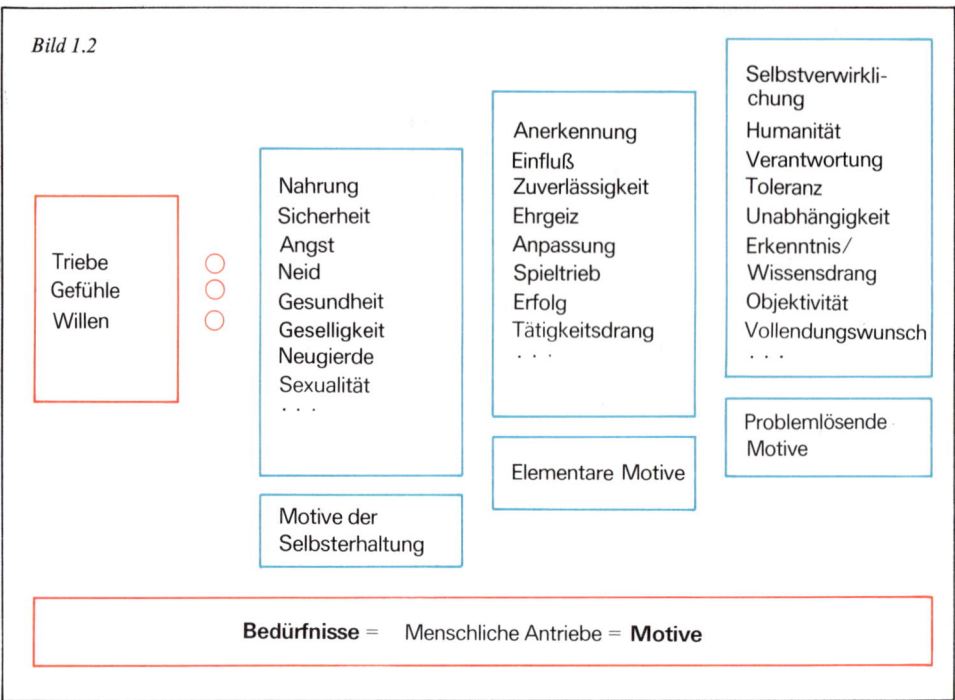

Bild 1.2

Triebe
Gefühle
Willen

Nahrung
Sicherheit
Angst
Neid
Gesundheit
Geselligkeit
Neugierde
Sexualität
· · ·

Anerkennung
Einfluß
Zuverlässigkeit
Ehrgeiz
Anpassung
Spieltrieb
Erfolg
Tätigkeitsdrang
· · ·

Selbstverwirkli-
chung
Humanität
Verantwortung
Toleranz
Unabhängigkeit
Erkenntnis/
Wissensdrang
Objektivität
Vollendungswunsch
· · ·

Problemlösende
Motive

Elementare Motive

Motive der
Selbsterhaltung

Bedürfnisse = Menschliche Antriebe = **Motive**

● Nur wenn die wichtigsten elementaren und biologischen Grundbedingungen erfüllt sind, kann man uneingeschränkt lernen.

! Wahrnehmung, Gedächtnis und das Denken sind die entsprechenden Hilfsmittel, um die Bedürfnisse zu befriedigen.

Nun ist es ganz einfach zu erklären, warum z. B.
● ein hungriger Magen,
● der Streit mit Vorgesetzten,
● die Angst vor Mißerfolg oder Konkurrenzdruck
die schlechtesten Begleiter beim Lernen sind. Sowohl die Bedürfnisse als auch die Lernaufgabe beanspruchen unseren „geistigen Apparat" (Wahrnehmung, Gedächtnis und Denken). Ein ständiges Hin und Her

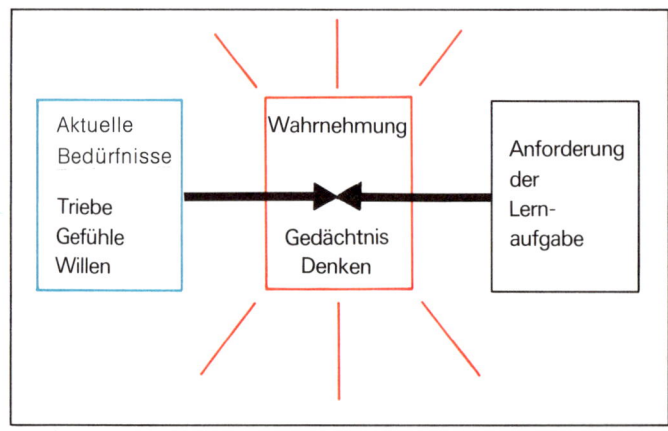

Aktuelle
Bedürfnisse

Triebe
Gefühle
Willen

Wahrnehmung

Gedächtnis
Denken

Anforderung
der
Lern-
aufgabe

Bild 1.3

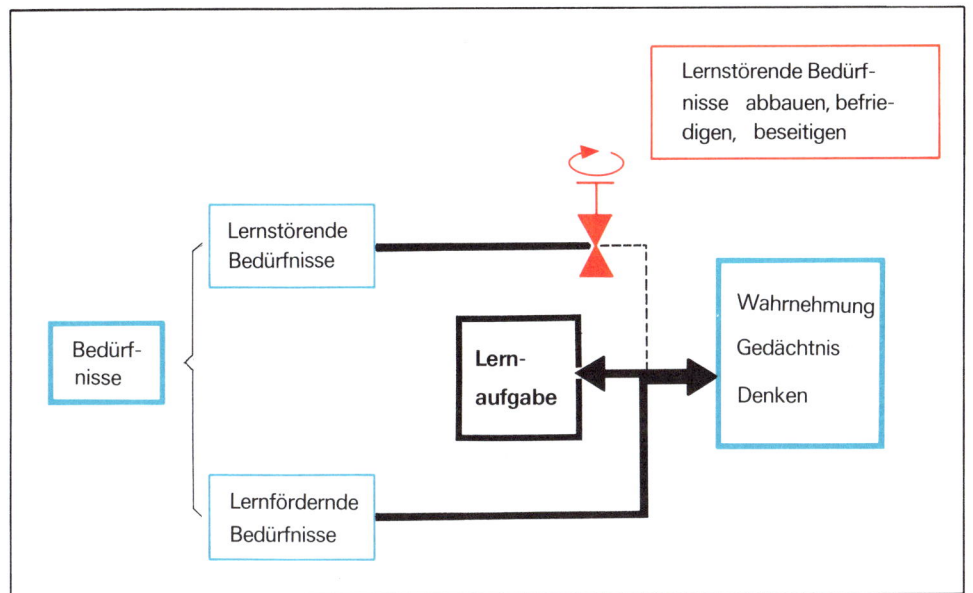

und mangelnde Konzentration sind die verständlichen Folgen (Bild 1.3).

Es ist relativ einfach darzustellen, wie die theoretische Lösung dieses Problems aussehen müßte (Bild 1.4).

Bevor also eine Lernaufgabe begonnen wird, müssen alle lernstörenden Einflüsse beseitigt sein. Dadurch erreichen wir, daß nur noch lernfördernde Motive (wie z. B. Wissensdrang, Vollendungswunsch, Erfolgsstreben) und die Lernaufgabe selbst unser Gehirn beschäftigen.

Damit wird einsichtig, daß

● Bedürfnisse unser Lernverhalten und dementsprechend die Lernleistungen mitbestimmen und steuern.

● lernstörende Bedürfnisse befriedigt oder abgebaut werden müssen.

■ Zu unserem großen Leidwesen entstehen viele Probleme, wenn Bedürfnisse abgebaut und erfüllt werden sollen. Aus der fortwährenden Begegnung und Auseinandersetzung mit sich selbst und der Umwelt kommt es unausbleiblich zu Schwierigkeiten, wenn die Befriedigung der Bedürfnisse auf Widerstände trifft, die eine Verwirklichung behindern oder verhindern. Der geregelte, glatte Ablauf des seelischen Lebens ist gestört.

Der Mensch wird in Unruhe versetzt, seine Unsicherheit wächst, die inneren Spannungen stauen sich auf.

Grundsätzlich sind nun **zwei Wege** möglich:

1. **die Konfliktsituation bleibt erhalten**

Die Bedürfnisse bleiben unbefriedigt, es stellen sich Konflikte ein. Diese Konflikte werden verdrängt, oder es werden Fehl- und Scheinleistungen gewählt. Es kommt zu aggressiven, regressiven oder ausweichenden Verhaltensweisen.

Also Lernbegleiter, die ein Lernen sehr erschweren.

2. **die Bedürfnisse werden befriedigt**

Es kommt zu einer Erfüllung der Bedürfnisse, die Spannungen haben positive Folgen. Damit entstehen neue Überlegungen, eine aufgelockerte Atmosphäre und die Möglichkeiten neuer Orientierungen. Initiativen werden freigesetzt, die Aktivitäten verstärkt. Die Bemühungen haben Erfolg (Bild 1.5). Die Darstellung zeigt die zentrale Bedeutung von Erfolg und Mißerfolg für das weitere Verhalten und die Einstellung eines Menschen.

Einige Beispiele sollen Ihnen die Folgen eingeschränkter Bedürfnisverwirklichung und aufgetretener Mißerfolge verdeutlichen:

● **Nicht-konzentrieren-Können**

Finanzielle Schwierigkeiten, Krankheit; Auseinandersetzung mit nahestehenden Menschen verringern die Konzentration.

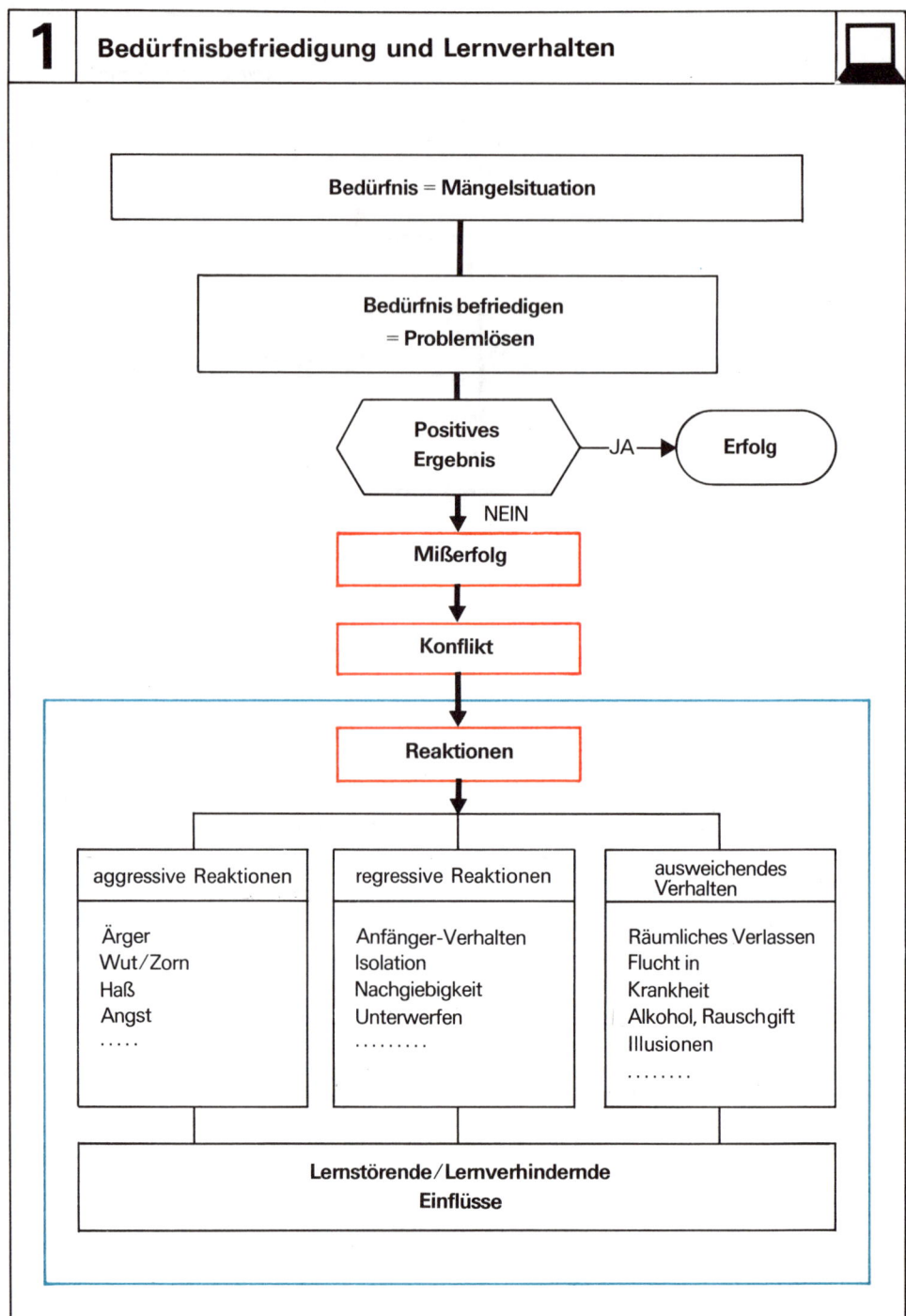

- **Blockieren der „Information"**
„. . . ich komme einfach nicht darauf. Vorhin habe ich es noch gewußt."
- **Verlust an Flexibilität**
Stures Festhalten, Nicht-umschalten-Können, Anfängerverhalten
- **Seelisches Ungleichgewicht**
Gereiztheit, Resignation, Angst.

■ **„Wie sind denn solche Konflikte zu lösen?"**
Was das Buch nicht liefern kann, sind Rezepte, die für alle möglichen Fälle menschlicher Auseinandersetzungen absolute Gültigkeit besitzen.
Begründung:
1. **Die Wissenschaft steht** in den Bereichen „Konfliktforschung" und „Konfliktlösung" **erst am Anfang.**
2. Bei jedem Menschen ist die **„Motivstruktur"** unterschiedlich ausgeprägt.
3. Weiterhin ist die **Gesamtverfassung** eines Menschen maßgebend, die sich zusammensetzt aus Anlagekomponenten, Erlebnis- und Erfahrungsanteilen und der Fähigkeit, Triebe und persönliche Wertvorstellungen zu verarbeiten und in Einklang zu bringen.
So können wir nur mit diesen Zeilen Anstöße geben, Zusammenhänge verdeutlichen und ein Gefühl für die Problematik wecken. Dabei sollten Sie nachstehende **Hilfestellungen** berücksichtigen:
- Verschaffen Sie sich über z. Z. vorhandene und frühere Mißerfolge Klarheit.
- Erkennen Sie Konflikte und Fehler möglichst schon im Ansatz.
- Ordnen Sie Konfliktlösungen nach Wichtigkeit und Dringlichkeit.
- Reflektieren Sie die Konfliktsituation in Ruhe und mit Gründlichkeit.
- Erkennen Sie mögliche Ursachen und entwickeln Sie Lösungen.
- Beteiligen Sie betroffene Personen an der Lösung.
- Bemühen Sie sich um sachbezogene, neutrale Aufgeschlossenheit.
- Überprüfen Sie Ihre Entscheidungen und sind Sie bereit, sie gegebenenfalls zu revidieren.

Beispiel: „Streit"

- Ursachen und Randbedingungen des Streites feststellen.
- Lösungsmöglichkeiten (mit Vor- und Nachteilen) zusammenstellen und die beste Lösung auswählen.
- Aussprache (korrektive Maßnahmen) durchführen.

■ **Fassen wir zusammen:**
Die augenblickliche seelische Verfassung (Ärger, Sorgen, Trauer) ist ein starker Einflußfaktor beim Lernen. Darum befolgen Sie nachstehende **Hinweise:**
- Reduzieren Sie lernstörende Motive, und rücken Sie lernfördernde Motive in den Vordergrund.
- Bemühen Sie sich um ein seelisches und geistiges Entspanntsein.
Es ist sicherlich nicht einfach, aber vier Stunden verärgert und böse am Schreibtisch zu sitzen, ist zwar ein „körperlicher" Erfolg, für die Lernaufgabe aber unproduktiv.

. . . und eine kleine Aufgabe für Sie:

Überprüfen Sie, welche Wünsche und Interessen Sie im Augenblick haben.
Welche Konflikte bewegen Sie?
Beobachten Sie sich genau. Auch Kleinigkeiten helfen zum besseren Kennenlernen.

1.2. Motivation und Lernerfolg

Im letzten Kapitel stellten wir fest, daß der Lernerfolg dort am größten ist, wo die Bedürfnisbefriedigung mit der Lösung einer Lernaufgabe übereinstimmt, d.h., wenn

als Antriebskraft für das Lernen die Motivation sachbezogen (primär) ist.

Um die Bedeutung und den Einfluß dieser Aussage besser zu erkennen, schauen wir uns einige andere, davon abweichende Lernsituationen an.

1.2.1. Lernen durch Bestrafen und Belohnen

■ **Lernen durch Bestrafen**
Peter soll eine Mathematikaufgabe lösen. Er hat wenig Lust und kein Interesse.
Was ist zu tun?
Nun, man könnte mit Strafe drohen: „. . . wenn Du die Aufgabe nicht machst, darfst Du nicht zum Spielen 'raus!"
Peter wird jetzt abwägen, ob die verlangte Anstrengung „Mathematikaufgabe lösen" angenehmer ist als der mögliche Freiheitsentzug.
Wie er auch immer sich entscheiden mag, hier ist festzustellen:
Durch Strafandrohung oder Bestrafung kann man zwar jemanden zum Lernen bringen, aber gelernt wird nur, um dieser Strafe auszuweichen. Das Interesse des Betroffenen wird sich also mehr darauf konzentrieren, Ausweichmöglichkeit und Folgen abzuwägen, als sich mit der Lernaufgabe zu befassen.
Hinzu kommt, daß er Lernen und Bestrafung in einem negativen Zusammenhang sehen muß.
Günstiger ist es auf jeden Fall — statt Strafandrohung —, Belohnungen auszusetzen, also:
■ **Lernen durch Belohnen**
Hier wird motiviert durch eine Belohnung nach Erreichen des Lernziels.
Belohnungen sind im allgemeinen: materielle oder soziale Zuwendungen, wie Anerkennung, Lob, Prestige, gute Zensuren(!), Geld, Beförderungen u. ä.

Auch dafür ein **Beispiel:** „. . . wenn Du noch diese zwei Seiten Englischvokabeln lernst, bekommst Du das Geld für die Schallplatte . . ."

Also büffelt man Englischvokabeln in der heißen Erwartung, durch sie zur begehrten Schallplatte zu gelangen. Vielleicht verzichtet man auch . . . auf beides.
Belohnung wirkt sich also **nur dort positiv** aus, wo wesentliche Lernziele und bestimmte Kriterien belohnt werden. Dabei spielt die **Art der Belohnung** eine besondere Rolle: **Materielle** (Geld, Geschenke) und **symbolische** Belohnungen (Zensuren, Prestige) sollten möglichst durch **„soziale"** Belohnungen, wie Lob, Anerkennung und Beachtung, ersetzt werden.

1.2.2. Sachbezogene und sachfremde Motivation

■ **Besser** noch als Lernen durch Bestrafen und Belohnen (sachfremd, sekundär) sind **sachbezogene Lernmotive.**
Der Mensch lernt z. B., weil es ihm Freude und Spaß macht, weil ihn die Problemlösung interessiert. Er lernt also um der Sache willen, weil er Fragen hat, die er gern beantwortet haben will, aber nicht, weil er sich etwas anderes (Sachfremdes) davon verspricht.
Es ist eine Tatsache, daß für die meisten Menschen das Lernen nur Mittel zum Zweck ist. Sie tun es um der damit verbundenen Belohnung oder Strafvermeidung willen.
Anzustreben ist immer wieder die sachbezogene (primäre) Motivation, weil
● aufgenommene Information schneller verarbeitet und länger behalten wird.
● sachbezogene Einstellung einen schnelleren „Einstieg" und ein intensives Lernen zur Folge hat.
● über den speziellen Lernvorgang hinaus positive Einstellungen für zukünftiges Lernen gefördert werden.
● die Beschäftigung mit interessierenden Dingen Freude macht und eine persönliche Bereicherung darstellt.
Die grafische Darstellung (Bild 1.6) zeigt noch einmal deutlich die Unterschiede:

■ **Sachbezogene (primäre) Motivation**
Bedürfnis und Lernziel sind deckungsgleich. Der Lernende erhält seine Bedürfnisbefriedigung durch Befassen mit den Lerninhalten und dessen Ergebnis. Er benötigt keine **zusätzlichen** Belohnungen oder Druckmittel.
Das Erreichen seiner Zielsetzung ist zugleich Bedürfnisbefriedigung und Erfolgsgefühl.

■ **Sachfremde (sekundäre) Motivation**
Lernen mit sachfremder Motivation ist weitaus schwieriger und problematischer. Notwendige Tätigkeiten werden nur dann ausgeführt, wenn eine Belohnung erwartet werden kann oder wenn Druck (Strafe!) ausgeübt wird.

■ **Lernen durch Belohnen**
Eine Motivation erfolgt durch entsprechende Belohnung nach dem Erreichen des Zieles.
Die Gefahr ist relativ groß, durch Umgehen des eigentlichen Lernzieles bequemer und einfacher an die erwünschte Belohnung zu kommen (z. B. durch Abschreiben, „Spicken" und andere Täuschungsmanöver).

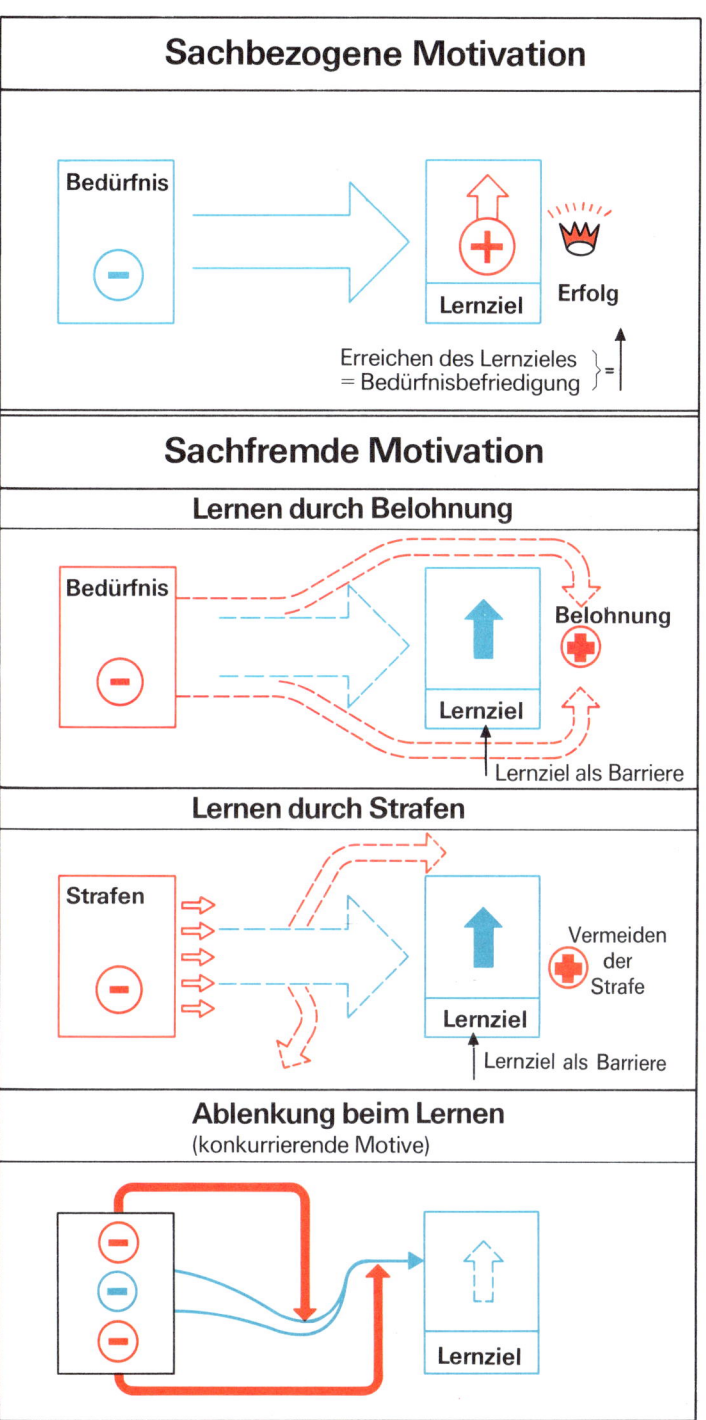

Sachbezogene Motivation

Bedürfnis

Lernziel

Erfolg

Erreichen des Lernzieles = Bedürfnisbefriedigung } =

Sachfremde Motivation

Lernen durch Belohnung

Bedürfnis

Belohnung

Lernziel

Lernziel als Barriere

Lernen durch Strafen

Strafen

Vermeiden der Strafe

Lernziel

Lernziel als Barriere

Ablenkung beim Lernen
(konkurrierende Motive)

Lernziel

Bild 1.6

27

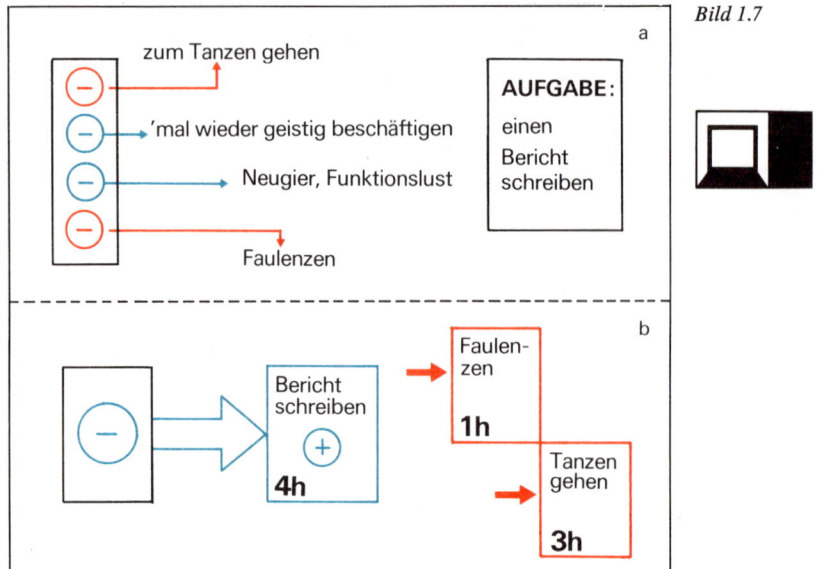

Art der Motivation (Belohnung)
- **„einfache"** (meist materiell): Geld, Geschenke, Versprechungen, Vergünstigungen,
- **„höhere"** (meist im sozialen Bereich):

Konkurrenzdenken („. . . was der hat, will ich auch haben . . ."),

Wettbewerbsdenken (Vergleich mit anderen Menschen; besser sein als der andere),

Vorbildfunktion („. . . so möchte ich auch sein . . .") Lob, Anerkennung, Beachtung.

■ **Lernen durch Bestrafen**
„Negative Belohnung" durch meist materielle und soziale Einflußnahme, wie
- Entzug von Essen, Freiheit, Taschengeld u. ä.,
- körperliche Züchtigung,
- Ablehnung, Verspottung, Tadel, Schelte.

Auch die Anwendung dieser Mittel, um unerwünschte Verhaltensweisen zu vermeiden („. . . soll nicht von anderen abschreiben . . ."/„. . . soll andere nicht beim Arbeiten stören . . ."), ist äußerst problematisch und nicht empfehlenswert.

■ **Motive im Kampf**
Solange nur ein Motiv vorherrscht oder verschiedene Motive auf das gleiche Ziel gerichtet sind, gibt es keine Schwierigkeiten.

Leider ist das im Bereich lernfördernder Motive ein Sonderfall. Meistens liegen Mischverhältnisse konkurrierender, äußerst komplexer sachfremder und sachbezogener Motive vor. Hinzu kommt, daß viele Zielsetzungen neben positiven auch negative Aspek-

te haben (**Beispiel:** Man hat Freude am Lernen und ist voller Wissensdrang, aber die Kameraden verachten einen als Streber). Ähnliche und noch schwierigere Konflikte müssen tagtäglich ausgetragen werden.

■ **Motive bündeln und umlenken**
Drei **Grundsätze** voraus:

> 1. Je stärker ein Motiv ist, um so höher ist die Lernleistung und um so wahrscheinlicher der Lernerfolg.
> 2. Je mehr sachbezogene Motive auf ein Ziel gerichtet sind, um so weniger Einfluß haben sachfremde.
> 3. Motive erscheinen und verschwinden nicht plötzlich, sie haben — bewußt oder auch unbewußt wahrgenommen — eine längere Entstehungsgeschichte und einen ebenso längeren Abschwächungsverlauf.

Wenn sich nun lernstörende und lernfördernde Motive „im Kampf" gegenüberstehen und die ersteren sind kurzfristig nicht zu befriedigen, sollte man versuchen, sie als „Belohnung" für den Lernvorgang zu benutzen.

Alle sachbezogenen Motive werden gebündelt, die sachfremden Motive werden umgelenkt (Bild 1.7b). Den umgekehrten Fall können Sie im Bild 1.7a erkennen. Hier wird „lernförderndes Motivpotential" durch ablenkende störende Motive abgebaut.

1.2.3. Lernen mit Erfolg

■ Die Freude am Lernen und das Interesse an der Sache ist somit die erste Voraussetzung für ein erfolgreiches Lernen.

Woran liegt es aber, daß das Interesse oft schnell versagt und die Freude nachläßt?
Wie ist also lernfördernde, sachbezogene Motivation zuverlässig über einen längeren Zeitraum zu erzeugen und gegebenenfalls zu verstärken?

Beispiel: Besuch einer Weiterbildungsveranstaltung

Sie nehmen an einem Weiterbildungskursus teil. Der Vortragende stellt eine Frage, die Sie beantworten. Der Referent lächelt, die Antwort ist richtig, Ihr Selbstwertgefühl steigt.
Was würde eintreten, wenn aber die Antworten — mehrfach hintereinander gegeben — **falsch sind?** Ihre Bereitschaft, Fragen zu beantworten sinkt, Ihr Interesse erlahmt.
Diese Abneigung könnte noch verstärkt werden, wenn der Referent Sie noch tadelt oder verächtlich macht: „Na, so langsam müßten Sie es doch begriffen haben..." oder... „unser Experte weiß es natürlich besser..."

Danach entscheidet also die Wirkung, genauer gesagt, die Rückwirkung einer Handlung darüber, ob diese Handlung verstärkt oder geschwächt wird.

Jedes Erfolgserlebnis wirkt als Belohnung (Verstärkung). Die Lust zum Weitermachen steigt.

Liegen andererseits **negative Erfahrungen (Mißerfolge)** vor, so wird man sich allmählich von diesem Lerngegenstand entfernen (**Abschwächung**).
■ Der Mensch kann sich Vorstellungen von der Zukunft machen, er kann sich konkrete zukünftige Bilder im Bewußtsein wachrufen.
Der Jurastudent kann sich den glücklichen Augenblick ausmalen, wann er mit einem erfolgreichen Examen die Universität verläßt, wie er als Richter — von der Umwelt geachtet — tätig ist.
Auch dieses sind natürlich Anreize und Verstärker, die Motive für Lernprozesse darstellen.
Nur sind diese Zielsetzungen weit entfernt, meist zu weit entfernt. Ein aktuelles, konkurrierendes Motiv,

wie z. B. der Wunsch, „jetzt im Fernsehen den Krimi anschauen", ist zumeist stärker und wird das langfristige Motiv verdrängen.

Kurzfristige Bedürfnisse (Triebe, Gefühle, Wünsche) sind fast immer stärker als langfristige.

Damit wird die Problematik klarer:
Was wir brauchen, sind Bedürfnisbefriedigungen (also Belohnungen), die unmittelbar nach jedem erfolgreichen Lernabschnitt auftreten.
Stellen Sie sich vor, Sie müßten ins Dunkle kegeln oder Metallpfeile auf eine nicht sichtbare Zielscheibe werfen und nach 14 Tagen kommt jemand daher und teilt Ihnen das Wurfergebnis mit.
Um positive Nacheffekte (Verstärker) zu erreichen, müssen Erfolge also sofort nach der Handlung eintreten. Deshalb müssen Lernerfolge häufig und unmittelbar kontrolliert werden (Lernkontrolle, Kapitel 7 ←).

Der Erfolg, der ein Lernen verstärkt, muß beim Lernen selbst gegeben werden.

Eine immer wiederkehrende Befriedigung nach einem gelungenen Lernabschnitt wirkt motivierend für weiteres Lernen, wie z. B.

- Freude an treffenden Formulierungen,
- eine gelungene Zeichnung oder Darstellung,
- ein zweckmäßiger Diskussionsbeitrag,
- die Lösung einer mathematischen Gleichung,
- die Analyse eines Teilproblems.

Nur diese Kombination aus **Motiv und Erfolg** (= Befriedigung des Bedürfnisses) ist der Antrieb, **der ständige Motor,** der Interesse an der Sache fördert und **Begeisterung** hervorruft.
Bei allen Verfahren und Methoden rationellen Lernens darf dieser Gesichtspunkt nicht vergessen werden.
Das Streben nach Erfolg und Anerkennung, der Wunsch nach Selbstbetätigung und Selbstbestätigung ist bei jedem Menschen vorhanden, ein sogenanntes „Urbedürfnis".

Beim Lernen ist zu beachten, daß jeder Lernerfolg entscheidend auf vorausgegangene Motivationen zurückgeführt werden kann und daß im Verlaufe von Lernprozessen positive und negative Einstellungen zum Gelernten entstehen. Dabei ist besonders die Art, „wie gelernt wird", zu berücksichtigen. Die oft vorzufindende Abneigung gegenüber der Mathematik ist z.B. meist ein Resultat „schlechter" Erfahrungen mit dem „Wie des Lernens".

1.2.4. Sachbezogene Motivation fördern

■ **Alles Lernen muß motiviert sein!**
Alles Lernen muß sachbezogen motiviert sein!
Lernen soll Spaß machen!

LÖRNI meint:

> *Alles, was Spaß macht, ist entweder unmoralisch oder verstößt gegen die Gesetze oder macht dick.*

Je stärker die Motivation, desto besser ist die Lernleistung!
... die **Reihe dieser Aussagen** ließe sich beliebig verlängern, sie helfen aber nur, wenn sie konkretisiert werden.
Nachstehende **Ratschläge** können vielleicht helfen:
■ **Eigene Motive überprüfen**
● Erforschen Sie die Gründe, wenn Sie gegen bestimmte Lernsituationen eine starke Abneigung verspüren. Stellen Sie die beeinflussenden Faktoren (Lerngegenstände, Lehrer, soziales oder gegenständliches Umfeld, privater Bereich, organisatorische Gegebenheiten ...) fest.

● Ermitteln Sie Ihre Lerngründe. Machen Sie sich Ihre Motive ständig bewußt.
● Überprüfen Sie Ihr eigenes Verhalten.
● Stellen Sie Fragen an sich selbst und auch an andere.
■ **Rationelle Lernplanung betreiben**
● Setzen Sie kurzfristige Ziele. Geben Sie Orientierungshilfen, damit man weiß, wo man steht und wo man hin will.
● Gliedern Sie den Lernstoff in Lernschritte auf, die Belohnung (Erfolgserlebnis) sofort ermöglichen.
● Gestalten Sie den Arbeitsplatz und die Lernumgebung lernfördernd (Kapitel 1.4).
● Planen Sie Erfolgskontrollen und führen Sie diese auch durch.
● Überprüfen Sie die gesetzten Ziele ständig.
■ **Teilziele bilden — Teilprobleme lösen — Erfolgserlebnisse haben**
Wie macht man das?
Die Kapitel 4 bis 7 geben Ihnen detailliert Aufschluß. An dieser Stelle ein kleiner **Auszug:**

> ● **Umfangreiche Probleme in Teilprobleme zerlegen,**
> ● **Teilziele und Lernschritte festlegen,**
> ● **Arbeits- und Zeitpläne aufstellen,**
> ● **Erfolgskontrollen durchführen.**

> **Die Lösung von Teilproblemen bedeutet das Erreichen von Teilzielen. Bedenken Sie, daß Sie durch Befriedigung der Bedürfnisse und durch Erfolgserlebnisse die Lernfreude steigern (Bild 1.8).**

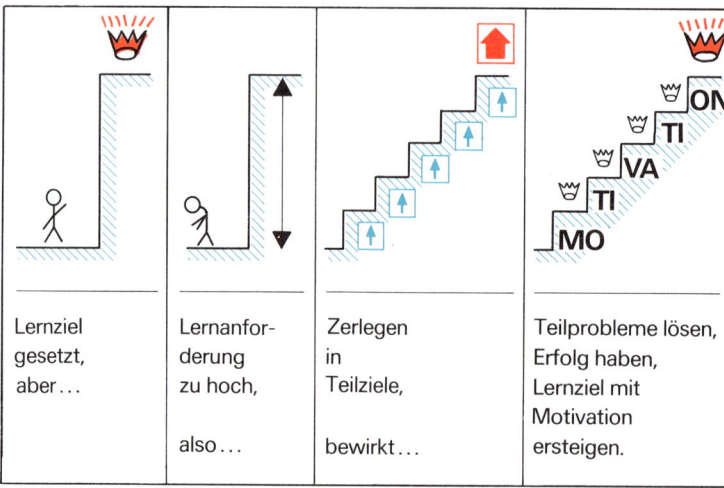

| Lernziel gesetzt, aber... | Lernanforderung zu hoch, also... | Zerlegen in Teilziele, bewirkt... | Teilprobleme lösen, Erfolg haben, Lernziel mit Motivation ersteigen. |

Bild 1.8

*Zum Erfolg
gibt es keinen Lift.
Man muß die Treppe
benutzen.*

Zwei Beispiele dafür:
1. realistische Zielsetzungen, wie:
„Senken der Fehlerquote beim Lösen der Mathematikaufgaben um 10%".
2. Verteilung der Aufgaben, wie:
„In jeder halben Stunde muß ich mir fünf neue Begriffe eingeprägt haben."

■ Entscheidungsspielraum schaffen
● Entwickeln Sie immer mehrere Lösungen und Möglichkeiten. Schaffen Sie Alternativen.
● Überlegen Sie bei jedem Tun die Folgen.
● Stellen Sie sich selbst Aufgaben. Lassen Sie Arbeiten und Termine nicht immer wieder von Lehrern, Eltern u. ä. festlegen.

■ Sich mit Problemen aktiv auseinandersetzen
● Identifizieren Sie sich mit dem Problem.
● Beteiligen Sie sich an Diskussionen.
● Versuchen Sie immer eine übersichtliche, grafische Darstellung der Problemsituation und ihrer Lösung.
● Bemühen Sie sich um Mitgestaltung (Mitplanen, Mitdenken, Mitmachen).
● Führen Sie eigene Versuche zur Problemlösung durch.
● Verwenden Sie immer Faktoren, die menschliche Aufmerksamkeit auf sich ziehen, wie: Farbe, Bewegung, Kontraste und persönliche Beziehungen.

■ Ständig Verbindungen zwischen zu lösender Aufgabe und dem Lernenden erkennen und herstellen
● Untersuchen Sie die Einflüsse der Lernziele und Lerninhalte auf das persönliche Leben.
● Knüpfen Sie an bereits bestehende persönliche Interessen und Kenntnisse an. Bringen Sie diese in Beziehung zur aktuellen Situation.
● Wecken Sie Gefühle für persönliche Bereicherung (… ich habe etwas vom Unterricht gehabt…).

● Suchen Sie nach Anwendungen im täglichen Lebensbereich und wenden Sie es sofort an. Setzen Sie Gelerntes sofort in die Praxis um (… „wie sind die Einflüsse einer DM-Aufwertung auf meinen Haushalt …?")
● Überlegen Sie sich Zusammenhänge, Beziehungen und Querverbindungen zu anderen Fächern.
● Fragen Sie, wenn Sie etwas nicht verstanden haben. Haken Sie nach!

■ Aus sachfremder eine sachbezogene Motivation entwickeln (Abbau lernstörender Motivation)
● Streben Sie eine sachliche, auf das Lernziel bezogene Einstellung an.
● Nutzen Sie die Wirkung der Neugier aus.
● Knüpfen Sie an Bekanntes an. Finden Sie Lücken.
● Nutzen Sie die bei jedem Menschen vorhandene Funktionsfreude. („Wollen doch mal sehen, warum ein Kühlschrank kühl bleibt?")
● Benutzen Sie Ihr Motiv „Vollendungswunsch", indem Sie abgeschlossene begrenzte Teilaufgaben lösen.
● Wenden Sie eigene Fähigkeiten und Erkenntnisse an. Lassen Sie diese nicht verkümmern.
● Stellen Sie den Stand der eigenen Leistungen ständig fest.

■ Mittleren Schwierigkeitsgrad einer Aufgabe anstreben
● Streben Sie stärkste Motivation durch mittlere Schwierigkeitsgrade einer Lernaufgabe an. Machen Sie also die Aufgaben nicht zu leicht, aber auch nicht zu schwer.
● Wecken Sie die Hoffnung auf Erfolg. Haben Sie dabei keine Angst vor Mißerfolg.

■ Lernerfolge sichtbar machen, Belohnungen mit einplanen
● Bauen Sie auch bei kleinen Lernfortschritten die Verstärker, wie Lob und Anerkennung, ein.
● Lassen Sie die Verstärkung der Lernleistung unmittelbar folgen.

■ Gelöste Lernatmosphäre schaffen
● Unterbrechen Sie hin und wieder Ihren Tätigkeitsdrang. Entspannen Sie bewußt.
● Sehen Sie Freizeitbeschäftigung vor.
● Freuen Sie sich auch über kleine Dinge.
Wir hoffen, daß Ihnen der eine oder andere Ratschlag dazu verhilft, sich in Zukunft in Lehrveranstaltungen weniger zu langweilen und Lernaufgaben nicht mehr unter Druck auszuführen.

1.3. Physiologische Voraussetzungen

Geistige Leistung ist von der Leistungsfähigkeit und Leistungsbereitschaft des Menschen abhängig.

> Fähigkeit und Bereitschaft werden wiederum von der körperlichen Verfassung stark beeinflußt!

Sie zweifeln?
Hier drei **Beispiele:**

> Das Gehirn ist von der Blutzufuhr völlig abhängig. Zellen sterben oft ab, wenn sie einige Minuten ohne Blut sind. Aktive Gehirne benötigen Sauerstoff, viel Sauerstoff, der durch das Blut dorthin gelangt.

> Kopfschmerzen, Husten und Schnupfen bei der Arbeit am Schreibtisch verleihen zwar dem Eigentümer ein heroisches Flair, für ein erfolgreiches Lernen sind sie denkbar schlechte Begleiter.

> Hunger und Durst, Kälte und Hitze, Lärm und ein voller Bauch, Müdigkeit und Rückenschmerzen wirken sich ebenfalls negativ aus und vermindern die Lernfreude erheblich.

1.3.1. Ernährung

■ Stundenlang können Menschen (besser: Männer) über Verbrauch und Qualität des Kraftstoffes, Öls und Kühlwassers ihrer Autos nachdenken und diskutieren.

Wenn Sie nur Bruchteile dieser Zeit den persönlichen Energiespendern (Zucker, Eiweiß, Fett) und den Schutzstoffen (Vitamine, Mineralstoffe) widmen würden, hätten sie weniger „Startschwierigkeiten", geringere „Reparaturkosten" und könnten ihre „Lebensdauer" und den „Wiederverkaufswert" erheblich steigern.

Da es eine Reihe guter Bücher über zweckmäßige Ernährung gibt, beschränken wir uns auf einige grundsätzliche **Forderungen für „Geistesarbeiter":**

● Verteilen Sie die Nahrungsaufnahme gleichmäßig über den ganzen Tag. Streben Sie dabei fünf Mahlzeiten an.
● Essen Sie mäßig. Denken Sie daran, daß weder der vollgepumpte noch der leere Magen die Lernbereitschaft steigert.
● Bevorzugen Sie eine kalorienarme, aber vitaminreiche Kost. Die Variationsmöglichkeiten sind bei diesen Mahlzeiten sehr groß.
● Schlingen Sie das Essen nicht hektisch hinunter. Bemühen Sie sich dabei um eine entspannte Atmosphäre.
● Entspannen Sie nach dem Essen. Unternehmen Sie vielleicht einen kleinen Spaziergang.
● Kontrollieren Sie Ihre tägliche Nahrung und Ihr Gewicht.

> Die beste Lernvoraussetzung schaffen Sie durch körperliches Wohlgefühl.

> *Lörni meint:*
> *Man sollte grundsätzlich nur soviel saufen, wie mit aller Gewalt hineingeht.*

■ **Medikamente**
„... oder im Rausch wird niemand genial ...".
● Nehmen Sie nur ärztlich verordnete Medikamente und bedrängen Sie Ihren Arzt nicht wegen Schlaf-, Beruhigungs- oder Aufputschmittel, die Sie eigentlich nicht brauchen.
Gezieltes, entsprechend geplantes und durchgeführtes Lernen ersetzt jedes Medikament (wenn Sie sonst gesund sind!). Versuchen Sie deshalb von Medikamenten unabhängig zu sein.
Wenn die eigene Kraft nicht mehr ausreicht, Berufsschwierigkeiten zu meistern, Mutlosigkeit und Depressionen zu bekämpfen und Konzentrationsschwächen zu beheben, dann sollte man sich innere Ruhe und Gelassenheit verschaffen.
Am besten geschieht das unter Anleitung eines Psychotherapeuten.

Ein guter Psychiater ist ohne weiteres imstande, dich in seine Lage zu versetzen.

1.3.2. Bewegung und Entspannung

> Nach langwierigen, umfangreichen wissenschaftlichen Untersuchungen fand LÖRNI: „Der Mensch ist nicht zum Sitzen geboren."

Und was sollte man nun tun?
Jeden Tag einmal außer Atem kommen, jeden Tag einmal schwitzen — aber natürlich schwitzen, nicht vor Angst.

Bewegen Sie sich!
Den Fahrstuhl in den 4. Stock sollten Sie nur benutzen, wenn Sie wirklich müde sind. Sie werden überrascht sein: den Weg zum Lebensmittelhändler oder Friseur kann man auch zu Fuß zurücklegen.
Aber auch hier wieder **eine Bitte:**
Bemühen Sie sich um eine positive Einstellung — ich fahre gern Rad; es macht Spaß, die Treppe 'rauf und 'runter zu laufen.

Was, Sie stöhnen?
Denken Sie daran, Sie tun etwas für **Ihren Kreislauf,** für Ihr schwer arbeitendes Herz.
Bei Ihnen gibt es keinen Fahrstuhl und keine Treppen?
Aber Stufen gibt's bestimmt — von der Diele in den Keller, von der Terrasse in den Garten. Nützen Sie diese Stufen, auch wenn's draußen stürmt und regnet!
Laufen Sie diese Stufen 25mal federnd hinauf, 25mal hinunter.
Damit absolvieren Sie ein kleines Atemtraining — ebenfalls ein **Stufentraining!**
Und so 'mal zwischendurch — während der Lernpausen — kurz vom Arbeitsplatz erheben ... und einige Streck- und Reckübungen. Legen Sie dieses Buch auf den Boden (auch wenn es Ihnen wertvoll erscheint) und heben Sie es schnell vom Boden auf. Bücken Sie sich selbst so oft, so schnell und so viel sie können.
Nichts bringt Ihren Körperhaushalt und Ihr Nervensystem nach und während einer Streßsituation wieder besser in Ordnung als körperliche Bewegung. Probieren Sie es aus!
Gehen Sie schwimmen, spielen Sie Tennis oder bolzen Sie ganz einfach auf dem Fußballplatz. Fahren Sie 'mal 15 km mit dem Fahrrad ins Grüne.
... toben Sie, tollen Sie herum ... und das regelmäßig ... !

■ Die ersten Tage muß man sich immer wieder selbst überwinden, die Faulheit überwinden! Machen Sie die Sache interessant, suchen Sie sportliche Vergleiche.

Machen Sie z. B. einen Zeittest, und Sie werden überrascht sein, wieviel weniger Zeit Sie sechs Wochen später für die von Ihnen ausgewählte Übung brauchen!

Sie haben keine Möglichkeit, ins Grüne zu fahren?
Machen Sie ein Training als „Lauf auf der Stelle"!
Wo? ... auf dem Balkon, im Garten, in der Diele ... aber Fenster auf, weit auf ... damit der Sauerstoff in Ihre Lungen kommt, denn diesen benötigt — auch — Ihr Gehirn. Ja, man müßte mal wieder, man könnte vielleicht ...
und der Körper sinkt zurück in den Sessel ...
Wenn Sie sich schon nicht überwinden können, den Fernseher auszuschalten ... Sie werden erstaunt sein, wieviel gymnastische Übungen Sie mit dem Sehen in den Flimmerkasten kombinieren können! Überlegen Sie und üben Sie!

■ Wer viel **Bewegung und** als Entspannungsmaßnahme **autogenes Training** in sein Leben einbauen kann, hat die besten Maßnahmen zur Gesundheitsvorsorge und zur Konzentrationssteigerung ergriffen.
Informieren Sie sich einmal über die Methode des autogenen Trainings. Eine Methode, die Ihnen zur konzentrierten Selbstentspannung verhilft. Fragen Sie Ihren Hausarzt.
Damit wir uns nicht mißverstehen, körperliche Bewegungen sind nicht nur notwendig, um gesund zu bleiben und sich abzureagieren, die Muskelaktivitäten erzeugen wiederum Nervenimpulse, sogenannte „Weckreaktionen", als **Anstöße zur Aufmerksamkeit.**

1.3.3. Ermüdung, Pausen und Arbeitszeit

1. Ermüdung durch Lernen?

■ Lernen läßt sich ebenfalls definieren als eine Anstrengung, die darauf ausgerichtet ist, neues Wissen zu erwerben, neue Beziehungen zu entdecken, Aufgaben und Probleme zu lösen. Die Beschreibung „Anstrengung" verdeutlicht, daß es sich beim Lernen nicht um einen „passiven", sondern vielmehr um einen „aktiven" Vorgang handelt, der bei intensiver Ausübung genauso ermüdend wirkt wie eine andere körperliche Tätigkeit auch.

■ Dabei ist Ermüdung nichts anderes als die Herabsetzung der Funktionsfähigkeit und des Leistungsvermögens des menschlichen Organismus durch eine Beanspruchung. Durch entsprechende Erholung kann eine Ermüdung aufgehoben werden.
Diese zeitlichen Vorgänge stehen in einem bestimmten Verhältnis zueinander (Bild 1.9). Dabei haben

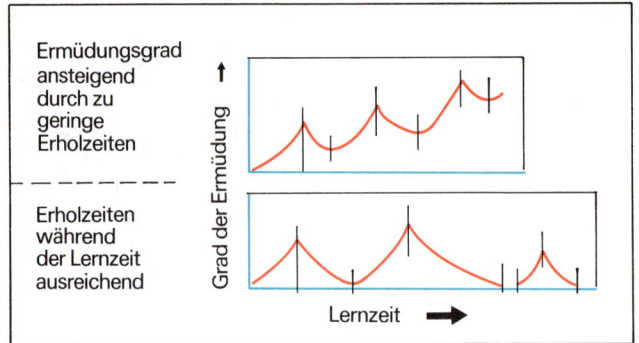

Ermüdungsgrad
ansteigend
durch zu
geringe
Erholzeiten

Erholzeiten
während
der Lernzeit
ausreichend

Grad der Ermüdung

Lernzeit ➡

„Ermüdungsanstieg" und „Erholungsabfall" in etwa exponentielle Verläufe. Dieses Verhalten müssen wir bei der „Pausenregelung" berücksichtigen, in dem wir uns um ein **„Ermüdungs-Erholungs-Gleichgewicht"** bemühen und Lern- und Arbeitsabläufe entsprechend gestalten.

■ Wenn wir die Ermüdungserscheinungen näher betrachten, stellen wir fest, daß

● auch ein „Nichtarbeiter" am Abend müde ist **(biologische Müdigkeit),**

● ein Nachlassen des menschlichen Antriebs, der Leistungsbereitschaft eintritt **(Motivationsermüdung),**

● angestrengtes geistiges Tätigsein ebenfalls ermüdet **(Arbeitsermüdung).**

Die in der Erklärung und im Bild 1.10 getrennt dargestellten Erscheinungen treten fast immer zusammen auf und lassen sich auch hier nur theoretisch voneinander abgrenzen.

2. Der biologische Tagesrhythmus

> „Die Leistungsfähigkeit und die Leistungsbereitschaft bestimmen die Leistung eines Menschen."

... nun, diese Aussage ist wohl unbestritten! Während der willensmäßige Einfluß (Motivation) der Leistungsbereitschaft in den Abschnitten 1.1 und 1.2 ausführlich dargestellt wurde, soll hier auf die physiologische Leistungsbereitschaft näher eingegangen werden.

Der biologische Rhythmus zwischen Aktivität und Ruhe, zwischen Tag und Nacht verändert die Leistungsbereitschaft während des Tagesablaufs. Aufstehen und „Insbettgehen", Hunger und Essenseinnahme und viele andere Dinge mehr wiederholen sich während eines Tages im 24-Stunden-Rhythmus. Dieser **Tagesrhythmus** ist selbst nur wenig beeinfluß-

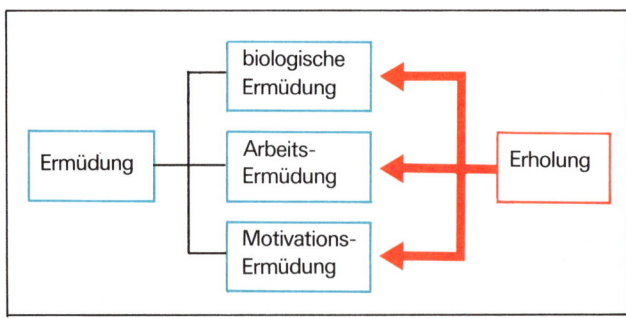

Ermüdung

biologische
Ermüdung

Arbeits-
Ermüdung

Motivations-
Ermüdung

Erholung

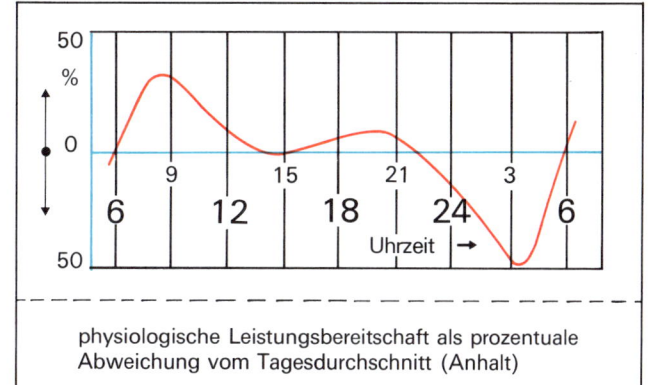

Bild 1.11

physiologische Leistungsbereitschaft als prozentuale
Abweichung vom Tagesdurchschnitt (Anhalt)

bar, beeinflußt aber physiologische und psychische Funktionen (wie z. B. Konzentrations- und Reaktionsleistungen) (Bild 1.11).

Dieser Rhythmus ist offensichtlich von der jeweiligen Ortszeit und den **Lebensgewohnheiten** der einzelnen Menschen abhängig. Er entwickelt sich in der Kindheit und ist später für die Einteilung günstiger Arbeitszeiten wichtig.

Wie in Bild 1.11 ersichtlich, sind zwei Maxima feststellbar:

Arbeitsbeginn, ca.	7.00 bis 9.00 Uhr
Arbeitsende, ca.	18.00 bis 19.00 Uhr

Ein Absinken der **Leistungskurve** tritt ab etwa 9.00 Uhr auf und erreicht ein erstes Minimum gegen 15.00 Uhr. Noch stärker sinkt die Leistungsbereitschaft nach 22.00 Uhr ab, um gegen 3.00 Uhr ein absolutes Minimum zu erreichen.

Durch verstärkte Anstrengungen und Anpassung kann man den rhythmischen Schwankungen zwar begegnen, deren Einfluß aber nie ganz verhindern.

3. Wann ist nun Lernzeit?

■ Der Tag-Nacht-Rhythmus legt eine Fülle von Ereignissen fest, auf denen der einzelne relativ wenig Einfluß hat (Familie, Nachbarn, Arbeitsplatz, Schule). Ebenso gewöhnt man sich gewisse Lern- und Entspannungsrhythmen an: Körper und Gehirn sind auf „Tätigkeit" eingestellt. Sie sind individuell verschieden und können sich im Laufe der Zeit auch ändern.

■ Geistige Leistungen sind sehr schwierig zu messen. Bevor nicht ausführliche und allgemein verbindliche Untersuchungsergebnisse vorliegen, muß jeder

einzelne selbst ermitteln, zu welchen Zeiten er besonders gut gelernt und zu welchen er nur mit großen Mühen und Anstrengungen tätig sein kann.

Diese günstigen Lernzeiten sind zu erproben und festzuhalten. Die sich am zweckmäßigsten erwiesenen Zeiten sollten aber auch mit einer gewissen Regelmäßigkeit beibehalten werden. Dazu möchten wir Ihnen eine Hilfestellung geben.

Wir hatten bei der Betrachtung der Ermüdungserscheinungen unterschieden zwischen biologischer, Arbeits- und Motivationsermüdung, die immer kombiniert auftreten. Wenn Sie nun neben dem Tag-Nacht-Rhythmus (physiologische Lernbereitschaft) Ihren persönlichen Lernrhythmus (d. h. Zeiten, zu denen Sie am liebsten lernen) eintragen, erhalten Sie Ihre günstigen Lernzeiten (Bild 1.12).

4. Pausenregelung

■ Wenn wir berücksichtigen, daß sich die physiologischen Funktionen in Abhängigkeit von der Tageszeit ändern (physiologische Lernbereitschaft), haben wir den ersten Hinweis auf eine zweckmäßige Pausenregelung. Der menschliche Organismus ist somit wechselweise entweder mehr auf Leistung (Vormittag und später Nachmittag) oder mehr auf Erholung (um die Mittagszeit und in der Nacht) eingestellt. Und dieses grundsätzliche „Ermüdungs-Erholungs-Gleichgewicht" muß in den Lern- und Arbeitsablauf mit eingeplant werden.

■ Neben dem **„Ermüdungs-Erholungs-Effekt"** gibt es noch einen weiteren Grund für die positive Pausenwirkung. Denken Sie daran, daß mit der Informationsaufnahme (d. h. Wahrnehmung von Informationen) der Lernprozeß beginnt. Das Einordnen, Vergleichen und Einprägen nimmt zusätzliche Zeit in Anspruch (ein meist unbewußt durchgeführter Vor-

Bild 1.12

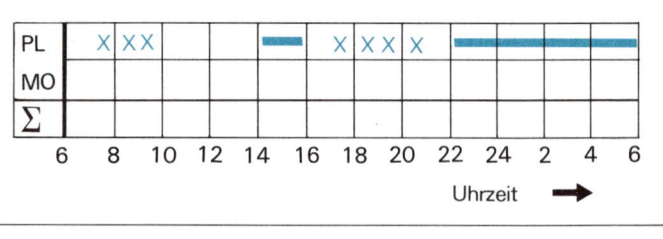

PL	X X X				X X X X							
MO												
Σ												

6 8 10 12 14 16 18 20 22 24 2 4 6

Uhrzeit →

Σ   Ermittelte persönliche günstige Lernzeiten
PL Physiologische Lernbereitschaft
MO Motivation (Lernwille)

gang). Zwei zu dicht aufeinanderfolgende Lernprozesse würden sich also gegenseitig stören (es treten Verluste auf = unproduktives Lernen).

■ Eine weitere positive Pausenwirkung ergibt sich aus einer psychologisch bedingten Mehrleistung: dem „Pausen-Erwartungs-Effekt" („. . . gleich habe ich eine Pause verdient . . .").

■ Genau so wenig, wie es ideale Lernzeiten gibt, sind ideale Pausenlängen zu nennen. Nachstehende **Grundsätze** sollten Sie aber bei Ihrer **Pausenregelung** möglichst berücksichtigen:

● **Pausen sind produktiv:**
Man sollte etwa 20% der Arbeitszeit für kurze Unterbrechungen und bewußt erlebte Pausen verwenden.
● **Eine Pause pro Lernabschnitt** sollte im zweiten bis dritten Drittel der Arbeitszeit liegen.
● **Leistungssteigerung** durch Kurzpausen: Kurze Unterbrechungen von etwa einer Minute Dauer lassen eine starke Ermüdung gar nicht erst aufkommen.
● **Pausen** dürfen **nicht zu kurz** sein: Sonst erfolgt eine gegenseitige Störung der Lernprozesse, ebenso ist das „Ermüdungs-Erholungs-Gleichgewicht" gestört.
● **Pausen** dürfen **nicht zu lang** sein: Die Lust

zum Lernen ist weg, man vergißt zu viel. Eine neue zeitraubende „Aufwärmphase" ist notwendig.
● **In den Pausen** wirklich **etwas anderes** tun, z. B. Ablenken, Entspannen, Bewegen, Routinearbeiten u. ä.
● **Aufwärmeffekt:**
Zehn Minuten sind im allgemeinen notwendig, um bei Arbeitsbeginn die eigene Trägheit zu überwinden.
● **Prinzip minimaler Ermüdung:**
Die Pausen sind am wirksamsten, wenn es zu keiner spürbaren Ermüdung kommt.
● **Maximale Lernzeit:**
Sie sollten nicht mehr als sechs bis sieben Stunden reine Lernzeit einplanen.

Wer sich auf seinen Lorbeeren ausruht, trägt sie an der falschen Stelle.

■ Schauen Sie sich unseren Vorschlag für einen dreistündigen Lernabschnitt einmal an (Bild 1.13). Betrachten Sie diese Zeitangaben als Orientierung und Hilfestellung.

Pausenart	Zeichen	Dauer in Minuten	Einlegen der Pause nach	Bemerkungen
Kurze Unterbrechung	kUn	1	5 Min.	Arbeitsplatz nicht verlassen
Mini-Pause	MiP	5	25 Min.	Arbeitsplatz verlassen, Bewegung, Entspannung
Maxi-Pause	MaP	20	2 h	Arbeitsplatz verlassen, evtl. Routinearbeit erledigen
Erholungs-Pause	ErP	60 – 90	3 h	Arbeitsplatz verlassen, unbedingt entspannen

Bild 1.13

1.4. Organisation des Arbeitsplatzes

1.4.1. „Wie man sich bettet, so lernt man"...
... einige grundsätzliche Anmerkungen zum Arbeitsplatz

■ **Was hat denn der Arbeitsplatz mit dem Lernen zu tun?**
Kann dieser das Lernen erleichtern?
Nun, ein wenig schon!
Entscheidend ist, daß ein Arbeitsplatz — wenn er nicht zweckmäßig ist — das Lernen erschweren und teilweise verhindern kann.
Deshalb haben Sie Verständnis, daß wir auch diesem „Randgebiet" einige Zeilen widmen.
Da alle Menschen verschieden sind, mit recht unterschiedlichen Lernvoraussetzungen und -erfahrungen..., kann man als erstes feststellen:

> Den idealen Arbeitsplatz für alle gibt es nicht!

Je nach Geschmack und Neigung kann er ein sehr unterschiedliches Aussehen haben... von neomodern bis zum Trödlerladen... und trotzdem zweckmäßig sein, wenn er einigen Mindestanforderungen genügt.
Diese **Grundforderungen** möchten wir Ihnen mit diesem Kapitel nahebringen.

■ Auch der berühmt-berüchtigte soziale Wohnungsbau wird es bis zum Jahre 2000 nicht erreichen, für jeden „Lernenden", d. h. für jeden Menschen, ein eigenes Zimmer zu schaffen. So ist die Forderung nach einem eigenen Arbeitsplatz, einer persönlichen Arbeitsecke, von aktueller Bedeutung. Dabei ist zu beachten:

> ● Es muß Ihr eigener, nur **von Ihnen benutzter Platz** sein.
> ● Er muß groß genug sein (Schreibplatte mindestens 1,0 × 0,6 m).
> ● Er muß bequem sein (körpergerechte Sitzhaltung).
> ● Er muß gemütlich sein (... man muß sich an dieser Stelle auch wohlfühlen).
> ● Die am häufigsten benutzen Hilfsmittel müssen in Griffnähe liegen.

1.4.2. Ausschalten oder Vermindern ablenkender Einflüsse

Denken Sie immer daran:
Jegliche Zeit und Energie, die Sie den schlechten Arbeitsbedingungen widmen, fehlt Ihnen beim Lernen. Seien Sie immer bestrebt, **Störungen auszuschalten** (Bild 1.14).

Störungen bei geistiger Tätigkeit

Direkte Störungen

Indirekte Störungen (durch die Umwelt)

Unterbrechungen

Unmittelbare Unterbrechung der Tätigkeit durch: Besuche, Auskünfte, Telefongespräche, u. ä. Durch häufiges Unterbrechen der Lernabläufe wird die Leistung gemindert und die Lernfreude herabgesetzt.

„innere Ablenkungen"

Konflikte, Enttäuschungen und unerfüllbare Wünsche drängen immer wieder aus dem „Unterbewußtsein" zurück. Sie vermindern damit erheblich Aufmerksamkeit und Lernerfolge, durch Versprechen, Vergessen, Verschreiben, Hemmungen und Zwangsvorstellungen.

akustische Störung

Unterhaltung anderer, der Lärm von außerhalb des Zimmers. Jede akustische Störung beeinträchtigt den Lernablauf, da der Mensch so veranlagt ist, daß er den Sinngehalt, die Ursache jedes Gesprächs und jedes „akustischen Ereignisses" mitbekommen möchte.

klimatische Störung

Behaglichkeitsbedingungen sind nicht erfüllt. Diese individuell verschiedenen Bedingungen stellen eine Kombination von Lufttemperatur, -feuchtigkeit und -bewegung dar.

visuelle Störung

Einige Abhilfen:
Familienmitglieder u. ä. hinauswerfen, Radio leiser oder abstellen. Zimmertemperatur auf 21 $\pm$ 1 °C. Topf Wasser auf Ofen oder Heizung stellen. Telefon abstellen. Freunden erzählen, man wäre im Urlaub. Versuchen, Konflikte zu lösen.

Unzureichende Beleuchtung und Einflüsse durch Unruhe und Bewegung im „visuellen Umfeld" verursachen eine Ablenkung und damit verminderte Aufmerksamkeit.

Bild 1.14

1.4.3. Gestalten und Bewerten des Arbeitsplatzes

Wie soll ein rationeller Arbeitsplatz aussehen?

■ **Zielsetzung:**

1. Schnelles und zweckentsprechendes Arbeiten muß ohne wesentliche Laufwege und Verlustzeiten möglich sein.

2. Der Arbeitsfluß muß ungestört erfolgen, und die Arbeitsfreude muß gefördert werden.

3. Körpermaße und Bewegungsabläufe müssen als Grundlage der Arbeitsplatzgestaltung gelten.

■ Um diese Ziele zu erreichen, sollten Sie die folgenden **Grundforderungen** beachten:

● Beleuchten Sie den Raum und den Arbeitsplatz ausreichend. Ordnen Sie den Arbeitsplatz möglichst in Fensternähe an, wobei der Lichteinfall von links erfolgen sollte. Vermeiden Sie bei künstlicher Beleuchtung (etwa 60 W) Blendung, und verhindern Sie scharfe Kontraste. Bringen Sie die Lampe etwa 30 cm über der Schreibtischplatte an.

● Halten Sie den Lärmpegel niedrig, und schalten Sie Störungen aus. Beachten Sie: Leichte Musik erhöht bei Routinearbeiten die Leistungsbereitschaft. Kommentare, Sprechen ... stören auf jeden Fall. Es sind Zusatz- und damit Störinformationen.

● Sorgen Sie für ausreichende Belüftung und ausreichende Raumtemperatur ($21 \pm 1\,°C$, relative Luftfeuchtigkeit etwa 40 bis 60%).

● Bemühen Sie sich um eine zweckmäßige Raumaufteilung. Schirmen Sie sich durch halbhohe Regale, Raumteiler u. ä. von der Außenwelt ab.

● Schaffen Sie sich eine persönliche Atmosphäre. Tun Sie alles, damit Sie sich an diesem Platz wohlfühlen. Blumen, Bilder und andere dekorative Elemente heben die Arbeitsfreude.

● Gestalten Sie den Arbeitsplatz leicht veränderbar und erweiterungsfähig. Passen Sie ihn an unterschiedliche Arbeits- und Bewegungsabläufe an, wie z. B. Literaturstudium, Prüfungsvorbereitungen, Anfertigen von Zeichnungen, ...

● Bringen Sie oft benötigte Arbeitsunterlagen im Griffbereich des Arbeitsplatzes unter. Belassen Sie auf der Tischfläche nur die Unterlagen und Hilfsmittel, die Sie für die laufende Arbeit benötigen.

● Ordnen Sie Ihre Unterlagen so, daß Sie diese ohne langes Suchen wiederfinden. Wichtig ist der Stammplatz und die geeignete Ordnung!

● Wechseln Sie nicht allzu oft die Systematik an Ihrem Arbeitsplatz. Bemühen Sie sich um eine inhaltliche und räumliche Ordnung.

● Legen Sie sich geeignete Hilfsmittel und zweckmäßiges Zubehör zu.

● Wählen Sie Ihr „Sitzinstrument" nach den Maßen des Bildes 1.15 aus. Die Mindestmaße der Arbeitsfläche sollten $1,0 \times 0,6$ m betragen.

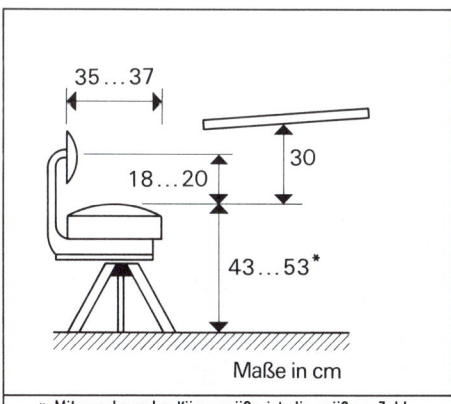

35...37

30

18...20

43...53*

Maße in cm

* Mit zunehmender Körpergröße ist die größere Zahl zutreffender.

Bild 1.15

■ **Nun, wie kann man feststellen, ob der Arbeitsplatz ausreichend ist?**

1. Wenn Sie richtige Sehnsucht nach Ihrem Arbeitsplatz haben. Wenn Sie sich freuen, auf Ihrem Stuhl Platz zu nehmen, um eine neue Arbeit zu beginnen. Ihre Bedürfnisse und Ihr Wohlbefinden sind entscheidend für die Arbeitsplatzgestaltung, nicht die Meinung von irgendwelchen „Arbeitsplatztechnokraten", d h., **der Arbeitsplatz ist richtig,** den Sie als solchen überhaupt nicht bemerken.

2. **Bewerten** Sie Ihren Arbeitsplatz. Bei negativen Einstufungen bemühen Sie sich um Abhilfemaßnahmen. Bild 1.16 zeigt Ihnen eine Möglichkeit, wie Sie bei der Bewertung Ihres Arbeitsplatzes vorgehen können.

Lfd. Nr.	Bewertungsnote / Einflußgrößen	Bewertung ausgezeichn. ← • → nicht ausr.					Besonderheiten, Kritik, Wünsche, Abhilfen
		1	2	3	4	5	
1	Raumaufteilung/ Abschirmung						
2	Arbeitsplatte Sitzgelegenheit						
3	Ruhe am Arb.-Platz						
4	Beleuchtung						
5	Heizung						
6	Belüftung						
7	Arbeitsunterlagen im Greifbereich						
8	Hilfsmittel und Zubehör						
9	...						
10	...						

Bild 1.16

1.4.4. Hilfsmittel und Zubehör

■ **Papier:** Für Notizen und Konzepte einfaches, preiswertes Papier. Weiterhin Rückseiten (leer) bereits beschriebener oder bedruckter Blätter. Seien Sie mit Papier nicht sparsam, denn neben dem „sprechenden Denken" gibt es auch ein „schreibendes Denken und Lernen", und dazu benötigt man Papier, viel Papier.

■ **Schreibinstrumente:** Stifte, Kugelschreiber und Filzstifte in verschiedenen Farben zum Unterstreichen, Skizzieren, Darstellen von Abläufen u.ä. „Vielschreiblinge" bevorzugen Druckbleistifte, sie ermüden nicht so.

■ **Organisationsmittel:** (Kapitel 5.5 ←).

● „Pin-Brett" für Termin- und Zeitplanung und als Notizablage.
● Zeit- und Terminpläne, Arbeitspläne.
● Karteien, Zettelkasten u. ä.

■ **Ringbücher:** haben sich als äußerst zweckmäßig erwiesen. Ordnung der verschiedenen Einlageblätter durch alphabetische oder numerische Verzeichnisse.

■ **Nachschlagewerke:** Lexika, Formelsammlungen, Praktikumsbücher, Duden und sonstige Unterlagen in Griffnähe unterbringen.

■ **Fachbücher:** eine Mindestausstattung über das entsprechende Fachgebiet ist notwendig.

Hilfsmittel und Zubehör sollen das Lernen unterstützen und fördern. Schlechte Werkzeuge und minderwertiges Material wirken sich negativ auf die Lernsituation und das Arbeitsergebnis aus.

■ **Welche Hilfsmittel benötige ich an meinem Arbeitsplatz und wie ordne ich sie an?**

Um einen Arbeitsplatz zu gestalten und zu organisieren, sollte man zunächst folgende Fragen beantworten:

> **Um welche Art Arbeitsplatz handelt es sich?**
> **Welche und wieviel Hilfsmittel werden benötigt?**
> **Wie häufig werden diese Hilfsmittel benötigt?**
> **Wieviel Aufbewahrungsraum ist dafür erforderlich oder steht dafür maximal zur Verfügung?**

● **Art des Arbeitsplatzes**

Die Art des Arbeitsplatzes und seine daraus resultierenden Anforderungen ergeben sich aus der Art der Tätigkeiten und aus dem Umfang der zu erledigenden Arbeiten:

sitzend, stehend, kniend, ...
sehr viel Literatur verarbeitend
zeichnend, werkend, ...

■ Um festzustellen, welche Art von Möbeln und wieviele Möbel benötigt werden, stellen Sie eine **Liste der erforderlichen Hilfsmittel** und des benötigten Zubehörs auf:

1. Zum Ordnen

Ablagekästen, Zettelkästen, Büroklammern, Gummibänder, Reißnägel, Locher, Heftapparat, Karteien, Reiter für Karteien, Aktenordner, Papierkorb, ...

2. Zur Information und Kommunikation

„Pin"-Brett, Terminkalender, Arbeitspläne, Telefon, Telefonbuch, Adressenordner, ...

3. Zum Zeichnen und Werken

Zeichenkarton, Zeichenutensilien, Farben, Pinsel, Leinwand, Klebefolien, Werkzeuge, Anleitungsfibeln, ...

4. Zum Schreiben

Schreibmaschine, Papier, Radierschablone, Bleistifte, Filzstifte, Kugelschreiber, Füllhalter, Lineal,

Maßstäbe, Notizblock, Radiergummi, Briefpapier, Briefumschläge, Bleistiftanspitzer, ...

5. Zum Vervielfältigen

Matrizen, Durchschlagpapier, Korrekturlack, Vervielfältigungsgeräte, ...

6. Sonstiges

Brieföffner, Schere, Folien, Tesafilm, Kleber, ...

■ **Wie häufig werden die einzelnen Hilfsmittel benötigt?**

Aufgrund der begrenzten Arbeits- und Stellfläche können nicht alle Hilfsmittel in nächster Nähe untergebracht werden.

Die Benutzungshäufigkeit ist ein wichtiges Beurteilungskriterium für die Entfernung. Zweckmäßigerweise unterteilen Sie alle Hilfsmittel in vier Gruppen:
1. Hilfsmittel, die ständig benötigt werden.
2. Hilfsmittel, die oft gebraucht werden.
3. Hilfsmittel, die gelegentlich Anwendung finden.
4. Hilfsmittel, die selten benützt werden.

■ **Wie werden Hilfsmittel, Möbel und Sitzplatz einander zugeordnet?**

Nachdem die Art und der Umfang der Hilfsmittel bestimmt, die entsprechenden Möbel ausgewählt wurden und die Benutzungshäufigkeit festgelegt worden ist, muß nun eine sinnvolle Zuordnung gefunden werden:

● Im Greif-Bereich müssen alle Hilfsmittel liegen, die dauernd oder sehr häufig benötigt werden.

● Im Reich-Bereich sollten sich jene Hilfsmittel befinden, die oft oder schnell, aber nicht ständig benützt werden.

● Im Hol-Bereich sind die Hilfsmittel abgelegt, die zwar zum Arbeitsplatz gehören, aber sitzend und/oder stehend nicht erreicht werden können. Selten oder nur gelegentlich benutzte Hilfsmittel werden hier untergebracht. Sie sollten aber im „Sichtbereich" des Arbeitsplatzes liegen.

> Ordnung am Arbeitsplatz
> ● erspart Zeit
> ● ermöglicht ein systematisches Arbeiten und
> ● steigert die Arbeitsfreude.

„Nur die Schwachen sehnen sich nach Ordnung, die Starken beherrschen das Chaos."

1. Die wichtigsten Grundvoraussetzungen für ein erfolgreiches Lernen:

- Positive Grundeinstellung zur Lernaufgabe (sachbezogene Motivation).
- Kenntnis persönlicher Lerngründe.
- Jeder Lernschritt muß angenehme Folgen haben.
- Vernünftige Ernährung und ausreichende Bewegung.
- Zweckmäßiger, lernfördernder Arbeitsplatz.
- Richtiger, individuell gewählter Lernrhythmus.

2. Menschliche Bedürfnisse, Motivation und Lernen

> „Die Befriedigung menschlicher Bedürfnisse ist gleichzeitig Voraussetzung, Antriebskraft und Randbedingung des Lernens,"

■ Bedürfnisse
Zur Ausstattung des Menschen gehören vitale, soziale und geistige Bedürfnisse.
Jede menschliche Handlung kommt durch eine Bedürfnisspannung zustande.
Der Mensch erlebt eine Diskrepanz zwischen einem unbefriedigenden Ist-Zustand und einem angestrebten Soll-Zustand.

> Bedürfnisse sind Motive

■ Motive
- regulieren Person-Umwelt-Bezüge,
- bewirken eine organisierende und eine steuernde Funktion spezifischer emotionaler Bedingungen,
- setzen Ziele, die mit Hilfe der Wahrnehmung, des Gedächtnisses und des Denkens realisiert werden sollen.

■ Konflikte und Reaktionen
Bleiben Bedürfnisse unbefriedigt, stellen sich Konflikte ein, die verschiedene Reaktionen auslösen können:
- aggressive (Ärger, Wut, Angst, . . .),
- regressive (Anfänger-Verhalten, Unterwerfen, . . .),
- ausweichende (Flucht in sachfremde Tätigkeiten, Flucht in Alkohol, in Krankheit, . . .).

> Konfliktsituationen beeinflussen die Lernvorgänge erheblich.

■ Grundsatz
Bei allen Handlungen müssen wir uns stets vergegenwärtigen, aus welchen Gründen wir das tun, welche Bedürfnisse und Wünsche dahinterstecken.

3. Sachbezogene Lernmotivation und erfolgreiches Lernen

> „Je stärker die Motivation, desto höher die Lernleistung!"
> „Sachbezogene Motivation ist die stärkste Motivation!"
> „Der Lernerfolg ist die wichtigste Belohnung beim Lernen!"

■ Sachfremde Motivation
- Lernen durch Strafe: gelernt wird nur, um der Strafe auszuweichen; es entsteht ein negativer Bezug zwischen Lernaufgabe und Strafe.
- Lernen durch Belohnen: gelernt wird für eine Belohnung nach Erreichen des Lernzieles (problematisch in der Anwendung).

■ Sachbezogene Motivation
Gelernt wird um der Sache willen. Das Erreichen der Zielsetzung ist zugleich Bedürfnis-Befriedigung **und** Erfolgsgefühl.

■ Erfolgserlebnis
Die Rückwirkung einer Handlung entscheidet darüber, ob diese Handlung positiv oder negativ verstärkt wird. Jedes Erfolgserlebnis wirkt als Belohnung (positive Verstärkung) und steigert die Lernmotivation.
Mißerfolge vermindern sie (Abschwächung).
Erfolgserlebnisse sind nur durch häufige und unmittelbare Lernkontrolle möglich.

■ Motive bündeln
Möglichst viele Motive für das Lernziel finden. Konkurrierende Motive ausklammern oder umlenken.

■ Kurz- und langfristige Motive
Kurzfristige Motive sind meistens stärker als langfristige (deshalb langfristige in kurzfristige umwandeln).

■ **Sachbezogene Motivation fördern**

● Motive bewußt machen: Warum will ich das? Warum tue ich dieses? Welche Wünsche habe ich?.

● Rationelle Lernplanung betreiben (Lernschritte, Terminpläne u. ä.).

● Teilziele bilden, Teilprobleme lösen, Erfolgserlebnisse haben.

● Entscheidungsspielraum schaffen.

● Aktiv mit den Problemen auseinandersetzen.

● Ständig Verbindung aufzeigen zwischen zu lösender Aufgabe und eigener Person.

● Neugier, Funktionslust und Vollendungswunsch ausnutzen.

● Mittlere Schwierigkeitsgrade einer Aufgabe anstreben.

● Jeder Lernschritt muß angenehme Folgen haben.

Motivationsunterschiede bestimmen im allgemeinen stärker den Erfolg oder Nichterfolg eines Lernprozesses als die sogenannten Begabungsunterschiede.

4. Physiologische Voraussetzungen

Geistige Leistungsfähigkeit und -bereitschaft werden von der körperlichen Verfassung stark beeinflußt.

■ **Ernährung**

● kalorienarme, vitaminreiche Kost bevorzugen.

● Nahrungsaufnahme auf den Tag gleichmäßig verteilen,

● mäßig essen und Gewicht kontrollieren,

● Medikamente nur, wenn vom Arzt verordnet.

■ **Bewegung und Entspannung**

Überwinden Sie Ihre Faulheit!

Jeden Tag einmal schwitzen.

Körperliche Bewegung entspannt und lenkt ab.

Körperliche Betätigung ist Anstoß zur Aufmerksamkeit (sogenannte „Weck-Reaktionen").

■ **Ermüdung, Pausen und Arbeitszeit**

● **Ermüdung:**

Ermüdung ist gleichbedeutend mit einem Herabsetzen der Funktionsfähigkeit und des Leistungsvermögens durch eine Beanspruchung.

Wir unterscheiden: Arbeitsermüdung, biologische Ermüdung und Motivations-Ermüdung. Durch entsprechende Erholung kann eine Ermüdung wieder aufgehoben werden. Es ist immer ein „Ermüdungs-Erholungs-Gleichgewicht" anzustreben.

● **Biologischer Tagesrhythmus:**

Er beeinflußt physiologische und psychische Funktionen. Dieser Rhythmus ist bei der Ermittlung persönlicher, günstiger Lernzeiten mit heranzuziehen.

● **Pausenregelung:**

Pausen sind produktiv (etwa 20 % der Arbeitszeit für Pausen verwenden),

Leistungssteigerung durch häufige Kurzpausen.

Maximale Lernzeit nicht länger als 6 bis 7 Stunden festlegen.

In den Pausen immer etwas anderes tun.

5. Organisation des Arbeitsplatzes

■ **Grundsatz 1:** Den idealen Arbeitsplatz für alle gibt es nicht!

■ **Grundsatz 2:** Ablenkende Einflüsse und Störungen sind zu vermeiden.

■ **Zielsetzung** (für den Arbeitsplatz):

● Der Arbeitsplatz muß groß genug und entsprechend aufgeteilt sein.

● Er muß zügiges und zweckentsprechendes Arbeiten ermöglichen.

● Es muß Ihr eigener, von Ihnen benutzter Platz sein.

● Er muß bequem und gemütlich sein.

● Körpermaße und Bewegungsabläufe müssen als Grundlage der Arbeitsplatzgestaltung gelten.

● Die am häufigsten benutzten Hilfsmittel müssen in Greifnähe liegen.

● Generell muß der Arbeitsplatz zur Förderung des Arbeitsflusses und der Arbeitsfreude dienen.

Σ 1 Grundvoraussetzungen in ihrem Einfluß auf Lern- und Arbeitsergebnisse (Zusammenfassende Darstellung)

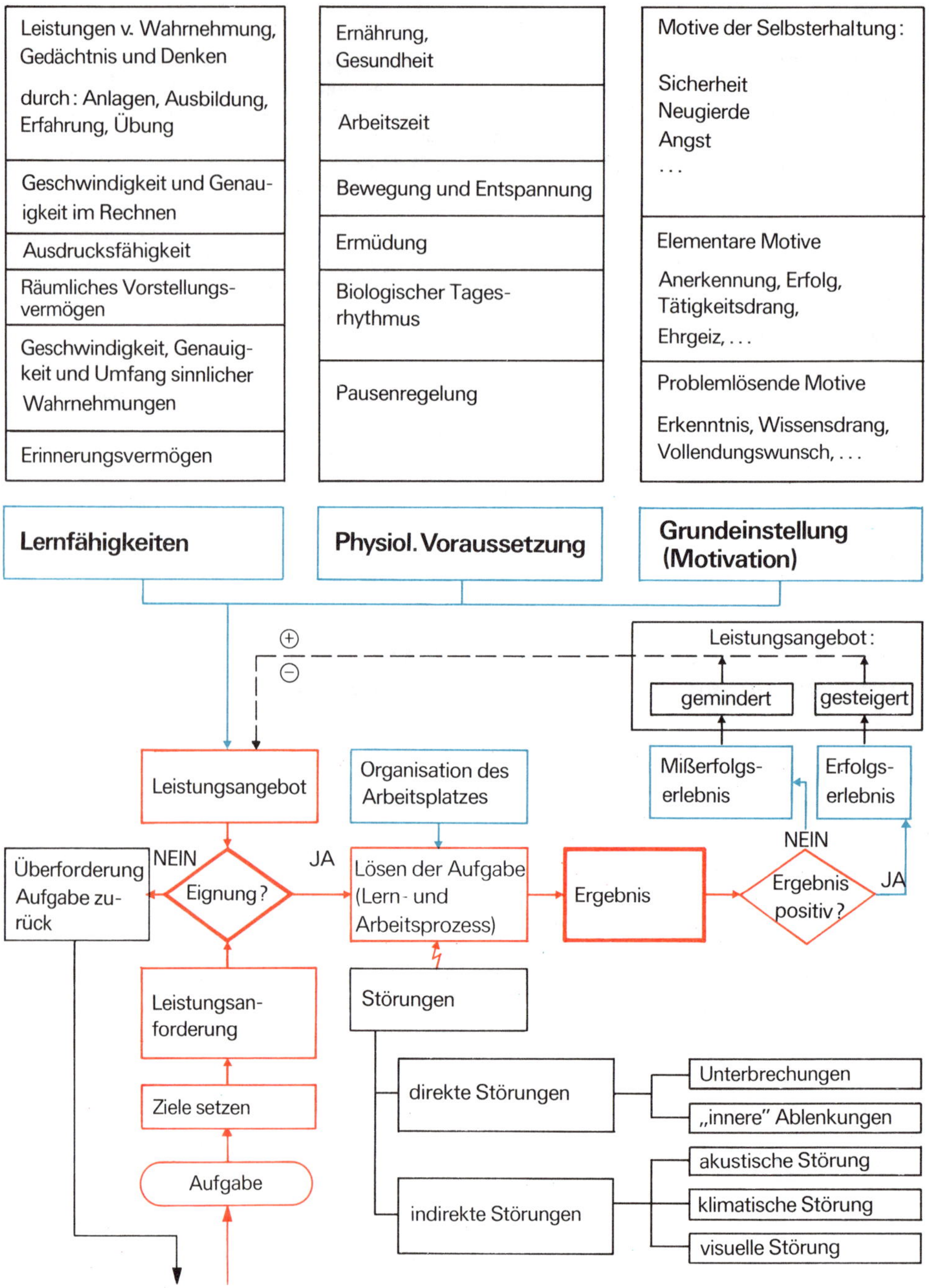
Leistungen v. Wahrnehmung, Gedächtnis und Denken
durch: Anlagen, Ausbildung, Erfahrung, Übung
Geschwindigkeit und Genauigkeit im Rechnen
Ausdrucksfähigkeit
Räumliches Vorstellungsvermögen
Geschwindigkeit, Genauigkeit und Umfang sinnlicher Wahrnehmungen
Erinnerungsvermögen
Ernährung, Gesundheit
Arbeitszeit
Bewegung und Entspannung
Ermüdung
Biologischer Tagesrhythmus
Pausenregelung
Motive der Selbsterhaltung:
Sicherheit
Neugierde
Angst
. . .
Elementare Motive
Anerkennung, Erfolg, Tätigkeitsdrang, Ehrgeiz, . . .
Problemlösende Motive
Erkenntnis, Wissensdrang, Vollendungswunsch, . . .
Lernfähigkeiten
Physiol. Voraussetzung
Grundeinstellung (Motivation)
⊕
⊖
Leistungsangebot:
gemindert
gesteigert
Mißerfolgserlebnis
Erfolgserlebnis
Leistungsangebot
Organisation des Arbeitsplatzes
Überforderung Aufgabe zurück
NEIN
Eignung?
JA
Lösen der Aufgabe (Lern- und Arbeitsprozess)
Ergebnis
NEIN
Ergebnis positiv?
JA
Leistungsanforderung
Störungen
Ziele setzen
Aufgabe
direkte Störungen
Unterbrechungen
„innere" Ablenkungen
indirekte Störungen
akustische Störung
klimatische Störung
visuelle Störung

2. Der Mensch als informations-verarbeitendes System

Nun, was ist's?
Pokal oder Profile?
Welches wurde von Ihnen zuerst identifiziert?
Identifiziert von mehr als 10 Milliarden (10^{10}) Zellen Ihres Gehirns.
Die **Information „Pokal" oder „Profil"** ist abhängig von demjenigen, der diese Information aufnimmt und verarbeitet.
Über das
● **Wie** der Informationsaufnahme und -verarbeitung, das
● **Wieviel** und einiges mehr
wollen wir Sie in diesem Kapitel „informieren".

Bild 2.1

2.1. Das Gehirn und einige seiner Funktionen

2.1.1. „Elektrochemie" und „Apfelsine"

■ Sie lesen das Wort „Apfelsine". Mit diesem **Lesevorgang** (= Vorgang der Informations-Aufnahme) beginnen in Ihrem Gehirn sofort „Gedankenverbindungen" abzulaufen:
Eindrücke, wie: In welchem Zusammenhang stehen Gehirnfunktion und Apfelsine ... oder wie schmecken Apfelsinen ... und ähnliches mehr.
Dieses Sehen ist ein Vorgang, durch den das Gehirn – im allgemeinen – die meisten Informationen (bis zu 90%) erhält. Allerdings „sehen" wir nicht mit den Augen, sondern mit unserem Gehirn. Die Augen haben die Aufgabe, Lichteindrücke der Netzhaut zuzuteilen und sie anzuregen. Die optischen Reize verursachen dort kurzzeitig chemische Prozesse, die ihrerseits in den Nervenfasern elektrische Signale auslösen.
Diese **„Impulse"** oder auch **„Erregungen"** werden bestimmten Gehirnbereichen, den Sehzentren, zugeleitet.
Damit wären wir schon mittendrin, in unserem **„biologischen Computer",** dem Gehirn. Auch die wenigen gesicherten Erkenntnisse über unser geistiges Zentrum sind ausreichend, um daraus Lernhilfen abzuleiten.

■ Das **menschliche Nervensystem** ist ungeheuer kompliziert. In der wenige Millimeter dicken Rinde des Großgehirns befinden sich etwa 10 Milliarden Nervenzellen. Mit ihren Nervenfasern stehen diese Zellen mit auch dem entferntesten Stückchen Gewebe in Verbindung: jede von ihnen knüpft bis zu 10 000 Kontakte mit anderen Zellen.
In diesem Netzwerk laufen mit einer Geschwindigkeit von 3 bis 300 Kilometer in der Stunde (3 bis 300 km/h) **elektrische Impulse** in voneinander isolierten Bahnen und **schalten Bewußtseinsvorgänge** zum und vom Gehirn.
... und das wird alles gleichzeitig bewältigt:
● Herz und Lunge sind ständig tätig,
● Nahrungsmittel werden verdaut und
● Informationen aufgenommen,
● das Gedächtnis arbeitet,
● Wünsche werden wach und
● eine Vielzahl von Muskeln dirigiert.
■ Alle menschlichen Funktionen — vor allem die des Geistes — werden also durch den Mechanismus

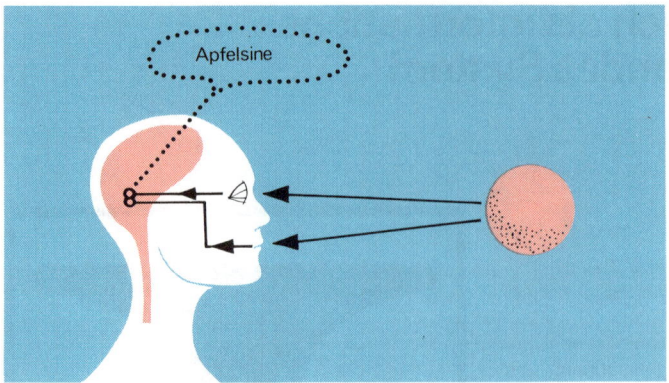

des Nervensystems mit seiner Vielzahl von Nervenzellen gewährleistet.

Auch bei unterschiedlichen Aufgaben und entsprechenden Auswirkungen unterliegen die **Nervenzellen** alle dem gleichen **Bauprinzip.**

Eine Nervenzelle besteht aus drei Teilen:
● dem **Zellkörper,**
● einer **Anzahl von Fasern** (Dendrite), die elektrische Impulse aufnehmen, und
● einer **einzelnen Faser** (Neurit), die **Impulse** an andere Zellen **abgibt.**

Daraus ist sofort ersichtlich, daß Impulse nur in einer Richtung fortgeleitet werden, und zwar: von den Dendriten → Zellkörper → Neurit (→ Dendriten anderer Nervenzellen).

Diese Vielzahl von Nervenzellen ist innerhalb des **Gesamtnervensystems** zu drei „Untersystemen" organisiert:
● **Gehirn** (etwa 10^{10} Zellen miteinander verknüpft),
● daran schließt sich das **Rückenmark** an (mit relativ langen Nervenfaser-Kabelsträngen, bis zu 80 cm lang). Gehirn und Rückenmark stellen zusammen das **Zentralnervensystem** dar.

Es steht in Verbindung mit dem
● **peripheren Nervensystem,** einem Netzwerk von über den ganzen Körper verteilten Nervenzellen.

2.1.2. Worauf beruht nun die Speicherung von Informationen im Gehirn?

■ Eine verbindliche Antwort ist noch nicht möglich. In vielen Laboratorien suchen Wissenschaftler nach der Lösung dieses Rätsels.

Alle bemühen sich Neues zum Gesamtthema „Biologische Informationsspeicherung und Nervensystem" beizusteuern, um Aufschluß über die elektrochemische Natur der **„Gedächtnismoleküle"** zu bekommen.

■ Nervenzellen, die Informationen speichern, müssen dadurch Veränderungen erfahren, d. h., es besteht ein **Zusammenhang zwischen der Verarbeitung elektrischer Impulse und bestimmter Stoffwechselvorgänge im Nervensystem.**

Werden einzelne Nervenzellen mit elektrischem Strom gereizt, so ändern sich die chemischen Zusammensetzungen (Aminosäuren, Eiweißstoffe, Lipide, u. a.) und das elektrophysiologische Verhalten.

■ Wichtig bei diesen Vorgängen ist die **Struktur der Zellmembranen.** Jede Zelle unseres Körpers ist von einer sehr dünnen Haut (etwa 10^{-5} mm gleich 0,000 01 mm) — einer sogenannten Membran — umgeben. Diese Membran hält den Zellinhalt zusammen, ist aber so „porös", daß sie für bestimmte „Stoffe" durchlässig ist.

Für das Nervensystem spielen diese Zellmembranen eine hervorgehobene Rolle. Die elektrischen Impulse nämlich, die im Nervensystem als **„chiffrierte Botschaften"** die Grundlage unseres Organismus bilden, entstehen dadurch, daß Nervenzell-Membranen zu bestimmten Zeiten für bestimmte Substanzen durchlässig oder gesperrt sind.

Durch die sich schnell ändernde Durchlässigkeit können diese elektrisch geladenen Teilchen durch die Membranen wandern oder auch nicht.

Dieser Phasenwechsel der Potentialdifferenzen zwischen Außen- und Innenseite der Membranen dauert nur Bruchteile von tausendstel Sekunden und ist die Grundlage der Übertragung elektrischer Impulse im Nervensystem.

■ Um das Übertragen dieser elektrischen Impulse zu ermöglichen, ist der Neurit der einen Nervenzelle über **Verbindungsstellen („Synapsen")** mit dem Körper (genauer mit den „Dendriten") der anderen Nervenzelle verbunden.

Über diese Schaltstellen werden die elektrischen Impulse übertragen (Membranaufladungen und -entladungen).

■ Diese elektrischen Impulse bringen eine unendliche **Anzahl von Handlungen** hervor:

Lachen oder Weinen, einen Vortrag halten, eine Apfelsine essen oder Tischtennis spielen.

Aber um Tischtennis spielen zu können, sind bestimmte körperliche und geistige Tätigkeiten gleichzeitig auszuführen. Man muß wissen, wie, wo und wann man den Tischtennisball treffen muß. Diese Erfahrungen sammelt man mit der Zeit und ruft sie bei Bedarf aus seinem **„Erfahrungsspeicher"**, dem **Gedächtnis**, ab.

Wo hat das Gedächtnis nun seinen Platz?

Es läßt sich räumlich nicht exakt festlegen. Wissen wird in relativ weiten Bereichen des Gehirns gespeichert. Erst wenn größere Teile der Hirnrinde fehlen, setzt das Gedächtnis aus. Jede neue Information wird offenbar großräumig gespeichert.

■ Die **Dauer** einer „Informationswahrnehmung" spielt dabei eine große Rolle.

Die zahlreichen Eindrücke, die wir zu jeder Zeit gleichzeitig wahrnehmen, regen Nervenzellen in verschiedenen Hirnregionen an.

Überlegen Sie sich, welche Wahrnehmungen Sie in diesem Zeitpunkt durch Auge und Ohr, Nase und Geschmack, durch Triebe und Wünsche haben. Diese Vielzahl von Wahrnehmungen werden — wie beschrieben — von den Impulsen oder Erregungen erzeugt.

Irgendwo im Gehirn muß es also eine Vermittlerstelle geben, die diese „Informationen" kurzfristig speichert. Dauert nun die Wahrnehmung und dadurch auch der **Kurzspeichervorgang** an, so erfolgen — höchstwahrscheinlich — chemische Prozesse. Moleküle („Nukleinsäuren") scheinen so programmiert zu werden, daß sie damit **gezielte Kontakte** zwischen einzelnen Gehirnnervenzellen erzeugen können. Dadurch geht das ursprünglich elektrisch fixierte **Wahrnehmungsmuster** offensichtlich in eine dauerhaftere Nervenverknüpfung über.

In unserem Gehirn, als dem Schaltzentrum zahlreicher Nervenbahnen, werden also zu jeder Tages- und Nachtzeit Impulse erzeugt und weitergeleitet, Stromkreise geöffnet und geschaltet, Nervenzellen nach bestimmten Prinzipien miteinander verknüpft.

Wenn Wahrnehmungsprozesse längere Zeit ungestört ablaufen, erfolgen **Strukturänderungen** in einzelnen Molekülen der Nervenzellen.

Das bedeutet, die Informationen werden durch einen chemischen Kode in die Struktur bestimmter Moleküle überführt, sie werden gespeichert. Aber die **größte Bedeutung des Gehirns liegt** nicht im Speichervorgang, sondern **in seiner Fähigkeit zu vergleichen und auszuwählen, zu koordinieren und zu integrieren.**

Der schon nicht sehr einfache Vorgang der Informationsaufnahme und -weiterleitung wird noch überlagert durch das komplizierte Zusammenspiel von Umwelteindrücken und langjährigen Erfahrungen, von Täuschungen und Interessen, vom Wollen und von außen auferlegten Zwängen.

Jede bewußte **Wahrnehmung** wird von physischen, geistigen und emotionalen Faktoren beeinflußt. Zwei Beispiele sollen das verdeutlichen.

Beispiel 1: Wir erinnern uns (. . . auch das ist ein Denkvorgang):

Unsere objektive Umwelt besteht aus physikalischen und chemischen Vorgängen, die als Information durch unsere Sinnesorgane subjektiv wahrgenommen werden.

Eine Apfelsine, eine echte Apfelsine . . .

Die Lichtquanten im Auge und die chemischen Stoffe beim Schmecken werden in den Sinnesorganen in eine „Sprache" (Impulse, Erregungen) des Gehirns übersetzt. Und dort wird dieses rotgelbe, runde Etwas zur Apfelsine (Bild 2.2).

Wir müssen alle ähnlichen Apfelsinen (große und kleine, hellere und dunklere) auch als Apfelsinen erkennen und sie zu ähnlichen Früchten (Zitronen, Mandarinen) abgrenzen.

Um diese Apfelsine als solche zu erkennen und Unterscheidungen treffen zu können, müssen wir Erfahrungen sammeln, müssen wir lernen.

Die ersten Lebenseindrücke des Kindes **(„Vorprogrammierung")** bilden ein **Grundmuster** im Gehirn, das im Laufe der Jahre ausgefüllt, ergänzt und überlagert wird.

Voraussetzung dafür ist, daß jeder Mensch ausreichend Gelegenheit gehabt hat, diese wesentlichen Grunderfahrungen zu sammeln.

Nachdem man einige Male eine Apfelsine gegessen hat, wird aus dem gelbroten Fleck ein Wissen über Form und Geschmack, über Aufbau und Farbe.

Beispiel 2: „. . . Feder . . .“ ja, Feder.
Was denken Sie dabei?
Feder als
    Schreibfeder
    Maschinenelement
    Vogelfeder
    Gegenstück (Leiste) zur „Nut“ (Bild 2.3).
Je nach Erfahrung, beruflicher Ausbildung, persönlichem Kenntnisstand und augenblicklichem Umfeld (geistig und gegenständlich) hat das Wort „Feder“ eine verschiedene Bedeutung.
Das Sehen des Wortes „Feder“ ist damit kein kameraähnlicher, passiver Vorgang, sondern eine aktive Tätigkeit:

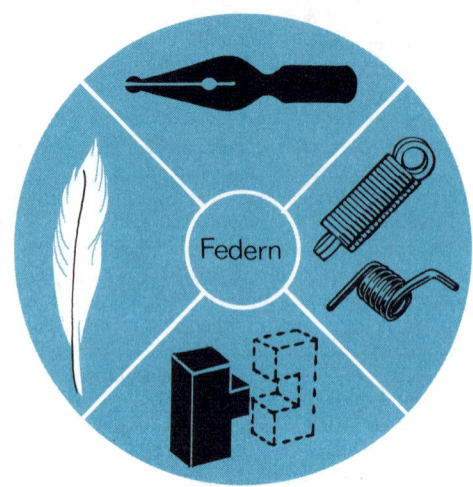

Bild 2.3

> Vergleich eingehender Informationen mit den im Gehirn gespeicherten Erfahrungen.

Sehen (oder allgemeiner: **Wahrnehmen**) ist demnach ein eng mit dem Gedächtnis verknüpfter Prozeß. Wenn Sie jetzt noch berücksichtigen, daß bei vorhandenen Englischkenntnissen mit „feather“, „pen“ und „spring“ noch weitere Verknüpfungen erfolgen und daß Sie sogar mit geschlossenen Augen das Wort „Feder“ schreiben können, bekommen Sie eine kleine Vorahnung, welche ungeheure Vielfalt an komplizierten Vorgängen im Gehirn besteht.

Diese beiden **Beispiele** sollten Ihnen klarmachen, daß
● z. B. Musik nur scheinbar in den Ohren erklingt, denn es ist nur Aufnahmeorgan. Die Mozartklänge entstehen in bestimmten Gehirnzentren.
● Gehirnprozesse sich mehrmals wiederholen müssen, damit daran beteiligte Nervenzellen auf die „gewünschten“ Verknüpfungen spezialisiert sind.

● die Schriftzüge „5% Zinsen“ zwar mit dem Sinnesorgan „Auge“ aufgenommen werden, die Bedeutung dieses Ausdruckes aber erst mit Hilfe der bisherigen Erfahrungen entsteht. Für Zweijährige also ein sinnloses Gekritzel!
■ **Fassen wir zusammen:**
1. Unsere **Sinnesorgane** erzeugen in uns **Empfindungen,** die sich mit den bisherigen **Erfahrungen** zu **Wahrnehmungen** verbinden.
2. Die **Umwelt,** also die „objektive“ Wirklichkeit (bestehend aus Atomen, Molekülen, Schwingungen), wird in ein subjektives Empfinden und Wahrnehmen (Geräusche, Gerüche, Farben u. a.) überführt.
Physikalisch-chemische Vorgänge werden zu Sonnenuntergang und sozialen Mitgefühl, zu Volkslied, Salzgeschmack und Traurigkeit.
3. Das **Gehirn** stellt dabei einen **Informationsspeicher** dar, in dem diese **Umwelt „modellartig“ abgebildet** ist. Es enthält alle Informationen, die sich im Laufe des Lebens als bedeutsam und wichtig herausgestellt haben.

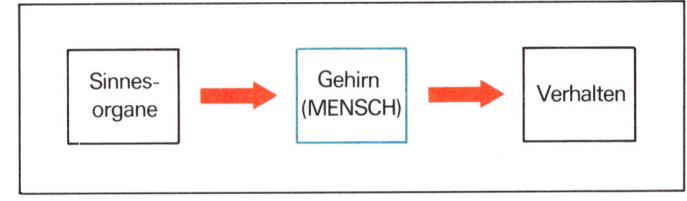

Bild 2.4

2.2. Informationen sind immer etwas Neues

■ Mehrere Seiten lang haben wir den Begriff **„Information"** („. . . das Gehirn ist der Informationsspeicher des Menschen . . .") benutzt, ohne ihn näher zu erläutern.
Das wollen wir nachholen.

Beispiel: Familienabend
Vor dem Fernseher und im 1. Programm: ein Volksstück.
Es klingelt, die Tür geht auf: Onkel Albert.
„. . . stellt euch vor, unsere Oma hat 5 Richtige im Lotto . . ."
Jubel, Trubel und Hektoliter Flüssigkeit auf Kredit.
So mitten hinein erscheint Tante Luise (Schwester von Albert): „Stellt Euch vor, unse. . ."
Müdes Abwinken!

Was können wir daraus entnehmen?
Obwohl beide Informationen identisch sind, hatte die zweite keinen „Informationswert".

Nur Aussagen, die Neues bringen, sind Informationen. . .

. . . bei enger Auslegung des Begriffes.

Häufige, gleichablaufende Ereignisse bieten uns „nichts Neues", überraschende und seltene Vorgänge sind für uns besonders informativ.

■ Rote Ampeln, der Witz eines Freundes, die Worte, die Sie gerade lesen . . . alles sind **Informationen.** Informationen können also aufgenommen und abgegeben werden. Dabei ist jede Information an einen **materiellen** (Papier, Draht, . . .) **oder** einen **energetischen** (Lichtwellen, Schallwellen, . . .) **Träger** gebunden.

Die **Sinnesorgane** (besser: Rezeptionsorgane) des Menschen nehmen die physikalischen und chemischen Vorgänge auf (Bild 2.4) und setzen sie im Gehirn zu einem **„Außenwelt-Modell"** zusammen.

„Ein- und Ausgangskanäle" des Menschen sind in dem nachstehenden Bild noch einmal dargestellt (Bild 2.5). Alle Wirkungen des Menschen (Verhalten) in der Außenwelt haben ihre Ursache in einer vom Gehirn ausgehenden Information.

Bild 2.5

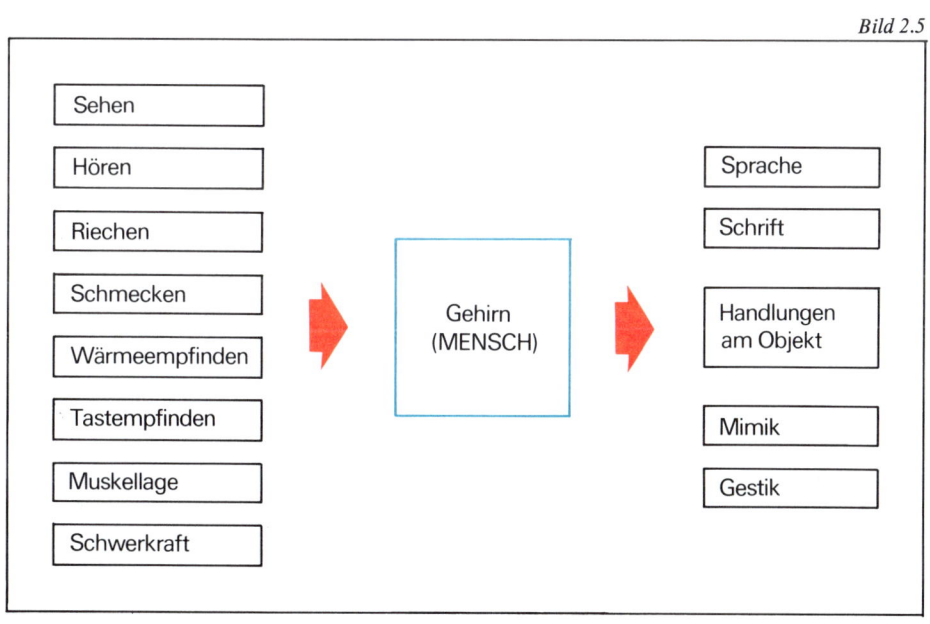

4 Denken – Planen – Handeln

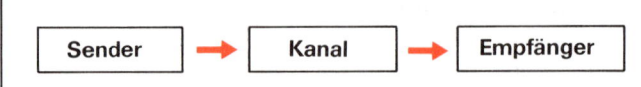

Bild 2.6

■ Alle Informationen werden von einem „**Sender**" mittels **Zeichen** (Signale) zu einem „**Empfänger**" übertragen (Bild 2.6):

Dabei müssen diese Zeichen für Sender und Empfänger gleiche Bedeutung (Inhalte) haben. Zeichen (Signale) können sein: Zahlen, Buchstaben, Verkehrszeichen, elektrische Spannungen, Gesten, . . .

Mit Kanal (besser: **Informationskanal**) werden die Teilsysteme bezeichnet, die Informationen übertragen (beim Menschen z. B. Auge, Mund, Ohr).
Somit sind Informationen:

Eine räumliche oder zeitliche Folge von physikalischen Signalen, die mit bestimmten Wahrscheinlichkeiten oder Häufigkeiten auftreten.

Informationen bestehen aus der materiellen Form (physikalischer Träger) und dem Inhalt (der Bedeutung).

■ Die Information ist aber nicht nur qualitativ (Neuigkeit, physikalisches Signal), sondern auch quantitativ meßbar.

Machen wir einen kurzen Umweg über die „**künstlichen Computer**" (EDV-Anlagen), um von hier aus einige Informationen für unseren „**biologischen Computer**" zu entnehmen.

Das in der Informationstheorie wohl wichtigste Darstellungssystem ist das **Dualsystem.** In diesem System gibt es nur zwei Ziffern (Zeichen): 0 und 1 (**Binärelemente**). Dieses System ist deshalb so wichtig, weil es das einfachste System ist (es hat nur zwei Zustände: JA — NEIN oder EIN — AUS).

Die **Einheit für eine Informationsmenge** nennen wir „**bit**" (englisch: „binary digit" gleich Zahl im Zweiersystem).
Etwas, das mit 50% Wahrscheinlichkeit vorausgesagt werden kann, enthält den Informationsgehalt von einem „bit".
(Münzwurf: Kopf/Adler; Schalter: EIN/AUS).
Damit gibt uns die Information die „Unvorhersagbarkeit" einer Nachricht an.

■ Unsere täglichen Informationen bestehen nun nicht aus diesen Binärelementen „0" und „1", sondern aus Buchstaben, Zahlen usw.
Wir erinnern uns, daß jede von außen kommende Information in unserem Nervensystem umgewandelt wurde. Das Übertragen der elektrischen Impulse geschah an den unzähligen Schaltstellen (Synapsen).
Jetzt können wir unser Modell fortsetzen: Kommt zu einem bestimmten Zeitpunkt ein elektrischer Impuls an eine Schaltstelle (Synapse), so erhalten wir unser Binärelement „1". Kein Impuls zum gleichen Zeitpunkt bedeutet: Binärelement „0". **Die Binärelemente „0" und „1" sind damit Grundbausteine für jede nur denkbare Information.**

■ Zwei Informationen sind also entsprechend unserer Definition verschieden, wenn sie aus verschiedenen Anordnungen (Reihen, Ketten) von Binärelementen entstehen, wie:

$$0-1; 00-01; 10-11; 000-001; \ldots$$

Beispiel 1: Sie wollen die Zahlen 28 und 51 im Binärsystem (Zweiersystem) darstellen (Bild 2.7).
Beispiel 2: Versuchen Sie nun, die binäre Zahl „100" in eine Dezimalzahl umzuwandeln.
Richtig: „100" bedeutet demnach:
„Kein Einer, kein Zweier, aber ein Vierer . . . und in unserem Dezimalsystem eine „4".

Zahl in Potenzen von …	2	…	2^6	2^5	2^4	2^3	2^2	2^1	2^0	allgemein : $n = 2^i$
Dezimalzahl		…	64	32	16	8	4	2	1	
Dualzahl (binär)				L	L	O	O	L	L	LLOOLL $\hat{=}$ 51
					L	L	L	O	O	LLLOO $\hat{=}$ 28

Bild 2.7

Wichtig bei allen Umwandlungen ist die Kenntnis der entsprechenden Ziffern- und Stellenwerte.
Will man z. B. acht (8) verschiedene Informationen (Reihen) herstellen, benötigt man drei (3) bit pro Reihe: ($n = 2^i$; $8 = 2^3$)[1]

$$001 - 010 - 011 - 100 - 101 - 110 - 111 \text{ und } 000$$

Um unser dezimales Zahlensystem (1, 2, 3, 4, 5, 6, 7, 8, 9, 0) umzusetzen (zu „kodieren"), sind in der Praxis 4 bit/Zahl erforderlich (Bild 2.8). Von den 16 ($2^4 = 16$) möglichen „4er-Reihen" sind zur Kodierung unserer Dezimalziffern aber nur 10 notwendig, d.h., 6 davon sind überflüssig (sie sind „redundant"). Eine **„optimale** Kodierung" ergibt einen Informationsgehalt von $I = 3{,}32$ bit (nach der Gleichung $I = \mathrm{ld}\ 10$).

> Unter **Informationsgehalt** versteht man die Minimalanzahl von Binärelementen, die bei einer optimalen Kodierung einer Information notwendig sind. Notwendig zur vollständigen „Beseitigung" einer Unsicherheit.

■ Für unsere **26 Buchstaben** ist — gleich häufige Verwendung vorausgesetzt — **ein Informationsgehalt** von $I = 4{,}7$ bit ($I = \mathrm{ld}\ 26$ bit) maßgebend.
Da aber z. B. das „e" häufiger als das „y" benutzt wird, errechnet sich ein **mittlerer Informationsgehalt** von $I = 4{,}11$ bit (bezogen auf die Buchstabenhäufigkeit der deutschen Sprache).

Man erkennt, daß der Informationsgehalt eines Elementes steigt, je seltener es in der „subjektiv" empfundenen Umwelt des einzelnen vorkommt.

> Beispielsweise hat der Buchstabe „a" einen Informationsgehalt von $I_a = 4{,}08$ bit im Gegensatz zum Buchstaben „e" mit $I_e = 2{,}78$ bit.

Anders ausgedrückt: In deutschen Texten ist es wahrscheinlicher, daß ein „e" öfter auftritt als ein „a". Nun lesen wir (hoffentlich) keine einzelnen Buchstaben, sondern Worte. Die Zusammensetzung der Buchstaben in den vorkommenden Wörtern und die Häufigkeit dieser Wörter in den verschiedenen Sätzen muß auch berücksichtigt werden.

Dezimalzahl	Dualzahl
0	0000
1	000L
2	00L0
3	00LL
4	0L00
5	0L0L
6	0LL0
7	0LLL
8	L000
9	L00L

Bild 2.8

> … das mit den Binärzeichen ist doch gar nicht so neu … meint LÖRNI … schon im Altertum hat man „binärt", siehe Matthäus 5, 37: „Eure Rede aber sei: Ja, ja; nein, nein. Was darüber ist, das ist von Übel."

---

[1] i, I = Anzahl der zur Dualkodierung notwendigen bit
n = Anzahl der gegebenen Elemente
$n = 2^i$
$I = \mathrm{ld}\ n$ (mit ld = Logarithmus zur Basis 2)

Dazu zwei Worte als **Beispiel:** „ist" und „das"
(Bild 2.9). Vergleichen Sie in beiden Beispielen
die Informationsgehalte!

	BUCHSTABENNIVEAU (Informationsgehalt)	WORTNIVEAU (Informationsgehalt)
I S T	4.00 bit 3.94 bit 4.21 bit	6.80 bit
	12.15 bit	
D A S	4.18 bit 4.08 bit 3.94 bit	6.50 bit
	12.20 bit	

Bild 2.9

Wenn Sie den relativ großen Unterschied (fast doppelt) zwischen dem Buchstabenniveau und dem
Wortniveau feststellen und daraus schließen:

Das „buchstabierende" Lesen ist also weitaus
unrationeller als das „Wort-Lesen",

so haben wir das Ziel erreicht. (Sie können die letzten zwei Seiten vergessen!)
**Ein Text kann also viel schneller gelesen werden,
wenn nicht einzelne Buchstaben, sondern gleich die
Worte kodiert werden. Der Text wird „informations-
gehaltsärmer"!**
Diese rationelle Form der Informationsspeicherung
nennt man **„Superzeichenbildung"**, da Superzeichen
einen geringeren Speicheraufwand benötigen als die
enthaltenen Einzelelemente.
Dazu drei **weitere Beispiele:**

Beispiel 1
Stellen Sie sich vor, die Darstellungen in diesem
Buch könnten nicht mehrfarbig gedruckt wer-
den, aus sachlichen Gründen wären wir aber
gezwungen, eine Treppe „BLAU" darzustellen.
Wir müßten zu folgender Lösung greifen:
Bild 2.10.
Auf dem Buchstabenniveau ergibt sich ein In-
formationsgehalt von etwa 44 bit und auf dem
Wortniveau von etwa 29 bit. Bei der Möglich-
keit, diese Treppe blau zu drucken, beträgt der
Informationsgehalt nicht einmal 5 bit
(Bild 2.11).
Anders ausgedrückt: Das Lesen der Worte
„Das ist blau" dauert länger als das „sofortige"
Wahrnehmen einer „blauen" Treppe.

Bild 2.10

... diese Abhandlungen, meint LÖRNI, sind so einfach geschrieben, daß sie sogar von den Erwachsenen verstanden werden ...
und deshalb nochmals eine Erklärung für „bit":
Bit ist die Abkürzung von „Binärzeichen", und „bi-
när" sagt aus: „zweier Werte fähig" (damit wird 1 bit
= mit 50%iger Sicherheit oder zwei gleich wahr-
scheinliche Möglichkeiten).
Beispiele:

Intensitätspaar	hell	— dunkel
Gestenpaar	Kopfnicken	— Kopfschütteln
Antwortenpaar	ja	— nein
Paar von Zeichen	ein	— aus

**Beispiel 2: „Lesen-Lernen nach der ganzheit-
lichen Methode"**
Man beginnt mit denjenigen Wörtern als Ganzes, deren Inhalt die Kinder am besten kennen,
wie Eigennamen, Mutter, Ball, Haus, Auto, ...
Etwa 30 bis 40 Wörter (mehrfach wiederholt)
sind notwendig, um alle Buchstaben zu kennen.
Danach schließt sich die **synthetische Methode**
an, mit dem Vorteil, daß die „informations-
gehaltärmsten" Silben und Wörter dem Kind
schon geläufig sind.

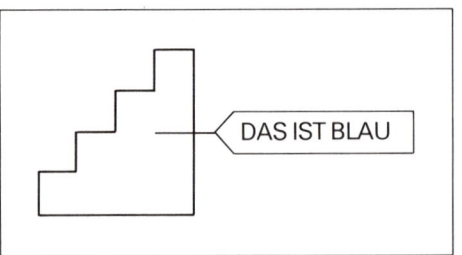

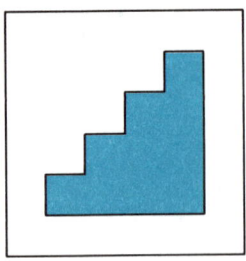

Bild 2.11

Beispiel 3: „Lesen" als eine Möglichkeit der Informationsaufnahme

Der Mensch kann durchschnittlich 16 bit Informationen in der Sekunde bewußt aufnehmen (Kapitel 2.3.1). Da während des Lesevorganges noch zusätzlich weitere („Stör"-)Informationen wahrgenommen werden, rechnen wir in unserem Beispiel mit einer konstanten Informationsmenge von 8 bis 10 bit/s.

Das bedeutet für einen Leseanfänger, etwa zwei Buchstaben/Sekunde umzusetzen.

Ein Kind, das einzelne Worte sinngemäß kennt, liest ungefähr ein Wort/Sekunde.

Geübte Leser erreichen — bei deutschen Texten — eine Lesegeschwindigkeit von etwa 3 bis 6 Wörtern pro Sekunde.

Bei konstanter Informationsmenge (auf den jeweiligen Leser bezogen!) kann also je nach Übungsstand verschieden schnell gelesen (d. h. wahrgenommen) werden.

Wenn Sie nun ganze Satzteile wahrnehmen und Abschnitte mit einem Oberbegriff versehen, bilden Sie Superzeichen.

Ihr Brief an das Finanzamt besteht dementsprechend aus:

    Anrede,

    Situationsschilderung (... habe geheiratet ...), Antragstellung (... in andere Steuerklasse einordnen ...),

    Schluß.

„... verbleiben wir mit freundlichen Grüßen, Ihr sehr ergebener, ..."

... ist dabei ein Superzeichen mit sehr niedrigem Informationsgehalt.

Die **Vorteile der „Superzeichenbildung"** in den Bereichen Wahrnehmen, Lernen und Denken werden in Kapitel 3.3 (←) eingehend dargestellt.

■ Die angegebenen Informationsgehalte in „bit" sind natürlich nur allgemeine **Durchschnittswerte,** die sich auf Buchstaben und Worthäufigkeiten in deutschsprachigen Texten beziehen.

Da aber für Angaben des Informationsgehaltes nicht der „Sender", sondern der „Empfänger" maßgebend ist, muß die „Wortkapazität" des Empfängers herangezogen werden. Für Personen mit geringem Wortschatz ergeben sich viel höhere Wahrscheinlichkeiten, da nur ganz bestimmte, relativ wenige Worte benutzt werden. Damit sinken auch die Informationsgehalte.

■ Um Ihnen die **Problematik der Informationsmenge** etwas näher zu bringen, abschließend noch zwei Beispiele:

Beispiel 1: Wie groß ist die Informationsmenge (in bit) des vorliegenden Buches?

Als erstes müssen wir die Anzahl der Zeichen (Elemente) festlegen. Neben den Buchstaben (große und kleine) müssen wir Satzzeichen, Ziffern, Zwischenräume, Farben mitberücksichtigen. Das „drucktechnische Repertoire" der verschiedenen Zeichen liegt so zwischen 75 und 80 mit einem Informationsgehalt je Zeichen von $I = 6,3$ bit. Das Buch hat etwa 220 Seiten, jede Seite etwa 4800 Buchstaben (besser „Zeichen"), damit erhalten wir $220 \times 4800 \times 6,3 = 6,8 \cdot 10^6$ bit.

Sie haben also eine Informations-(Nachrichten-)menge von etwa 6,8 Millionen bit in der Hand.

Beispiel 2

Ein Wort der deutschen Umgangssprache hat im Durchschnitt 10 bit Informationsgehalt; ein unbekanntes Wort, ein neuer Begriff dagegen bis zu 100 bit Informationsgehalt.

In diesem Verhältnis von fast 1 : 10 — zwischen Bekanntem und Unbekanntem — liegt das Lernproblem begründet.

Welches der nachstehenden beiden Worte können Sie schneller aufnehmen: „Synapse" oder „Arbeite"?

Obwohl beide sieben (7) Buchstaben haben, benötigen Sie zu dem oft benutzten „Arbeite" viel weniger Wahrnehmungszeit als bei „Synapse".

Man sieht, daß Lernen die „Anstrengung" unseres Denkapparates ist, den Informationsgehalt einer Nachricht „abzubauen" und das Ergebnis zu speichern.

Lernen ist wie Rudern gegen den Strom. Sobald man aufhört, treibt man zurück.
Benjamin Britten

2.3. Speichern und Gedächtnis

2.3.1. Aufnahmekapazität oder „7 auf einen Streich"

■ Das menschliche Gehirn kann gleichzeitig nur eine begrenzte Anzahl von Gegenständen wahrnehmen. Schauen Sie ganz kurz auf das nachstehende Bild 2.12.

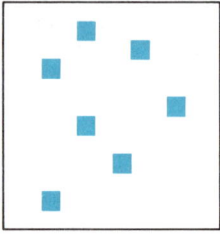 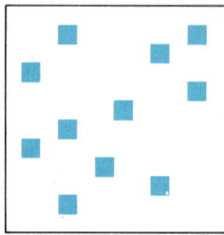

Bild 2.12   *Bild 2.13*

Wieviel Quadrate?
Haben Sie sofort sieben Quadrate erkannt oder mußten Sie nachzählen?
Wieviel Quadrate können Sie „auf einen Blick" in dem nächsten Bild 2.13 erkennen? Man nimmt nur viele Quadrate wahr. Eine genaue Zahlenangabe ist nicht sofort möglich.
■ **Diese Zahl „7" ist eine wichtige Grundgröße.**
Wissenschaftliche Untersuchungen haben ergeben, daß Menschen 5 bis 9 einfache Elemente auf einmal unterscheiden können. Sieben (7) ist dabei ein ungefährer Mittelwert.
Daß man nicht mehr als etwa sieben Elemente unterscheiden kann, liegt an der eingeschränkten Informations-Aufnahmefähigkeit.

> Die „Kanalkapazität" für das Aufnehmen von Informationen aus der Umwelt ist begrenzt.

Diese Kapazität schwankt von Mensch zu Mensch bis zu 30% und bezieht sich nicht nur auf den Sehvorgang, sondern hat ebenfalls Gültigkeit für andere Sinnesorgane, wie z.B. beim Aufnehmen von Tönen, Geschmacks- und Farbabstufungen.

> Unsere Gehirnkapazität ist mit dem gleichzeitigen Wahrnehmen von etwa sieben verschiedenen Elementen voll ausgelastet.

■ **Wie erreicht nun die Information, das Signal, das Gehirn?**
Die von den Sinnesorganen des Menschen aufgenommenen Informationen werden durch Nervenbündel — die sogenannten Kanäle — zum Gehirn geleitet.
Vergleichbar mit einem Rohrquerschnitt, hat auch diese Kanalkapazität bestimmte Grenzwerte.

> Ein Mensch kann im Durchschnitt 16 bit Information pro Sekunde (bit/s) bewußt aufnehmen.

Die Anzahl der von den Sinnesorganen tatsächlich wahrgenommenen Informationen ist aber weitaus höher, sie liegt bei etwa 10 Millionen bit/s (10^7 bit/s). Aus diesem Tatbestand, daß nur ein Bruchteil der wahrgenommenen (perzipierten) Informationen in das Gedächtnis eindringt (Apperzeption), resultiert die Bedeutung der **Konzentration,** d. h. das Ausrichten der aufnehmenden Sinnesorgane auf die Informationsquelle und das Ausschalten von „Stör-Informationen".

2.3.2. Einfluß von „Stör-Information"

> Unter **Stör-Information** verstehen wir lernstörende oder lernverhindernde Nachrichten während des Lernvorganges.

Das ungeheure Verhältnis von 1 : 600 000 — in das Bewußtsein eingedrungener Information zu aufgenommener Information — zeigt die gefährliche Auswirkung von Stör-Informationen auf einen Lernprozeß.
■ **Wie könnte man in einem Modell den Vorgang begrenzter zeitlicher Aufnahmekapazität darstellen?**
Von den Sinnesorganen ausgehend, werden Informationen — hier als Kugel dargestellt — durch die Kanäle zum Gehirn geleitet (Bild 2.14). Dieses Modell ist jedoch falsch, weil der Filtervorgang unberücksichtigt bleibt.
Realistischer erscheint das sogenannte **„Klappenmodell",** in dem bei zusammenlaufenden Kanälen immer nur eine „Informations-Kugel" Durchlaß findet (Bild 2.15). Weiterhin ist denkbar, daß Informationen nicht gespeichert werden, sie verschwinden — primitiv dargestellt — durch ein „Kanalloch".

Wenn nun bei den relativ wenigen Kugeln, die „Durchlaß" finden, jede zweite z. B. Stör-Informationen trägt, kann man abschätzen, wie die Lernleistung sinkt.

Beachten Sie aber, daß dieses Modell nur der Anschauung „begrenzter zeitlicher Aufnahmekapazität" dient und nicht eine Darstellung wirklich ablaufender Vorgänge ist.

Noch bedenklicher wird der Abbau der Informationen, wenn wir den Informationsfluß weiter verfolgen:

Im sogenannten **„Kurzzeitgedächtnis"** werden je Sekunde nur 0,7 bit aufgenommen. Im Langzeitgedächtnis beträgt die Aufnahmegeschwindigkeit nur noch etwa 0,05 bit/s. Damit ist die Zuflußkapazität auf $^1/_{300}$ herabgesunken, und jedermann kann ermessen, wie groß die Auswirkung „nicht erwünschter" Information auf den Lernerfolg ist.

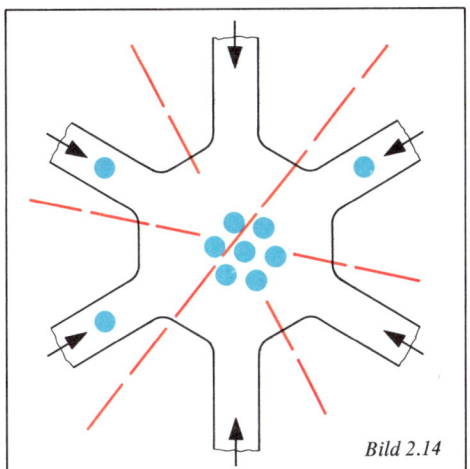

Bild 2.14

2.3.3. Die drei Stufen des Gedächtnisses

■ Es ist bekannt, daß das **menschliche Gehirn** als Empfänger und Speicher von Informationen aus der Außenwelt ganz bestimmte meßbare Eigenschaften hat. Um diese Eigenschaften zu beschreiben, wird das Gedächtnis bei der theoretischen Betrachtung in **drei Stufen** unterteilt (Bild 2.16):

● Kurzspeicher („Gegenwärtigung"),
● Kurzzeitgedächtnis ⎱ („vorbewußtes Gedächtnis"),
● Langzeitgedächtnis ⎰
die sich **unterscheiden durch:**

● ihre Speicherkapazität (Informationskapazität K),

● ihre Speichergeschwindigkeit (Zuflußkapazität C),

● den Zeitraum für die Informations-Aufbewahrung (Gegenwartsdauer T).

■ **Kurzspeicher**

In den Kurzspeicher eintretende Information bleibt nur für die Gegenwartsdauer von $T = 10$ Sekunden in diesem Speicher zur Verfügung. Damit besteht die Möglichkeit, daß die Information wieder verlorengeht. Sie ist noch nicht festgehalten.

Ein typisches Beispiel, das Sie ohne Schwierigkeiten nachahmen können, ist mit sehr langsamem (buchstabierendem) Lesen gegeben.

Beispiel:
Eine Nummer aus dem Telefonbuch können Sie sich nur merken, wenn Sie die Zahlen immer wieder aufsagen und dabei wählen.

Dieses kurzfristige Speichern können wir als „dynamischen" Vorgang betrachten (mit einer Zuflußkapazität $C = 16$ bit/s). Damit verfügt der **Kurzspeicher** über eine **Speicherkapazität $K = 160$ bit.**

Sicherlich ein sehr geringer Betrag. Informationsmengen, die 160 bit übersteigen, können also nicht

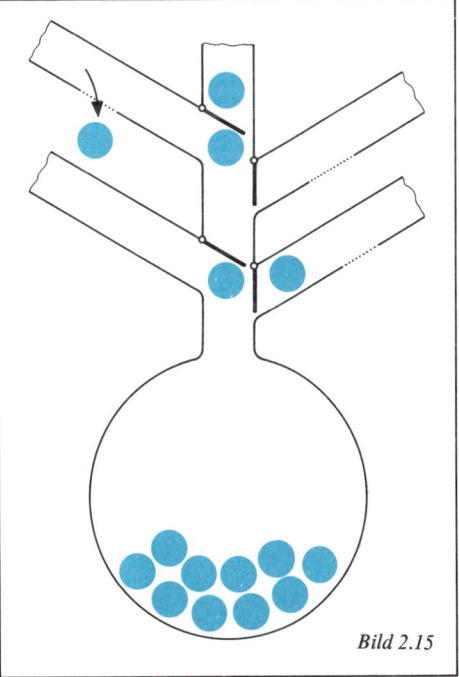

Bild 2.15

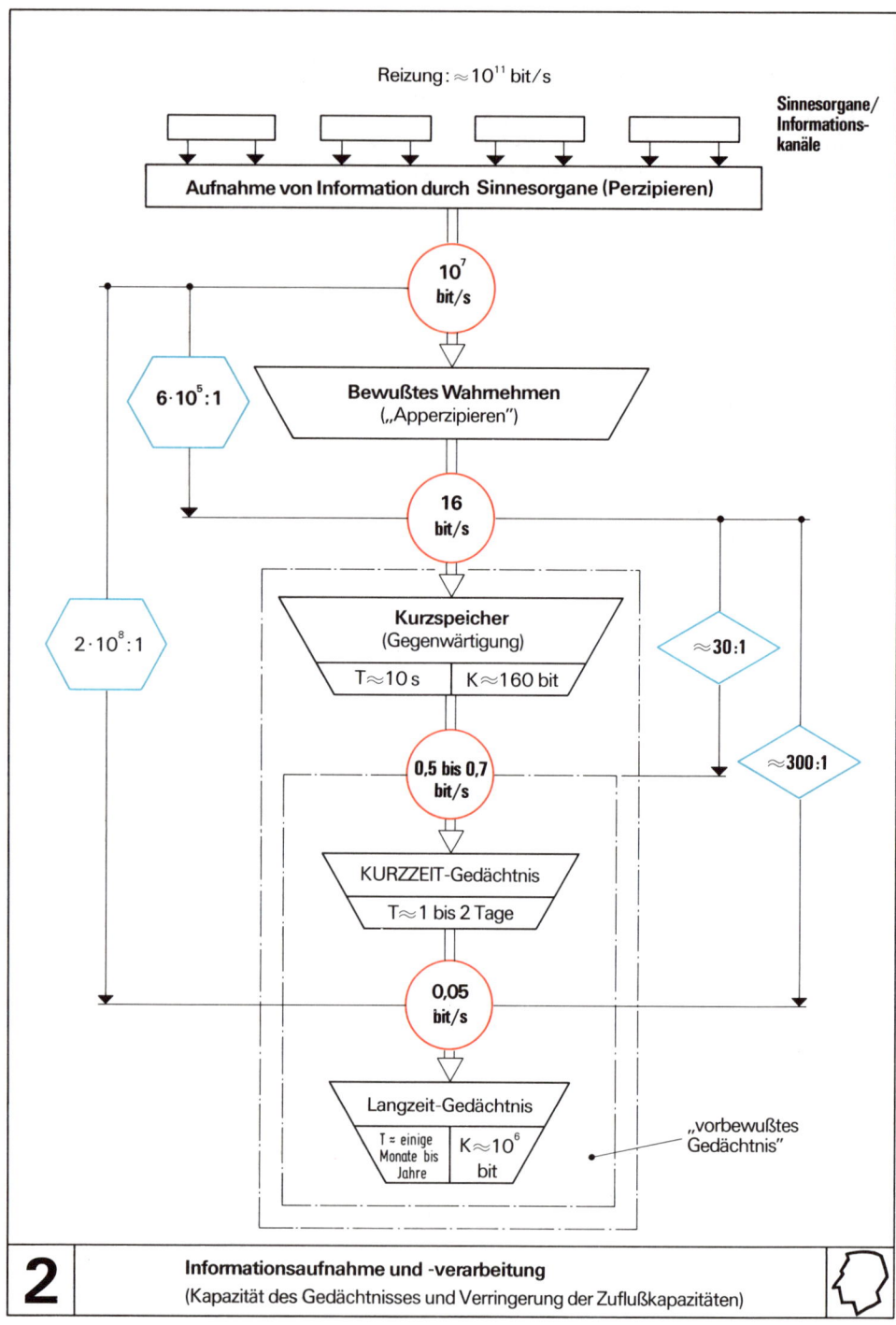

Reizung: $\approx 10^{11}$ bit/s

Sinnesorgane/
Informations-
kanäle

Aufnahme von Information durch Sinnesorgane (Perzipieren)

10^7 bit/s

$6 \cdot 10^5 : 1$

Bewußtes Wahrnehmen
(„Apperzipieren")

16 bit/s

$2 \cdot 10^8 : 1$

Kurzspeicher
(Gegenwärtigung)

T $\approx$ 10 s | K $\approx$ 160 bit

$\approx$ 30 : 1

0,5 bis 0,7 bit/s

$\approx$ 300 : 1

KURZZEIT-Gedächtnis

T $\approx$ 1 bis 2 Tage

0,05 bit/s

Langzeit-Gedächtnis

T = einige Monate bis Jahre | K $\approx 10^6$ bit

„vorbewußtes Gedächtnis"

2   **Informationsaufnahme und -verarbeitung**
(Kapazität des Gedächtnisses und Verringerung der Zuflußkapazitäten)

Bild 2.16

vollständig und gleichzeitig „vergegenwärtigt" werden.

Verfolgen wir den Weg der Information weiter, so müssen wir feststellen, daß die Kapazitäten für eine langfristigere Speicherung noch viel geringer werden.

Wir nehmen zwar etwa 16 bit/s im Kurzspeicher wahr, aber gelernt wurde diese Informationsmenge keineswegs. Dazu muß die Speicherung im Kurzzeit- und Langzeitgedächtnis erfolgen. (Vorgang als Veränderung der Molekülstruktur bezeichnet.)

> **Beispiel:**
> Wer sich einen Bildeindruck sogleich mit Worten beschreibt, behält ihn viel besser im Gedächtnis (Übersetzen visueller Anschauung in bildbeschreibende Worte).

■ **Kurzzeit- und Langzeit-Gedächtnis**

Aus relativ vielen Versuchen ergibt sich für das **Kurzzeit-Gedächtnis** eine Zuflußkapazität $C = 0,5$ bis 0,7 bit/s mit einer Gegenwartsdauer von $T = 24$ bis 48 Stunden.

Ein geringer Teil des Gelernten wird nach zwei Tagen nicht vergessen sein, und zwar derjenige, der in das Langzeitgedächtnis übergeht (mit einer Zuflußkapazität von $C = 0,05$ bit/s).

Das bedeutet: Von dem, was von uns jetzt wahrgenommen wird, können wir in einer Stunde nur etwa den 30. Teil aus dem Gedächtnis zurückrufen, nach einigen Monaten leider nur noch etwa den 300. Teil.

Daran ermessen Sie, wie bedeutsam es ist, sich beim Lernen auf das Wichtigste zu konzentrieren und Stör-Informationen auszuschalten. Glücklicherweise ist die Speicherkapazität ($K = 10^6$ bit) und die Gegenwartsdauer T (einige Monate bis Jahre) des **Langzeitgedächtnisses** relativ groß.

Im Bild 2.16 ist diese entscheidende Verringerung der Zuflußkapazität ebenfalls eingetragen.

■ Um diesen gewiß nicht einfachen Bereich der **„Informationsverarbeitung"** besser zu verdeutlichen, schauen Sie sich das folgende vereinfachte Beispiel an:

> Ein neuer Begriff oder ein noch nicht gehörter Zusammenhang hat einen Informationsgehalt

von 100 bit. Damit er im Kurzzeitgedächtnis behalten wird, sind mit der Richtzahl 0,5 bit/s rund 200 Sekunden zum Lernen erforderlich. Wenn man nun als Erfahrungswert annimmt, daß ein Mensch maximal 30 Minuten (= 1800 Sekunden) intensiv lernen kann, so sind in dieser Zeit neun (9) Begriffe in das **Kurzzeitgedächtnis** einprägbar.

Die Aufnahme dieser Information in das Kurzzeitgedächtnis bedeutet Verringerung des Informationsgehaltes. (Begriff ist dem „Bewußtsein" nun bekannt!)

Es sei angenommen, daß dieser Informationsgehalt von 100 bit auf 30 bit abgesunken ist. Damit läßt sich erreichen, daß in den 30 Minuten mit einer Zuflußkapazität von 0,05 bit/s das **Langzeitgedächtnis** etwa drei (3) „neue" Begriffe für längere Zeit behalten wird.

■ **Einige Grundregeln und Richtwerte**
Da die Zuflußkapazität relativ begrenzt ist, sollten Sie beachten:

> ● Mittlere ununterbrochene Lernzeit etwa 30 Minuten.
> ● Im Kurzzeitgedächtnis verbleiben etwa 20 Begriffe.
> ● Im Langzeitgedächtnis werden im ersten Durchgang etwa 5 bis 7 Begriffe gespeichert, nach dem zweiten Durchgang in etwa 1 bis 2 Wochen an die 12 bis 14 Begriffe.
> ● Durchschnittlich nicht mehr und nicht weniger als 3 bis 5 Begriffe innerhalb von 10 Sekunden (Wichtig: Davon darf nur ein Begriff neu sein!) verarbeiten.
> ● Reduzieren des Informationsgehaltes durch Verknüpfen mit anderen bereits bekannten Begriffen und durch die Methode „Lernen durch Einsicht" (Kapitel 3.3 ←). Einsichtige Information ist „informationsarm" und benötigt dadurch weniger Speicherkapazität.
> ● Verstärkter Einsatz „audiovisueller" Methoden (Benutzen mehrerer Informationskanäle z. B. durch paralleles Anbieten der Information [Auge, Ohr] bedeutet gezieltere und rationellere Speicherung!)

> Es gibt viele Ursachen für **Konzentrationsschwächen**. Bei dem Abbau gibt es aber nur **eine** Lösung: Reduzieren Sie die **Störinformationen** (unabhängig, ob diese nun von innen und/oder von außen kommen) (Bild 1.14).

2.4. Lernen im informationsverarbeitenden Regelkreis

■ Jede geistige Arbeit muß geplant, durchgeführt und kontrolliert werden, d. h., auch Lernprozesse müssen — ähnlich wie bei technischen Prozessen — in bestimmten Phasen (Stufen) und mit der notwendigen **Rückkopplung** (Rückführung) zum Ziel gebracht werden.

Diesem wichtigen Rückkopplungs- oder Regelkreis müssen wir einige Zeilen widmen, da er entscheidenden Anteil am Lernergebnis hat.

Der **Rückkopplungsprozeß** ermöglicht:

● eine Aussage über Lernfortschritt und Differenzen zwischen Ist- und Sollwerten,
● das vermehrte Auftreten von Erfolgserlebnissen beim Lernen,
● einen Zeitgewinn und Verringerung des Lernaufwandes durch frühzeitiges Erkennen von Fehlern.

2.4.1. Rückkopplungsprozesse als motivationsverstärkende Prozesse

■ Verhaltensweisen, die eine Bestätigung oder eine Belohnung erfahren haben, werden im allgemeinen — in der Hoffnung auf weitere Belohnung — wiederholt („Verstärkerwirkung").

Dieser Rückkopplungsprozeß, in dem erfolgreiche Handlungen verstärkend wirken und negative Erlebnisse (Mißerfolg) ausweichend und ohne Wunsch nach Wiederholung den Lernprozeß beeinflussen, tritt bei jedem Menschen schon in frühester Kindheit in Erscheinung. Dieser Regelprozeß, in dem jeder Mensch versucht, sein Selbstbewußtsein, sein Selbstwertgefühl möglichst konstant positiv zu halten, ist von größter Bedeutung für den seelischen Gesamtzustand.

■ Versagen, schlechte Ergebnisse oder Nichtbeachtung durch die Umwelt können also nur durch erfolgreiche Handlungen ausgeglichen werden, sonst greift der Mensch zu „**Selbsttäuschungshandlungen**" (Aggression, Ausweichen, Entschuldigungen u. ä.).

Sehen Sie, darin ist vielfach die Ursache zu finden, wenn Menschen einen Widerwillen gegen das Lernen haben:

Zu wenig Erfolgserlebnisse!

Wie man sachbezogen motiviert lernt und Erfolgserlebnisse fördert, finden Sie in den Abschnitten 1.2.3 und 1.2.4.

Eine äußerst zweckmäßige Maßnahme ist dabei die Erfolgskontrolle, mit deren Hilfe Zwischenergebnisse auf den Lernvorgang rückgekoppelt und Endergebnisse auf Zielerfüllung überprüft werden.

■ Damit Sie sich mit dem Begriff „Rückkopplung" etwas anfreunden, hier ein kleines **Beispiel:**

Lernen von Definitionen und Begriffen, wie z.B. Regression, Frustration, Diskriminierung, Sozialisation, kompensatorische Erziehung, Bruttosozialprodukt usw.

Sie lernen die Definitionen und kontrollieren sie anschließend auf ihre Richtigkeit. Das Ergebnis des Lernprozesses bestimmt dabei den weiteren Ablauf (Bild 2.17); es wirkt auf den Lernvorgang selbst zurück.

Ist das Ergebnis positiv, wird der Vorgang abgeschlossen; ist es negativ, läuft er im Kreis solange weiter, bis das Ergebnis positiv ist.

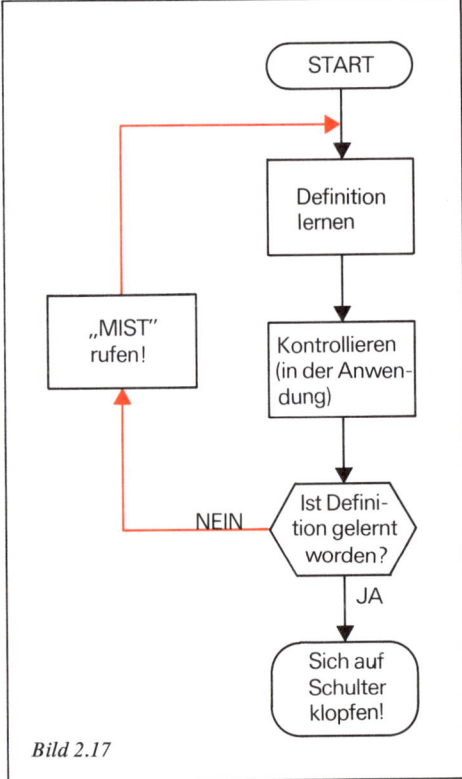

Bild 2.17

> Je besser also die Rückkopplung „Erfolgskontrolle" abläuft, um so rationeller lernen Sie, um so weniger Aufwand benötigen Sie.

2.4.2. Lernen als Regelprozeß

■ Nach Bild 2.17 wird hier zwar der Vergleich „Istzustand/Sollzustand" durchgeführt, und damit werden gute Ansätze für ein Steigern der Motivation gegeben, aber das Merkmal der **„korrigierenden, informierenden Stellgröße"** fehlt. Damit soll zum Ausdruck gebracht werden, daß die bei festgestellten Abweichungen notwendig gewordenen Maßnahmen (z. B. Ändern von Methoden, Lernorganisation und Grundvoraussetzung) nicht extra dargestellt worden sind.

Um das zu verdeutlichen, ein oft benutztes und bewährtes **Beispiel:**

Christliche Seefahrt:
Der Käpt'n gibt dem Steuermann den Kurs an (Sollwert): das Ziel. Per Navigation und anderen Hilfsmitteln legt der Steuermann den derzeitigen Istwert, den Standort des Schiffes, fest. Er erteilt, um dem Sollwert näherzukommen, seine Befehle an den Maschinisten und an die Ruderanlage (Bild 2.18). So weit, so gut.

Jetzt wird's problematisch!
Der eingeschlagene Kurs wird aber von der Umwelt beeinflußt: von Winden und Stürmen, von Wellen und Strömungen.
Diese Störungen müssen erfaßt und per Rückkopplung dem Steuermann gemeldet werden, der die Kursänderungen bestimmt (Stellgröße). Diese Stellgröße wirkt sich auf Maschinen- und Rudereinstellungen aus (Stellglied).

2   Wirkungsweise eines Regelkreises

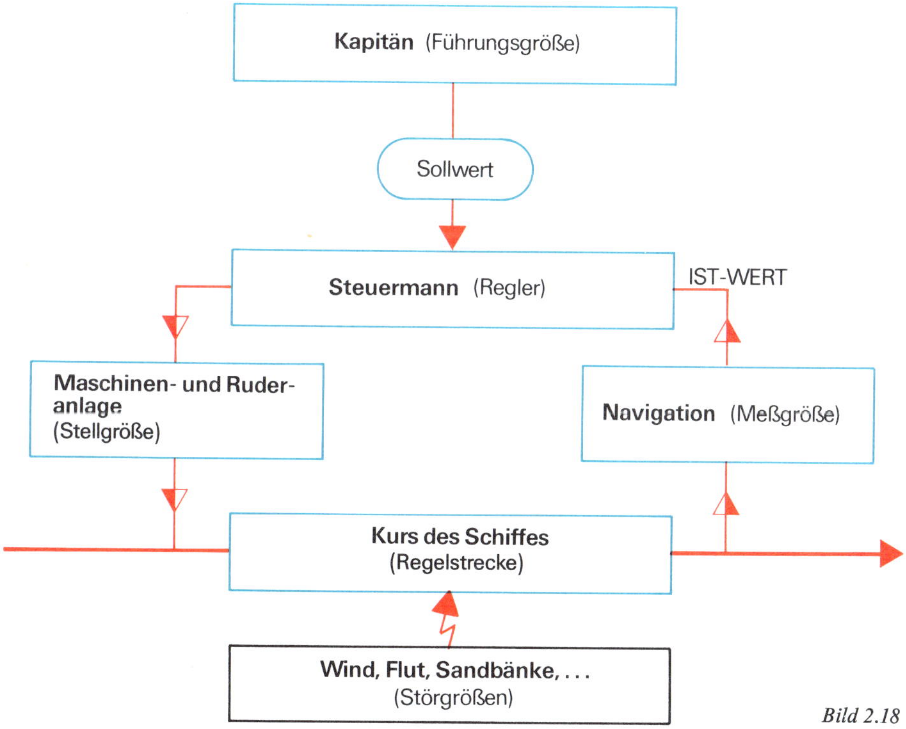

Kapitän (Führungsgröße)

Sollwert

Steuermann (Regler)   IST-WERT

Maschinen- und Ruderanlage (Stellgröße)

Navigation (Meßgröße)

Kurs des Schiffes (Regelstrecke)

Wind, Flut, Sandbänke, ... (Störgrößen)

Bild 2.18

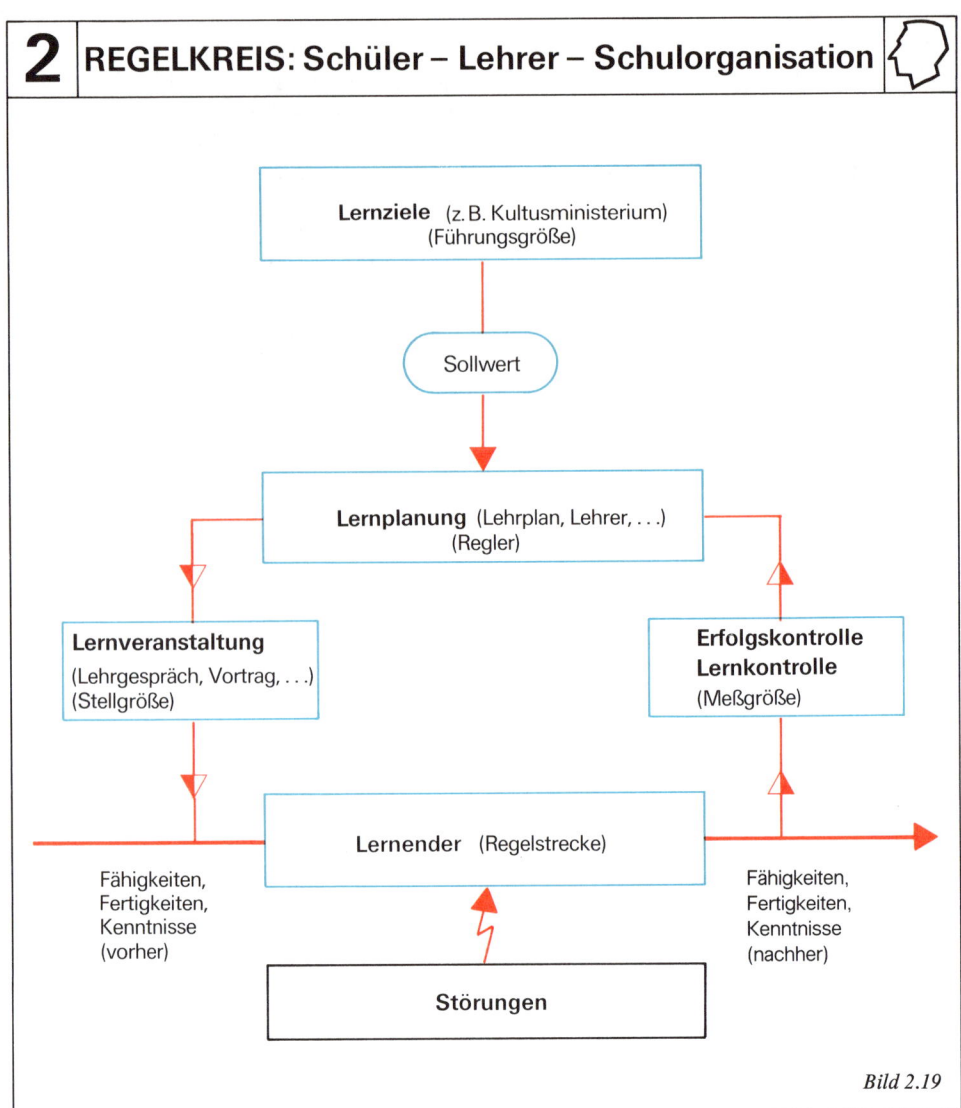

Bild 2.19

Der Regelkreis stellt ein geschlossenes Rückkopplungssystem dar, das gegenüber äußeren und inneren Einwirkungen relativ stabil bleibt.

■ **Beim heutigen Lernen sieht es dann so aus:**
Eine „Lern"-Institution kontrolliert ständig oder in bestimmten zeitlichen Abständen die Ergebnisse ihrer Tätigkeit und gestaltet dementsprechend ihre weiteren Maßnahmen. Dabei wird die Zielsetzung der Lernaufgaben („Führungsgröße") als Sollwert von außen gesetzt und mit ihr die End- und Zwischenergebnisse beschrieben, die mit einer Lerntätigkeit (z. B. Unterrricht) erreicht werden sollen (Bild 2.19).
Entscheidend in diesem **von außen** gesteuerten System ist – wie in vielen Bildungs- und Ausbildungseinrichtungen üblich –, daß Zielsetzung, Lernplanung und Lernsteuerung von Lernenden (seinen Wünschen, Vorstellungen und Möglichkeiten) relativ unabhängig sind.

Führungsgröße:
Zielsetzung der Lernaufgabe
(= Sollwert)

Regler: Lernender,
Arbeitsperson
(Soll-Ist-Vergleich)

Stellgröße:
– Arbeitsaufwand
– Korrekturmaßnahmen
– Lernmethode, u. ä.
– . . . .

Meßgröße:
Ist-Arbeitsergebnis
(durch Selbstkontrolle)

Regelstrecke:
Lern- und Arbeitsprozeß,
Tätigkeit, Aktivität, . . .

Störungen: direkte und indirekte Störungen
des Bewußtseins und durch die Umwelt

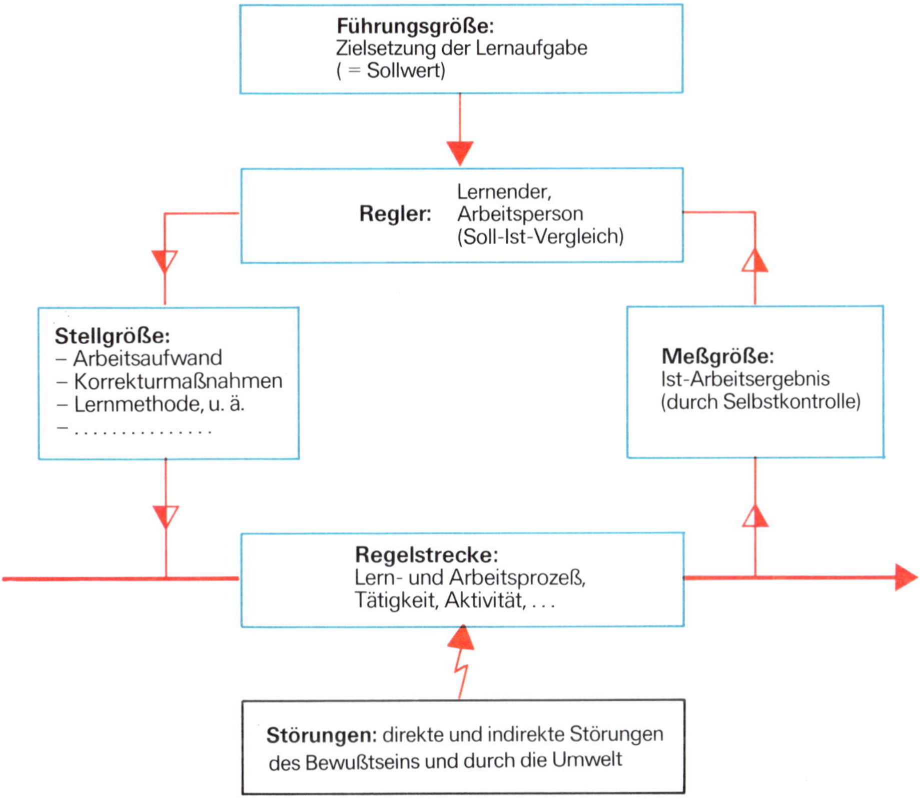

Bild 2.20

Unser Bestreben ist aber, Möglichkeiten aufzuzeigen, nicht nur „Regelstrecke" (d. h. von außen gesteuert) zu sein, sondern **selbst Einfluß** auf Zielsetzung, Planung, Durchführung und Kontrolle **auszuüben.**

■ Es ist unbestritten, daß wir dann am effektivsten lernen, wenn unser Lernen **„selbstgesteuert"** ist, d. h. wenn wir unabhängig von direkter, zielorientierter „Fremdsteuerung" durch andere Personen lernen.

■ In Abänderung der Bilder 2.18 und 2.19 könnte ein solcher Regelprozeß folgendes Aussehen haben, Bild 2.20.

. . . und wir können zusammenfassen:

> **Regelung ist ein Vorgang,** bei dem das Arbeitsergebnis (Meßgröße) fortlaufend erfaßt und mit der Zielsetzung (Führungsgröße) **durch den Lernenden selbst** verglichen wird. Abhängig von auftretenden Abweichungen, korrigiert er durch entsprechende Maßnahmen (Stellgröße) seinen **eigenen** Lern- und Arbeitsprozeß (Regelstrecke).

Dieses System hat als Grundprinzip die Rückkopplung und funktioniert nur, wenn ständig Informationen ausgetauscht werden. Informationen z. B. über auftretende Störungen, Änderungen der Zielsetzungen und über den aktuellen Ist-Zustand.

> Vergessen Sie nicht, daß es sich bei Menschen nicht um eine höhere Art von Elektronengehirnen handelt, die ständig abfragbares Wissen speichern und bereithalten, sondern um Persönlichkeiten mit einer nicht geringen Verantwortung für sich selbst und ihre Umwelt.

1. Einige wichtige Gehirnfunktionen

■ Unsere Sinnesorgane erzeugen in uns Empfindungen, die sich mit den bisherigen Erfahrungen zu Wahrnehmungen verbinden.

● Das Gehirn stellt dabei einen Informationsspeicher dar, in dem die Umwelt „modellartig" abgebildet ist.

● Die Eindrücke der Außenwelt werden in den Sinnesorganen in eine „Sprache" des Gehirns (elektrische Impulse, Erregungen) übertragen, die als „chiffrierte Botschaft" die Grundlage unseres Denkens ist.

● Wenn Wahrnehmungsprozesse längere Zeit ungestört ablaufen, erfolgen Strukturänderungen in einzelnen Molekülen der Nervenzellen (chemischer Kode), die Information wird gespeichert.

● Jede bewußte Wahrnehmung wird von physischen, geistigen und emotionalen Faktoren beeinflußt.

2. Informationen sind immer etwas Neues

 Information = Aussage, Mitteilung, Nachricht, Information = materielle Form + Inhalt

■ Der **Mensch sichert** sich durch Informationsaufnahme und -verarbeitung **sein Überleben.**

● **Informationen** sind eine räumliche und zeitliche Folge von **physikalischen Signalen.**

● **Information** ist hinsichtlich ihrer Menge und ihrer Wertigkeit für den Menschen quantitativ **meßbar.**

● Als Einheit für die **Informationsmenge** ist ein „bit" (englisch „binary digit" = Zahl im Zweiersystem) bestimmt worden.

● Etwas, was mit 50%iger Wahrscheinlichkeit vorausgesagt werden kann, enthält den Informationsgehalt von **„1 bit".**

● Unter **Informationsgehalt** versteht man die (Minimal-)Anzahl von Binärelementen, die bei einer optimalen Codierung einer Information notwendig ist.

3. Speichern und Gedächtnis

■ Mit **Gedächtnis** (oder Speicher) wird jedes System bezeichnet, das in der Lage ist, Informationen aufzunehmen, über bestimmte Zeit aufzubewahren und wieder abzugeben.

● Ein Mensch kann im Durchschnitt **16 bit Information in der Sekunde (bit/s)** bewußt aufnehmen.

● Unsere **Gehirnkapazität** ist mit dem gleichzeitigen Wahrnehmen von etwa sieben (7) Elementen voll ausgelastet.

● Da die Zuflußkapazität des Gehirns begrenzt ist, wirkt sich jede **Störinformation** negativ auf die Lernleistung aus.

● Das **Gedächtnis** kann man sich in **drei Stufen** unterteilt vorstellen:
– Kurzspeicher,
– Kurzzeitgedächtnis,
– Langzeitgedächtnis,
die sich **unterscheiden durch:**
– Informationskapazität,
– Zuflußkapazität und
– Gegenwartsdauer.

■ **Einige Grundregeln und Richtwerte:**
● Mittlere ununterbrochene Lernzeit nicht länger als 30 Minuten „ansetzen".

● Nicht mehr als 3 bis 5 Begriffe innerhalb von 10 Sekunden lernen (davon darf nur ein Begriff neu sein).

● Sich um einsichtiges Lernen bemühen.

● Verstärkt audiovisuelle Hilfsmittel einsetzen.

4. Lernen im Regelkreis

■ Je besser die Rückkopplung **„Erfolgskontrolle"** abläuft, um so rationeller lernen Sie, um so weniger Aufwand benötigen Sie.

● **Lernen im Regelkreis** ist ein Vorgang, bei dem das Arbeitsergebnis fortlaufend erfaßt und mit der Zielsetzung verglichen wird. Abhängig von auftretenden Abweichungen, wird durch korrigierende Maßnahmen der Lernprozeß geregelt.

● **Lernen im Regelkreis bedeutet:**

– Mehr Erfolgserlebnisse beim Lernen.
– Ständige Information über den Lernfortschritt.
– Zeitgewinn und Verringerung des Lernaufwandes.
– Zunahme der Selbständigkeit.

3. Informationsaufnahme und -verarbeitung in der Anwendung

3.1. Lernen, was ist das?

3.1.1. Definition

Schauen wir uns dazu einige mögliche **Definitionen** an:

- Lernen = Verarbeiten von Informationen.
- Lernen = Informationsaufnahme, -verarbeitung, und -wiedergabe
- Lernen = jede Veränderung eines Verhaltens.
- Lernen = Bereitstellen von Erfahrungen für das zukünftige Tun des Menschen.
- Lernen = Verbessern oder Neuerwerb von Verhaltens- und Leistungsformen und ihren Inhalten.
- Lernen = Jede Verhaltensänderung, einschließlich der sie begleitenden und bestimmenden geistigen Funktionen des Wahrnehmens und Denkens, des Fühlens und Wertens.

- ... aus diesen möglichen Definitionen können wir **zwei** wesentliche **Bestimmungsfaktoren** entnehmen:
- **Veränderung** von Wissen oder Verhalten,
- **Wahrnehmung** von Umwelteindrücken,

so daß die diesem Buch zugrunde liegende **Definition des Lernens** lautet:

> **Lernen** ist eine Verhaltensänderung durch Wahrnehmen von Umwelteindrücken.

Abzugrenzen sind die durch Lernen verursachten Verhaltensänderungen, von denen, die durch entwicklungsbedingte Reifungsprozesse, durch Gehirnverletzungen oder durch Drogen hervorgerufen werden:

... das „Gehenlernen" eines Kindes und das „Augenzumachen" bei grellem Licht ist also **kein Lernen,** während die Fähigkeit „Schuhe zubinden" und das „Hören von Rundfunk-Nachrichten" auf Lernvorgängen beruhen.

3.1.2. Einige wichtige Unterschiede bei Lernvorgängen

- Lernvorgänge geschehen tagtäglich in einer unendlichen Vielzahl von Bereichen. Um Ihnen auch hier einige nützliche Ratschläge geben zu können, müssen wir auf Formen und Merkmale unterschiedlicher Lernvorgänge näher eingehen.

1. Lernimpulse von innen oder außen
Jedem Lernvorgang geht eine „Reizsituation" voraus. Diese kann **von außen** kommen, z. B. wenn der Lehrer Mathematikaufgaben zur Lösung stellt oder wenn jemand gefragt wird.
Impulse **von „innen"** sind die sehr wichtigen „Motivationsimpulse", wie z. B. Neugierde und Interesse, Tätigkeitsdrang und Ehrgeiz.

2. Beabsichtigte oder unbeabsichtigte Lernprozesse
- **Nicht beabsichtigte Lernvorgänge** ergeben sich vor allem in außerschulischen Bereichen durch Kontakte mit der „personellen" und „dinglichen" Umgebung eines Menschen (Familie, Betrieb, Hobby, Freizeit, ...)
- **Beabsichtigte Lernvorgänge** finden sich hauptsächlich in schulischen Bereichen der Bildung, Aus- und Weiterbildung.

3. Unterscheidung nach der psychischen Funktion
Je nach der **psychischen Funktion,** die primär beteiligt ist, lassen sich bei der Reaktion auf Umweltimpulse **drei Leistungsarten** unterscheiden:
- Nachahmung (Imitation),
- Gedächtnisleistungen (Reproduktion),
- Denkleistungen.
Im einzelnen:
- **Lernen durch Nachahmung und Identifikation**
ist dadurch gekennzeichnet, daß bestimmte vorgegebene Verhaltensweisen, Techniken oder Informationen übernommen oder nachgeahmt werden.
Einige **Beispiele** dafür:

> das **Nachahmen** von Bewegungen, Eigenarten, Sprechweisen und Lebensgewohnheiten,
> die **Identifikation** mit Vorbildern, Leitbildern und Werbungsobjekten.

■ **Lernen mit Gedächtnisleistungen**
Darunter versteht man im allgemeinen

● das Reproduzieren von Fakten (Rechtschreibung, Vokabeln, Begriffe und Definitionen),
● das Unterscheiden von Merkmalen,
● den Erwerb einfacher Fertigkeiten (Schraube anziehen),
● das Beherrschen von Handlungsabläufen (Schuhe anziehen, Rechenschieberrechnen, mit dem Auto rückwärts einparken).

■ **Lernen mit Denkleistungen ...**
als „höhere Formen des Lernens" werden hier zusammengefaßt:

● das Begriffelernen,
● das Regellernen,
● das Problemlösen.

4. Verallgemeinern und Differenzieren
Das „Verallgemeinern" und das „Differenzieren" sind zwei weitere grundsätzliche Merkmale von Lernprozessen.
● **Verallgemeinern**
Darunter versteht man die Erweiterung von Begriffen und Regeln auf andere, ähnliche Situationen.
● **Differenzieren**
Dieser Vorgang erfaßt das Unterscheiden ähnlicher Reizkonstellationen und Informationen und grenzt sie gegeneinander ab.

5. „Klassische" Arten des Lernens
■ „Klassische Konditionierung" (Verknüpfen von Reiz und Reaktion). Ein Vorgang, bei dem der Mensch lernt, auf bestimmte Vorsignale zu reagieren (Konditionierung von natürlichen Reflexen).
■ „Operante und instrumentale Konditionierung" Auf einen vorher neutralen Reiz erfolgt ein neues

Verhalten. Konditionierung von erlernten Tätigkeiten, die zu einem Erfolg führen.
Vereinfachend kann man darunter zusammenfassen:
● Lernen durch Versuch und Irrtum.
● Gelernt wird, was befriedigende Resultate hervorbringt (positive Verstärkung).

■ **Noch einige Anmerkungen zur „Konditionierung"**
Wir lernen im Laufe der Zeit, auf bestimmte Reize die richtigen Reaktionen folgen zu lassen: Klingeln an der Haustür, ... das Grün an der Ampel, ... die Prüfungsfrage, ...
Wir können aber nur richtig reagieren, wenn wir „gelernt" haben, Reiz und Reaktion richtig zu verknüpfen, zu verbinden (die Fachwissenschaftler sprechen hier von „Konditionieren" oder „Konditionierung"). Das Verknüpfen von Reizen und Reaktionen, dieses Aneignen neuer Verhaltensformen, ist Lernen. Lernfähigkeit ist somit auch die Fähigkeit, auf bestimmte Reize neue, bisher noch nicht beherrschte Reaktionen hervorzubringen.
■ Viele „Lernforscher" vertreten die Ansicht, alles Lernen ließe sich auf eine Grundfunktion mit genau zu beschreibenden Gesetzmäßigkeiten zurückführen. Wir jedoch sind der Meinung, daß die äußerst verschiedene Lernsituationen auch verschiedene Formen (Arten) des Lernens bedingen. Da wir nicht auf alle möglichen Lernarten eingehen können, beschränken wir uns auf die — unserer Meinung nach — wesentlichen:
● **Lernen durch Strukturieren (Superzeichenbildung).**
● **Lernen durch Einsicht/Problemlösen.**
Allen möglichen Lernformen gemeinsam aber ist das Problem des **„Behaltens und Vergessens von Information",** das uns während der nächsten Seiten beschäftigen wird.

3.2. Behalten und Vergessen

Das zentrale Problem bei der Informationsverarbeitung ist das langfristige Speichern von Informationen, oder – einfacher ausgedrückt – die Hauptschwierigkeit beim Lernen liegt im Behalten.

Was haben Sie vor zwei Stunden getan?

Was haben Sie vor fünf Minuten gelesen?
Das Phänomen des Vergessens ist jedermann bekannt. Sprachkenntnisse, Erinnerungen, mathematische Gleichungen und chemische Formeln „verblassen" mit der Zeit, werden von neuen Informationen verdrängt.
Um Hilfestellungen für ein besseres Behalten geben zu können, schauen wir uns die beeinflussenden **Faktoren** einmal an:

3.2.1. Welche Faktoren beeinflussen das Behalten?

■ **Begrenzte Leistung unseres „biologischen Computers" (Gehirn).** Als erstes beeinflussen die Abläufe und Kapazitätsgrenzen des menschlichen Gedächtnisses das Behalten (Abschnitt 2.3.3. ←)

LÖRNI meint: „... ein jeder Mensch weiß, daß in einem gefüllten Waschbecken nur soviel Wasser nachlaufen kann, wie zur gleichen Zeit abläuft ... Der einzige Unterschied zum menschlichen Kurzspeicher besteht darin, daß in den meisten Fällen dort kein Wasser reinfließt."

■ **Unterschiede in den Lerninhalten**
Sie können selbst feststellen, wie unterschiedlich lang Sie Regeln und Gesetzmäßigkeiten, Gedichte, Aussagen eines Arbeitskollegen und Vokabeln behalten. Das Ausmaß des Vergessens wird bestimmt durch die **Art der Lerninhalte:**

- einfach oder schwierig,
- bekannt oder unbekannt,
- gegliedert oder ungegliedert,
- sinnvoll oder sinnlos.

Bild 3.1 zeigt an einigen Beispielen mögliche Vergessenskurven von vorher 100%ig beherrschten Lerninhalten.
Aus dieser Darstellung ist ersichtlich, wie gut Regeln, Gesetzmäßigkeiten und logische Strukturen behalten werden.
Es wird um so schneller vergessen, je weniger logisch gegliedert („strukturiert") wird und je sinnloser Lerninhalte sind.

■ **Lernmethode**
Jedem, der zur Schule gegangen ist, ist klar, daß Lernmethoden das Ergebnis eines Lernvorganges unterschiedlich beeinflussen. Sinnloses Einpauken und tristes Wiederholen stehen im Gegensatz zum einsichtigen, aktivierenden Lernen.

■ **Lernmotivation** (Kapitel 1.3 ←)
Einen wesentlichen Einfluß auf das Behalten übt die Motivation aus. Sachbezogene Motivation verhilft zu einem längeren Behalten. Langweiliges und gleichgültiges Lernen fördert das Vergessen.

■ **Lernzeit und Pausenregelung** (Kapitel 1.4 ←)
- Aufteilen des Lerninhaltes auf verschiedene Lernperioden (über mehrere Tage verteilen!) bringt Zeitgewinn bei der Informationsaufnahme und bewirkt längeres Behalten.
- Ermüdungs-Erholungs-Gleichgewicht anstreben.
- Pausen sind produktiv (etwa 20% der Lernzeit für Pausen verwenden).

■ **Art und Anzahl der Sinnesorgane,** die am Lernvorgang beteiligt sind:
Je nach Gewöhnung und Erfahrung lernen einige Menschen leichter „visuell", andere „akustisch". Grundsätzlich sind so viele Sinnesorgane wie irgend möglich am Lernvorgang zu beteiligen. Also laut lesen und Lerninhalte „optisch" aufbereiten.

■ **Umfang der Störinformationen und auftretenden Hemmungen** (Kapitel 1.2 und 3.2.4 ←)
Die augenblickliche seelische Verfassung (Ärger, Sorgen, Wünsche) beeinflußt ebenfalls den Lernvorgang. Lernstörende Einwirkungen hemmen die Infor-

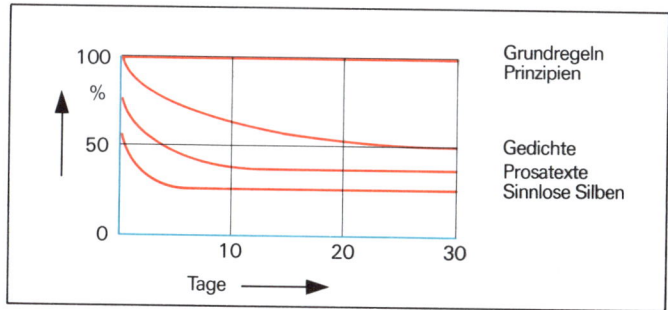

Bild 3.1

mationsaufnahme und -verarbeitung. Sie beanspruchen Lernzeit und Speicherkapazität.

Weitere Hemmungen treten dadurch auf, daß
- zwei aufeinanderfolgende Lernprozesse (ohne genügend Pause) sich gegenseitig stören,
- ähnliche Lerninhalte Verwechselungen verursachen und
- bei oftmaligem Wiederholen die Lernlust sinkt.

> **!** **Vergessen** ist weniger ein direkter Verlust von Informationen, sondern ein Verdrängen und Überlagern durch neue Lerninhalte und Eindrücke.

3.2.2. Ratschläge für ein besseres Behalten

- **Unterteilen Sie Ihr Lernmaterial** in leicht faßbare Abschnitte und versuchen Sie, den Inhalt logisch zu gliedern. Stellen Sie die Zusammenhänge fest und suchen Sie nach Gesetzesmäßigkeiten. Stellen Sie Verbindung her zwischen schon Bekanntem und dem neuen Problemgebiet.
Übertragen Sie das soeben Gelernte auf andere, besonders geeignete Bereiche.
Achten Sie beim Lernen auf Klarheit und Eindeutigkeit. Halbverstandene Inhalte und verschwommene Darstellungen haben Sie nach einigen Stunden vergessen.
- Passen Sie das **Lerntempo** den individuellen Fähigkeiten an. Vermeiden Sie Über- und Unterforderung.
- Beschäftigen Sie sich nicht tagelang mit ähnlichen Lerninhalten. **Wechseln Sie** Lernmethoden und Lerninhalte.
- Begegnen Sie auftretender Langeweile dadurch, daß Sie die Lerninhalte in immer neue Verpackungen bringen **(Variation)**, neue Anreize schaffen **(Belohnungen)** und nach Analogien suchen.
- Versuchen Sie, unzweckmäßige, unnötige Informationen bewußt zu vergessen. Sprechen Sie nicht mehr darüber. Verbannen Sie störende Erinnerungsstücke aus Ihrem Gesichtsfeld.
- Lernen Sie **sachbezogen motiviert,** damit das Gedächtnis nicht durch sachfremde Informationen blockiert wird.

3.2.3. Das Vergessen (...ein schrecklich Ding)

Wie das „**Vergessen**" genau vor sich geht, ist nicht bekannt.

Auf jeden Fall ist es kein passives Verschwinden und beruht nicht auf „Löchern" in der Gehirnstruktur, sondern ist in erster Linie auf ein „**Überlagern durch neue Informationen"** zurückzuführen.

> **Beispiel:** Im Schlaf vergißt man weniger als im wachen Zustand, in dem ständig neue Informationen aufgenommen und verarbeitet werden müssen.

Wenn nicht dauernd neue Eindrücke auf uns einstürzen würden, hätten wir ein ideales Gedächtnis.

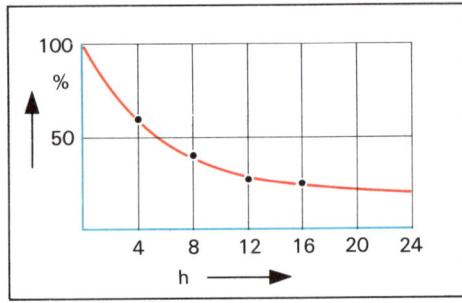

Bild 3.2

> Neue Informationen verdrängen ältere, nicht mehr „benutzte" Informationen.
> Vergessen wird, wenn Gelerntes nicht mehr benutzt wird.

Bild 3.2 zeigt eine „**Vergessenskurve"** (auch „**Behaltenskurve"**).
Daraus ist ersichtlich, daß Vergessen im allgemeinen eine Funktion der Zeit ist. Je mehr Zeit also verstrichen ist, seit wir bestimmte Lerninhalte „100%ig" gelernt haben, desto weniger wissen wir noch.
Wenn Sie Lerninhalte 100%ig beherrschen, bringt ein weiteres Lernen (**„Überlernen"**) keinen Gewinn mehr. Weiterhin ist aus der Darstellung ersichtlich, daß ein Wiederholen erst dann zweckmäßig ist, wenn die Behaltenskurve abgeflacht ist. (Pausen von etwa zwei Tagen sind zweckmäßig!)

> Nicht zu früh wiederholen! **!**

Nach genauer Überprüfung des Behaltenen können Sie gezielt das „bereits Vergessene" einüben. Jede Information läßt ihre Spuren zurück. So ist es verständlich, daß wir bei einem erneuten Lernen vergessener Lerninhalte weniger Zeit und Wiederholung benötigen als beim ursprünglichen Lernen.

3.2.4. Lernhemmungen, Möglichkeiten und deren Abhilfe

Da die Lernhemmungen einen relativ großen Einfluß auf ein Lernergebnis haben, ist es verständlich, wenn wir uns mit den Arten möglicher Hemmungen und deren Minderung oder Beseitigung näher befassen:

1. „Assoziative" Hemmungen
Feste Gewohnheiten, Redewendungen, oft benutzte Telefonnummern und alle anderen stark eintrainierten Vorgänge sind Ursachen von auftretenden Schwierigkeiten bei plötzlichem Wechsel dieser Vorgänge.

2. „Affektive" Hemmungen (Hemmungen durch starke Gefühlserlebnisse)
Starke Gefühlserlebnisse während des Lernvorganges beeinträchtigen die Lernleistung (Abschnitt 1.1 ←). Nicht bereinigte Konfliktsituationen mit daraus resultierendem aggressiven, regressiven oder ausweichenden Verhalten sind die ungeeignetsten Lernbegleiter. (Allen bekannt ist die Auswirkung von Wut, Ärger, Angst, schlechter Betriebsatmosphäre u. ä.)

Grundregel: Erst Konflikte lösen, erst nachdenken und entspannen, dann mit dem Lernen beginnen.

3. Sättigungshemmung
Lernleistungen können nicht gesteigert werden, wenn ohne Abwechslung gleiche Lerninhalte zu oft wiederholt werden („…man ist satt…").
Trotz verstärkter Übung sinkt die Lernlust, weil die Motivation fehlt. Man erreicht ein bestimmtes **Lernplateau** (Bild 3.3).
Für das Entstehen eines solchen Lernplateaus gibt es noch weitere **Gründe:**

- Einfluß negativer Erfahrungen mit bestimmten Lerninhalten.
- Fehlen grundlegender Fertigkeiten und Grundkenntnisse, die für weitere Lernfortschritte notwendig sind.

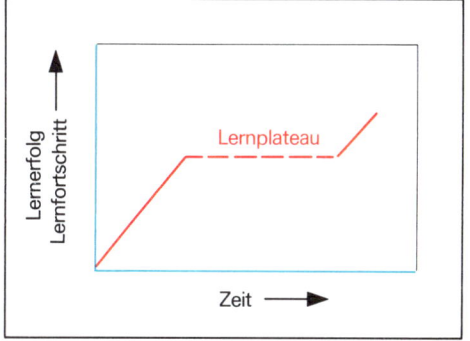

Bild 3.3

Grundregel:
- Rationelle Pausenregelung (Kapitel 1.3.4 ←).
- Sich um sachbezogene Motivation bemühen (Abschnitt 1.2 ←).
- Lerninhalte und Lernmethoden variieren und abwechseln.

4. Lernhemmungen durch zeitliche Nähe unmittelbar aufeinanderfolgender Lernprozesse
Aufnahme, Verarbeitung und Wiedergabe von Informationen benötigen Zeit zum Speichern.
Wird nach einem Lernprozeß zu schnell ein neuer Lernvorgang begonnen, treten Störungen auf (Voraus- und rückwirkende Störungen der im Gehirn noch ablaufenden „Speicherprozesse").
Sie erinnern sich: Impulse…Schaltstelle…Verknüpfungen…Änderungen in der Molekülstruktur…
Dieses Speichern (Einprägen) benötigt Zeit. Treffen in dieser Zeit neue Informationen ein, so entstehen sich gegenseitig störende Überlagerungen. Diese Hemmungen sind um so stärker, je ähnlicher die Lerninhalte sind und je schneller die beiden Lernvorgänge aufeinanderfolgen.
Bei **Prüfungen** ist dieser Vorgang oft feststellbar:

„Prüflinge", die Minuten vor der Prüfung noch weiteren Lernstoff aufgenommen haben, konnten in der Prüfung weder das Neugelernte noch Teile von dem zuvor Gelernten.

Grundregel:
- Rationelle Pausenregelung (Abschnitt 1.3.4).
- Nicht Neues lernen, bevor man Gelerntes wiedergeben muß.
- Nutzen Sie den „Schlafvorteil".

5*

5. Ähnlichkeits-Hemmungen

Sehr ähnliche Lerninhalte sind äußerst schwierig auseinanderzuhalten und auftretende Verwechslungen haben darin ihre Ursache.

Wo finden wir diese Hemmung?
Diese Hemmung tritt auf bei sich ähnelnden Formeln, Gleichungen, Begriffen, Bezeichnungen und Wörtern in verschiedenen Sprachen.

Begründung:
Speicherprozesse mit ähnlichen „Verknüpfungen" und Molekülstrukturen können sich erheblich stören, da sie praktisch parallel laufen.

Grundregel:
- Auf die Störungsursache „Ähnlichkeitshemmung" besonders achten und sie sich bewußt machen.
- Ähnliches nicht hintereinander lernen.

Unter **Lernen durch Strukturieren** verstehen wir ein Lernen durch Gliedern und Gruppieren, durch Einordnen und Zuordnen, durch Überlegen, Nachdenken und Systematisieren.

!

3.3. Lernen durch Strukturieren (Superzeichenbildung)

3.3.1. Blockbildung, wo Sie auch hinschauen

■ ... zu Beginn ein **Beispiel:**

Sie haben einen **Brief** zu **schreiben** (ans Finanzamt, an die Erbtante oder an ähnliche erfreuliche Adressen).
... Sie müssen schon genau überlegen, welche Handlungen Sie in welcher **Reihenfolge** dabei ausführen:

– Briefpapier und Briefumschlag suchen,
– Schreibinstrument besorgen,
– Briefkopf mit Adresse, Anschrift, Datum, ...
– Text, ...
– ... verbleibe ich mit freundlichen Grüßen, ...
  Briefmarke aufkleben,
  Brief in den Postkasten werfen.

● Es ist weitaus schwieriger, alle Einzelvorgänge in entsprechender Reihenfolge aufzuführen als den praktischen Vorgang selbst zu erledigen.
Nun, dieser Vorgang **„Brief schreiben"** ist Ihnen nicht angeboren, sie haben ihn erlernt.
Genau wie Sie
  das Schreiben und Lesen,
  das Fahren eines Autos,
  das Bedienen eines Telefonapparates oder
  das Einkaufen von Lebensmitteln
erlernt haben.

● Damals, als Sie mit dem jeweiligen „Lernprogramm" begannen, mußten Sie jeden Einzelschritt überlegen und üben. Im Laufe der Zeit wurden Sie sicherer, und die Vorgänge liefen „automatisch" ab.
Diese Kette von Einzelschritten nennen wir „Blöcke".

■ Blöcke müssen wir immer dann bilden, wenn wir komplizierte Vorgänge beherrschen wollen.
Vergegenwärtigen Sie sich noch einmal die vielen **Einzelschritte beim Autofahren:**

– Anfahren, Überholen und Reifenwechseln,
– Gang einlegen, Auskuppeln und Vorfahrt beachten,
– Blinker betätigen und Wagen abschließen,
– Fernlicht einschalten und Bremsen,
– in den „Rückwärtsspiegel" schauen und ...
– ... Seite um Seite ließe sich füllen.

● Erst das Zusammenfassen vieler Einzelschritte zu überschaubaren Blöcken macht das Erlernen komplizierter Vorgänge möglich.
Sinnvolle Einzelvorgänge werden zu eindeutigen Blöcken zusammengefügt. Diese wiederum lassen sich weiter zusammenfassen zu „Oberblöcken" usw.
Alle Einzelvorgänge sind damit strukturiert.
Bild 3.4 zeigt es Ihnen noch einmal am **Beispiel:** Autofahren.

● **Diese Blockbildungen** spielen nicht nur beim Autofahren, Briefeschreiben und Telefonieren eine Rolle, sondern **bei jedem Lernvorgang.**

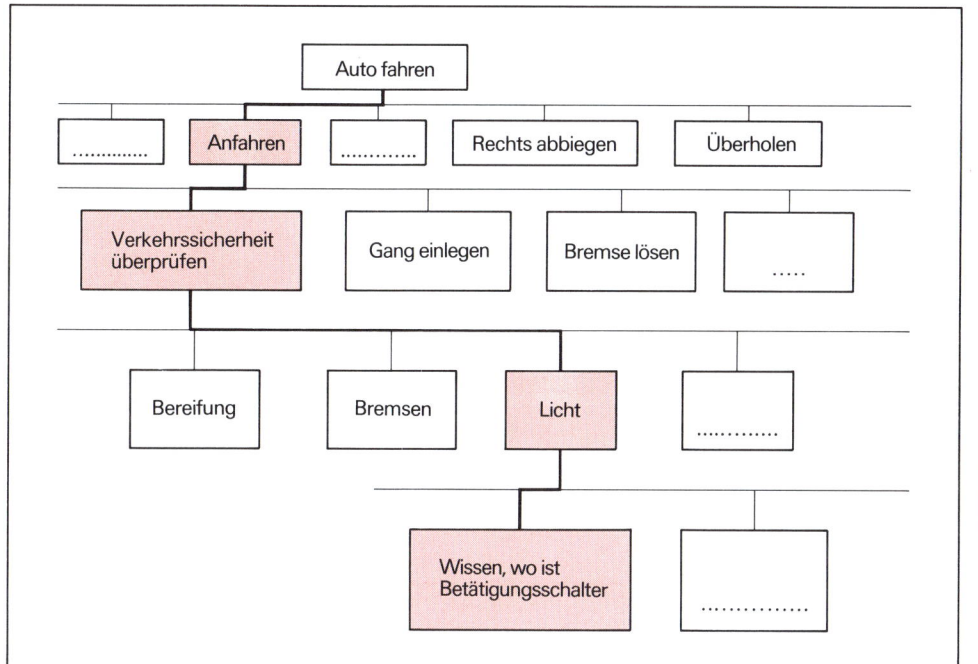

Bild 3.4

Bilden Sie daher sinnvolle, aufeinander abgestimmte Blöcke, und üben Sie diese ein.

■ **Sie sehen den Vorteil dieser Blockbildung noch nicht?**

Unser Beispiel „Autofahren" ... Sie fahren ein solches ... Die Verkehrssituation ist so, daß Sie überholen müssen. Wenn Sie jetzt **jeden Einzelvorgang aus dem Gedächtnis** erst abrufen müßten, der zu einem Überholvorgang gehört, ... so befänden Sie sich immer noch hinter dem Ackerschlepper oder im Krankenhaus.

Der Block „Überholen" mit seinen Einzelelementen: ... sehen, ob Fahrbahn frei ist, Blinkerbetätigung, Schalten, Gas geben, ... erspart Ihnen also viel Zeit ... und nimmt wenig Platz in Ihrem Informationsspeicher, dem Gehirn, ein.

Und **diese Vorteile** können Sie bei Rechenoperationen, beim Fremdsprachenlernen und bei den Prüfungsvorbereitungen genau so **nutzen**.
Dafür einige Beispiele:

Lesenlernen: Ganzheitliche Methode.
Lesetechniken: Nicht „buchstabierendes" Lesen, sondern „Wortblöcke"-Lesen.
Fremdsprachen: Nicht nur Vokabeln, sondern Redewendungen, ganze Satzteile und Sätze einüben.

Einen **Bericht** schreiben oder einen **Vortrag** halten: Aus inhaltlich aufeinander abgestimmten, gestuften „Teil-Blöcken" wird ein „Gesamtblock" gebildet.

■ **Blockbildung bedeutet also:**
Umfassendes, überschaubares Zusammenfassen von Einzelvorgängen mit folgenden Vorteilen:
● geringerer Lernaufwand,
● Zeitgewinn und
● weniger Speicherplatz im Gehirn.

3.3.2. Blöcke und Superzeichen

■ Wenn Sie mit Aufmerksamkeit nicht nur die letzten Seiten gelesen haben, sondern auch die — nicht immer einfach zu verstehenden — Darstellungen über Superzeichenbildung im Kapitel 2.2, könn-

69

Bild 3.5

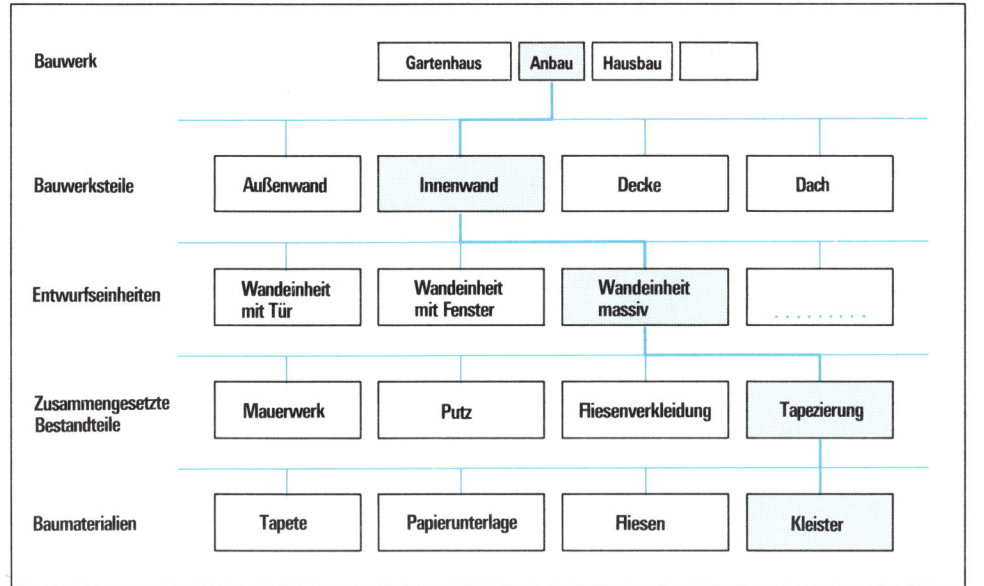

Bauwerk		Gartenhaus	Anbau	Hausbau	
Bauwerksteile	Außenwand	Innenwand		Decke	Dach
Entwurfseinheiten	Wandeinheit mit Tür	Wandeinheit mit Fenster		Wandeinheit massiv	. . . .
Zusammengesetzte Bestandteile	Mauerwerk	Putz		Fliesenverkleidung	Tapezierung
Baumaterialien	Tapete	Papierunterlage		Fliesen	Kleister

Bild 3.6

ten Sie fragen: Worin besteht der **Unterschied zwischen „Blockbildung" und „Superzeichenbildung"?**
. . . und wir müssen Ihnen antworten:
„Superzeichen" ist der Fachausdruck für „Block".
Sie erinnern sich noch:
Superzeichen erfordern geringeren Speicheraufwand als die darin enthaltenen Einzelelemente . . . und damit ist Speicherkapazität frei für neue Informationen.

■ Bemühen Sie sich immer darum, nach logischen Ordnungsgesichtspunkten Blöcke (Superzeichen) zu bilden.
Einige **Beispiele** aus diesem Buch:

> – die „konstruierende Lernplanung" (Bild 0.1 ←),
> – Motive (Bild 1.2 ←),
> – Ermüdung (Bild 1.10 ←),
> – Grundvoraussetzungen in ihrem Einfluß auf Lern- und Arbeitsergebnisse (Zusammenfassung, Seite 44).

■ Der **Vorgang des Strukturierens** wird optisch meist in einem hierarchisch gegliederten System dargestellt: **dem Strukturbaum** (Abschnitt 8.5.4 ←).

Auf diese Weise läßt sich z. B. eine Familie über mehrere Generationen einleuchtend und logisch gliedern (Bild 3.5). Das Bild 3.6 zeigt ein weiteres **Beispiel** (für Heimwerker).

■ Da der Vorgang des Strukturierens so wichtig ist, noch ein **Beispiel:** Sie müssen die Verkehrszeichen lernen. Es handelt sich dabei um eine nicht gerade kleine Anzahl verschiedener Merkmale, die oft nicht mal übersichtlich in den Unterlagen zu finden sind.
Wie machen wir es? Natürlich **„Strukturieren":** Bild 3.7 läßt schnell das System erkennen, und Sie haben ein Beispiel dafür, wie Sie aus einer unübersichtlichen Menge durch Strukturieren Übersicht und Ordnung schaffen. Das ist gleichbedeutend mit geringerem Lernaufwand und zusätzlichem Zeitgewinn.

■ Von großer Bedeutung ist das **„Strukturieren"** beim **Begriffe- und Regelnlernen** und als Steigerung dessen beim selbständigen Entdecken und Entwickeln von **Regeln und Prinzipien.**
Alle Lerngegenstände im Bereich der Mathematik, der Naturwissenschaften und in Teilbereichen der Sozial- und Wirtschaftswissenschaften bauen auf sogenannten **„Regelsystemen"** auf. Die komplexere Regel setzt dabei die Kenntnis der jeweils einfacheren voraus **(hierarchische Struktur).**

71

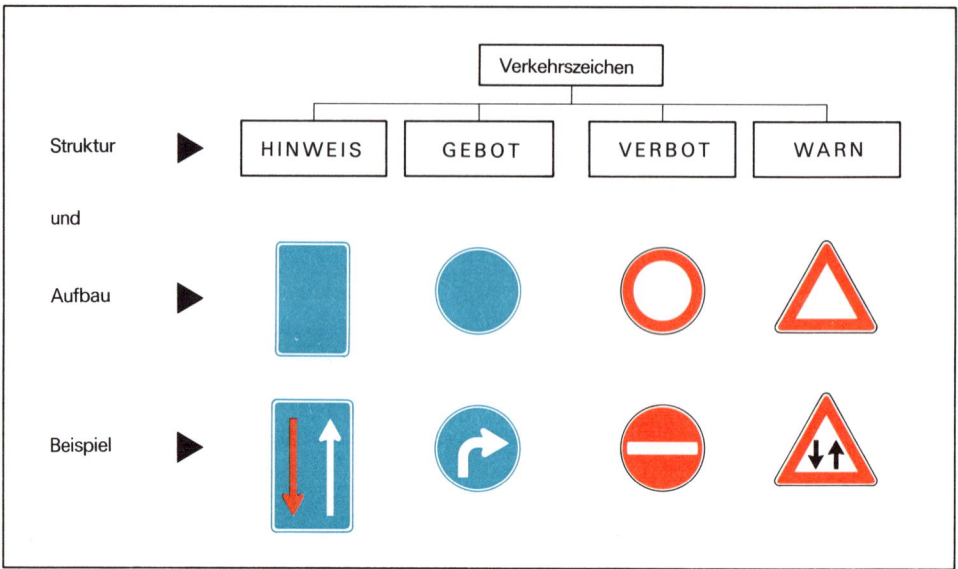

	Verkehrszeichen			
Struktur ▶	HINWEIS	GEBOT	VERBOT	WARN
und				
Aufbau ▶				
Beispiel ▶				

Bild 3.7

■ **Wir fassen zusammen:**

● **Lernen durch Strukturieren** bedeutet:
— umfassendes, überschaubares Zusammenfügen von Einzelvorgängen zu größeren Einheiten.
— das Gliedern und Aufteilen unübersichtlicher Vorgänge nach logischen Gesichtspunkten.

● **Darstellen** solcher Strukturen in Strukturbäumen, Ordnungsschemata, ... u. ä.
● **Strukturieren** (Superzeichenbildung) hat den **Vorteil:**
– geringerer Speicherkapazität für den Lernvorgang durch Abbau des Informationsgehaltes.
– der gegliederten und übersichtlichen Aufteilung.
– der schnellen und sicheren Einordnung von unbekannter Information in bereits bekannte Information.

Bilden Sie daher bei allen Lernvorgängen sinnvolle, aufeinander abgestimmte **Blöcke** (Strukturen), und **üben Sie diese ein.**

... beim Anblick der Verkehrszeichen erinnert LÖRNI sich: „Der größte Aberglaube ist heute der Glaube an die Vorfahrt."
Wenn Sie heute schon nichts Besseres vorhaben: Fahren Sie wenigstens vorsichtig!

3.4. Lernen durch Einsicht oder Problemlösen

3.4.1. Ist Problemlöseverhalten erlernbar?

■ Begriffe, wie Zuflußkapazität, Information und Speicher legen die Vermutung nahe, daß das abfragbare Wissen im Vordergrund der vielfältigen Lernprozesse stände.
Dem ist nicht so.
Lernprozesse sollten das Ziel haben, Lernende „zu entwickeln", die selbständig, produktiv und kritisch denken, ...
und nicht solche, die nur viel aufnehmen und wissen.
Nun möchten wir ja alle gern selbständig, produktiv und kritisch sein, möchten kreativ und problemlösend denken.
... aber wie ...?
Gehen wir systematisch vor!
Frage: Welche Faktoren bestimmen den „Problemlösevorgang"?
Antwort:

> Drei wesentliche Faktoren sind bestimmend:
> vorausgegangene Erfahrungen,
> Art und Weise der Problemdarstellung und
> die Lösungsmethoden.

Frage: Ist der Erkenntnisvorgang beim Problemlösen lehr- und lernbar?
Antwort:

> Da alle drei Faktoren durch den Menschen beeinflußbar sind, ist auch das Problemlösen lernbar.

Frage: Was ist beim Problemlösen zu beachten?
Antwort:

> ● Lernpsychologische Erfahrungen und Gesetzmäßigkeiten.
> ● Strukturgerechtes Lernen („Erfassen von strukturgerechten Zügen").
> ● Flexibles Denken (Fähigkeiten des Umdenkens, Umstrukturierens).
> ● Befolgen von allgemeinen und speziellen Regeln für produktives Denken.

Um der Bedeutung des Problemlösens gerecht zu werden, haben wir den für den Menschen so wichtigen Lösungsmethoden ein ganzes Kapitel (8) gewidmet. Aus diesem Grunde beschränken wir uns hier auf eine allgemeine Einführung und der Diskussion über **„Problemlösefähigkeit"**.

3.4.2. Was bedeutet Problemlösefähigkeit?

■ Ein Problemlöseprozeß kann aufgefaßt werden als eine Umformung der Situation 1 in eine Situation 2 unter Bedingungen, die die Zielsetzung beschreiben.
Dabei ist es unwesentlich, ob wir Problemen im täglichen Leben begegnen oder ob wir ihnen im fortgeschrittenen Studium gegenüberstehen. Man löst sie alle durch **Anwenden von Prinzipien.**
Wenn man eine Grundregel, ein Prinzip selbst findet, indem man sich intensiv mit dem Problem befaßt und seine strukturellen Züge begreift, ist Gewähr gegeben, daß man dieses Prinzip begriffen hat und es auf ähnliche Probleme ohne größere Schwierigkeiten anwenden kann.
Damit wären schon zwei **Fähigkeiten für das Problemlösen** angesprochen:

> ● Man muß in der Lage sein, das **Problem** als solches zu **erkennen.**
> ● Man muß **Kenntnis von der Struktur,** dem Aufbau, dem Zusammenhang und den Auswirkungen dieses Problems haben

■ Sie lesen jetzt den nachstehenden Abschnitt.
Welche Einstellung herrscht bei Ihnen vor?
● „Ich will soviel wie möglich behalten."
● „Ich will überprüfen, wo Gesetzmäßigkeiten, Fehler, einseitige Darstellungsweisen u. ä. auftreten."
● „Wie kann ich die erhaltene Information am besten anwenden?"
Gerade die letzten beiden **Einstellungen** sind wichtig für ein günstiges Problemlöseverhalten.
Diese **Einstellung** könnte man folgendermaßen beschreiben:

> ● Offene Haltung gegenüber der Umwelt.
> ● Sachbezogenes Interesse.
> ● Kritisch in der Einstellung.
> ● Differenziertes Reagieren.
> ● Nicht an konventionelle, traditionelle Anschauungen gebunden.
> ● Wird durch Problemsituationen (vorhandene Lücken und Unregelmäßigkeiten, Konflikte) „stimuliert".

■ Kreativität, schöpferisches Denken, produktives Denken, Erfinden und Entdecken, schöpferische Fähigkeiten . . .

. . . man könnte die Auflistung solcher und ähnlicher Begriffe über qualitative und quantitative Bezeichnungen von Denkleistungen noch weiterführen.

Hochgelehrte Wissenschaftler mögen uns verzeihen, wenn wir nur einen Begriff verwenden: „Problemlösefähigkeit".

Denn bei allen angesprochenen „Denkvorgängen" geschieht im Gehirn das gleiche: es werden neue Verbindungen zwischen Nervenzellstrukturen geknüpft.

Lörni fand nach fünfjähriger wissenschaftlicher Forschungstätigkeit, daß ein Schild an der Wand mit der Aufforderung zum kreativen Denken nur eine Auswirkung hatte: Die Tapete hinter dem Schild war nicht so nachgedunkelt wir die übrige freiliegende Fläche.

So verstehen wir unter dem in diesem Buch benutzten Begriff:

Problemlösefähigkeit ist die Fähigkeit eines Menschen, selbständig Lernleistungen beliebiger Art hervorzubringen. Lernleistungen, die demjenigen, der sie hervorgebracht hat, vorher unbekannt waren.

Problemlösend ist die Bildung neuer Systeme und Kombinationen aus bekannten Informationen, das Übertragen bekannter Beziehungen auf neue Situationen und das Herleiten neuer Beziehungen.

■ Im Gegensatz zum Auswendiglernen und zum Konditionieren, bei denen Antworten nur reproduziert werden, ist Problemlösen durch das Entdecken von neuen Antworten gekennzeichnet. Hier ist nicht die **Verbindung** zwischen Reiz und Reaktion wichtig, sondern die Erkenntnis, die Wahrnehmung, die **Verarbeitung** der einzelnen Reize.

Lernen durch Einsicht ist eine Lernform, mit der Verhaltensänderungen aus selbständig gewonnener Überzeugung und persönlicher Freiheit erworben werden.

■ Nachstehend noch eine begrenzte Auswahl von notwendigen **Fähigkeiten und Bedingungen** während des Problemlösevorganges:

● Fähig sein, Probleme in Teilprobleme aufzugliedern und dazu Suchmodelle und Lösungsschemata zu entwickeln.
● Fähig sein, die sich während des Lösungsvorganges aufbauenden Barrieren (Konflikte, Vorurteile, Schwierigkeiten) zu überwinden und als notwendige „Mindestanspannung" zu erkennen.
● Ständig Erfahrung sammeln mit erfolgreichen Problemlösungen und häufig vorkommenden Fehlern, Grenzbedingungen aufzeigen.
● Ausreichendes Reservoir an möglichen Lösungsmethoden bereithalten.
● Während eines Problemlösevorganges produktive und kritische Tätigkeiten mehrfach abwechseln können.
● Dabei schnelles Auffassen von Wahrnehmungsänderungen, diese unter verschiedenen Aspekten sehen und sie umstrukturieren können.
● . . . und „last not least" . . . fundiertes Fachwissen.

■ . . . und denken Sie daran:

● Weder scharfer Wettbewerb noch Zeitdruck fördern das für das problemlösende Denken notwendige Umstrukturieren.
● Einseitiges, stures Einüben (Drill) wirkt sich hinderlich aus.

Damit hätten wir kurz die **„Grundvoraussetzungen"** für das Problemlösen gestreift. Detaillierte Informationen über das Vorgehen selbst finden Sie in Kapitel 8.

3.4.3. Bedeutung des Lernens durch Einsicht oder Problemlösen

■ Sind Elemente eines Teilsystems und die Beziehungen zwischen den Elementen des gesamten Systems bekannt, so können weitere Elemente und Beziehungen des Systems **„durch Einsicht in das System"** gefunden werden.

■ **Problemlösende Leistungen** — viele Erfindungen und Entdeckungen — **beruhen auf erstmaliger Einsicht** in die für die Problemlösung erforderlichen Zusammenhänge.

■ **Lernen durch Einsicht** bedeutet:

● **„Niedriger Informationsgehalt"**, da neue Kenntnisse durch Erweitern und Kombinieren schon bekannter erworben werden.
● Was einmal eindeutig erkannt wurde, steht jederzeit wieder zu Verfügung.
● **Geringer Aufwand** und Zeitvorteil, da sofort — ohne vieles Probieren und Üben — zielsicher gehandelt werden kann.

■ Versuchen Sie daher — wo immer es möglich ist —, durch Einsicht erforderliches Wissen und Können zu erwerben, **Problemsituationen** zu **strukturieren** und vorhandene Zusammenhänge zu erkennen.

■ **Regeln und Begriffe** können Sie am besten lernen, wenn Sie diese durch Beispiele aus Ihrem eigenen Erfahrungsbereich anschaulich und begreifbar machen.

■ **Übertragen Sie Ihre eigenen Erfahrungen auf neue Problemlösungen,** d. h. aber nicht, voreingenommen und in seinem Denken schon festgelegt zu sein.

Um Informationen zu erhalten, muß man zuhören und mitschreiben, fragen und lesen, sehen und fühlen.

Der Mensch muß wahrnehmen.

Dazu benötigt der Mensch seine Sinnesorgane.

3.5. Allgemeine Hinweise und Regeln für die Informationsaufnahme und -verarbeitung in der Anwendung

3.5.1. Informationsaufnahme durch die Sinnesorgane

Ein kleines Vorwort: Erschrecken Sie nicht, wenn wir uns ein weiteres Mal der Informationstheorie mit Kanälen, „bits" und Speichern zuwenden.

Ziel der Darstellung soll es sein, Ihnen einen Überblick über die Kapazität der Sinnesorgane zu geben und für „Interessierte" den weiteren Verlauf der Information, deren Verarbeitung und Wiedergabe kurz bildlich darzustellen.

■ **Kapazität der Sinnesorgane** (Bild 3.8).
Durch die begrenzten Kanalkapazitäten kommt weniger Information in die „Projektionszentren" an als an Reizen auf die „Rezeptoren" (Aufnahmeorgane für physikalische Vorgänge) der Sinnesorgane einwirken. Diese Rezeptoren können etwa 10^{11} bit/s aufnehmen, während durch alle Kanäle etwa 10^7 bit/s gelangen.

Nun sind die **Kanalkapazitäten** äußerst unterschiedlich (eine Tatsache, der wir uns bei allen Lernregeln erinnern sollten):

● Optischer Kanal etwa 10^7 bit/s,
● akustischer Kanal etwa $1,5 \cdot 10^6$ bit/s,
● taktiler Kanal etwa $0,2 \cdot 10^6$ bit/s.

Aus diesem Zahlenvergleich wird jedem die übergroße **Bedeutung des optischen Kanals,** also des Sehvorganges, deutlich (Anwendungen im Kapitel 6.8). Alle anderen Sinnesorgane haben weitaus geringere Kapazitäten (Bild 3.8).

■ Das in diesem Bild dargestellte Modell der Informationsaufnahme, -verarbeitung und -wiedergabe ist nur für speziell daran Interessierte als Überblick gedacht.

Dazu zwei **Begriffserklärungen:**

● **Projektionszentren** (auch als Projektionsflächen oder -felder bezeichnet): Bereiche im Großhirn, in denen Reizleitungsbahnen enden oder von denen sie ausgehen.

● **Invariantenbildung:** Vorgang der „unveränderten" Wahrnehmung. Z. B. wird bei der Gestaltwahrnehmung zu kurzen, langen, dünnen, farbigen, ... Bleistiften immer die gleiche Invariante „Bleistift" gebildet.

3.5.2. Lerntypen, welcher ist der beste?

Bei der sinnlichen **Wahrnehmungsfähigkeit** wurden gewisse Unterschiede festgestellt.

Es gibt **„visuelle", „akustische"** und **„motorische"** Typen. Das ist in erster Linie eine Frage der Gewöh-

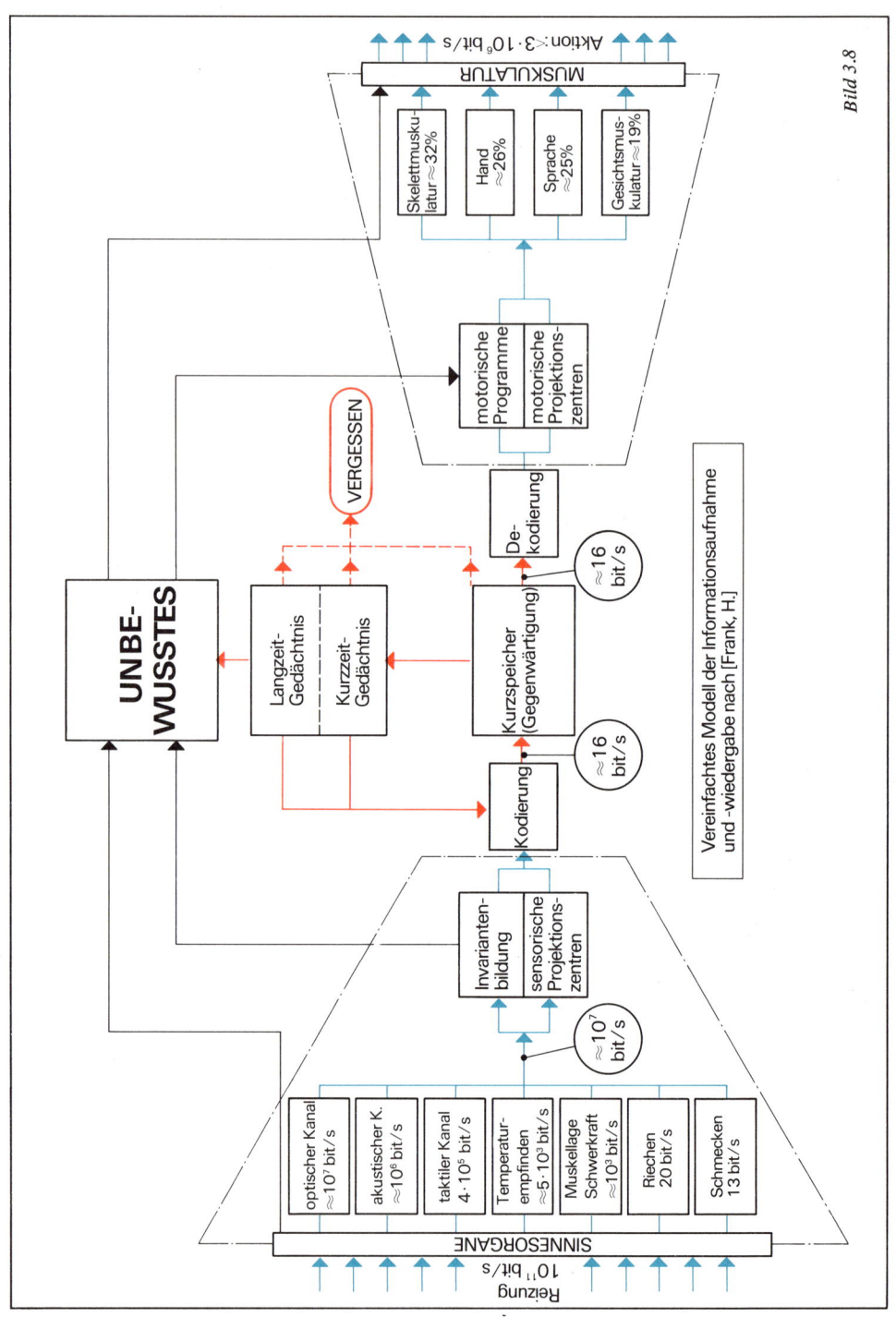

Bild 3.8

Vereinfachtes Modell der Informationsaufnahme
und -wiedergabe nach [Frank, H.]

76

nung und Übung, oft das Ergebnis beruflicher Praxis.

Das soll uns aber nicht weiter interessieren.

Unsere Frage ist:

Wie nehme ich am schnellsten und am meisten Informationen auf?

. . . und die **Antwort** lautet:

1. Je mehr Sinnesorgane bei einem Lernprozeß eingesetzt sind, um so dauerhafter und störungsfreier wird die Information aufgenommen und verarbeitet.

> **Grundregel:** Möglichst viele Sinnesorgane am Lernprozeß beteiligen.

2. Wenn Sie die verschiedenen Sinnesorgane abwechselnd am Lernprozeß beteiligen,
- setzen Sie die Ermüdungserscheinungen herab und
- steigern durch Abwechslung die Lernlust.
(Darin besteht z. B. der große Vorteil des Lernens im Medienverbund.)

> **Grundregel:** Informationskanäle (Sinnesorgane) öfters wechseln.

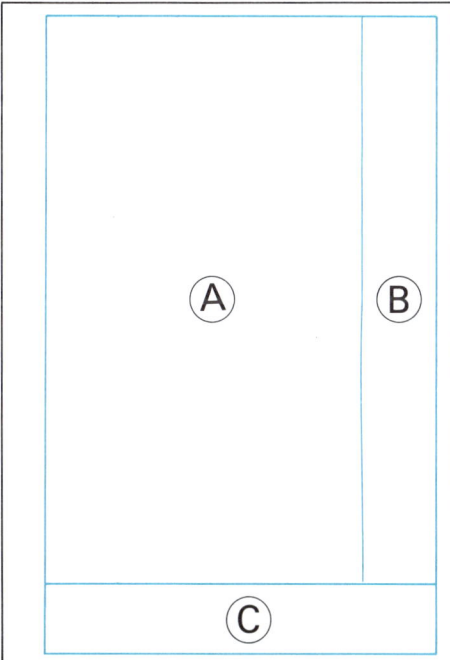

Bild 3.9

> **Grundregel:** Lerninhalte so anschaulich wie möglich machen (niedrige Informationsgehalte anstreben).

3.5.3.   Allgemeine Hinweise für das Hören

■ Von allen Tönen und Geräuschen, die wir hören, ist die **Sprache** die wichtigste. Sie besteht aus Lautsymbolen für Gegenstände, Vorgänge, Begriffe und Gefühle.

- **Vorteil:** Schnelle, einfache und nicht aufwendige Form der Mitteilung.
- **Nachteil:** Unanschaulich, sie muß im Gehirn erst umgesetzt werden. Sie kann bei „Sender" und „Empfänger" verschiedene Bedeutung haben. Sie ist ohne Tonträger nicht festzuhalten.

> **Grundregeln:**
> - **Auf Vorträge vorbereiten** (Vororientieren, Informieren, Fragen vorbereiten) (Kapitel 6.6 ←).
> - **Wichtiges nachsprechen** (Suchen Sie nach Hauptpunkten. Wichtige Aussagen, Begriffe und Regeln prägen sich sehr gut ein, wenn man diese — still — wiederholt.)
> - **Vorgetragenes immer anschaulich vorstellen.** Stellen Sie sich das Ihnen geschilderte immer bildhaft vor, „gehen Sie mit" bei vorgetragenen Abläufen und Erklärungen, identifizieren Sie sich.

3.5.4.   Allgemeine Hinweise für das Mitschreiben

■ Das **Mitschreiben** hat den **Vorteil,** daß
- Gehörtes fixiert wird und damit in den Besitz des Lernenden gelangt.
- das Gedächtnis entlastet wird.
- durch das Mitschreiben die Aufmerksamkeit und Aktivität gesteigert werden.

■ Zur **Vorbereitung Ihrer Notizblätter** wird die in Bild 3.9 wiedergegebene Aufteilung vorgeschlagen:

> - Feld A: Vortragsnotizen.
> - Feld B: Anmerkung, Zusatznotizen zum Vortrag, Fragestellungen.
> - Feld C: Zusammenfassungen, Querverweise.

Grundregel:
Nur **das Wichtige** mitschreiben, d. h., es sind die Grundregeln des Strukturierens zu beachten.

Beispiel:
– Zielsetzung des Vortragenden
– Gliederung und Obergriffe
– Lernsätze und Regeln
– Schemata und Stichworte
– Aussagen, die unklar waren

Benutzen Sie dabei Abkürzungen, Symbole, besondere Kennzeichen, wie z. B. in Bild 3.10 und darauf folgende:

Zeichen	Bedeutung der Zeichen
!	wichtig, einprägen Hauptpunkt
+	gut, treffend wahr, richtig
-	falsch, irrig schlecht
?	fraglich
←	Belegstelle Querverweis
Σ	Zusammenfassung
B	Begriffsbestimmung Definition
↻	ungeläufig, unbekannt (nachsehen)

Bild 3.10

L = Lernen,
← = daraus folgt,
? = unklar,
F? = Dazu muß ich noch folgende Frage stellen.

Grundregel:
Übersichtlich mitschreiben.
Die wichtigsten Aussagen müssen auf einem Blick erkennbar sein.

Grundregel:
Notizen unbedingt **anschließend überarbeiten.** Möglichst am gleichen Tag. Nutzen Sie Ihr Erinnerungsvermögen. Nur so wird Ihre Mitschrift eine wertvolle Arbeitsunterlage.

Wie überarbeiten?
● Wichtiges herausarbeiten und in eine logische Ablauffolge bringen (Strukturieren).
● Lücken füllen und unsichere Informationen überprüfen.

3.5.5. Allgemeine Hinweise für das Sehen

■ **Sehen ist „optisches" Wahrnehmen** von Umwelteindrücken. Das können sein: Gegenstände, Bilder, Situationen u. ä.

● **Vorteil:** Große Anschaulichkeit, prägnante und einfache Aussagen (Bild 3.7←), dazu allgemein verständlich und von Sprachbarrieren unabhängig.
● **Nachteil:** Abstrakte Begriffe sind schwierig darzustellen, z. B. Prinzip, Regel, Glück, ... Bildliche Darstellungen sind zudem gegenüber der Sprache kostenaufwendiger.

Grundregel:
■ Immer und überall genau beobachten.
● Gesehenes erfassen und „akustisch" verstärken, d. h. den Bildeindruck mit Worten beschreiben.
● Gesehenes nachvollziehen und hinterfragen.

Sehen darf nicht passiv sein. Sie müssen sich **aktiv am Sehvorgang beteiligen.**
Identifizieren Sie sich und fragen Sie nach den Hintergründen.
Schreiben oder zeichnen Sie sich bestimmte Situationen und Vorgänge auf.
Prägen Sie sich Abläufe, Gegenstände und Einzelheiten durch mehrmaliges Nachsprechen ein.

3.5.6. Allgemeine Hinweise für das Lesen (Abschnitt 6.4.1 ←)

■ **Lesen ist eine Haupttätigkeit** aller lernenden Menschen. Verbesserung der Lesetechnik bedeutet verbesserte Lerntechnik.

● Beim Lesen werden Zeichensymbole wahrgenommen, die nichts anderes darstellen als „Gesprochenes".

● **Vorteil:** Zu lesende Unterlagen sind dauerhaft; sie können mehrfach benutzt werden.

● **Nachteil:** Meist unanschauliche Darstellungen.

■ **Warum lesen wir?**

Wenn wir von dem Lesen zur inneren Entspannung und Erbauung absehen, können wir drei unterschiedliche Zielsetzungen finden:

● **Orientierendes Lesen.**
● **Selektierendes Lesen.**
● **Studierendes Lesen.**

> **Grundregel:** Leseform nach der Zielsetzung auswählen. Entsprechend orientierendes, selektierendes oder studierendes Lesen verwenden.

■ Allen drei Leseformen geht die **Einordnungs-** und **Übersichtsphase** voran. Das Lesen des Inhaltsverzeichnisses, ein kurzes Durchblättern der Seiten, das Einprägen der Grobgliederung gibt Ihnen einen Überblick über die vorliegende Literatur und die schwerpunktmäßige Verteilung der wichtigsten Informationen.

Dieses allgemeine Orientieren ermöglicht ein besseres Verständnis.

> **Grundregel:** Überblick gewinnen, ggf. Fragen formulieren

Das Vertrautmachen mit dem Inhalt (Überfliegen) bedeutet Verringern des Informationsgehaltes oder Bilden von Superzeichen aus wenigen Elementen mit dem nachträglichen Einordnen fehlender Elemente.

> ■ Konzentriert und gründlich lesen.

> ● Immer mit vollem Bewußtsein lesen. Schwierige Texte Satz für Satz oder sogar Wort für Wort analysieren.
> ● Pausenregelung (←) beachten.
> ● Unverständliche „Bandwurmsätze" entflechten und strukturieren.
> ● Nicht verstandene Fachausdrücke und Fremdworte sofort klären.

> ■ Text durch Markierungen gliedern und Wichtiges hervorheben.

● Zum besseren Einprägen und Strukturieren sollten Sie wichtige Dinge markieren und hervorheben. Seien Sie aber sparsam mit Ihren „Kennzeichen" und „Unterstreichungen". Bild 3.10 zeigt Ihnen einen Vorschlag.

● Bilder und Farben sind ausgezeichnete Mittel, um Sachverhalte und Probleme anschaulich darzustellen und den sprachlichen Ausdruck zu ergänzen (Kapitel 6.8 ←).

● Unwichtige Textstellen sofort aussondern.

> ■ Wichtiges laut lesen und sich anschaulich vorstellen.

● Wenn wichtige Teile laut gelesen werden, beteiligen Sie auch das Gehör an der Informationsaufnahme und strukturieren den Text.

● **Lesen Sie immer kritisch!**

Denken Sie mit, beziehen Sie Stellung. Halten Sie hin und wieder mit dem Lesen inne und stellen Sie Fragen. Vergleichen Sie bereits bekannte Informationen mit der neuen. Stellen Sie Analogien her, und suchen Sie nach eigenen Beispielen.

● Haben Sie den „Faden" verloren, blättern Sie zurück.

● Abschnittsweise lesen und Gelesenes in Erinnerung zurückrufen („Rekapitulieren").

> ■ Wichtige Aussagen zusammenfassen und in Schemata umsetzen (Strukturen, Abläufe, Zusammenhänge) (Abschnitt 6.8 ←).

● Dieses **„Auszügemachen"** ist lernpsychologisch äußerst wichtig. Sie zwingen sich zum Selbstformulieren und zum Selbsterarbeiten. Lassen Sie bei den Niederschriften einen breiten Rand für Ergänzungen und weitere kritische Stellungnahmen.

● **Übersichten erstellen:**

Bei manchen Texten ist es zweckmäßig, die wichtigsten Aussagen und Zusammenhänge in grafische Darstellungen zusammenzufassen.

So entstehen: **Strukturbäume** (Organisationsschemen, Gedankenflußpläne, Arbeitsabläufe, ...). Die Gliederung einer Familie von den Kindern bis zu den Ur...Urgroßeltern läßt den Sachverhalt sehr anschaulich erkennen (Bild 3.5 ←).

> ■ Verständnistest durchführen.

- Wiedergabe des Gelesenen nach einigen Tagen oder Wochen aus der Erinnerung heraus. Dabei nicht nur die einfachen Tatsachen wiederholen, sondern ebenfalls Zusammenhänge, Hintergründe und festgestellte Lücken.
- Vergleichen Sie das Ergebnis dieser Niederschrift mit Ihren ersten schriftlichen Zusammenfassungen.

- Bitten Sie jemanden, der den von Ihnen gelesenen Text bereits kennt, Ihnen Fragen über den Inhalt zu stellen.
- Lesen Sie vergleichende Literatur (Lexika, Autorenbeschreibungen, Literaturzusammenstellungen,...).
- Diskutieren Sie in Ihren Lerngruppen über das Gelesene.
- Wenden Sie das Gelesene an.

3.6. Einzelarbeit oder Gruppenarbeit?

■ Aufgrund der bisherigen Darstellung könnte der Eindruck entstanden sein, daß nur das „Einzellernen" die Erfolge bringt.
Das ist nicht so!
Auch von individuellen Unterschieden abgesehen, haben das **„Lernen als einzelner"** und das **„Lernen in der Gruppe"** bestimmte Vorteile und Anwendungsbereiche, die wir im einzelnen darstellen wollen.
Grundsätzlich ist die Beantwortung dieser Frage abhängig von **verschiedenen Faktoren** und deren Wechselwirkung:

- Art der Aufgaben (Lernziele, Lernzielstufe).
- Schwierigkeitsgrad.
- Besondere Umstände: räumliche Entfernungen, zur Verfügung stehende Zeit, organisatorische Schwierigkeiten, ...
- Persönlichkeitsmerkmale der „Lernenden", deren Wissensstand und Erfahrungen
- Motivation

■ **Wann ist es zweckmäßig, allein zu lernen?**
- Anwendung:

– Erstes Kennenlernen bestimmter Lerninhalte.
– Vertrautmachen mit Problemen.
– Berichte schreiben, Gedanken formulieren.
– Bücher lesen.
– Komplizierte Denkvorgänge ordnen.
– Auf ein Thema vorbereiten.
– Kleinere, einfache Probleme lösen.

! Grundvoraussetzungen am besten allein schaffen (erarbeiten).

■ **Wann ist es zweckmäßig, mit einem Partner zu lernen?**
- **Voraussetzung:** Persönlicher Kontakt muß vorhanden sein („...man muß sich gut leiden können...").
- **Anwendung:**

– Gelerntes verarbeiten.
– Widersprüche aufdecken.
– Klären von Nichtverstandenem, von Aufgabenstellungen.
– Eigenes Wissen kontrollieren (gegenseitig abfragen).
– Lücken auffüllen.

- **„Gleichwertiges Team":** (in etwa gleichwertiges Wissen und Können) hat den Vorteil:
Die Motivation wird gesteigert.
Perioden der Unlust werden besser überwunden (man hilft sich gegenseitig und spornt sich an).
- **„Der-eine-kann-mehr-Team"** beinhaltet: Nachhilfeunterricht durch „Mitlernende", die mehr können und wissen.
- **Zweier-Team als „Kontroll-Team"**
Wenn Sie als einzelner in bestimmten Fächern geprüft werden, machen Sie „Testprüfungen" mit Ih-

rem Partner. Oder suchen Sie dazu „Testpartner", denen die spezielle Prüfungssituation schon bekannt ist.

■ **Wann ist Lernen in der Gruppe am zweckmäßigsten?**

● Anzustreben sind Dreier- oder Vierergruppen. Keinesfalls mehr als fünf Personen, weil:
organisatorische Schwierigkeiten auftreten (räumliche, zeitliche Vereinbarungen; alle müssen Gelegenheit zum Sprechen haben),
größere Gruppen einen Leiter benötigen und inhaltliche, sachliche Schwierigkeiten möglich sind (Gruppenmitglieder sollten vom Wissensstand her gleichwertig sein, sollten gleich vorbereitet sein, sollten die gleichen Zielsetzungen haben).

● **Anwendung:**

– Umfangreiches Wissen kontrollieren.
– Informationen sammeln.
– Eigene Gedanken und Vorstellungen der Kritik stellen.
– Zweckmäßige Lösungen auswählen.
– Gemeinsames Vorgehen absprechen.
– Ideen und Anregungen aufgreifen und weiterentwickeln.
– Komplexe Probleme erkennen und strukturieren.
– Sachbezogene Motivation fördern.

● Die Notwendigkeit gegenseitiger Ergänzung und der Arbeitsteilung ist nicht nur eine Folge zunehmender Spezialisierung, sondern vor allem das Ergebnis der Erkenntnis, daß viele Leistungen erst in „Teamarbeit" möglich sind.

Weiterhin benötigt jeder Mensch den Kontakt zu den anderen (Anregung, Bestätigung, Zugehörigkeit, Nichtallein-Sein, . . .).

■ **Zusammenfassend** schlagen wir vor:

● **Lernen als einzelner**

– Erstes Kennenlernen von bestimmten Lerninhalten.
– Vertrautmachen mit Problemen.
– Grundvoraussetzungen schaffen.

● **Lernen im Zweierteam**

– Gelerntes verarbeiten und kontrollieren.
– Schwächen aufdecken und beseitigen.

● **Lernen in der Gruppe**

– Aufgreifen und Weiterentwickeln von Ideen.
– Auswahl zweckmäßiger, umfangreicher Lösungen.

Lernen „als einzelner" und in der „Gruppe" betrachten Sie niemals als Gegensätze, sondern als notwendige **Ergänzung,** da beide Formen sich ständig abwechseln sollten.

Die Abschnitte 6.6.3 ff und 8.7 geben hierzu weitere Anregungen.

3.7. Kritik und Zweifel

● Wie stößt man auf Probleme?
● Woher kommen neue Ansätze und Anregungen für Problemlösungen?
● Was ist die Ursache für Verbesserungen?
● Wie erkennt man Probleme?
● Woher kommt das bei allen Problemlösungen so notwendige Engagement und Interesse?
● Woher nimmt man die zum Überwinden von auftretenden Schwierigkeiten erforderliche Härte und Energie?

. . . um wirklich langfristig brauchbare Problemlösungen zu erarbeiten, benötigt man den **steten Zweifel und eine fruchtbare Kritik.**
Seien Sie allen Informationen gegenüber — auch den vorliegenden — mißtrauisch. Seien Sie vor allem Ihren eigenen Lösungen gegenüber **selbstkritisch.**
Übernehmen Sie nicht gedankenlos Angaben und Aufgaben.
Eine Reihe von Problemen ist deshalb nicht gelöst worden, weil falsche Voraussetzungen ungeprüft übernommen wurden.
Wie man das macht, kritisch zu sein . . .?

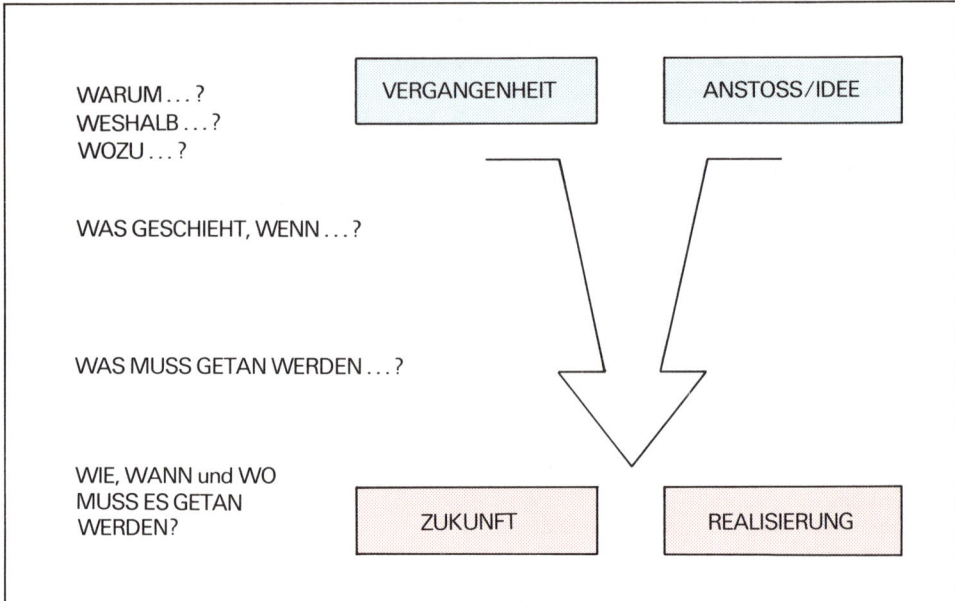

WARUM...? WESHALB...? WOZU...?	VERGANGENHEIT	ANSTOSS/IDEE
WAS GESCHIEHT, WENN...?		
WAS MUSS GETAN WERDEN...?		
WIE, WANN und WO MUSS ES GETAN WERDEN?	ZUKUNFT	REALISIERUNG

Bild 3.11

Ganz einfach! Fragen stellen, ... sich selbst und auch anderen.
Fragen Sie: Wie...? Warum...? Wozu...? Was...?
Am zweckmäßigsten gehen Sie so vor, daß Sie als **Eingangs- und Erkennungsfrage** das **„WARUM"** wählen. Die Fülle möglicher Antworten (Erklärungen) wird dadurch gesiebt und sortiert, indem das „WAS" (Ziel) herausgefiltert und über das „WIE" und „WANN" immer weiter konkretisiert wird (Bild 3.11).
Haben Sie etwas Zeit?...Ja...
So versuchen Sie nachstehende Fragen zu beantworten:

> Warum lerne ich?
> Was geschieht, wenn ich nicht lerne?
> Was will ich lernen?
> Wie, wann und wo lerne ich am zweckmäßigsten?
> Wie kann ich solches überprüfen?

! ...übrigens, dumme Fragen gibt es nicht!

Die Selbständigkeit des Denkens und das erfolgreiche Lernen verlangen von jedem die Fähigkeit, eigene und fremde Gedanken und Lösungen streng zu prüfen. Die Fähigkeit des Zweifelns und der Kritik ist für jeden Lernenden unerläßlich.

Lörni hat eine:
Welche Erfindungen
haben den Menschen
geholfen, hoch zu
kommen?
Antwort: der Aufzug
und der Wecker!

1. Definition für Lernen:

 Lernen ist eine Verhaltensänderung durch Wahrnehmen von Umwelteindrücken.

2. Behalten und Vergessen

■ **Faktoren,** die das Behalten und Vergessen beeinflussen:
● Begrenzte „Leistung" unseres Gehirns,
● Unterschiede in den Lerninhalten,
● Unterschiede in den Lernmethoden,
● Lernmotivation,
● Lernzeit und Pausenregelung,
● Art und Anzahl der Sinnesorgane, die am Lernvorgang beteiligt sind,
● Art und Umfang auftretender Störungen und Hemmungen.
■ Wenn neue Informationen ältere, nicht mehr benutzte Informationen verdrängen oder überlagern ...
... spricht man von **Vergessen.**

3. Lernhemmungen

... **können auftreten als** ...
● assoziative Hemmungen (feste Gewohnheiten),
● affektive Hemmungen (gefühlsbetonte),
● Sättigungshemmungen,
● Hemmungen durch zeitliche Nähe unmittelbar aufeinanderfolgender Lernprozesse,
● Ähnlichkeitshemmungen (zu verwechselnde Lerninhalte).

4. Lernen durch Strukturieren

■ ... **bedeutet:**
● Überschaubares Zusammenfügen von Einzelvorgängen zu größeren Einheiten.
● Gliedern unübersichtlicher Vorgänge.
■ ... **wird dargestellt in:**
● Strukturbäumen, Ordnungsschemata ...
■ ... **hat den Vorteil:**
● geringere Speicherkapazität notwendig.

● Übersichtliche Aufteilung.
● Schnellere und sichere Einordnung bisher unbekannter Information.

5. Lernen durch Einsicht oder Problemlösen

Um Probleme besser lösen zu können, sollten Sie:
● eine offene Einstellung zu den Problemen haben und flexibel denken,
● kritisch und differenziert bei Lösungsschwierigkeiten reagieren und
● Probleme in Teilprobleme aufgliedern, Lösungsschemata entwickeln und die besten Lösungen auswählen.

6. Einzelarbeit und Gruppenarbeit

Lernen als einzelner:
● Mit den Problemen vertraut machen.
● Grundvoraussetzungen schaffen.
Lernen im Zweier-Team:
● Gelerntes verarbeiten und kontrollieren.
● Schwächen aufdecken und beseitigen.
Lernen in der Gruppe:
● Ideen aufgreifen und weiterentwickeln.
● Umfangreiche Problemlösungen bearbeiten.

Lernen als „einzelner" und „in der Gruppe" sind keine Gegensätze, sondern notwendige Ergänzungen.

7. Kritik und Zweifel

Zweckmäßig lernen können, heißt **Fragen stellen können** ...
Fragen wie:
● Warum ...? (... als Eingangsfrage!)
● Wozu ...?
● Was geschieht, wenn ...?
● Was muß getan werden?
● Muß es getan werden?
... und diese **Fragen beantworten können**!

6*

Regeln und Hinweise für die Informationsaufnahme

1 Hauptregeln

1. Möglichst viele Sinnesorgane am Lernprozeß beteiligen.
2. Lerninhalte so anschaulich wie möglich machen (niedrige Informationsgehalte anstreben!)
3. Informationskanäle (Sinnesorgane) öfters wechseln.

2 Hören

1. Auf Vorträge vorbereiten.
2. Wichtiges nachsprechen.
3. Vorgetragenes immer anschaulich darstellen.

3 Mitschreiben

1. Nur das Wichtige mitschreiben.
2. Notizen anschließend überarbeiten.

4 Sehen

1. Gesehenes erfassen und „akustisch" verstärken.
2. Gesehenes nachvollziehen und hinterfragen.

5 Lesen

1. Leseform nach Zielsetzung auswählen.
2. Überblick gewinnen.
3. Text durch Markierungen gliedern und Wichtiges hervorheben.
4. Wichtiges laut lesen und sich anschaulich vorstellen.
5. Wichtige Aussagen zusammenfassen und in ein Schema umsetzen.
6. Verständnistest durchführen.

Wer lesen und schreiben kann, hat vier Augen . . . von Lörni aus Albanien mitgebracht.

(Weitere) Ratschläge für ein besseres Lernen und Behalten

● Lösen Sie erst private Konflikte, entspannen Sie, und beginnen Sie dann mit dem Lernen.
● Bemühen Sie sich um eine sachbezogene Motivation.
● Strukturieren Sie Ihr Lernmaterial.
● Bilden Sie bei allen Lernvorgängen sinnvolle, aufeinander abgestimmte Blöcke (Strukturen) und üben Sie diese ein.
● Passen Sie Ihr Lerntempo den eigenen Fähigkeiten an, lassen Sie keinerlei Unter- oder Überforderung zu.
● Achten Sie beim Lernen auf Klarheit und Eindeutigkeit.
● Wiederholen Sie nicht zu früh, lassen Sie mindestens zwei Tage Zwischenzeit.
● Variieren Sie die Lernmethoden.
● Betreiben Sie rationelle Pausenplanung.
● Lernen Sie nichts Neues, kurz bevor Sie Gelerntes wiedergeben müssen.
● Nutzen Sie den Schlafvorteil.
● Lernen Sie Ähnliches nicht hintereinander.
● Streben Sie eine offene Haltung gegenüber Ihrer Umwelt an. Stellen Sie sich selbst und anderen Fragen.
● Suchen Sie sich geeignete Lernpartner.

4. Zielsetzungen

4.1. Ziele, warum?

4.1.1. Beispiele und Unterschiede

> „Ein Ziel muß genau bekannt sein, erst dann läßt sich der beste Weg suchen, der zu ihm hinführt."
>
> „. . . denn kaum etwas könnte den Arbeitserfolg stärker beeinträchtigen als eine Täuschung über die eigenen Absichten."

Deshalb ist **der erste Schritt jeder Tätigkeit:**

Das Festlegen der Ziele !
Am Anfang steht das Ziel !

■ Nachstehend sind mögliche Zielsetzungen wiedergegeben. **Was fällt Ihnen auf, wenn Sie diese „Ziele" hinsichtlich ihrer Eindeutigkeit (Präzision) überprüfen?**

– Ein Praktikum durchführen.
– Die Faktoren, die zur Weltwirtschaftskrise von 1929 führten, nennen können.
– Die Bedeutung der Formel H_2O wissen.
– Bereitschaft, mehr Wissen über grundlegende Gesundheitsfragen erwerben.
– Musikalisches Verständnis entwickeln.
– Einführung in die Volkswirtschaftslehre lernen.
– Dezimalzahlen richtig addieren, subtrahieren und multiplizieren können.
– Kenntnisse besitzen über soziale Prozesse im Strafvollzug und deren Nachwirkungen.
– Gruppendiskussionen führen können.
– Befähigt sein, Vorurteile über Menschen und Sachverhalte zu charakterisieren und Möglichkeiten zu erarbeiten, diese Vorurteile abzubauen.
– Zeitmessungen von Reaktionsbewegungen des Hand-Arm-Systems bei gefährlichen Verhaltensweisen durchführen.

Nach eingehender Prüfung werden Sie Unterschiede feststellen, und zwar Unterschiede hinsichtlich:

■ **Anwendungs- und Beziehungsbereiche,** wie z. B.

- technische Umwelt.
- Sozialbeziehungen.
- Gesundheit.
- Musik.

■ **Verhaltensformen** („Verhaltensqualitäten")

- Kenntnisse.
- Fertigkeiten und Fähigkeiten.
- Einstellungen und Interessen.

■ **Umfang** und **Schwierigkeitsgrad** der zu erreichenden Zielsetzung, wie z. B.

- niedrigere Anforderungen (Formel „H_2O").
- höhere Anforderungen („Abbau von Vorurteilen").

■ **Eindeutigkeit**

- Zielsetzungen, wie „Musikalisches Verständnis entwickeln" und „Einführung in die Volkswirtschaftslehre lernen" — sind äußerst unpräzise und erschweren — falls sie nicht konkretisiert werden — das Lernen.
- Damit eine Zielvorstellung brauchbar ist, muß sie also mit konkreten Begriffen beschrieben sein.

In diesem Kapitel 4 wird ein kleiner Einblick in den komplexen Bereich der Zielsetzungen gegeben, und zwar:

4 Zielsetzungen als Führungsgröße im Ablaufplan „PROBLEMLÖSEN"

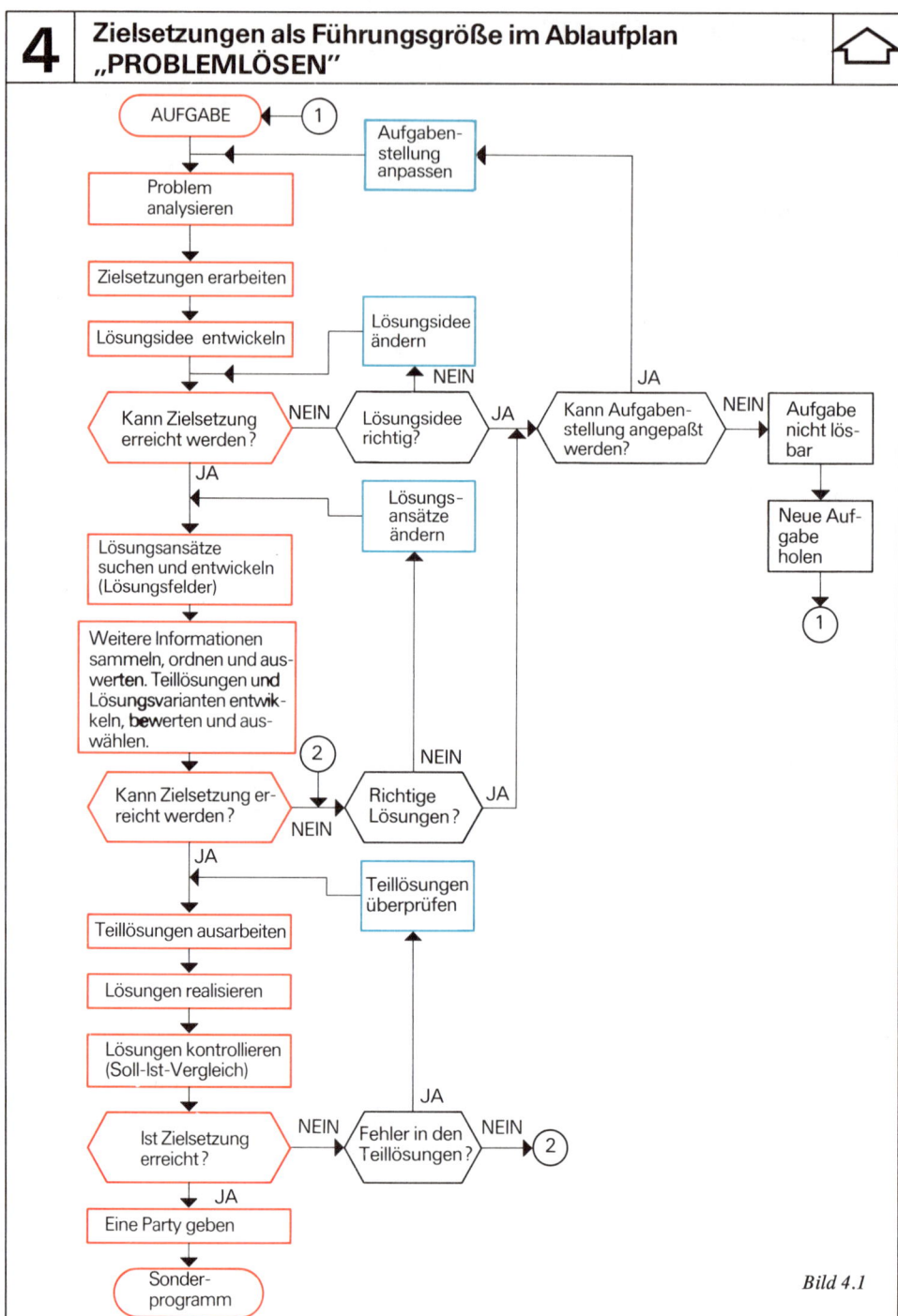

Bild 4.1

- Aufgabe und Bedeutung von Zielen.
- Zielsetzungen als erster Teilprozeß eines jeden Lern- und Arbeitsprozesses.
- Vorgehen bei der Zielbestimmung.
- Unterteilen von Zielen in ihrer Wertigkeit und in ihrem Ablauf nach Stufen.
- Beschreibung möglicher Zielsetzungen.

Aus der ungeheuren Fülle möglicher Aufgaben — und damit möglicher Zielsetzungen — können in diesem Buch nur einige wenige als Beispiele und Hinweise herausgegriffen werden. **Versuchen Sie daher aus den grundsätzlichen Anmerkungen, Hilfestellung für Ihre Lern- und Arbeitsprobleme zu entnehmen.** Das nachfolgende Beispiel zeigt die Bedeutung und den Einfluß klarer Zielsetzungen.

4.1.2. Die Bedeutung von klaren Zielsetzungen am Beispiel „Problemlösen"

■ Fast jede unserer täglichen Handlungen hat etwas mit **„Problemlösen"** (←) zu tun, und so ist es verständlicherweise schwer, für alle erforderlichen Lösungen, immer anwendbare Regeln aufzustellen und ein bestimmtes Lösungsverhalten zu lernen.

Für den Bereich des produktiv-kreativen (←) Verhaltens in Problemsituationen haben sich besonders eine positive, offene Einstellung zur Aufgabe, ein Aufgliedern in Teilaufgaben, ein gezieltes Entwickeln und Auswählen der Lösungsmethoden, ein planmäßiges Vorgehen durchsetzt mit Selbstkontrollen und die Teamarbeit bewährt. Dieses Problemlösen ist in seinem äußeren Ablauf in Bild 4.1 dargestellt.

Der **Ablaufplan** (ein „Flußdiagramm" [Kapitel 6.8.3 ←]) zeigt **Arbeits- und Entscheidungsschritte beim „Problemlösen",** unter besonderer Berücksichtigung der Bedeutung von Zielsetzungen.

- Die im **Ablaufplan** zwischengeschalteten Entscheidungsschritte (⬭) bestimmen das Fortlaufen oder ein erneutes Durchlaufen der Schleife, indem sie den „Ist-Wert" mit dem „Soll-Wert" vergleichen. Dieses Vorgehen verhindert, daß Mängel und grobe Bearbeitungsfehler erst überraschend am Schluß einer versuchten Lösung auftreten. Dabei ist jeder größere Arbeitsschritt so zu gestalten, daß möglichst nur die kleinste Schleife im Lern- und Arbeitsprozeß durchlaufen wird, um Zeit und Arbeitsaufwand zu sparen und die Lernfreude nicht zu beeinträchtigen.
- Das **Problemlösen beginnt — wie jede andere Aufgabe auch — mit der Klärung der Problemsituation und der Aufgabenstellung,** indem die wesentlichen Probleme erkannt, analysiert und gegeneinander abgegrenzt werden.

Damit können das **Globalziel** (Hauptziel, Richtziel)

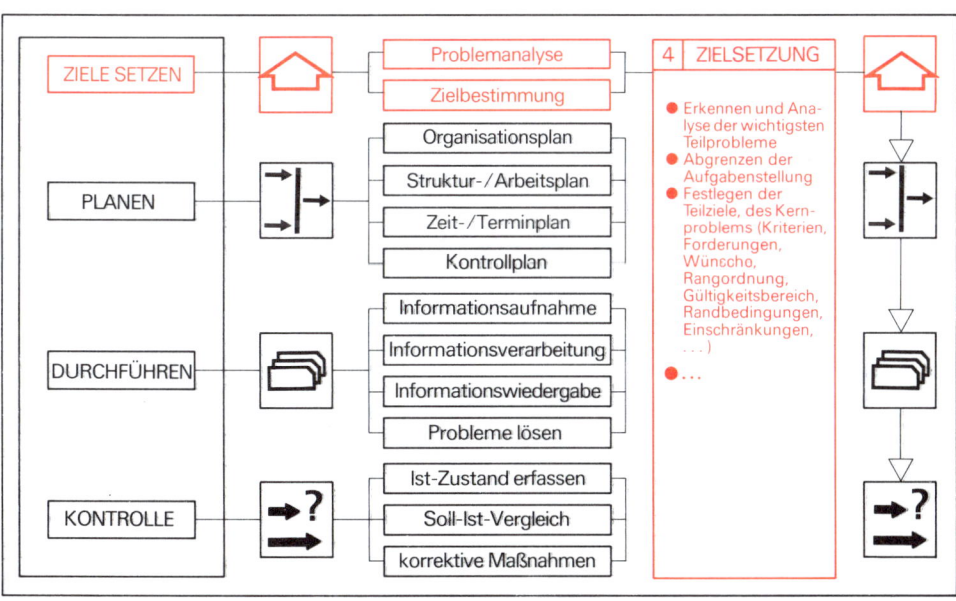

Bild 4.2

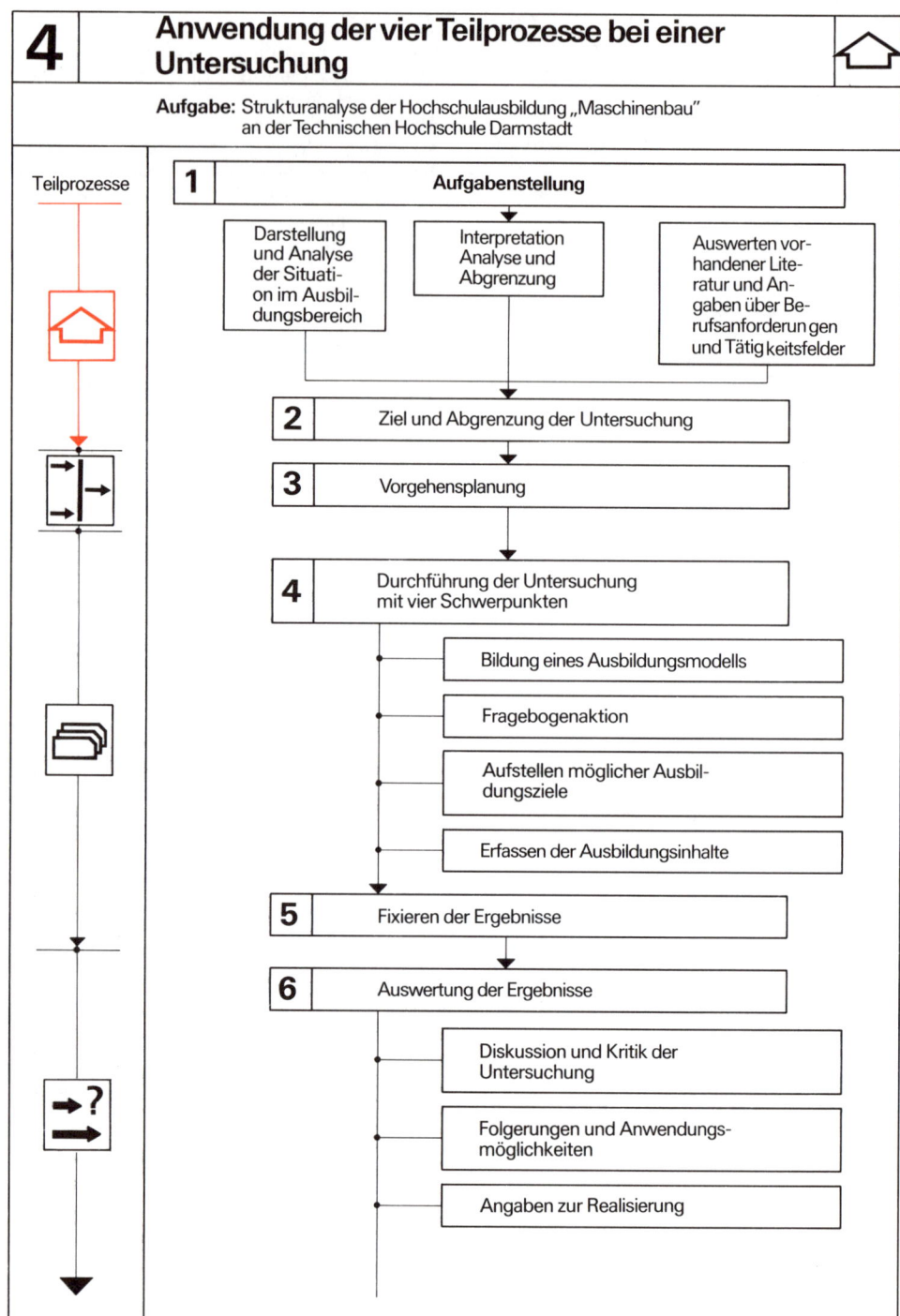

4 Anwendung der vier Teilprozesse bei einer Untersuchung

Aufgabe: Strukturanalyse der Hochschulausbildung „Maschinenbau" an der Technischen Hochschule Darmstadt

Teilprozesse

1 Aufgabenstellung

- Darstellung und Analyse der Situation im Ausbildungsbereich
- Interpretation Analyse und Abgrenzung
- Auswerten vorhandener Literatur und Angaben über Berufsanforderungen und Tätigkeitsfelder

2 Ziel und Abgrenzung der Untersuchung

3 Vorgehensplanung

4 Durchführung der Untersuchung mit vier Schwerpunkten

- Bildung eines Ausbildungsmodells
- Fragebogenaktion
- Aufstellen möglicher Ausbildungsziele
- Erfassen der Ausbildungsinhalte

5 Fixieren der Ergebnisse

6 Auswertung der Ergebnisse

- Diskussion und Kritik der Untersuchung
- Folgerungen und Anwendungsmöglichkeiten
- Angaben zur Realisierung

Bild 4.3

88

und die dazugehörigen **Teilziele** bestimmt werden. Mit Hilfe von Lösungsansätzen und -prinzipien sowie mit Arbeits- und Zeitplänen wird die Vorgehensplanung im Lösungskonzept dargestellt. Das Suchen und Entwickeln von Lösungen, ihre Bewertung und Auswahl sind der Ausgangspunkt für die folgende **„Realisierungsphase"** (←). Die sich daran anschließende **„Kontrollphase"** (←) ermöglicht die Überprüfung **„Ist die Zielsetzung erreicht?".**

● In dem Flußdiagramm sind deutlich die „schleifenförmigen" Ablaufschritte erkennbar, die zu einer mehrmaligen Neufestlegung der Ziele führen können.

■ Für die weitere Betrachtung sind an dieser Stelle nur **zwei Hauptpunkte** wichtig, und zwar

> 1. die Bedeutung und Funktion von Zielbestimmungen in jedem Lern- und Arbeitsprozeß und
> 2. die damit eng verbundene Problemanalyse.

Am Beginn eines jeden Lern- und Arbeitsprozesses steht das Entwickeln von Zielsetzungen, und im Sinne eines **„arbeitsteiligen Zusammenwirkens"** folgen die Teilprozesse Planung, Durchführung und Kontrolle (Bild 4.2). Diese letztgenannten Funktionen werden in den Kapiteln 5 (Planung), 6 (Durchführung/Organisation) und 7 (Kontrolle) eingehend behandelt. Ein Beispiel für die vier ablaufenden Teilprozesse zeigt Bild 4.3. Denken Sie aber daran, daß diese Teilprozesse zusammengehören, daß sie aufeinander angewiesen sind und sich gegenseitig beeinflussen (Modell des Regelkreises, Bild 4.4).

4.1.3. Zielsetzung als Ausgangs- und Führungsgröße

■ Jede Problemsituation, jede Aufgabenstellung bewirkt eine Gegenüberstellung, eine Konfrontation zwischen dem zu lösenden Problem und der mit dieser Aufgabe betrauten Person.
Je nach Erfahrung und Kenntnisstand erscheint dieses Problem mehr oder weniger groß.
Die Phase der Zielsetzung hat nun die Aufgabe, nähere Informationen über die Aufgabenstellung, ihre Randbedingungen und Anforderungen zu geben. Die wesentlichen Probleme sind dabei zu erkennen, zu analysieren und die Ziele eindeutig zu bestimmen (Bild 4.4).

> Durch diesen Teilprozeß wird die Aufgabe klar, die Angst . . . **„ich weiß nicht, was ich da eigentlich tun soll"** . . . abgebaut, die Arbeitsfreude und das Selbstvertrauen gesteigert.

Das Beispiel **„Problemlösen"** hat eindeutig gezeigt, daß das Festlegen von Zielen kein einmaliger Vorgang bei Lern- oder Arbeitsbeginn ist, denn Lern- und Arbeitsprozesse sind Rückkopplungsprozesse mit einer ständigen Überprüfung von Zielsetzung und aktuellem Arbeitsergebnis.
Dieser **Informationsfluß** bedeutet:

> ● laufendes Überprüfen der Aufgabenstellung und damit die hohe Verdichtung von Zielsetzungen (. . . die Aufgaben werden klarer, Probleme treten mit aller Schärfe hervor . . .);
> ● ständige Information über Lern- und Arbeitsfortschritte (Wo stehe ich, wieweit bin ich, was ist noch zu tun?);
> ● kontinuierliches „Abklopfen" aller Arbeitsschritte hinsichtlich ihrer Bedeutung, Erfüllung der gestellten Anforderungen und ihres Arbeitsaufwandes.

■ Niemand wird damit unserer Feststellung widersprechen, daß mit dieser Vorgehensweise eine Steigerung der Motivation verbunden ist, denn **gezieltes** und **schrittweises Vorgehen** bietet:

> ● ein Gefühl der Sicherheit durch Überblick und das Gefühl, nichts Wesentliches vergessen zu haben.
> ● die Möglichkeit, Zeit- und Arbeitsaufwand eindeutiger ermitteln und festlegen zu können (weniger Streßsituationen),
> ● konkrete Ansatzpunkte bei der Kontrolle von Lern- und Arbeitsprozessen,

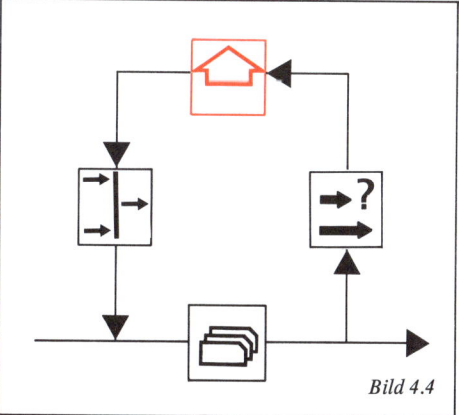

Bild 4.4

● ein Gefühl der Befriedigung (. . . ich habe ein Teilproblem gelöst . . .), eine Stärkung des Selbstvertrauens und damit Zuversicht für weitere Tätigkeiten.

Die Zielsetzung ist Ausgangsgröße und zugleich Führungsgröße bei allen Lern- und Arbeitsprozessen.

4.2. Problemanalyse

■ Sie haben eine **Mathematikaufgabe** zu **lösen. Nun, wie machen Sie es?** Sie stellen sich vielleicht folgende **Fragen:**

● **Was ist zu lösen?**
● **Was ist gegeben (Voraussetzungen, Bedingungen)?**
● **Wo liegt das Problem?**
● **Habe ich schon so etwas Ähnliches gelöst?**
● **Wie gehe ich vor? Wie fange ich an?**

Schwierigkeitsgrad und **Umfang** des mathematischen Problems bestimmen dabei die Art der Fragestellungen. Die einfache Addition von 27 + 34 ist eintrainiert, sie ist „automatisiert", die Lösung erhält man schematisch. Weitaus schwieriger wird es, wenn Sie selbst mathematische Gleichungen für umfangreiche Problemlösungen entwickeln müssen.

■ Wichtig bei allen Lern- und Arbeitsvorgängen ist es, daß Sie die Aufgabenstellung „ausloten", sie hinterfragen.
Sie müssen die vorhandenen Situationen hinsichtlich ihrer Einfluß- und Bestimmungsfaktoren überprüfen, die Probleme müssen „hin und her gewendet" werden. **Diesen Vorgang nennen wir Problemanalyse.**
Die **Problemanalyse** hat die **Aufgabe:**

● Auflösen von komplexen Problemsituationen.
● Erkennen des Problems/der Probleme
● Analysieren des Problems/der Probleme

Der erste Überblick über ein vorliegendes Problem ist von entscheidender Bedeutung, weil durch ihn der sich anschließende Denkprozeß „kanalisiert" wird.

■ Ein **Katalog ausgewählter Fragen** soll Ihnen Bedeutung und Funktion einer Problemanalyse näherbringen:

● Welche Forderungen werden an die Problemlösung gestellt (minimal/maximal)?
● Welche Eigenschaften soll die beabsichtigte Problemlösung haben?
● Was wird nicht gefordert?
● In welche Teilprobleme ist das Hauptproblem zerlegbar?
● Aus welcher Situation ist dieses Problem entstanden?
● Welche Bedeutung hat die Lösung dieses Problems? Welche Auswirkungen können mögliche Lösungen haben?
● Was geschieht, wenn es nicht gelöst wird?
● Ist es überhaupt notwendig, dieses Problem zu lösen? Gibt es wichtigere?
● Ist dieses Problem schon gelöst worden?
● Gibt es ähnliche Lösungen? Wenn ja, wie sehen diese Lösungen aus?
● Welche Randbedingungen sind zu erfüllen (inhaltlich, zeitlich, organisatorisch)?
● Sind es echte, d. h. unabdingbare oder nur scheinbare, d. h. veränderbare Randbedingungen?
● Sind alle in der Aufgabenstellung benutzten Begriffe eindeutig?
● Sind irgendwelche Richtlinien (Vorschriften, Normen, . . .) zu befolgen? Wenn ja, welche?

Diese Fragen sollen — als spätere Hilfestellung — das Herausfinden des Kern- oder Hauptproblems ermöglichen, das Aufstellen von sichtbar werdenden Teilproblemen erleichtern und die Aufgabenstellung abgrenzen.
Der **Vorgang der Problemanalyse** und **Zielbestimmung** ist weitgehend unabhängig davon, ob die Aufgabenstellung „von außen" erfolgt oder ob man sich selbst die Aufgabe stellt.
Es ist immer ein ständiger Dialog zwischen „Aufgabensteller" und „Durchführer" notwendig, damit alle erforderlichen Informationen zur Klärung der Aufgabenstellung (Anforderungen, Randbedingungen u. ä.) vorhanden sind.

> Zwingen Sie den „Aufgabensteller" — egal wer es ist — zu präzisen Angaben und eindeutigen Stellungnahmen.

- welche Teilprobleme einer Lösung zugeführt werden sollen und
- wie umfangreich die Problemlösung sein muß.

Die Zielsetzung ist die erste konkrete Aufgabe bei einer Problemlösung (und damit auch bei jedem Lern- und Arbeitsprozeß). Dieser Schritt ist deshalb von besonderer Bedeutung, weil hier entschieden wird:

> Die Zielsetzung besteht im allgemeinen aus Problemanalyse und Zielbestimmung. Jede Zielsetzung muß so formuliert sein, daß ihre Erfüllung kontrolliert werden kann.

4.3. Lernzielstufen

Der einzige sichere Weg zum Erfolg:
„Alles vermeiden, was ihn verhindert."

■ **Sie erinnern sich,**
Lernprozesse und Arbeitsvorgänge können scheitern,
- weil die Ausgangsvoraussetzungen falsch oder einseitig gesehen wurden,
- weil falsche Methoden und Verfahren zur Anwendung gelangten und
- weil keine oder nicht ausreichend genaue Zielsetzungen gegeben wurden.

Weiterhin wurde festgestellt, daß die **Lernziele eine Art „Führungsgröße"** darstellen, die eindeutig beschreiben, über welche Lernleistungen der Lernende am Ende einer „Lerneinheit" verfügen soll.

Nun weisen aber diese Zielsetzungen eine ungeheure Vielfalt (Kapitel 4.1.1 ←) auf, so daß sie nach Kategorien und Stufen aufgegliedert werden müssen.

Die **„konstruierenden" Teilprozesse** Zielsetzung, Planung, Durchführung, Kontrolle eignen sich nicht als Orientierungsgröße.

Während eines **Lern- und Arbeitsvorganges** werden
- Phasen der Konfrontation,
- Phasen der Motivation,
- Phasen der Informationsaufnahme und -verarbeitung,
- Phasen der Auseinandersetzung, des Probierens und der Einsicht in ständiger Wiederkehr erlebt.

Auch diese Phasen eignen sich nicht als generelle Abstufung für Ablauf, Schwierigkeitsgrad und Verfügbarkeit eines Lernprozesses.

■ Nun ist es aber einsichtig, wenn man beim **Vergleich möglicher Lernaufgaben** feststellt:

- höherwertig sind problemlösende Leistungen als ein einfaches Reproduzieren von Fakten.
- höherwertig als ein schematisches Nachvollziehen von Verfahren ist die Fähigkeit, diese zu übertragen und vielseitig anzuwenden.
- höherwertig ist das „Finden" neuer Methoden als ein selbständiges Anwenden dieser Methoden.

Diese dargestellte Wertigkeit über die Verfügbarkeit von Wissen läßt sich nun stufen. Dazu werden **vier Lernzielstufen** vorgeschlagen:

1. **Reproduktion** (= verfügbares Wissen reproduzieren)

> - Etwas Gelerntes durch Abruf aus dem Gedächtnis wiedergeben, wie z. B. Begriffe, Vokabeln, physikalische Einheiten, Formeln, Organisationsstrukturen, Regeln u. ä.

- **Dieses sogenannte „Faktenwissen" ist unabdingbare Grundlage für alle nachstehenden Lernzielstufen.**

2. **Reorganisation von Lerninhalten**
(= selbständige Verarbeitung und Anordnung des Gelernten aufgrund eigener Initiative)

> - Selbständiges Anwenden von Fakten, Regeln
> - Umzeichnen von Darstellungen.
> - Nacherzählungen, Bildbeschreibungen u. ä.
> - Übertragen einer „eingekleideten" Mathematikaufgabe in mathematische Symbole.

3. **Transfer** (= Übertragen von Grundprinzipien des Gelernten auf neue — ähnliche — Aufgaben und Sachverhalte)

> ● Erkennen von Ähnlichkeiten zwischen dem bisher Gelernten und dem neuen Problemgebiet.
> ● Übertragendes Anwenden von Prinzipien und Regeln.
> ● Konsequentes Ableiten von Folgerungen aus bestimmten Bedingungen.

4. **Problemlösendes Denken**
(Neuproduktion von Lösungen und Arbeitsergebnissen; vom Entwicklungsstand des Lernenden gesehen: produktive Neuleistungen)

> ● Lösungsalternativen entdecken.
> ● Ergebnisse beurteilen und in einen Systemzusammenhang stellen können.
> ● Experimente planen und durchführen.
> ● Hypothesen finden und aufstellen.
> ● Sachlich begründete Verbesserungsvorschläge machen.

■ **Das tägliche Leben fordert von allen Menschen die jeweils höhere Leistungsstufe**

Es ist jedoch falsch, einfach anzunehmen, die höheren Lernzielstufen seien allein maßgebend.

Die unteren Lernzielstufen bilden die Grundlage für die nächstanschließenden. In allen Stufen des Bildungs- und Ausbildungswesen wird es immer wieder untere Lernzielstufen geben und geben müssen.

Es muß nur dabei erkannt werden, daß die Weiterentwicklung zu höheren Stufen unerläßlich ist und daß die größeren Lernleistungen dort zu finden sind, wo **Selbständigkeit, Kritikfähigkeit** und **Kreativität** (←) gefordert werden.

Diese Fähigkeiten können aber nicht von selbst entstehen, sie müssen angestrebt und gefördert, sie müssen überprüft und entsprechend anerkannt werden.

Ein **Beispiel** dafür

> Bei reiner Übermittlung von Fakten kann man nicht erwarten, daß der Lernende ohne Einsicht in allgemeine Prinzipien und in theoretische Grundlagen auf einmal selbständig Probleme lösen kann.

Es leuchtet ein, daß es sogenannte Hierarchien von Begriffen, Grundkenntnissen und Methoden gibt, die von einer Ebene größter Einfachheit zur Ebene höchster Kompliziertheit und Komplexität reichen.

Ebenso gestuft und aufeinander aufbauend laufen Lernprozesse in bestimmten Phasen ab. Die Differenzierung von Schwierigkeit, zeitlichem Ablauf und Wertigkeit wird im Prinzip der Lernzielstufung berücksichtigt.

Eine **Lernstufe** wird dadurch gerechtfertigt, daß sie in die nächsthöhere Stufe überführt.

Nun ist sicherlich die Frage berechtigt:

> Welchen Einfluß üben diese Stufen auf den Lernvorgang aus?

Je nach Lernzielstufe, die erreicht werden soll, sind **bestimmte methodische Maßnahmen und Hilfen** effektiver als andere.

Die nachstehenden **Beispiele** verdeutlichen das:

Beispiel: Eselsbrückenmethode

> Der bewußte Gebrauch vermittelnder Zwischenglieder (sogenannter „Eselsbrücken") als Gedächtnisstützen ist beim Lernen von Vokabeln und Formeln, beim Einprägen von Gegenständen und Namen eine unschätzbare Hilfe. Sollten Sie sich aber mit der „Analyse und Beurteilung der Kuba-Krise" beschäftigen, so hilft Ihnen diese „Eselsbrückenmethode" sehr wenig.

Beispiel: Voraussetzung

> Man braucht den Begriff der Zahl und den der Quantität zum Addieren, man benötigt die Fertigkeit des Addierens zum Multiplizieren und einiges mehr, bevor man sich dem Rechnen mit Logarithmen zuwenden kann.

Beispiel: Regellernen

> Das „Regellernen" erfordert andere Lernsituationen als die „Wortanalyse eines Satzes".

Planung, Durchführung und Kontrolle zweckmäßiger Lernsituationen sind damit untrennbar mit der angestrebten Zielsetzung und der dazugehörigen Lernzielstufe verbunden.

Die angestrebten vier Lernzielstufen sind als Orientierungsgrößen gedacht und durchdringen als solche die Planung, Durchführung und Kontrolle von Lernprozessen (Bild 4.5)

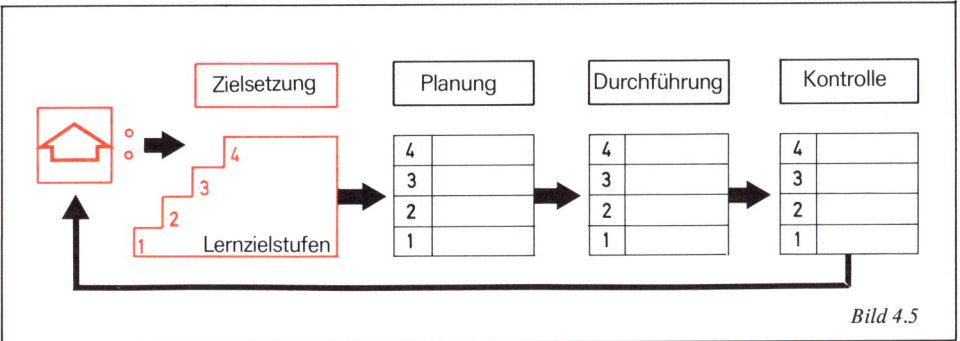

Bild 4.5

4.4. Lernziele und Abstraktionsniveau

■ Damit Zielsetzungen ihre Aufgabe als Führungs- und Optimierungsgröße erfüllen können, müssen sie — unabhängig von ihrer Lernzielstufe —

● so konstruiert sein, daß sie tatsächlich mit einem Höchstmaß an Annäherung erreicht werden können und

● so formuliert sein, daß ihre Erfüllung kontrolliert werden kann.

Sie erinnern sich:
„Einführung in die Volkswirtschaftslehre lernen" oder „ein Praktikum durchführen" sind so allgemein, daß es vorstehenden Anforderungen nicht genügt.

Diese **Zielbeschreibungen** sind sehr unpräzise; sie haben ein hohes „Abstraktionsniveau".

Unter **Abstraktionsniveau** eines Lernzieles kann man den Grad der Bestimmtheit, die Genauigkeit und Eindeutigkeit verstehen, mit dem Ziele beschrieben werden können.

Als **Richtziel (RZ)** könnten wir ein Ziel mit dem höchsten Abstraktionsniveau bezeichnen, es weist einen sehr geringen Grad an Eindeutigkeit und Präzision auf, arbeitet mit umfassenden Begriffen und muß so formuliert sein, daß sich aus ihm echte „Orientierungshilfen" für weitere Ziele ergeben.

Beispiel: Die Kinder sollen lernen, sich in Konfliktsituationen angemessen zu verhalten.

Das **Grobziel (GZ)** hat einen mittleren Grad an Eindeutigkeit und Präzision und konkretisiert das Richtziel.

Beispiel: „. . . sollen lernen, für einfache Probleme mehrere Lösungen zu finden und die zweckmäßigste Lösung zu erkennen . . ."

Ein Ziel mit einem hohen Grad an Eindeutigkeit und Präzision bezeichnen wir als **Feinziel (FZ).** Es schließt fast alle Alternativen aus.

Beispiel: „. . . sollen lernen, höfliches und unhöfliches, faires und unfaires Verhalten zu unterscheiden . . ."

Das **Feinteilziel (FTZ)** hat den höchsten Grad an Eindeutigkeit und Präzision, schließt alle Alternativen aus (nur eine Interpretation) und weist drei Merkmale des Endverhaltens auf: Beschreibung, Bedingung und Bewertungsmaßstab.

■ **Beschreibung des Endverhaltens**

Genaue Beschreibung dessen, was der Lernende tun muß, um zu zeigen, daß er das Ziel erreicht hat:

Beispiel: „. . . Lernende soll Gleichungen der Art:
$Ax^2 + Bx + C = 0$ lösen können . . .“

■ **Bedingungen (Voraussetzungen) des Endverhaltens**

Beschreibung der wichtigsten Bedingungen, unter denen der Lernende seine Fähigkeiten beweisen soll, wie z. B.

● Was zur Verfügung steht:

Beispiel: „. . . Durchführung des Praktikums unter Verwendung von Lexika, Fachbüchern, Rechenschieber, . . .“

● Was nicht benutzt werden darf:

Beispiel: „. . . der Kurzvortrag von 8 Minuten muß ohne Hilfsmittel gehalten werden . . .“

■ **Bewertungsmaßstab des Endverhaltens**

● Angabe des **Maßstabes,** nach dem ein Lernender beurteilt wird oder sich selbst beurteilt:

Beispiel: „. . . einen Auswahl-Antwort-Test mit 30 Prüfungsfragen aus dem Gebiet des Handelsrechts innerhalb von 90 Minuten ablegen.“

● Wie lautet die untere Grenze für ein als ausreichend geltendes Verhalten?

Beispiel: „. . . muß von 10 europäischen Hauptstädten mindestens 6 nennen können. . .“

■ Bei der in diesem Buch vorgeschlagenen „konstruierenden Lern- und Arbeitsplanung“ sind Ziele auf allen Abstraktionsniveaus notwendig.

Allgemein ist festzuhalten, daß man während des inhaltlichen und zeitlichen Ablaufs immer von allgemeinen zu konkreten Zielsetzungen fortschreiten soll, d. h. vom höheren Abstraktionsniveau zum niederen.

Vermeiden Sie bei Ihren Zielbeschreibungen **Ausdrücke,** wie „. . . glauben, wissen, verstehen, vertrauen, erfassen . . .“. Sie sind sehr ungenau und lassen deshalb viele Interpretationen zu.
Zweckmäßiger sind „. . . auswendig hersagen, konstruieren, lösen, unterscheiden, schreiben, gegenüberstellen, auswählen . . .“.

Eindeutige Beschreibungen des Endverhaltens verhelfen zu ausgezeichneten Kontroll- und Beurteilungsmöglichkeiten.

■ **Wiederholen wir nochmal:**

Zielentscheidungen stellen insgesamt einen Auswahlvorgang dar, bei dem aus der Menge möglicher Ziele, unter den einschränkenden Bedingungen der Problem-(Situations-)Analyse, notwendiger inhaltlicher Abgrenzungen und der vorgegebenen zeitlichen und materiellen Randbedingungen diejenigen Ziele ausgewählt werden, die erreicht werden sollen.

Um nun zu einer möglichst klaren Zielsetzung und der notwendigen Kontrollierbarkeit zu kommen, muß das Abstraktionsniveau herabgesetzt werden, d. h., es müssen aus Richtzielen über Grobziele Feinziele entwickelt werden, die ein bestimmtes Endverhalten beschreiben.

Damit entsteht eine **„Zielstruktur“** von Zielsetzungen mit angestrebtem und vorweg beschriebenem Endverhalten.

Unser abstraktes Beispiel „Ein Praktikum durchführen“ könnte sich dementsprechend wie in Bild 4.6 darstellen.

Diese aufgeführten Zielsetzungen stellen eine mögliche Auswahl für ein technisches Praktikum an einer Hochschule dar.

Im Gegensatz dazu **drei Beispiele** für Schüler des 4. und 5. Schuljahres:

Vom Bestaunen eines nicht zu komplexen technischen Phänomens übergehen zum Betrachten und schließlich zum zielgerichteten Beobachten gelangen.
(Luftpumpe, Fahrradklingel, . . .)

RZ	**Erwerb von Kenntnissen und Fertigkeiten in der Anwendung grundlegender Verfahren der Meßtechnik**
GZ	■ **Informationen** über physikalische Größen — ihre Darstellung und ihre Bestimmung nach Zahl und Einheit — **aufnehmen und verarbeiten.**
GZ FZ	■ Komplizierte theoretische **Fragestellungen** aus dem naturwissenschaftlich-technischen Bereich **in** experimentelle **Untersuchungen umsetzen:** ● Ausgewählte Versuchsaufgaben in zweckmäßige, kostengünstige Versuchsanordnungen übertragen. ● Entwicklung von Fähigkeiten, aus der Fülle vorhandener Versuchstechniken geeignete auszuwählen, anzuwenden und u.U. neue mit zu entwickeln. ● Vorgeplante Experimente im Untersuchungs- oder Meßlabor selbständig und im Team realisieren können (Entwicklung von Fähigkeiten zur Zusammenarbeit und zweckmäßigen Arbeitsteilung).
GZ FZ	■ In der Lage sein, **aus experimentellen Ergebnissen Schlüsse** zu **ziehen:** ● Aussagewert bestimmen. ● Vergleich zwischen Untersuchungsergebnis und zu beurteilendem Verhalten herstellen.
GZ FZ	■ **Versuchs- und Auswertungsprotokolle erstellen:** ● Fehlerarten und deren Einflüsse kennen. ● Nach möglichen Fehlerquellen suchen. ● Statistische Auswertungen vornehmen. ● Grafische Darstellungen ausführen.

Bild 4.6

Mit Hilfe der Alltagssprache das Gesehene beschreiben und die Einzelerscheinungen zuordnen können.

Der Schüler soll Informationen erhalten über den sicheren Gebrauch von Werkstoffen, Werkzeugen und Einrichtungen.

Beispiel: Lernziele „Zeit- und Terminplanung"
■ Mit dem Kapitel 5.3. „Zeit- und Terminplanung" wollen die Verfasser nachstehende Lernziele erreichen:
● Sie sollen die Vorteile erkennen, die eine systematische Zeitplanung für die Realisierung Ihrer Lernaufgaben und für Ihr persönliches Wohlbefinden bietet („ . . . ich habe die Problemlösung zeitlich im Griff . . .").

● Sie sollen die Bedeutung einer Tätigkeitsanalyse als einleitende Maßnahme bei der Zeit- und Terminplanung kennenlernen.
● Sie sollen an einem Beispiel mit einer typischen (aber einfachen) Anwendung der Netzplantechnik, des Balkendiagramms und der Entscheidungstabellentechnik vertraut gemacht werden.
● Sie sollen die Anwendung der Zeitplanung für die Lernplanung vorgeführt und an Beispielen erklärt bekommen.
● Sie sollen damit in der Lage sein, auch die Zeitplanung Ihrer individuellen Lernsituation mit den dargestellten Instrumenten vornehmen zu können.
■ Nach dem Durcharbeiten des Kapitels 5.3. überprüfen Sie selbst, ob die vorgenannten Lernziele erreicht wurden.

95

... **einige ausgewählte Lernziele, die dem vorliegenden Buch zugrunde liegen:**

● Sie sollen erkennen, daß Lernen nicht nur Bestandteil einer jeden Schule und für eine spätere praktische berufliche Tätigkeit unabdingbare Voraussetzung ist, sondern daß der Mensch ohne Lernen nicht lebensfähig ist.

● Sie sollen in der Lage sein, die dargestellten „Grundtechniken" auf beliebige Lern- und Arbeitssituationen zu übertragen.

● Sie sollen insbesondere davon überzeugt werden, daß Sie sich während der Lernvorgänge nicht einfach Wissen aneignen, sondern Fähigkeiten entwickeln sollen, dieses Wissen und Können selbständig anzueignen und es auch an andere weiterzugeben.

● Sie sollen einsehen, daß die Teilnahme an einer „Lernveranstaltung" nicht nur körperliche Anwesenheit voraussetzt, sondern ein geistiges Mitarbeiten erfordert.

● Sie sollen überzeugt werden, daß Vorlesungen, Vorträge und allgemeine Unterrichte zur Wissensaneignung nicht ausreichen, sondern darüber hinaus intensives Vorbereiten und Verarbeiten der aufgenommenen Informationen notwendig sind.

■ Zum Abschluß dieses Kapitels „Zielsetzungen" sei noch auf die **Notwendigkeit einer Rangordnung von Zielsetzungen** hingewiesen.
Besonders die Grobziele müssen nach ihrer Wichtigkeit hin in einer Rangfolge aufgeführt werden. Eine Zuordnung nach dem Kriterium der Schwierigkeit hat sich in mehreren Fällen als zweckmäßig erwiesen.

Diese **Angaben sind** deshalb von so großem Interesse, da sie **Grundlagen für die Vorgehensplanung** (inhaltliche Vorgehensplanung, Zeit- und Terminplanung) liefern.

■ Nachdem Sie dieses Kapitel 4 durchgelesen haben, könnten Sie feststellen, daß Sie nur in relativ wenigen Fällen die Möglichkeit haben, Ziele selbst festzulegen.
Viele Ziele werden von „außen" gesetzt!
Sehen Sie, und gerade hier ist es wichtig, daß Sie **es nicht** einfach **als gegeben hinnehmen:**

> **Beispiel: Sie haben sich auf eine Prüfung vorzubereiten.**
> Fragen Sie den „Prüfer" nach **Zielsetzung,** Inhalt, Ablauf, Beurteilungsmaßstab, ... dieser Prüfung.

> **Beispiel: Sie haben Geschichtszahlen auswendig zu lernen!**
> Fragen Sie ganz einfach: **„Warum?"**

> ... und bekommen Sie keine Antwort, so **formulieren Sie selbst diese Zielsetzung** und diskutieren Sie sie mit den betroffenen Personen.

4.5   Einordnung und Ausblick (... nur für nachdenkliche Leser)

Es ist unbestritten, daß wir dann am zweckmäßigsten und am erfolgreichsten lernen, wenn unser Lernen „selbstgesteuert" ist, d. h. wenn wir unabhängig sind von direkter „Fremdsteuerung". Will sich ein Lernender orientieren, sich weiterentwickeln, selbständiger werden und diese seine Umwelt gar mitgestalten, so muß er seine Lernprozesse selbst steuern, selbst regeln können.

...das vorliegende Buch bietet hierzu wesentliche Grundlagen und Hilfen.

In der Tat erwerben wir alle den weitaus größten Teil unseres Wissens und Könnens über selbstgesteuerte Lernaktivitäten im Alltagsleben, zu denen uns niemand einen direkten Auftrag gegeben hat. Nur in den Schulen wird viel zu stark – nach Auffassung der Verfasser – dieses oft praktizierte und eingeübte, selbstgesteuerte Alltagslernen zurückgedrängt, und die „Fremdsteuerung" dominiert.
Menschen wieder zu einer Art selbstgesteuerten Lernens zu bringen und zu unterstützen, diese Fähigkeiten weiterauszubauen ist Anliegen dieses Buches.
Im Mittelpunkt des Buches steht die „konstruierende Planung und Durchführung von Lernprozessen" als **das** Hilfsmittel zum gezielten Handeln. Lern- und Arbeitsprozesse werden als Rückkopplungsprozesse gesehen mit einer kontinuierlichen Überprüfung von Zielsetzung und aktuellen Arbeitsergebnissen. Die **Zielsetzung** ist Ausgangsgröße und zugleich Führungsgröße. Dieser selbstgesteuerte, rückkoppelnde Lernprozeß bietet ein Mehr an Erfolgserlebnissen und Informationen über den Leistungsstand, Zeitgewinn und vor allem eine **Zunahme der Selbständigkeit.**

1. Definition

> **Lernziel:** Beschreibung eines Verhaltens, das der Lernende nach erfolgreichem Lernvorgang nachweisbar erworben haben soll.

2. Zielsetzungen, Aufgabe und Bedeutung

■ Ein **Maximum an Lernerfolg** (Lernleistung, Motivation) und ein **Minimum an unerwünschten Nebenwirkungen (Störungen)** mit einem relativ geringen Arbeits- und Zeitaufwand zu erreichen ist nur durch ein geplantes, gezieltes Lernen möglich.

Je eindeutiger und differenzierter Ziele formuliert sind und je präziser der Lernerfolg überprüft wird, desto sicherer können positive Lernerfahrungen gesammelt und damit die Motivation gesteigert werden.

Eine planmäßige Organisation von Lern- und Arbeitsprozessen in einer Folge aufeinander aufbauender Lernschritte verlangt **genaue Zielsetzungen.**

■ Am Beginn jedes Lern- und Arbeitsprozesses steht das **Entwickeln von Zielsetzungen,** und im Sinne eines arbeitsteiligen Zusammenwirkens folgen die Teilprozesse: Planung, Durchführung und Kontrolle.

Die Phase der Zielsetzung hat die Aufgabe, nähere Informationen über die Aufgabenstellung, ihre Randbedingungen und Anforderungen zu geben. Die wesentlichen Probleme sind dabei zu erkennen, zu analysieren und die Teilziele eindeutig zu bestimmen.

Die Zielsetzung besteht im allgemeinen aus Problemanalyse und Zielbestimmung.

■ Die **Zielsetzung** ist **Ausgangsgröße** und zugleich **Führungsgröße** bei allen Lern- und Arbeitsprozessen. Lern- und Arbeitsprozesse sind **Rückkopplungsprozesse** mit einer ständigen Überprüfung von Zielsetzung und aktuellem Arbeitsergebnis.

Aus einem zuvor festgelegten **Richtziel** müssen solche Ziele (Grob- und Feinziele) ausgewählt werden, die aufgrund bestimmter Randbedingungen tatsächlich realisiert werden sollen und können.

Die so erarbeiteten Zielsetzungen müssen

● so konstruiert sein, daß sie tatsächlich mit einem Höchstmaß an Annäherung erreicht werden können

und

● so formuliert sein, daß ihre Erfüllung kontrolliert werden kann.

■ Das **Festlegen der Teilziele** ist dabei kein einmaliger Vorgang bei Lernbeginn, sondern auch sie unterliegen ständiger Überprüfung während des Lernablaufes.

Weiterhin besteht die Notwendigkeit, die Ziele nach ihrer Wichtigkeit zu ordnen, um die sich anschließende Vorgehensplanung zu erleichtern.

3. Lernziele und Lernzielstufen

Planung, Durchführung und Kontrolle zweckmäßiger Lernsituationen sind untrennbar mit der angestrebten Zielsetzung und der dazugehörigen Lernzielstufe verbunden.

Die Differenzierung von Schwierigkeit, zeitlichem Ablauf und Wertigkeit aufeinander aufbauender Lernprozesse wird im **Prinzip der Lernzielstufung** berücksichtigt.

So werden **vier Lernzielstufen** vorgeschlagen:

> 1. Reproduktion.
> 2. Reorganisation.
> 3. Transfer.
> 4. Problemlösendes Denken.

> **Eine Lernstufe wird dadurch gerechtfertigt, daß sie in die nächsthöhere überführt.**

Geht es in den ersten Stufen um Einüben und Einprägen von Fertigkeiten und Wissen, so dient die zweite Stufe dem Geläufigmachen und dem Zur-Verfügung-Stellen des Gelernten.

In der nächsten Stufe (Transfer) werden Grundprinzipien und Grundzusammenhänge auf neue Aufgaben und Sachverhalte übertragen und angewandt. Noch höhere Lernleistungen werden in der 4. Stufe gefordert, hier geht es um problemlösendes Denken und Arbeiten.

97

4. Lernziele und Abstraktionsniveau

Damit **Zielsetzungen** ihre Aufgabe als **Führungs-** und **Optimierungsgröße** erfüllen können, müssen diese so formuliert sein, daß ihre **Erfüllung** kontrolliert werden kann, d. h., ein möglichst geringes **Abstraktionsniveau** muß in der Beschreibung angestrebt werden.

Unter **Abstraktionsniveau** eines Lernzieles kann man den Grad der Bestimmtheit, die Genauigkeit und Eindeutigkeit verstehen, mit dem Ziele beschrieben werden können.

Mit fallendem Abstraktionsniveau unterscheiden wir **Richtziele, Grobziele und Feinziele.**

Beispiel:	**Radfahrer im Verkehr**
Richtziel:	Sachgerechtes und angemessenes Verhalten aufgrund von Regeln und Regelungen.
Grobziel: (z.B.)	• Erkennen, daß das Fahrrad im öffentlichen Verkehr kein Spielzeug darstellt. • StVO in ein verkehrsgerechtes Verhalten „übersetzen" können.
Feinziel: (z.B.)	• Fahrrad sachgerecht und sicher bedienen können. • Wissen, daß Radfahrer auf öffentlichen Straßen die rechte äußere Fahrbahnseite benutzen müssen.

REGELN und MERKSÄTZE für das ZIELESETZEN

• Nur wer weiß, wohin er will, kann auch sein Ziel erreichen.

• Ein Lernziel muß genau bekannt sein, erst dann läßt sich der beste Weg suchen und in Teilziele unterteilen.

• Ein Lernziel muß überprüfbare, d. h. „meßbare", Eigenschaften nennen, die mit dem Lernen erworben werden sollen. Dabei sind eindeutige Formulierungen zu wählen und emotionelle Ausdrücke zu vermeiden.

• Eine unangenehme, schwierige Aufgabe verliert ihre bedrückende und beängstigende Wirkung, wenn man sie in 4 bis 6 voneinander klar abgegrenzte Teilaufgaben zerlegt (Ableiten von Zwischenzielen, Aufbau von Zielketten).

• Sich gegenseitig ausschließende Ziele müssen überprüft und beseitigt werden.

• Auch Zielsetzungen sind ständig zu überprüfen, hinsichtlich Auswirkung, Zweckmäßigkeit und Aufwand.

• Möglichst viele Motive für die Zielsetzungen „bündeln".

5. Planen des Arbeitsablaufes

5.1. Planen, warum?

5.1.1. Grundgedanken

■ Je hektischer der „tägliche Betrieb" ist, je mehr Unvorhergesehenes auftaucht, je unterschiedlicher die einzelnen Aufgaben sind, um so größer ist die Notwendigkeit, alle Aufgaben zu erfassen, Schwerpunkte zu bilden und die zur Verfügung stehende Zeit zweckmäßig aufzuteilen.

■ Der ungeheure geistige Arbeitsaufwand, der tagtäglich geleistet wird, ist nur dann lohnend, wenn nach eingehender, immer wiederkehrender Überprüfung der Zielsetzungen diese in der Realisierung mit einem Höchstmaß an Annäherung erreicht werden.

Es muß dabei angestrebt werden, daß die Differenz zwischen Zielsetzung (gewünschtes Ziel) und Endzustand (erreichtes Ziel) eines Vorganges gleich Null ($= 0$) ist.

Voraussetzung dafür ist:

eine eingehende detaillierte Planung der einzelnen Teilschritte (Prozesse, Phasen) nach vorher festgelegten Teilzielen und entsprechend zugeordneten Zwischenkontrollen.

Aufgrund der in den einzelnen Phasen ablaufenden Teilprozesse ist eine **inhaltliche und zeitliche Gesamtplanung** durchzuführen. Dabei sollte dieser Plan schriftlich niedergelegt werden und nicht nur in Ihren Vorstellungen existieren.

■ Unabhängig von der Zielsetzung einer Arbeit und damit vom Inhalt einer Untersuchung, gibt es grundsätzliche Stadien im Ablauf eines jeden Projektes, die zu beachten sind (Bild 5.1). Die im Ablauf gewählte Einteilung ist nicht nur die Grobgliederung dieses Buches, sondern Sie finden sie auch in der

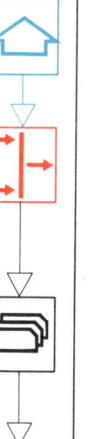

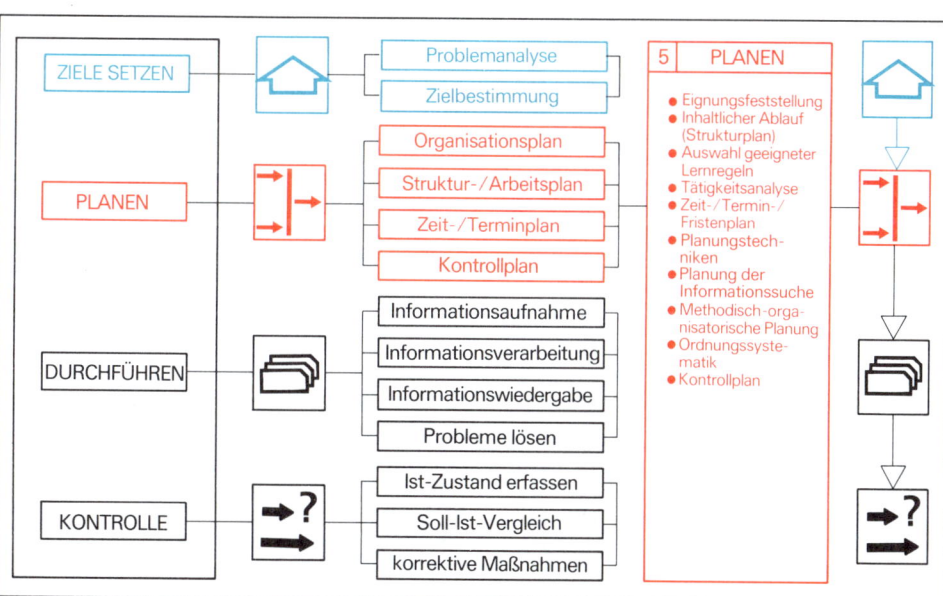

Bild 5.1

99

7*

Bearbeitung eines jeden Projektes wieder — so auch im Bereich der Lern- und Arbeitsprozesse.

■ Für den **Bereich der Planung** können wir diese **unterteilen** in:

- Struktur- und inhaltliche Ablaufplanung.
- Zeit- und Terminplanung.
- Methodisch-organisatorische Planung.
- Kontrollplanung.

■ Wie wir wissen, werden angestrebte Ziele oft erst auf mühsamen Wegen mit erheblichem Zeitaufwand erreicht.

Um diesen Lernweg (= Lernprozeß) schneller und sicherer beschreiben zu können, müssen Lernbedingungen und Lernhilfen ausgewählt werden, die dem Lernziel, der Lernzielstufe und dem Lernenden entsprechen.

Der Teilprozeß „Planung" hilft uns dabei.

! **Planen** ist die gedankliche Vorbereitung zukünftigen Lernens und Handelns.
Voraussetzung dafür ist ein bestimmtes Ziel.

Planen heißt, die zum Erreichen des Lern- und Arbeitszieles geeigneten Inhalte, Methoden, Situationen und Kontrollen zu bestimmen und diese Faktoren entsprechenden zeitlichen Abschnitten zuzuordnen.

■ Weiterhin muß der Lernende seine **„Eingangsvoraussetzungen"** prüfen, d.h., er muß seinen Wissens- und Ausbildungsstand festlegen.

Dieser Anfangszustand (= persönliches Leistungsangebot) ist mit den Leistungsanforderungen aus der Aufgabenstellung zu vergleichen, damit nur wirklich realisierbare Aufgaben begonnen werden.

Bei **Überforderung** (und Unterforderung!) sind Aufgabenstellungen und damit die Zielsetzungen zu korrigieren.

■ **Sie sind von der Notwendigkeit einer Planung immer noch nicht überzeugt?**

● Hier ein **Beispiel,** das sicherlich auch für Sie zutrifft:

Für die **Lösung eines Problems** haben Sie vier Wochen Zeit. Die Lösung selbst würde etwa acht Abende beanspruchen.
Wie geht's?
Das **Anfangen** wird verschoben. „Ich habe ja noch so viel Zeit."
Und immer weiter verschoben . . .
Was erreicht man?
In der Freizeit ein schlechtes Gewissen (. . . man müßte ja etwas tun . . .) und beim ersten Arbeitsanfall (. . . ach, man könnte es noch einmal verschieben. Man hat ja noch so viel Zeit . . .).
Würde man am Anfang regelmäßige „Arbeitstage" (z. B. jede Woche am Mittwoch und am Donnerstag) festsetzen, so könnte man in dieser Zeit konzentriert arbeiten und die übrige „Freizeit" voll genießen.

● Wenn Sie genau im voraus wissen, daß an jedem Montagabend die Vorbereitung für den Fortbildungskurs „Spanisch", am Mittwoch „Sport" und am Samstag von 9 bis 12 Uhr „Vorbereitung auf die Stenoprüfung" festliegen, so sind Sie gegenüber vielen Verlockungen und Anfechtungen besser gewappnet, da Sie über die übrigen freien Stunden bewußt verfügen können.
● **Das Bewußtsein,** in seinen Arbeits- und Zeitplänen den gewünschten Freizeitanteil eingebaut zu haben, hilft Ihnen zum konzentrierten sachbezogenen Lernen.
● **Das Wissen,** alle in einem bestimmten Zeitraum anfallenden Aufgaben eingeplant zu haben, verhilft zu einer ruhigen und überlegten Arbeitsweise.

5.1.2. Einige Anmerkungen zur Vorgehensweise

So vielfältig die Lernaufgaben sind, so vielfältig sind auch die dafür notwendigen Planungsarbeiten.

Bei allen Planungsarbeiten sollten Sie nachstehende **Gesichtspunkte beachten:**

1. Überprüfen der Grundvoraussetzungen (Lernsituation beurteilen).

● Welche Fernziele haben Sie, welches sind Ihre Lerngründe?
● Welches sind die schwierigsten Lernprobleme?
● Stellen Sie fest, worin die Ihnen gestellte Aufgabe besteht. Verschaffen Sie sich Klarheit über Problemstellungen und Zielsetzungen.

● Überprüfen Sie sich selbst! Haben Sie die notwendigen Fähigkeiten und Kenntnisse? Fühlen Sie sich geeignet?

● Legen Sie ein Minimalprogramm fest und ergänzen Sie es durch ein Zusatz-(Wunsch-)Programm (Prioritätenliste).

● Schauen Sie in Ihren **Ideenspeicher** (Kapitel 8.8) und in Ihre **Fehlerliste** (Bild 7.9 ←), um Anregungen aufzunehmen und mögliche Fehlerquellen auszuschließen.

2. Grundgedanken zur Problemanalyse und Zielbestimmung

● Welche Auswirkungen haben Problemanalyse und Teilziele auf Ihre Planungsmaßnahmen?

● Analysieren und Strukturieren Sie „grob" den möglichen Lern- und Arbeitsprozeß.

● Welche Lernsituationen sind unbedingt notwendig?

● Wie weit können Sie Ihr Vorgehen frei gestalten, welche Teile sind vorgeschrieben?

3. Grundgedanken zum Inhalt und Aufbau

● Planen Sie erst das Ganze und gehen Sie dann in die Einzelheiten.

● Halten Sie sich an die vorgeschlagene Stufenfolge, lassen Sie dabei die einzelnen Phasen ineinandergreifen.

● Vermeiden Sie übertriebene Raffiniertheit und einen komplizierten Aufbau Ihres Strukturplanes. Die Planung muß in erster Linie verständlich sein.

● Erkennen Sie einen eventuell unvollständigen Informationsstand.

● Machen Sie mehrere Lösungsvorschläge zum Arbeitsablauf (mit Vor- und Nachteilen). Bewerten Sie diese Vorschläge und wählen Sie sich die am besten erscheinende Lösung aus.

● Sind die Grobabläufe folgerichtig?

● Erkennen Sie die richtige Gewichtung der Probleme und Aufgaben.

● Suchen Sie nach Schwachstellen in der Grobstruktur.

4. Grundgedanken zu Methoden und organisatorischen Notwendigkeiten

Fragen Sie sich:

● Welche Möglichkeiten, Mittel und Methoden sind vorhanden und wie können Sie diese nutzen? (Eine Übereinstimmung mit den Zielen ist erforderlich.)

● Welche Bücher, Unterlagen und andere Hilfsmittel müssen besorgt werden?.

● Welche Vorlesungen, Vorträge u. ä. müssen gehört und belegt werden?

● Sind zur Einführung oder zum Vertiefen „Nachhilfestunden" notwendig und sinnvoll?

5. Grundgedanken zu Zeitbedarf und Terminen

● Wieviel Zeit haben Sie insgesamt zur Verfügung? Kalkulieren Sie die erforderliche Arbeitszeit.

● Welche Termine sind vordringlich und müssen als erstes erledigt werden?

● Wo sind zeitliche Schwierigkeiten (Terminüberschneidungen)?

● Beachten Sie die rationelle Pausenplanung. (Berücksichtigen Sie Abwechslung und Entspannung und bedenken Sie, daß Sie nicht immer in Hochform sind.)

6. Grundgedanken zu möglichen Kontrollen

● Wo sind Zwischenkontrollen zweckmäßig und notwendig (inhaltlich und zeitlich)?

● Welche Kontrollformen eignen sich am besten?

● Welche Bewertungsmaßstäbe können angelegt werden, und wie müssen diese aussehen?

● Welche „Prüfungsordnungen" gibt es und welche Bedingungen enthalten sie?

■ In Bild 5.2 ist ein möglicher **Planungsablauf** dargestellt, der mit seinen Phasen und unterschiedlichen Plänen als Anhalt und Hilfestellung dienen soll.

■ Während wir uns im Kapitel 5 mit den Struktur- und Arbeitsplänen, den Zeit- und Terminplänen noch näher befassen, werden Arbeitsmethoden und Kontrollen in den Kapiteln 6 und 7 näher behandelt.

> ■ **Planen und sich Ziele setzen können ist eine Fähigkeit, die sich durch Üben verbessern läßt.**

Je mehr Pläne Sie gemacht und verbessert haben, desto leichter werden Sie in Zukunft planen können. Der Erfolg ist die Mühe wert: Verschwendung und Verwirrung werden vermindert. Man weiß jederzeit, wo man steht und „wie der Laden läuft".

5.1.3. . . . und wohin mit den Planungsunterlagen?

■ **So, . . . und nun wohin mit Ihren Planungsunterlagen?** . . . an die Wand natürlich. Zimmer- und Schranktüren sind ebenfalls geeignet.

. . . und was Sie sonst noch so zu bedenken haben und nicht vergessen dürfen, wird ebenfalls als „Merkhinweis" an die Wand „gepinnt".

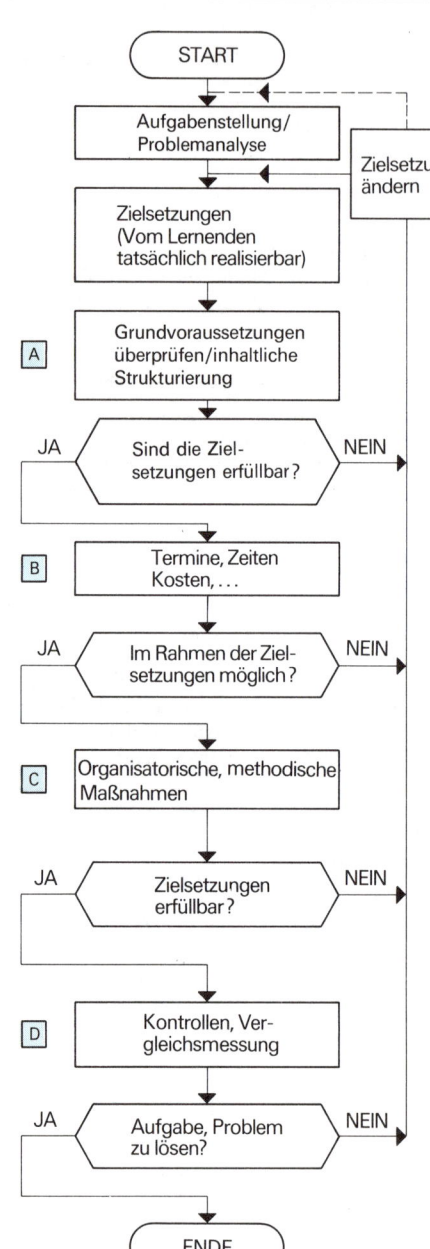

A   Strukturplan/Arbeitsplan

- Inhaltlicher Ablauf
- Inhaltliche Abgrenzung, Lernbereiche, Lernstruktur (Vorgehensweisen, Ablaufschemata)
- Lernvoraussetzungen (Vorkenntnisse, Erfahrungen, Ansprechpartner u.a.)

B   Terminplan/Zeitplan

- Zeitlicher Ablauf (Balkendiagramm, z. B.)
- Zeitliche Verknüpfung von Tätigkeiten und deren Abhängigkeiten (Netzpläne)
- Zeitliche Ausdehnung, kritische Punkte, u.a. (Fristenplan)

C   Organisationsplan

- Lernmethoden, -verfahren (Vor-, Nachteile) Lernmatrix, Lernphasen, -situationen
- Auswahl geeigneter Lern- und Arbeitstechniken
- Einsatz von Hilfsmitteln (Bedingungen, Situationen)
- Auswahl von Lernveranstaltungen

D   Kontrollplan

- Auswahl von Bewertungskriterien
- Festlegen von Standards und Vergleichsnormalen
- Messen der Resultate
- Erfolgsbewertung (Soll-Ist-Vergleich)
- Ermitteln und Einleiten möglicher korrektiver Maßnahmen

Bild 5.2

5 | Strukturplan (Inhaltlicher Ablaufplan)

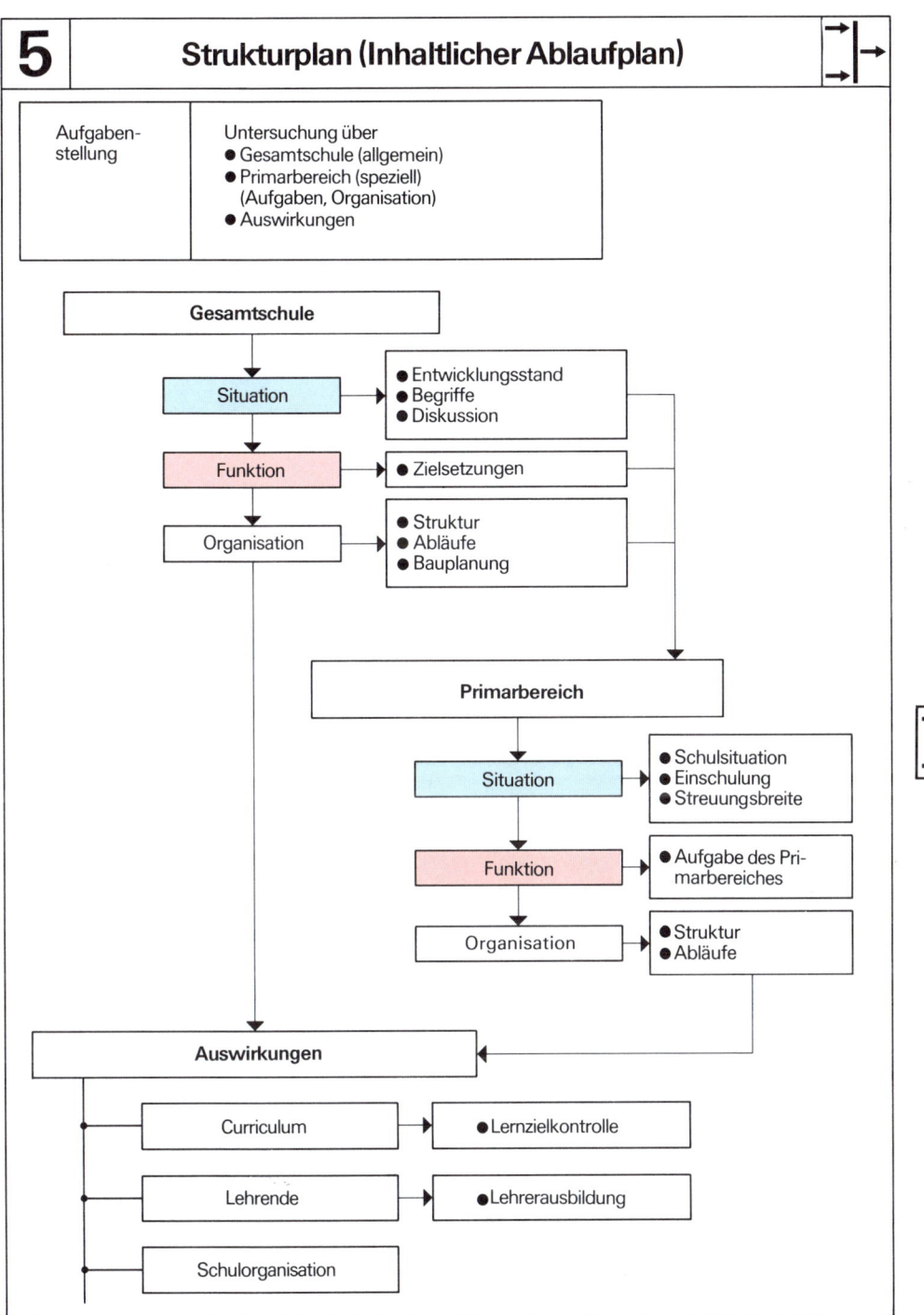

Bild 5.3

103

So haben Sie Zeit zum Einschlafen frei . . . , für schöne Gedanken, . . . und müssen Ihr Gehirn nicht ständig quälen: . . . ja nicht vergessen, morgen muß ich Fach „So-und-so" belegen.

Wenn trotzdem die Gedanken beim Einschlafen kreisen, legen Sie sich einen Schreibblock zurecht und notieren Sie Ihre Ideen.

Halten Sie so Ihr Gehirn frei für wichtigere Dinge, denn auch Sie — soweit uns bekannt — haben nur eins.

Einige Tips am Rande:
Lösen Sie zu Beginn jeder längeren Tätigkeit kleinere „Warming-up"-Aufgaben, damit Sie bei schwierigen Problemlösungen durch das vorangegangene Warmlaufen Ihre Leistungshöhe erreicht haben.

Und noch etwas:

Es gibt nichts Schöneres im Leben eines „Planers", als daß er mit eleganter Gebärde **vollendete** Tätigkeiten in der Kontrollspalte „abhaken" kann.

Oder mit violettem Stift — so man hat — dicke Striche zieht . . . **Erfolgserlebnis !**

5.2. Strukturplan und Arbeitsplan

5.2.1. . . . beide Pläne an Beispielen gezeigt

Struktur- und Arbeitspläne sind die wichtigsten Informationsträger der Lernplanung. Mit ihrer Hilfe werden allgemeine Angaben über Ziele, Arbeitsabläufe, Methoden, Randbedingungen, inhaltliche Schwerpunkte, Kontrollen, u. ä. gemacht und wird angegeben, in welcher Reihenfolge bei der Durchführung vorzugehen ist.

■ Während im **Strukturplan** das inhaltliche Gliedern und Aufteilen von Vorgängen zu einem überschaubaren Ganzen geschieht, hat der **Arbeitsplan** mehr die Aufgabe, den inhaltlichen Ablauf umzusetzen. Bild 5.3 zeigt Ihnen ein Beispiel für einen Strukturplan (inhaltlichen Ablaufplan). Den Arbeitsplan für die gleiche Aufgabenstellung finden Sie in Bild 5.4.

Die in diesen Plänen dargestellte Aufgabe „Gesamtschule und Primarbereich" ist eine selbständig anzufertigende schriftliche Arbeit (Dauer: 3 Monate).

Die endgültige Gliederung dieser Arbeit könnte wie in Bild 5.5 aussehen.

Nicht immer ist es notwendig, Struktur- und Arbeitsplan zu trennen, ein Beispiel dafür sehen Sie in Bild 4.3 „Strukturanalyse/Hochschulstudium" (←).

5.2.2. Strukturplan und Lernzielstufe

■ **Aufbau, Inhalt** und **Umfang** von Struktur- und Arbeitsplänen **hängen** sehr stark **von** den **Zielsetzungen,** den erforderlichen **Lösungsmethoden,** den Lern-

schritten und den zu verwendenten organisatorischen **Hilfsmitteln ab.**

Da wir Ihre Lernprobleme nicht kennen können, müssen wir uns auf grundsätzliche Hinweise und einige Beispiele beschränken.

■ Diese Hinweise und Beispiele haben wir so ausgewählt, daß Sie zumindest **für jede Lernzielstufe ein Beispiel** finden werden.

Nicht nur die vier vorgeschlagenen Lernzielstufen (Kapitel 4.3 ←) haben fließende Übergänge, auch jede zu lösende Aufgabe setzt sich oft aus „Anteilen" jeder Stufe zusammen.

Unsere Zuordnung von „Aufgabenbeispiel" und Lernzielstufe verstehen Sie daher als **„Schwerpunktzuordnung"** (Bild 5.6).

5.2.3. Beispiel: Fremdsprachenkurs „Spanisch"

■ **Vorbemerkung:**

1. Mit diesem Beispiel wollen wir die bisher über mehrere Kapitel verstreuten Hinweise und Regeln an der Lernplanung „Fremdsprachenkurs Spanisch" demonstrieren.

2. Leider können wir es nicht vermeiden, daß Sie bei der Planung Ihres Lernproblems hin und wieder mehrere Kapitel des vorliegenden Buches durcharbeiten müssen.

■ **Mehrstufenplan (= Strukturplan)**

Sie haben die Absicht, an der Volkshochschule „Spanisch" zu lernen. Der Mehrstufenplan könnte dann wie im Bild 5.7 beschrieben aussehen. Wir haben versucht, in diesen Ablaufplan einige wichtige Lernregeln und Hinweise einzuarbeiten.

5	ARBEITSPLAN „Der Primarbereich in der Gesamtschule"					

Lfd. Nr.	**Aufgaben**		t (h)	Σt (h)	Datum (Ziel)	Kontrolle Σt/Datum
1	Aufgabenanalyse	Problemstellung Lösungskonzept vorläufige Gliederung	10 10 5	25	21. 11. 84	28 21. 11.
2	Informationen ● sammeln ● ordnen ● beurteilen	Gesamtschule ● Situation ● Aufgaben ● Begriffe ● Diskussion ● Entwicklungsstand	10 10 10 10 10	50	30. 11. 84	58 2. 12.
3	Die Gesamtschule (GS)	Zielsetzungen Organisation Informations-Abläufe Bauplanung	20 10 10 10	50	10. 12. 84	
4	Der Primarbereich in der Gesamt-schule	Organisation Situation Aufgabe, Funktion	30 20 25	75	23. 12. 84	
5	Ergebnisse	Auswirkung der Entwicklung Zusammenfassung Ausblick	25 15 15	55	12. 01. 85	
6	Manuskript	Gestaltung Feinkorrektur Niederschrift/Schlußkorrektur	50 15 50	115	10. 02. 85	
	Gesamte Bearbeitungszeit			370 Stunden		

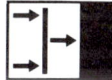

Bild 5.4

Bild 5.5

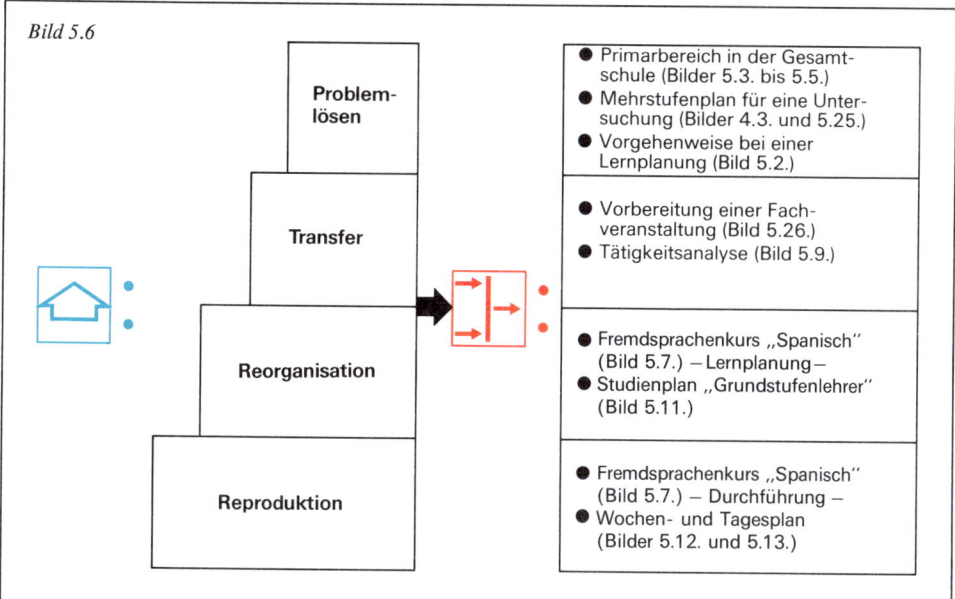

Bild 5.6

Problem-lösen	• Primarbereich in der Gesamt-schule (Bilder 5.3. bis 5.5.) • Mehrstufenplan für eine Unter-suchung (Bilder 4.3. und 5.25.) • Vorgehenweise bei einer Lernplanung (Bild 5.2.)
Transfer	• Vorbereitung einer Fach-veranstaltung (Bild 5.26.) • Tätigkeitsanalyse (Bild 5.9.)
Reorganisation	• Fremdsprachenkurs „Spanisch" (Bild 5.7.) – Lernplanung – • Studienplan „Grundstufenlehrer" (Bild 5.11.)
Reproduktion	• Fremdsprachenkurs „Spanisch" (Bild 5.7.) – Durchführung – • Wochen- und Tagesplan (Bilder 5.12. und 5.13.)

■ **Zeit- und Terminplan:**

Der Kursus findet zweimal in der Woche statt, und zwar Dienstag von 18.00 bis 20.00 Uhr und Donnerstag von 18.30 bis 20.30 Uhr. Für Hausaufgaben und Übungen ist noch einmal die gleiche Zeit anzusetzen.
Einen Vorschlag für Ihren Zeitplan haben wir mit Bild 5.8 zusammengestellt.
Die Übungsstunden wurden bewußt nicht auf die gesamte Woche verteilt.

Begründung:

Wunsch nach Freizeit: Lernabschnitte von zwei bis drei Stunden sind als günstig zu betrachten.

■ **. . . und denken Sie daran:**

● Nur dann kann der Arbeitserfolg positiv sein, wenn die Arbeitsplanung und deren Realisation unmittelbar aus der Zielsetzung entwickelt werden.
● Struktur- und Arbeitspläne sind nur dann von Nutzen, wenn Sie sich daran halten:
Kein sklavisches Festklammern, sondern ein „elastisches" Eingehen und Verteilen von Inhalt und Zeit.

■ **. . . und vergessen Sie nicht:**

● Möglichst unterschiedliche Aufgaben und Tätigkeiten (im Rahmen der Gesamtaufgabe) hintereinander einplanen.
● Ihre Grundvoraussetzungen verbessern, d. h. sachbezogene Motivation fördern, Hemmungen abbauen.

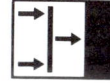

Tag	Uhrzeit	Tätigkeit
Montag	18.00/19.30 19.00/21.00	Fernsehsendung „Hablamos espãnol" Übungen zur Sendung
Dienstag	18.00/20.00	Kurs
Mittwoch	–	–
Donnerstag	18.30/20.30	Kurs
Freitag	–	–
Samstag	09.30/11.30	Übungen

Bild 5.8

107

5	**Mehrstufenplan** Lernproblem: Fremdsprachen lernen (Spanisch)		
Stufe	Ablaufstationen	Hinweise und Regeln	Kapitel im Buch
1	**Grundvoraus-setzungen**	**Lernsituation analysieren und beurteilen:** ● Kenntnis persönlicher Lerngründe ● Fördern sachbezogener Motivation ● Vergleichen: Leistungsanforderung mit Leistungsangebot (geeignet?)	1.0.
2	**Zielsetzung**	**Lernproblem analysieren:** ● Überblick gewinnen ● Durch Reproduktion und Reorganisation lernen ● Aktiv mit dem Lernproblem auseinandersetzen (Lernen durch Einsicht ←) ● Viele Motive für das Lernziel suchen (reisen, unterhalten können, im Betrieb weiterkommen)	4.0.
3	**Planen**	**Die notwendigen Lernregeln auswählen:** ● Größere Aufgaben in Teilaufgaben zerlegen (Strukturieren) ● Rationale Pausenregelung betreiben ● Jeder Lernschritt muß angenehme Folgen haben ● Ähnliches nicht hintereinander lernen ● Nicht mehr als 3 bis 5 Begriffe innerhalb von 10 Sekunden lernen (davon nur ein neuer Begriff) ● Mit spanischen Arbeitnehmern Kontakt aufnehmen	3.0. 5.0.
4	**Organisieren**	**Regeln in konkrete Ratschläge umsetzen:** ● Geeigneten Lernpartner suchen (sehr wichtig!) ● Geeigneten Arbeitsplatz mit entsprechender Lern-Umgebung (z. B. Lesesaal) aussuchen ● System „Lernkartei" benutzen ● Spanische Wochenzeitung abonnieren	1.0 3.0. 6.7.
5	**Durchführen**	**Lernen:** ● Lerntempo den eigenen Fähigkeiten anpassen ● Jede Teilaufgabe vollständig lösen (keine Halbheiten anfangen) ● Nicht zu früh wiederholen ● Ausreichende Bewegung und Entspannung planen	6.7.
6	**Kontrollieren**	**Lernergebnisse kontrollieren:** ● Mit Lernkartei und Lernpartner ständig Wissensstand überprüfen (Verständnis-Test), Lücken ausgleichen	7.0.

Bild 5.7

5.3. Zeit- und Terminplanung

5.3.1. . . . auch Zeiten werden strukturiert

■ Während das Strukturieren des Inhaltes in den Strukturplänen erfolgt, wird das „Strukturieren vorhandener Lernzeit" in den **Zeit- und Terminplänen** dargestellt. Mit dem Abschnitt **„Zeitplanung"** möchten wir Ihnen helfen, wie Sie bei Ihrer zeitlichen Ablaufplanung vorgehen sollten.
Denken Sie stets daran:

> Eine **Zeitplanung** soll gewährleisten, daß die Aufgabe, die Untersuchung, das Experiment, der Bericht, . . . in der dafür vorgesehenen Zeit realisiert werden.

■ Zeitplanungen setzen aber Erfahrungswerte voraus, die Sie nur durch ständigen Vergleich des geplanten mit dem tatsächlich benötigten Zeitaufwand ermitteln können.

Wer nie Zeit hat, geht schlecht mit ihr um.

Verschaffen Sie sich somit einen Überblick, wieviel Zeit Ihnen für einzelne Tätigkeitsabschnitte verbleibt. Damit schätzen Sie Ihre zeitlichen Möglichkeiten realistischer ein und gehen mit der Zeit wirtschaftlicher um.

■ Gehen Sie bei Ihrer Planung realistisch vor (kein Übereifer und keine Pedanterie). Verteilen Sie die Stunden gleichmäßig über den Tag oder über die Woche — entsprechend Ihren Lerngewohnheiten.

● Teilen Sie die Zeit für den Unterricht, das Selbststudium, persönliche Verrichtungen, . . . , den notwendigen Schlaf (acht bis zehn Stunden) und für die erforderliche Entspannung vernünftig ein.
● Vermeiden Sie Stoßzeiten (vor Zeugnisterminen, Prüfungen) und damit gesundheitsgefährdende Belastung durch entsprechende Zeitplanung.
● **Gute Zeitplanung ist Ihr Vorteil!**
Wenn Sie genau wissen, welche Tätigkeiten Sie an bestimmten Tagen, zu bestimmten Zeiten ausführen müssen, so stellen Sie sich schon vorher seelisch darauf ein. Sie bereiten sich innerlich vor und können sich stärker konzentrieren.

5.3.2. Tätigkeitsanalysen

■ **Geht es Ihnen manchmal auch so?**
● Öfters kommt ein schlechtes Gewissen auf:
Man arbeite oder lerne zu wenig.
● Eine Arbeit anzufangen fällt so schwer.
● Die Ablenkungen und Verlockungen sind so riesig und vielfältig.
● Verschiedene Tätigkeiten werden abrupt und planlos gewechselt.
■ **Hier einige Anregungen,** wie Sie einer Lösung dieser Probleme näherkommen können:
● Prüfen Sie täglich Ihre Aktivitäten kritisch.
● Überlegen Sie gründlich, was zu verbessern ist, und schreiben Sie es sogleich auf.

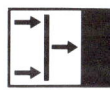

Sie sollten Ihre Gewohnheiten wirklich einmal überprüfen.
Welche? Hier einige Beispiele:
● **Erholung:** Orte, Mittel, Häufigkeit, Partner.
● **Freunde:** Anzahl, Begegnungen, Kontakte, Anregungen, Streitobjekte, Geselligkeit.
● **Information:** Aufbereitung, Speicherung, Umfang, Quellen, Lücken, Beschaffungsaufwand.
● **Tagesablauf:** Einteilung, Fixpunkte, unerwünschte Unterbrechungen.
● **Weiterbildung:** Art und Weise, Gebiete, Verwendung für praktische Tätigkeit, Vorbereitung, Ziele, Umfang, Lücken.

Analysieren Sie über mehrere Tage und Wochen Ihre Tätigkeit, schreiben Sie genau Ihren Tagesablauf auf. Als Anregung möge Ihnen der Vorschlag für das Aufnahmeformular dienen, Bild 5.9 oder 5.13.

Zeit/Datum:	Stelle			Art der Tätigkeit								Angelegenheit oder betroffene Person	Zweck, Beweggrund
	Arbeitsplatz	Arbeitsplatz außerhalb des Büros	Aufgabe von . . .	Unterbrechung	Telefonat	Besprechung	Schreiben	Diktieren	Analysieren	Lit.-Studium	anderes		
19. 3.	v			X								VDI-BV Ffm/DA	AK: Kunststoffe
	v										Post		
		Sekr.				X						VDI-Tagung	Aktennotiz
		Sekr.	VDI			X						Herr Präger	Rhetorik-Seminar
	v	ZB			X							Lehrlinge	Werkunterricht
20. 3.		ZB				X						Zeichenbüro	Arbeitsplatz-Gestaltung
	v									X			Zeitschriften-Umlauf

Bild 5.9

Wenn Sie Ihre Durchschnittswerte ermittelt haben, werden Sie überrascht sein, wie wenig Zeit Sie für das Lernen erübrigen.

Höchstwahrscheinlich werden Sie genau so staunen wie einige Assistenten, die überprüften, wie groß der Zeitanteil „Forschung" an ihrer Gesamttätigkeit sei. Bild 5.10 zeigt Ihnen das entsprechende Beispiel aus der Untersuchung der Tätigkeitsverteilung einer Gruppe wissenschaftlicher Assistenten im Hochschulbereich über einen längeren Zeitraum.

■ Die **Tätigkeitsanalyse** bietet Ihnen die Möglichkeit, Ihre Zeit für zukünftige Tätigkeiten zweckmäßiger zu planen.

Dazu gehören u. a.

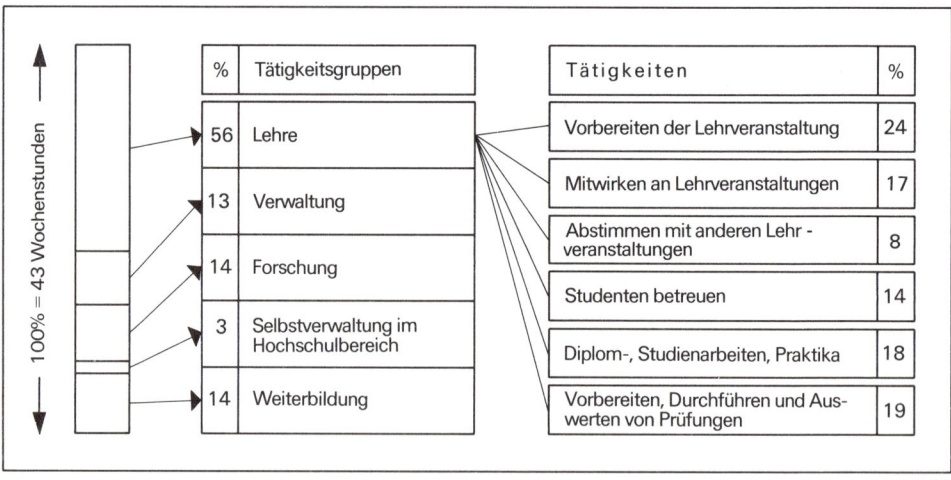

Bild 5.10

- **Ist-Feststellung:**

> Wie groß ist der Anteil der Lernzeit?
> Gibt es Tätigkeiten, die zu viel Zeit benötigen?
> Entspricht die Lernzeit den eigenen Zielsetzungen und Bedürfnissen?
> Sind Sie zufrieden?
> Wie groß ist der Anteil der Verlustzeiten (Leerlauf, Wartezeiten, Trödelzeiten, vergebliches Suchen nach Unterlagen, Unterbrechungen u. a. m.)?

- **Überlegungen für** einzuleitende **Änderungen:**
(Auch dazu einige Beispielsfragen.)

> Wie sind Verlustzeiten zu kürzen oder zu beseitigen?
> Wie kann man durch rationelle Pausenregelung sein Lernergebnis verbessern?
> Ist es lohnenswert, zu lange an untergeordneten Tätigkeiten „zu kleben"?
> Sollte man höherwertige Arbeiten stets sofort erledigen?
> Hat die Mitarbeit an vielen x-beliebigen Stellen den zu erwartenden Nutzen für den Gesamterfolg der Tätigkeit?

5.3.3. Zeitplan, Terminplan, Fristenplan

■ **Die Zeitplanung** umfaßt den „zeitbezogenen Ablauf" einer Problem-(Aufgaben-)Lösung und **bringt als Ergebnis:**
- die Planungszeiten für bestimmte Teilaufgaben,
- die wahrscheinlichen Zwischen- und Endtermine,
- das Berücksichtigen entsprechender Fristen.

Eine derartige Situation ist z.B. in der **Fragestellung** enthalten:
Welchen Zeitaufwand erfordert ein Studium und wie verteilen sich die für das Ziel notwendigen Fachgebiete auf die einzelnen Semester, um mit einem wirtschaftlichen Aufwand das Studienziel zu erreichen?

Mit dem **Studienplan für einen Grundstufenlehrer** (Bild 5.11) zeigen wir Ihnen einen Weg, wie Sie möglicherweise diese Frage beantworten können. Wenn Sie sich nun noch bei der zeitlichen Verteilung Fri-

sten setzen, nutzen Sie diese wichtige Maßnahme zur Steuerung des Lern- und Arbeitsprozesses.
■ Das bei der Diskussion des Strukturplanes gewählte Beispiel „Primarbereich und Gesamtschule" findet seine Fortsetzung in einem möglichen
- Wochenplan (Bild 5.12) und
- Tagesplan (Bild 5.13).
Auch diese Pläne gelten als Anregung.
■ Die in Bild 5.14 wiedergegebene **„Merkmalsliste der Terminplanung"** ist als Abrundung des Themas „Zeitplanung" gedacht.

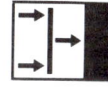

5 STUDIENPLAN: Grundstufen-Lehrer WS.../... – WS .../...

Fachbereich	Fach	Σ h	1. Semester h	Sch	Bem.	2. Semester h	Sch	Bem.	3. Semester h	Sch	Bem.	4. Semester h	Sch	Bem.	5. Semester h	Sch	Bem.	6. Semester h	Sch	Bem.	7. Semester Prüfungen
Grundwissenschaften 40 h (h = Stunden) 4 Scheine	POLITIK	4	2			2	1														–
	SOZIOLOGIE	16	2			2			4			4	1		2			2			x
(Sch = Scheine)	PSYCHOLOGIE	12	2			2			2			2	1		2	1		2			x
	PÄDAGOGIK	8	2			2			2			2	1								–
Fachwissenschaft + Didaktik 40 h 4 Scheine	DEUTSCH	40	6	1		6			6	1		6			10	2		6			x
Spezifische Studienbereiche der Grundstufe 40 h 4 Scheine	GRUNDSCHUL-DIDAKTIK	20	4			4	1		4	1		2			4			2			x
	SOZIAL-KUNDE	10	2			2			2	1		2						2			x
	GESCHICHTE	10	2			2			2			2	1					2			x
Praktika 2 Scheine	EINFÜHRUNGS-PRAKTIKUM	5 Wochen								1	5 W. in Sem-ferien										
	HAUPTPRAK-TIKUM	5 Wochen														1	5 W. in Sem-ferien				
Σ 120 Stunden 14 Scheine			22	1		22	2		22	4		20	3		18	4		16			6 Prüfungs-fächer

Bild 5.11

5	**WOCHENPLAN**	**Monat:** Dezember 49. **Woche**	

Arbeit: „Der Primarbereich in der Gesamtschule"

Teilaufgabe: **8.0.** Auswirkungen der Entwicklung der Gesamtschule und des Primarbereiches

Tag	Tagesabschnitt	Gegenstand/Vorgang/Thema/Tätigkeit	Kontrolle, ob erledigt:
Mo	v	8.1. Curriculum — Literaturstudium	+
	n	Literaturstudium	+
	a	Gegenüberstellung von Lehrplan und Curriculum	+
Di	v	Notwendigkeit von Curricula	—
	n	● **Seminar:** Psychologie	+
	a		+
Mi	v	8.2. Lernzielkontrollen — Allgemeine Information	+
	n	Neue veränderte Lernzielkontrollen	+
	a	Lernzielkontrolle als Konsequenz aus 8.1.	+
Do	v	8.3. Schulorganisation: Information (Literatur)	+
	n	Ableiten aus Sekundarbereich I, Versuch der Übertragung	+
	a	Überarbeiten der bisherigen Unterlagen	+
Fr	v	● **Vorlesung:** Geschichte und Deutsch	+
	n	8.4. Lehrer und Lehrerausbildung (Situation)	+
	a	Notwendigkeit zur Reform	—
Sa	v	Der Lehrer und seine veränderte Funktion	
	n	Lehrerausbildung	
	a		
So	v	Weitere Informationen überprüfen und einordnen	

Bild 5.12

113

5 TAGESPLAN	**Monat** November **47. Woche** Freitag	→ ⌐ → ⌐→

Tageszeit	Veranstaltung/Vorgang/Tätigkeit/Thema/Bezug	Kontrolle, ob erledigt:
08 – 09	● **Seminar:** Politikwissenschaftliches Proseminar	+
09 – 10	● **Vorlesung:** Didaktik und Methodik des Englisch-Unterrichts	+
10 – 11	● **Vorlesung:** Didaktik und Methodik des Englisch-Unterrichts	+
11 – 12	Einkaufen (Bürobedarf, Bäckerei, Fleischerei)	+
12 – 13	Mittag (Mensa)/Besprechung mit Werner	+
13 – 14	Heimfahrt, evtl. Horst fragen, ob Mitfahrt möglich	+
14 – 15	Examensarbeit: Kapitel 4.1., Korrekturliste verarbeiten (Sa)	—
15 – 16	Examensarbeit: Kapitel 4.2., Vorgehensweise überdenken	+
16 – 17	Leihbibliothek (Bestellte Bücher abholen)	+
17 – 18	Tennis-Training (evtl. Tausch mit Helga vereinbaren)	+
18 – 19	Abendessen im Kasino des Sportklubs	+
19 – 20	Korrektur am Kapitel 2 der Examensarbeit (Sa)	—
20 – 21	Fernsehen (I. Programm) Thema: Lernen, Denken, Vergessen	+
21 – 22	Spaziergang	+

Bild 5.13

■ Ein allgemeiner Hinweis

● Es gibt eine Reihe von Lehrgängen und viele, viele Bücher zum Thema „Lern- und Arbeitstechniken".

Dementsprechend müßte es ein Menge kluger, systematisch arbeitender und erfolgreicher Menschen geben.

Leider ist es jedoch nicht so.

Das bloße Überlesen oder Zur-Kenntnis-Nehmen der Hinweise und Ratschläge nützt wenig, auch ein mit leichtem Kopfnicken begleitendes „. . . das ist ja sehr interessant, das müßte ich auch 'mal anwenden . . ." hilft ebenfalls wenig, wenn nicht ein tägliches Anwenden, wenn nicht praktische Gewohnheiten daraus werden.

. . . und das ist nicht einfach . . .

Man muß hart an sich arbeiten, sich erziehen und seine Lern- und Arbeitsgewohnheiten selber ändern.

● Dieses Buch kann Ihnen nur dann einen Nutzen bringen, wenn Sie die einzelnen Hinweise und Ratschläge aufgreifen, sie hinsichtlich ihrer Anwendungsmöglichkeit überprüfen und sie in Ihren Lern- und Arbeitsgewohnheiten „einbauen".

. . . und vergessen Sie nicht:

> Systematisch vorgehen und nicht „Alles-auf-einmal-Wollen" (= planvolles Arbeiten).

LÖRNI meint:
> „Alle Menschen sind klug,
> einige vorher,
> die meisten nachher!"

114

5	MERKMALLISTE DER ZEITPLANUNG	

1	Zeitplanung/ Terminplanung	Zeitliches/terminliches Festlegen aller Vorgänge/Tätigkeiten/ Aktivitäten bis zur Fertigstellung einer Arbeit		

2	Arten (zeit- liche Unter- teilung)	Art:	Zeiträume:	Beispiel:	Seite:
		langfristig	Jahre	Studienplan	112
		mittelfristig	Monate	Monatsplan, Plan für Semesterarbeit	105
		kurzfristig	Tage, Wochen	Tagesplan Wochenplan	114 113

3	Voraussetzun- gen	**Genaue Kenntnisse aller Faktoren** wie: ● Anzahl, Art und Umfang der Tätigkeiten ● Arbeitsaufwand ● persönliche und inhaltliche Eigenheiten ● notwendige Schwerpunkte ● . . .

4	Hilfsmittel	● Tages-, Wochen-, Monats-, Jahrespläne ● Arbeitsfortschrittspläne ● Balkendiagramme ● Netzpläne ● . . .

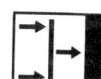

5	Methoden	● Tätigkeitsanalyse ● Vorwärtsplanung (Studienplan, Literaturbeschaffung) ● Rückwärtsplanung (Prüfungsvorbereitung) ● Minimalplanung (muß unbedingt) ● . . .

6	Ablauf	1. **Bereits festgelegte Aufgaben und Termine** werden auf die Tages-, Wochen- und Monatspläne **verteilt.** 2. Von den **nicht festgelegten Aufgaben** werden diejenigen er- mittelt, die unbedingt in der folgenden Woche zu erledigen sind (Angabe mit Vorgabezeit). Eintragen in die Tages- und Wochen- pläne. 3. Außerdem werden die wichtigsten der gelegentlich auszufüh- renden Aufgaben (**Verschiebeaufgaben**) eingeplant. Sie können von Tag zu Tag verschoben werden, bis sie erledigt sind (!).

Bild 5.14

8*

5.3.4. Balkendiagramm und Netzplantechnik

Der Begriff „Zeitplanung" ist eng mit der Balkendiagrammtechnik und der Netzplantechnik verbunden. Diese Techniken unterscheiden sich in ihrem Aufbau und Zweck grundsätzlich voneinander.

■ **Balkendiagramm**

Diese Methode bietet eine übersichtliche Information über den zeitlichen Ablauf. Als relativ einfaches Hilfsmittel erfordert es ein Zerlegen der Gesamttätigkeit in Zeitphasen und dazugehörende Tätigkeiten. Eine logische Verknüpfung dieser Phasen (Zeit/Tätigkeit) läßt sich nur eingeschränkt darstellen. Die Länge der Balken bemißt die Zeit, die für die Durchführung der Aufgaben vorgesehen ist (Bild 5.15 ←). Das Balkendiagramm des Bildes 5.15 stellt eine grobe Zeitplanung der Strukturanalyse „Hochschulausbildung" (Bild 4.3 ←) dar. Eine zeitliche Überlappung der Balken bedeutet, daß die jeweiligen Aufgaben gleichzeitig in diesem Zeitraum bearbeitet werden. Muß dagegen die erste Tätigkeit beendet sein, bevor die zweite beginnen kann, darf eine zeitliche Überlappung nicht mehr gegeben sein.

Das Ende einer wichtigen Phase wird als „Meilenstein" bezeichnet. Diese Stellen sind oft gleichzeitig „Kontrollstationen". Die Beziehungen zwischen Meilensteinen innerhalb verschiedener Aufgaben/Tätigkeiten gehen jedoch aus dieser Darstellungstechnik nicht hervor.

Zur Planung eines inhaltlichen und zeitlichen Ablaufes hat sich die

■ **Netzplantechnik (NPT)**

als geeignetere Methode erwiesen. Sie ist dem Balkendiagramm durch die

● scharfe Trennung zwischen der Struktur und dem zeitlichen Ablauf und die

● Möglichkeit des Einsatzes von Datenverarbeitungsanlagen (zur Berechnung der Zeiten) überlegen.

Dieses gilt insbesondere auch dann, wenn bei längeren Planungszeiträumen Terminkorrekturen erforderlich sind, die sich mit Hilfe der EDV ohne großen Aufwand durchführen lassen.

> Mit Hilfe der **Netzplantechnik** gelingt es, verschiedene Lern- und Arbeitselemente in eine optimale Reihenfolge zu bringen.

Der Einsatz solcher Netzpläne setzt voraus:

● Umfang, Inhalt und Dauer einzelner Vorgänge müssen bekannt sein.

● Die gegenseitigen Abhängigkeiten sind eindeutig.

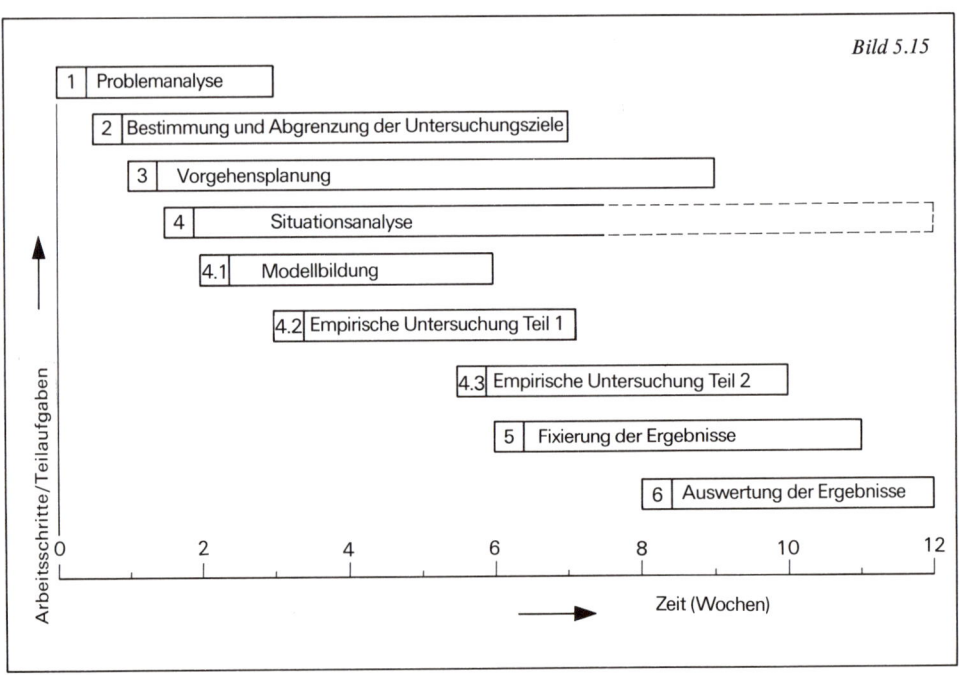

Bild 5.15

Nur was ein
Mensch lernt,
gehört ihm.

Die **Anwendung** dieser Methode ist **frühestens** dann **möglich,** wenn

- das Problem strukturiert und
- die einzelnen „Bausteine" definiert sind.

NPT ist als Hilfsmittel besonders dann sinnvoll und erforderlich, wenn viele miteinander verbundene und voneinander abhängige Einzelschritte zu koordinieren sind.
Bei klar überschaubaren Zusammenhängen ist ihre Anwendung überflüssig.
Im Rahmen dieses Buches möchten wir Sie nicht zu Experten dieser Technik machen. Das können Sie anhand der fachbezogenen Literatur nachvollziehen. Aber an einem **Beispiel** möchten wir Ihnen trotzdem

zeigen, welche Möglichkeiten in dieser Technik stecken.

Beispiel: Vom vielen Lernen haben Sie sicherlich mittlerweile Hunger bekommen!
Bratwürst'l gibt's heut'!
Mit Netzplantechnik und ... ohne Senf, mit Pommes frites und Bier ... , aber wann?
Zur Vorbereitung sind zehn „Vorgänge" erforderlich. Sechs verlangen den ständigen Einsatz einer Bedienung, vier laufen automatisch ab oder sind nur am „Ein- oder Aus-Schalter" zu betätigen.

Bild 5.16 beinhaltet die Einzeltätigkeit nach Reihenfolge und Dauer.
Angestrebt wird die **kürzeste Gesamtdauer der Zubereitung.** Dabei ist zu ermitteln,
- wie lange **vor** Essensbeginn mit der Vorbereitung „gestartet" werden muß und
- welche Reihenfolge der Einzelvorgänge am zweckmäßigsten ist.
Nach der Netzplantechnik werden die Einzelvorgänge als sogenannte **„Knoten"** dargestellt (Bild 5.17). Die Gesamtheit aller Knoten in einer berechneten Reihenfolge ergibt den **Netzplan** (Bild 5.18).

Für „Ganz-Hungrige" lautet das **Ergebnis:**
In 20 Minuten kann es losgehen.

Vorgang Nr.	VORGANG	Tätigkeit Hausfrau/ -mann	Dauer Min.	Reihen- folge
1	Bratwürste würzen und vorbereiten	ja	5	1
2	Grill aufheizen	nein	5	2
3	Bratwürste grillen	nein	15	3
4	Kochplatte aufheizen	nein	2	6
5	Pommes frites aus Kühltruhe holen	ja	1	7
6	Pommes frites „fritieren"	nein	6	8
7	Pommes frites in Schüssel füllen und auftragen	ja	1	9
8	Bier aus dem Kühlschrank holen	ja	1	4
9	Gläser holen	ja	1	5
10	Einschenken	ja	1	10

Bild 5.16

Vorgangs-**Nummer**	**FAZ** frühester Anfang	**FEZ** frühestes Ende
VORGANG/ BESCHREIBUNG		**Puffer**zeit = SAZ-FAZ = SEZ-FEZ
Dauer D	**SAZ** spätester Anfang	**SEZ** spätestes Ende

Bild 5.17

Interessierte können dem Bild 5.18 außerdem entnehmen:

- Reihenfolge der Vorgänge,
- früheste und späteste Anfangs- und Endzeiten der Vorgänge,
- Pufferzeiten,
- Tätigkeitszeit des Bedieners (hier: 10 Minuten),
- kritischer Weg (Pufferzeit gleich Null).

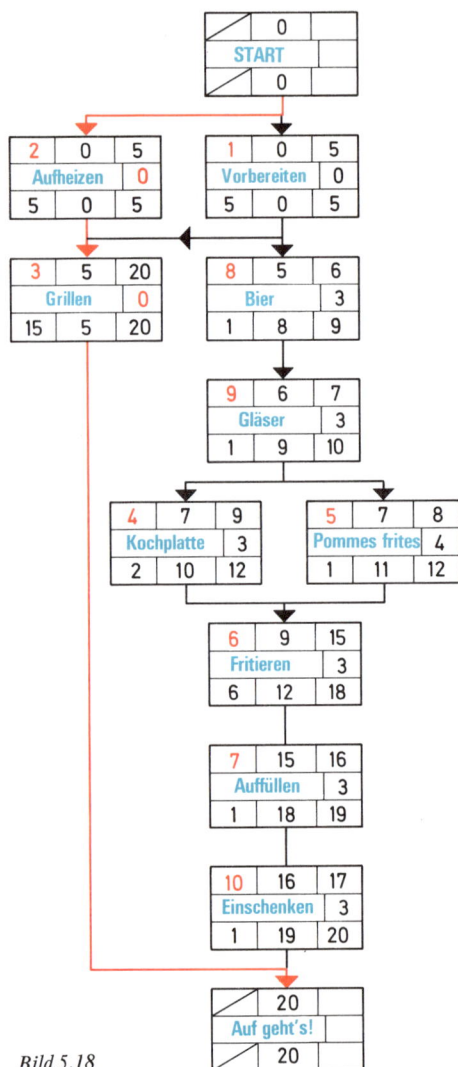

Bild 5.18

... natürlich dient die **Netzplantechnik** nicht dazu, Bratwürste termingerecht und ohne großen Arbeits- und Zeitverlust auf den Tisch des Hauses zu bringen,

sondern

die Netzplantechnik dient im allgemeinen der Terminplanung solcher Projekte, die aus vielen zeitlich voneinander abhängenden Einzelelementen bestehen.

Sie findet z.B. **Anwendung** bei

Bauvorhaben (Fabriken, Schulen, Schiffen, Krankenhäusern, ...)

Entwicklungsvorhaben (Flugzeuge, Kraftfahrzeuge, Atomkraftwerke, ...)

Organisationsvorhaben (Personalplanung, Jahresabschlüsse, ...)

Veranstaltungsvorbereitungen und bei vielen anderen umfangreichen Vorhaben.

Anregung:

Mit dem Erlernen der Netzplantechnik erreichen Sie zwei große **Vorteile**:

1. Sie beherrschen eine Planungsmethode von großer praktischer beruflicher Bedeutung und besitzen damit

2. ein Verfahren zur persönlichen systematischen Terminplanung aller Lern- und Arbeitsvorgänge.

■ **Eine Bitte zum Abschluß:**

- Kontrollieren Sie sich selbst.
- Bemühen Sie sich immer wieder, Ihren **Zeitplan einzuhalten.**
- **Kontrollieren Sie Ihren Zeitplan.** Bauen Sie sich ein Zeit-Erinnerungssystem auf:
Terminsignale, Unterlagen nach Terminen ordnen, Terminkopien anfertigen und zeitlich ordnen.
- **Ermitteln Sie die Gründe für Abweichungen.**
Sind Abweichungen unvermeidbar, korrigieren Sie Ihren Zeitplan.
- **Sammeln Sie Erfahrungswerte.**

5.4. Wo sind Informationen vorhanden?

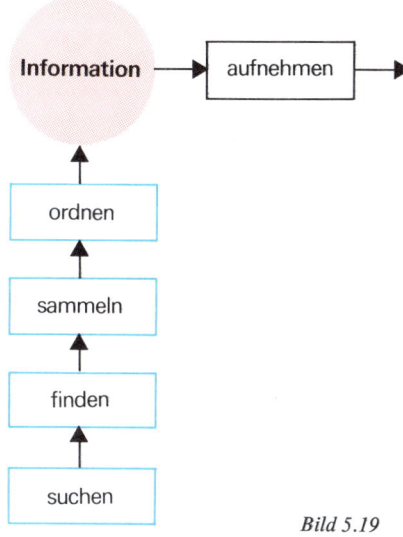

Bild 5.19

5.4.1. Was geschieht mit den Informationen, eine kurze Einordnung

■ Bei den bisher dargestellten **Planungsmaßnahmen:**

● Planung der Struktur und des inhaltlichen Ablaufes und der

● Zeit- und Terminplanung

wurde davon ausgegangen, daß die für unsere Lernvorgänge benötigten Informationen vorhanden sind. Dementsprechend könnte man ohne weitere Überlegungen sofort mit dem Auswerten beginnen.
Nur in den wenigsten Fällen liegen diese Informationen aber in Art und Umfang klar umrissen zur Auswertung bereit. Es sind also ebenfalls **Planungsarbeiten für** das **Suchen, Finden, Sammeln** und **Ordnen** notwendig.
Anschließend müssen diese Informationen aufgenommen, verarbeitet und wiedergegeben werden (Bild 5.19). Glücklicherweise gibt es zweckmäßige Methoden für das Suchen und Finden und für das Verarbeiten von Informationen.
Aus organisatorischen Gründen haben wir diese Methoden im Kapitel 6.3 zusammengefaßt. Damit ergibt sich folgende Aufteilung auf die einzelnen Kapitel:

5.4.2. Informationen, überall?

■ Sie haben eine Aufgabe bekommen oder sich selbst eine gestellt:
Welchen Weg müssen Sie einschlagen, um an die von Ihnen benötigten Informationen zu gelangen?
Wir wissen, daß es notwendig ist, aus der Aufgabenstellung und der Problemanalyse heraus allgemeine Zielsetzungen (Richtziele) zu entwickeln ... also eine Antwort auf die Frage zu finden:
Was will ich überhaupt?
Der sich daran anschließende **Weg der Informationssuche** ist **von zwei Hauptfaktoren** abhängig:
1. Art der Aufgabenstellung

– eine schriftliche Arbeit (←) anfertigen,
– einen Vortrag (←) halten,
– eine Diskussion (←) leiten,
– eine Fremdsprache lernen (←),
– sich auf eine Prüfung vorbereiten (←).

2. Persönliche Voraussetzungen
(Eignungsvoraussetzungen des Lernenden)

– Fähigkeit und Wissensstand,
– Vertrautsein mit dieser und ähnlichen Aufgabenstellungen.

Es ist einleuchtend, daß beim Lernen einer Fremdsprache oder beim gezielten Vorbereiten auf eine Prüfung die benötigten Informationen (das Lernmaterial) bekannt sind. Müssen Sie dagegen erstmalig eine umfangreiche Literaturarbeit anfertigen, werden Sie von dem Berg vorhandener Informationen fast erdrückt. Genauso erdrückt wie von den tagtäglich auf Sie einstürzenden Informationen aus allen Bereichen.

■ Sie müssen stets aufmerksam beobachten und sich ergebende Sachverhalte hinterfragen.

● Sie müssen Erfahrungen sammeln und diese erweitern.

● Sie müssen Ihre Sinne trainieren und weiter ausbilden.

● Sie dürfen nicht alles gedankenlos hinnehmen.

● Haben Sie Fragen, so schauen Sie in Büchern nach oder gehen zu Experten, zu den Fachleuten.

■ **Aber, wo sind nun Informationen?**

. . . hier, eine kleine Auswahl:

● **schriftlich-grafische Informationen**
– Bücher, Broschüren, Berichte, Mitteilungen,
– Zeitungen, Zeitschriften,
– Protokolle,
– Zeichnungen, Tabellen.
● **akustische Informationen**
– Schallplatten, Tonbänder, Hörfunk, . . .
– Gespräche.
● **optisch-akustische Informationen (audio-visuell)**
– Filme, Fernsehen,
– Vorträge, Referate.
● **räumlich-gegenständliche Informationen**
– Gebäude, Maschinen, Möbel, Anlagen,
– Monumente,
– Modelle, Werkzeuge, . . .

Die zur Zeit wichtigsten und umfangreichsten Informationen erhalten wir von **dem Gedruckten, dem Geschriebenen.** Deshalb wollen wir uns mit diesem näher befassen:
Bücher, Zeitschriften, Berichte und Protokolle sind vielfältige Informationsträger.
Wir finden sie besonders in Büchereien und Bibliotheken.
Hilfestellung und Anregung zur **Benutzung einer Bibliothek** finden Sie im anschließenden Kapitel 5.4.3.
Einige **zweckmäßige Such- und Auswerteverfahren** von Informationen, wie z. B.

– das Billardsystem,
– das Prinzip der konzentrischen Kreise,
– das Prinzip der Mehrfachschleifen.

sind im Kapitel 6.3 beschrieben.

5.4.3. Über Büchereien, Bibliotheken und wie man sie benutzt

In diesem Abschnitt möchten wir Ihnen einige Informationen und Ratschläge im Umgang mit Büchern, Bibliotheken und Katalogen geben.

■ Einer der größten **„Informationsspeicher"** sind Bibliotheken:

● Allgemein- oder Universalbibliotheken (National-, Staats-, Landesbibliotheken) enthalten allgemeine Wissensgebiete.

● Universitäts- und Hochschulbibliotheken sind als fachliche Schwerpunkts-Bibliotheken zu bezeichnen.

● Wissenschaftliche Fachbibliotheken und Spezialbibliotheken als eine umfassende Sammlung eines bestimmten Fachgebietes oder einiger wichtiger Fachgebiete. Dazu gehören Bibliotheken bei

– Instituten und Fachbereichen,
– Forschungsanstalten,
– Industriefirmen und Fachorganisationen,
– Behörden, Parlamenten und Konsulaten,
– Verlagen,
– Rundfunkanstalten,
– Statistischen Ämtern.

■ **Bedenken Sie immer wieder:**
● **Gezielte Informationssuche macht sich bezahlt.**
● Vor allem, fragen Sie! Fragen Sie Fachleute, Bibliothekare, Lehrer, Referenten, Buchhändler u. a. Nutzen Sie die Erfahrung, die Millionen Menschen vor Ihnen gemacht haben.
Unsere nachfolgende Aufstellung möge Ihnen eine Anregung sein.

■ **Der Katalog** ist ein alphabetisch oder sachlich geordnetes Verzeichnis. So sind Bibliothekskataloge Verzeichnisse des vorhandenen Buch- und Zeitschriftenbestandes.
Bücher und Zeitschriften sind dabei nach verschiedenen Gesichtspunkten geordnet:
● **Gliederung nach Autoren und Titel:**
In alphabetischer Reihenfolge sind aufgeführt:
Schriften nach dem Verfasser geordnet **(Verfasserkatalog).**
Literatur nach dem Titel geordnet,
Anonyme Schriften (Verfasser sind unbekannt).
● **Gliederung nach dem Gegenstand (Sachkatalog):**
Schlagwort-Ordnung,
Systematischer Katalog (systematisch nach Sachgebieten geordnet).
● **Unterschied** zwischen **„Katalog"** und **„Bibliografie":**

In einem Katalog ist der Bücherbestand einer bestimmten Bibliothek erfaßt. Die Bibliografie dagegen enthält alle Titel eines Sachgebietes, unabhängig von der Bibliothek, in der dieses Buch zu finden ist.

■ **Sachkatalog**

Der Sachkatalog gibt Auskunft darüber, welche Bücher in der Bibliothek über bestimmte Sachgebiete und Personen vorhanden sind.

Wir unterscheiden den Schlagwortkatalog und den systematischen Katalog.

■ **Schlagwortkatalog**

Die Literatur ist unter Schlagwörtern eingeordnet, die dem Inhalt der jeweiligen Quelle entnommen sind (eventuell in alphabetischer Reihenfolge). Das Schlagwort ist ein kurzer, möglichst genauer und umfassender Ausdruck für den Inhalt.

> Überlegen Sie sich mindestens vier bis fünf Schlagwörter, unter denen Sie wichtige Bücher suchen. Denken Sie dabei an über-, unter- und nebengeordnete Bereiche.

> Schlagwortkatalog immer dann benutzen, wenn man sich einen Überblick über ein Fachgebiet verschaffen will.

■ **Systematischer Katalog** (oft auch „Wissenschaftskatalog" genannt).

Die Literatur wird in ein „System der Wissenschaften" eingeordnet. Hierbei wird die sachlich zusammengehörende Literatur mit einer hierarchisch aufgebauten Systematik im Zusammenhang nachgewiesen. Ein Gesamtbereich wird in einige große Teilbereiche zerlegt, diese Teilbereiche wieder in Unterbereiche, usw. (z. B. Dezimalklassifikation ←).

■ **Zentralkatalog**

Es handelt sich um eine zusammengefaßte Darstellung von Bücherbeständen **mehrerer** Bibliotheken einer bestimmten Region. Dieser Zentralkatalog ermöglicht die Fernausleihe.

■ **Personenkatalog**

Übersichtliche Darstellung über Leben, Werk und Bedeutung einer Person.

> Wenn Sie bei der Informationssuche des öfteren auf denselben Autor stoßen, sollten Sie sich sofort im Personenkatalog (= Autorenverzeichnis) das Gesamtwerk anschauen.

> Ist Ihnen ein Wissenschaftler bekannt, der wesentliche Aussagen in dem von Ihnen zu bearbeitenden Problemgebiet gemacht hat, sollten Sie sofort unter seinem Namen nachschauen.

■ **Zeitschriftenverzeichnisse**

Fast jedes Fachgebiet wird durch eine Fachzeitschrift abgedeckt. Hier finden Sie neue Forschungsergebnisse, aktuelle Probleme, Diskussionen und persönliche Anregungen.

■ **Dokumentationsdienste,** Literaturzusammenstellungen, Schrifttumsberichte sind spezielle Verzeichnisse der Dokumentationsstellen und Schrifttumsdateien.

■ **Referateblätter** sind regelmäßige Berichte über die jeweils neu erschienene Literatur eines Fachgebietes in Form von kurzen, den Titeln beigefügten Erläuterungen (Meist unter dem Namen: „Zentralblatt für . . ." herausgegeben).

■ **Hochschulschriften-Verzeichnisse** sind Verzeichnisse von Veröffentlichungen, die auf Veranlassung von Hochschulen erscheinen (Diplomarbeiten, Dissertationen, Habilitationsschriften u. ä.).

■ **Dokumentation**

Unter Dokumentation versteht man ein intensives und umfassendes Zusammenstellen von Dokumenten zu einem bestimmten Wissensgebiet. Über den Rahmen eines Kataloges hinaus werden hier auch nicht im Buchhandel erhältliche Schriften, Aufsätze in Zeitschriften und Teile von Sammelwerken zusammengestellt.

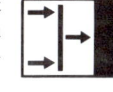

In der Dokumentation bemüht man sich um ein schnelles Erfassen aller aktuellen Informationen (Inhalte) für ein bestimmtes Fachgebiet.

Die Literaturdokumentation arbeitet nach dem Schlagwortprinzip.

Die Dokumentation unterscheidet sich von der Bibliografie dadurch, daß sie die Inhalte ganzer „Literatureinheiten (Fachgebiete)" mittels Schlagwortsystem analysiert.

Dagegen stellt eine Bibliografie nichts anderes als ein Verzeichnis dieser Literatureinheiten dar.

Einige Anmerkungen zur Benutzung

■ Aufgrund der Benutzungsart unterscheiden wir:
● **Präsenzbibliotheken** (Bücher stehen nur in „Lese- und Arbeitsräumen" den Benutzern zur Verfügung).
● **Ausleihbibliotheken** (Durch ein Ausleihsystem können Literaturwerke für eine begrenzte Zeit mit nach Hause genommen werden).

■ Jede Bibliothek hat Ihren eigenen **Auskunftsdienst.** Bevor Sie viel „Suchzeit vertrödeln", fragen Sie und bemühen Sie sich um Informationsmaterial (Hinweise, „Führer")! Mehrmals im Jahr finden Einweisungen in Aufbau und Arbeitsweise größerer Bibliotheken statt (Aushänge beachten!). Verschaffen Sie sich einen Überblick über die Bibliotheken in der Nähe Ihres Wohn- und Arbeitsortes. Es erspart Ihnen Zeitverlust und Ärger!

■ In den **Benutzungsdienst** sollten Sie auch Fotostellen, Vervielfältigungseinrichtungen u. a. mit einbeziehen. Stets gilt der **Gesichtspunkt: Wie schnell beschaffe ich mir eine Information, um den Lern- und Arbeitsprozeß mit einem optimalen Wirkungsgrad durchführen zu können?**

5.5. Sammeln und Ordnen von Informationen

5.5.1. Unordnung = schlechte Lern- und Arbeitsleistungen

■ Kein Mensch kann alles im Kopf behalten. Um ja nichts zu vergessen, um alle gesuchten und gefundenen Informationen verarbeiten zu können, müssen wir diese speichern.
„Speichern" bedeutet hier: Aufnehmen, Sammeln, Ordnen, Sichten und Bereitstellen von Informationen.

■ Wenn Sie die vier nachstehenden „Mängel" nicht kennen, können Sie getrost diesen Abschnitt 5.5 überschlagen.

---

1. Zeitverluste durch längeres Suchen
Sind Sie hin und wieder überrascht, an welchen Orten langgesuchte Unterlagen wieder auftauchen?
2. Nervosität durch Nichtfinden
Bleiben Sie ruhig und gelassen, wenn Sie die für den Fortgang einer Arbeit wichtigen Unterlagen nicht finden?
3. Belastung Ihres biologischen Speichers (= Gehirn) mit unwichtigen Dingen
Benutzen Sie Ihr Gehirn als „Informations-Bank" auch für unwichtige Dinge, da Sie ein weiteres Ordnungssystem verschmähen?
4. Belastung durch Mehrfacharbeit
Nichtgefundene Unterlagen bedeuten nicht nur Zeitverlust beim Suchen, sondern schenken uns auch die Möglichkeit, Probleme nochmals zu lösen, Texte neu zu formulieren, Aufgaben nochmals zu berechnen usw.

5.5.2. Ordnungssystem und Schriftgut

■ **Ein Ordnungssystem** ist ein System zum Ordnen und Wiederauffinden von Informationen.

● Es besteht aus dem Registratursystem und der Ordnungsform.
● **Es hat zum Ziel:**

Richtige Information, d.h. keine Verwechslungen und keine veralteten Unterlagen.
Schnelle Information, d. h. kein Suchen, sondern der schnelle Zugriff muß möglich sein.
Vollständige Information, d. h. sichere Aufbewahrung. Aktuelle, umfassende Unterlagen. Die entnommenen Unterlagen müssen „Kennzeichen" hinterlassen.
Rationelle Information, d. h. übersichtlich und leicht verständlich. Kein zu großer Aufwand, geringer Zeitbedarf für das Einordnen und Wiederbereitstellen der Information.

■ Damit Sie Ihr persönliches Ordnungssystem zweckmäßig aufbauen können, überlegen und bestimmen Sie im **ersten Schritt: Welche Informationen wollen Sie sammeln und ordnen?**
Es hat sich als günstig erwiesen, dabei den persönlich-privaten Bereich von dem des Lernens und Arbeitens zu trennen.

Der **zweite Schritt** beinhaltet die Frage: **Welches ist die zweckmäßigste Ordnung?**
Bedenken Sie stets dabei: Wollen Sie Kochrezepte, Lehrgangsberichte, Briefmarken, Vortragsnotizen oder Mathematikaufgaben ordnen, immer muß diese Ordnung Hilfsmittel sein. Nie Selbstzweck!
Die folgenden Hinweise sind Vorschläge für verschiedene Bereiche.
Die z. Z. am meisten zu speichernden Informationen sind geschriebene Informationen. Beginnen wir also mit dem kleinsten Teil unseres Ordnungssystems, dem beschrifteten Papier (dem **„Schriftgut"**)

Unter **Schriftgut** verstehen wir somit den gesamten Anfall von beschriebenem Papier.

Grundregel:
Gleiches, genormtes Papierformat benutzen.

Gründe:

● Günstiges Einordnen, Sortieren und Umblättern.
● Einfaches Abschätzen möglicher Informationsmengen.
● Schmierpapier und „Mitschreibepapier" haben ein Format:
DIN A 4 und DIN A 5 haben sich am besten bewährt.

Grundregel:
Möglichst nur einseitig beschriften und nur einen Hauptpunkt auf eine Seite bringen.

Gründe:

● Die Anordnung erfolgt sehr übersichtlich.
● Für ein nachträgliches Einordnen von weiteren Blättern vorbereitet.

Grundregel:
Überschriften bilden und den Text aufgliedern. (Nutzen Sie die Vorteile des Strukturierens.)

Gründe:

● Die Darstellung wird übersichtlich. Benutzen Sie aber hervorgehobene Druckbuchstaben und setzen Sie verschiedene Farben ein.

5.5.3. Einige Registratursysteme

■ Je tiefer Sie in bestimmte Wissengebiete eindringen und je länger eine Ausbildung dauert, desto mehr wachsen die Unterlagen mit Notizen aus Vorlesungen und sonstigen Veranstaltungen. Aber auch die Berge von Zeitschriften und Sonderdrucken nehmen gewisse Dimensionen an.
Um eine zweckmäßige Ablage zu gewährleisten, gibt es eine Reihe von **Registratursystemen:**

● **„Liegende"** (Schnellhefter, Aktendeckel, Mappen, Schachteln),
● **„Stehende"** (Ordner, Karteien),
● **„Hängende"** (Hänge- und Pendel-Ordner), und verschiedene „Karteisysteme" (Karten mit und ohne Lochungen).

■ **Mit welchem System sollten wir uns anfreunden?**
● Die große „Liegende" (Registratur) ist zwar die älteste, hat aber nur den Vorteil der preisgünstigsten „Behältnisse".
● Die „Hängende" (Registratur) eignet sich vorrangig für die Aufbewahrung umfangreicher Einzelakten. Sie ist kostenaufwendig und erfordert einen großen Raumbedarf.
● **Für unseren Lern- und Arbeitsbereich ist** die **„Stehende"** (Ordnerregistratur) **am zweckmäßigsten.**
Sie bietet klare Ordnung und gute Übersicht, ermöglicht ein schnelles Einordnen und Wiederauffinden und das alles zu einem akzeptablen Preis. Daher befassen wir uns mit den (für „Lernende") zweckmäßigsten **Ordnungssystemen:**
● Ablage in Ringheftern und Ordnern.
● Anwenden von Kartei-Systemen (Zettelkasten, Literatursammlungen, Schlagwortkarteien, u. a.).

Grundregel: Nicht zuviel ablegen.

● Unwichtiges Schriftgut gehört in den „Rundordner" (= Papierkorb).

- Es ist äußerst wirkungsvoll, wenn Sie Ihre Unterlagen im Halbjahresrhythmus auf ihren Sammelwert hin „durchforsten".

5.5.4. Ablage in Ordnern und Zettelkästen

■ **Ablage in Ringheftern und Ordnern**

● **Sammelakten oder Sammelordner**
Schriftstücke verschiedener „Untergruppen" werden in einem Ordner zu einem „Fachgebiet" zusammengefaßt.
● **Einzelakten oder Einzelordner**
Unterlagen, die einen zusammenhängenden „Vorgang" bilden, können zu Einzelakten zusammengestellt werden (z. B. Vorträge, Berichte, schriftliche Arbeiten, . . .).
Diese Art ist nur dann zweckmäßig, wenn zur Bearbeitung immer der ganze Vorgang benötigt wird.
● **Format**
Die Formate dieser Unterlagen sind überwiegend DIN A 4, aber auch DIN A 3 oder DIN A 5 wird eingesetzt.

Die Kartei oder auch Zettelkasten genannt

■ **Aufgabe**
Übersichtliches Sammeln und Ordnen von Informationen aus verschiedenen Quellen
■ **Anwendung**
● Informationssammlung.
● Vorträge und Referate, die sich nur geringfügig ändern bzw. aus sog. „Bausteinen" zusammengesetzt sind.
● Lernkartei (←).
● Ideen-Speicher (←).
■ **Beschreibung**
Die Kartei enthält eine Sammlung von Informationen, die auf Karten eingetragen und nach bestimmten Systemen geordnet sind (Kartei = Informationsträger).
● Leitkarten sind „Gliederungskarten" des Systems, nach denen eingeordnet wird.
● Reiter dienen als Ordnungs- und Kontrollhilfe.
● Aufbewahrung erfolgt in einfachen Kästen aus Pappe, Kunststoff, Holz, . . .
● Ordnung wird nach Schlagworten oder systematisch durchgeführt.
■ **Vorteile der Kartei**
● Übersichtliches und schnelles Informationssystem, auch für die unterschiedlichsten Arbeitsplätze.

● Äußerst flexibel gegenüber Änderungen, Ergänzungen, neuen Schwerpunktinformationen und Umstellungen.
● Leicht transportierbar (Bibliothek, Reise, Arbeitsplatz, . . .)
■ **Nachteile einer Kartei**
● Relativ zeitraubende Zusammenstellung.
● Kostenaufwendig.
● Ein falsches Einordnen oder Verlorengehen von Karteien ist leicht möglich.

Karteien sind nur dann lohnend, wenn die Informationen über längere Zeiträume (Jahre) benötigt werden.

5.5.5. Ordnungsformen

Alles Schriftgut muß nach einer klaren Ordnung abgelegt werden. Die fünf wichtigsten **Ordnungsformen** sind:

1. alphabetische Ordnung,
2. numerische Ordnung,
3. Stichwort- oder Schlagwortordnung,
4. Aktenplan,
5. Ordnung nach Disposition (Gliederung).

Einiges zu den einzelnen Formen:
■ **Alphabetische Ordnung**
Es ist die verbreitetste Ordnungsform nach Namen (Personen, Firmen, Orte usw.) oder nach Sachwörtern (Lexikon, Sachregister). Beim Aufbau ist die ABC-Regel nach DIN 5007 zu beachten.
■ **Numerische Ordnung**
Diese Ordnung findet besonders dort Anwendung, wo Datenverarbeitungsanlagen eingesetzt sind, deren Belege die Nummern bereits tragen (Rechnungen, Artikel, Objekte, . . .). Diese Ordnungsweise ist logisch und einfach. Eine Zahlenfolge läßt sich leichter verarbeiten als eine alphabetische Ordnung. Sie erfordert jedoch Mehrarbeit, da ein Suchverzeichnis der Namen mit den dazugehörenden Nummern angelegt werden muß (Bild 5.20 und 5.21).
■ **Ordnung nach Stichwörtern**
Diese Form ist z. B. in den Registraturen der Sekretariate oder bei den Sammlungen der Sachbearbeiter zu finden. Sie sollte nur bei kleinerem Umfang der Unterlagen verwendet werden. Die Bearbeitung sollte zudem nur in der Hand einer Person liegen. Ein Beispiel hierzu stellt die Einordnung der Literaturhinweise dar (Bild 8.5b).

Bild 5.20

Erläuterung	655.512.1	Prüfung von Manuskripten
Klasse	6	Angewandte Naturwissenschaft
Hauptgruppe	65	Betriebsführung/Organisation
Gruppe	655	Graphische Industrie. Verlage
Untergruppe	655.5	Sonderfragen des Verlags
Untergruppe	655.51	Manuskripte
Untergruppe	655.512	Prüfung von Manuskripten
Untergruppe	655.512.1	Prüfung nach Form und Inhalt. Lektoren

0 Allgemeines Buchwesen
1 Philosophie
2 Religion · Theologie
3 Volkswirtschaft/Recht
4 Sprachwissenschaft · Philologie
5 Mathematik/Naturwissenschaft
6 Angewandte Naturwissenschaft
7 Kunst · Photographie · Musik · Sport
8 Literaturwissenschaft
9 Geschichte · Geographie ·
  Biographien

60 Allgemeines
61 Medizin
62 Ingenieurwesen
63 Landwirtschaft
64 Hauswirtschaft
65 Betriebsführung · · ·
66 Chemische Technologie
67 Industrie
68 Handwerk
69 Bauwesen

651 Bürowesen, Bürotechnik, Büroarbeiten
654 Nachrichtenwesen, Fernwirktechnik
655 Graphische Industrie, Druckerei, Verlag
656 Verkehrswesen, Postwesen
657 Rechnungswesen, Buchhaltung
658 Betriebswirtschaft, Handelstechnik
659 Werbung, Informationswesen, Public relations

KLASSEN
(Hauptabteilung)

HAUPTGRUPPEN
(Unterabteilung)

GRUPPEN

5

Dezimalklassifikation (DK-System)

Bild 5.21

Numerische Ordnungsweise	
Nr.	Sache
1001	Auftragsvorbereitung
1002	Terminplanung
1003	Programmbildung
1004	Materialdisposition
1005	Kontrolle/Überwach.
⋮	......
1010	Bestellung
1011	Budgetüberwachung
1012	Terminüberwachung

Such-Index	
Sache	Nr.
Auftragsvorbereitung	1001
Bestellung	1010
Budgetüberwachung	1011
Kontrolle/Überwach.	1005
Materialdisposition	1004
Programmbildung	1003
Terminplanung	1002
Terminüberwachung	1012

Schon bei der einfachen Dreierteilung (wie in diesem Buch): Hauptgruppe — Gruppe — Untergruppe haben wir **1000 Möglichkeiten,** eine logische Einordnung des Inhaltes vorzunehmen.

■ **Ordnung nach einem Aktenplan** (Dezimalklassifikation)
Die Dezimalklassifikation ist ein universelles, hierarchisches, international verwendetes, unbeschränkt

---

5   **AKTENPLAN** für den Hausgebrauch

10 Grundstück
11 Kaufverträge
12 Vermessungsunterlagen
13 Grundbuchsachen
14 Grundstück-Erschließung
15 Dienstbarkeiten
16 Rechnungen/Quittungen

20 Hausbau
21 Baugenehmigung
22 Bauzeichnungen
23 Schriftverkehr
24 Rechnungen/Quittungen
25 Kontoauszüge (Baukonto)

30 Finanzierung
31 Schuldurkunden
32 Schriftverkehr
33 Kontoauszüge

40 Steuern/Anliegerkosten
41 Grundbescheide
42 Grundsteuer
43 Einkommensteuer
44 Vermögensteuer
45 Gemeindeabgaben

50 Haus/Instandhaltung
51 Schriftwechsel (Baugarantie)
52 Schriftwechsel (Reparaturen)
53 Offerten, Prospekte, Unterlagen
54 Umbauten
55 Rechnungen/Quittungen

60 Hausversorgung
61 Elektrizität
62 Wasser
63 Kanalisation
64 Müllabfuhr
65 Schornsteinreinigung
66 Heizung
67 Reinigungsarbeiten
68 Gartengestaltung/-pflege
69 Rechnungen/Quittungen

70 Versicherungen
71 Hausratversicherung
72 Haftpflichtversicherung
73 Brandversicherung
74 Risikoversicherung
75 Zahlungsbelege

Bild 5.22

erweiterungsfähiges Ordnungssystem. Die Anwendung erfordert aber eine gründliche Übung. Man benutzt diese Ordnung bei Unterlagen, deren Ordnungsmerkmale vielgestaltig sind. Die Feinheit der Klassifizierung richtet sich nach der Enge oder Weite des Fachgebietes und der Bedeutung der zu klassifizierenden Begriffe für den Benutzer.

● Die Gliederung des vorliegenden Buches wurde nach einer Art **Dezimalklassifikation** vorgenommen.

Für jede Aufgabe (ob geringer oder großer Umfang) muß ein Aktenplan speziell erarbeitet werden.

● Sehr verbreitet ist das „**DEWEY**"-**System** (Bild 5.20), ein Versuch, das gesamte Wissen der Menschheit in ein Dezimalsystem aufzugliedern. Der Aufbau dieser Dezimalklassifikation bereitet manchem Benutzer echte Schwierigkeiten. Wer weiß schon, daß mit der Zahlenkombination 623.746.174 der Hubschrauber gemeint ist.

● Deshalb baut so mancher einen internen **Aktenplan** nach gleichem Muster auf. Der Benutzer setzt hierbei den Vorteil ein, daß nur derjenige, der den Aktenplan besitzt, das Richtige schnellstens finden kann.

Für diesen Aktenplan geht man beispielsweise von einem Schriftgutkatalog, Aufgabenverteilungsplan, von Funktionsstrukturen oder inhaltlichen Strukturen (das vorliegende Buch, die vielen Stufenpläne) aus. Daraus bestimmt man maximal zehn (10) **Hauptgruppen**. Innerhalb der Hauptgruppen werden Gruppen, darin Untergruppen usw. festgelegt. Bild 5.22 zeigt Ihnen einen solchen Aktenplan als Beispiel für den Hausgebrauch.

■ **Ordnung der Sammlung nach Farben**
Damit schaffen und nutzen Sie ein optisches Ordnungsmittel. Es ermöglicht gleichartige Unterlagen mit geringstem Zeitaufwand einanderzuzuordnen. Durch farbige Signale bringen Sie z. B. Schriftgutbehälter stets in die richtige Reihenfolge. **Ein Tip:** Die Ordnungsfarben sollten den gut zu unterscheidenden

Spektralfarben entsprechen. Bild 5.23 zeigt als Beispiel die Ordnung eines DIA-Freundes. Versuchen Sie es doch!

■ **Ordnung nach der Disposition**
Hierbei erfolgt die Ordnung nach den Gliederungspunkten einer schriftlichen Arbeit. Der Stufenplan (Kapitel 6.5.2) ist dafür ein gutes und vielseitig verwendbares Beispiel.

■ Vor lauter Hängeregistratur, Schriftgut, alphabetischer Ordnung und Aktenplan schwirrt es in Ihrem Kopf, und Sie wissen immer noch nicht so recht, wie Sie vorgehen sollen.
Unser Vorschlag:

Gehen Sie zu einem preiswerten Schreibwarenhändler und besorgen Sie sich — mittlerer Lern- und Arbeitsumfang vorausgesetzt — erst einmal:

●	fünf (5)	Schnellhefter,
●	zehn (10)	Einhängeschnellhefter,
●	zehn (10)	Aktendeckel,
●	vier (4)	Aktenordner (80 mm breit),
●	zwei (2)	Aktenordner (40 mm breit),
●	zwei (2)	Klemmappen,
●	ein (1)	Einhängeverzeichnis alphabetisch,
●	ein (1)	Einhängeverzeichnis numerisch,
●	drei (3)	Ringhefter,
●	viele	Einlageblätter,

und das alles in DIN A 4.

So, . . . und nun **strukturieren Sie** Ihren zu ordnenden Bereich.
Sie studieren Naturwissenschaften/Technik . . .
Ist es Maschinenbau, so könnte die Gliederung entsprechend Bild 5.24 aussehen.
Entsprechend den **Hauptgruppen** „schnippeln" Sie sich Leitkarten, die waagerecht in zehn (10) Felder eingeteilt sind: zum Eintragen der Gruppen. Aber auch die Untergruppen bekommen ihre Leitkarte.
Wenn Sie noch sehr ungeübt sind, so machen Sie Ihre ersten Eintragungen mit dem Bleistift.
Sie studieren nicht Maschinenbau!
Dann nehmen Sie die **Hauptfächer Ihres Studienganges,** die Schwerpunkte **Ihres Lehrganges,** . . .
Es gibt die verschiedensten Möglichkeiten, eine sinnvolle Ordnung aufzubauen.

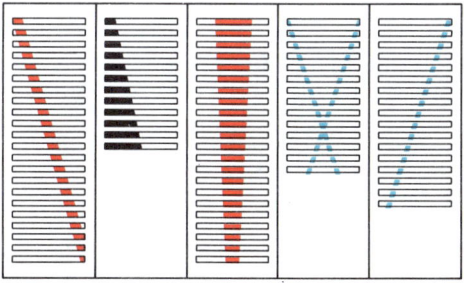

Bild 5.23

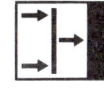

■ Während Sie die Aktenordner zu Hause lassen, nehmen Sie Ihre Ringhefter (mit gleichem Ordnungssystem) mit zu den Vorlesungen, Übungen und all den anderen Lernveranstaltungen.

■ **Das hilft Ihnen immer noch nicht?**

Sie müssen . . .
● eine schriftliche Arbeit anfertigen (Kapitel 6.5.2),
● einen Vortrag halten (Kapitel 6.6.2),
● eine Diskussion leiten (Kapitel 6.6.3),
. . . alles Beispiele für Ordnungsgesichtspunkte.

Vergebens predigt Salomo, die Leute machen's doch nicht so.
Wilhelm Busch

5.6. Weitere Beispiele zum Teilprozeß „Planung"

Zum besseren Verständnis und für weitere Anregungen sind die nachstehenden Beispiele gedacht.

Beispiel: Struktur- und Arbeitsplan einer Untersuchung (Bild 5.25).
In diesem Stufenplan ist deutlich die Entwicklung aus einem allgemeingültigen Ablauf zu einem spezielleren Grobablauf einer Untersuchung zu erkennen.
Dieser Stufenplan ist in den verschiedensten Lern- und Arbeitsbereichen verwendbar.

Beispiel: Lehrgangsplanung als Voranzeige für eine Veranstaltung (Bild 5.26).
Auch bei einer Lehrgangsplanung finden Sie die von uns so oft erwähnten vier Teilprozesse wieder.
Sie sollen diese aber nicht sklavisch anwenden, sondern Ihren jeweiligen Problemstellungen anpassen.

Beispiel: Strukturplan einer Arbeits-Gestaltung in Anlehnung an die VDI-Richtlinie 2801: Wertanalyse

1. Zielsetzungsphase
Objekt auswählen und dessen Funktionen bestimmen.
Aufgabenstellung exakt und prägnant formulieren.
Aufgabe in Teilaufgaben zerlegen.
Anforderungsliste zusammenstellen.
Bewertungskriterien festlegen.

2. Informationsphase
Ist-Zustand ermitteln.
Ist-Zustand überprüfen.
Abweichungen erfassen.

3. Schöpferische Phase
Lösungen (Varianten, Maßnahmen) suchen und entwickeln.
Lösungen nach funktionalen Gesichtspunkten ordnen.

4. Untersuchungsphase
Alternative Lösungen auswählen und kombinieren. Verbleibende Lösungskombinationen relativ zueinander im Hinblick auf die gewünschten Zielsetzungen bewerten.

5. Vorschlags-, Realisierungsphase
Optimale Lösungsvariante auswählen (= vorläufige Entscheidung) und erproben.
Nachteilige Auswirkungen erfassen.
Durchführung der gewählten Alternative sicherstellen.

6. Kontroll-, Überwachungsphase
Ausgewählten Neu-(Ist-)Zustand kontrollieren. Bei erneuten Abweichungen gezielt reagieren und korrigieren.

10 Studienangelegenheiten
11 Studienvoraussetzungen
12 ...
13 Immatrikulation
14 ...
15 Studienpläne
16 Student. Selbstverwaltung

20 Lern- und Arbeitstechnik
21 Voraussetzungen
22 Informationssysteme
23 Informationsaufnahme/
    -verarbeitung
24 Lernziele
25 Lern- und Arbeitsplanung
26 Lern- und Arbeitsorganisation
27 Lern- und Arbeitskontrolle
28 ...

30 Mathematik
31 Grundlagen — Mathematik
32 Angewandte Mathematik
33 Programmieren
34 ...
35 Statistik/Wahrscheinlichkeits-
    rechnung
36 Funktionstheorie

**40 Physikalisch-technische Erkennt-
nisse und Gesetzmäßigkeiten**
41 Technische Mechanik
42 ...
43 Thermodynamik
44 ...
45 Elektrotechnik

**50 Entwicklung und Konstruktion
von Maschinen**
51 Darstellung und Systematik
52 Konstruktionslehre
53 ...
54 Werkstoffe
55 ...
56 Ähnlichkeitsgesetze

**60 Maschinen, Maschinenanlagen,
Betriebsverhalten, Regelung**
61 Systemtechnik
62 ...
63 Maschinendynamik
64 Steuerungs- und Regelungstechnik

70 Betrieb und Einsatz von Maschinen
71 ...
72 ...
73 Arbeitswissenschaft
74 Betriebsorganisation
75 Arbeitsrecht

**80 Technik, Bedeutung und
Auswirkung**
81 ...
82 Entwicklung der menschlichen
    Gesellschaft
83 Wissenschaft und Technik
84 ...

90 Berufsausübung
91 Angebote, Möglichkeiten
92 Bewerbungen
93 ...

Bild 5.24

129

5	STRUKTUR- und ARBEITSPLAN einer UNTERSUCHUNG (ALLGEMEIN)	

ABLAUF (allgemein)		ABLAUF (grob)	Teil-prozeß
1 Probleme	entdecken	**10 Aufgabenstellung analysieren**	
		11 Gestellte Aufgabe überdenken (Analyse der Teilprobleme, Abgrenzen der Untersuchung, Untersuchungsziele festlegen)	
	beurteilen		
	formulieren	12 Lösungskonzept entwerfen 13 Aufstellen einer vorläufigen Gliederung (Struktur, grob) 14 Aufstellen der Arbeits- und Zeitpläne	
	in Ziele umsetzen	15 Überprüfen der Leistungsanforderungen (Ziele erreichbar?)	
2 Informationen	finden	**20 Informationen sammeln, ordnen und beurteilen**	
		21 Organisation der Informationssammlung	
	aufbereiten	22 Zusammenstellen der in Frage kommenden Informationsquellen 23 Sammeln und Bearbeiten der vorhandenen Informationen	
	beurteilen	24 Vergleichen und Bewerten der vorhandenen Informationen	
3 Lösungen	entwickeln	**30 Lösungen entwickeln, bewerten und auswählen**	
	bewerten	31 Überprüfung des vorgeschlagenen Lösungskonzeptes 32 Zusammenstellen und Auswählen von Teillösungen	
	auswählen	33 Festlegen des endgültigen Vorgehens 34 Vorbereiten der Untersuchung (Eventuell Vorversuche durchführen)	
	begründen		
4 Lösungen	realisieren	**40 Untersuchung durchführen und auswerten**	
		41 Durchführen der Untersuchung 42 Auswerten und Darstellen der Ergebnisse	
5 Realisierungen	kontrollieren	43 Fehlerbetrachtungen und Kritik der Untersuchung	
	kritisieren	44 Ermitteln und Einleiten möglicher korrektiver Maßnahmen	
	verbessern		

Bild 5.25

5	Merkmalliste zur Lehrgangsplanung (= Voranzeige für eine Veranstaltung)		

1		Veranstaltung	Hier sollte der Titel der Veranstaltung und eine allgemeine Beschreibung stehen, z.B. ein Kurs, Seminar oder Arbeitstagung über „ Diskutieren und Informieren"
2		Geplant für . . .	Angesprochener Teilnehmerkreis. Andere Interessenten sind (nicht) ausgeschlossen. (Beispiel: . . . für Ingenieure mit . . . Erfahrung . . . oder Tätigkeit als . . .)
3		Zielsetzung und besondere Schwerpunkte	● Was erhoffen die „Planer" von der Veranstaltung für die Teilnehmer? ● Was sollen die Teilnehmer gewinnen an Kenntnissen, Einsichten, Urteilsfähigkeit, praktischen Fertigkeiten, Zusammenarbeit, Interesse an Ihrer Tätigkeit, . . .
4		Programm	Inhalt, Ablauf und Form der Veranstaltung
5		Hilfsmittel	Literaturhinweise, Lernhilfen, Vorinformationen, . . .
6		Dozenten, Referenten	Angaben zur Person, Erfahrung auf dem Gebiet . . . , Veröffentlichungen der Vortragenden
7		Größe der Gruppe	Angaben aus Gründen der Arbeitsunterlagen, Arbeitsmethoden, Räumlichkeit und Zielsetzung erforderlich
8		Angaben über	Datum, Beginn, Ende, Tagungsort (Wie zu erreichen?) Anschrift, Telefon, . . .
9		Praktische Hinweise	Anmeldung, Kosten, erforderliche Unterlagen, Kursverlegung. Bitte um Bestätigung/Absage, . . .
10		Kontrolle	Auswertung der Veranstaltung aus der Sicht des einzelnen Teilnehmers und der durchführenden Stelle
11		Erwartung der Teilnehmer	Vorschläge der Teilnehmer (durch Rückmeldung) für Inhalt, Darstellungsweise, Programm, Organisation, Freizeit, Mahlzeiten, gemeinsame Zusatzveranstaltungen, Abschluß-Zertifikate, . . .

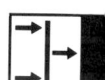

Bild 5.26

1 PLANEN

1. Definition

Planen ist die gedankliche Vorbereitung zukünftigen
Lernens und Handelns.
Voraussetzung dafür ist ein bestimmtes Ziel.

2. Ziel

Ein Optimum an Arbeitsaufwand und Lernerfolg
erreichen.

3. Aufgabe und Bedeutung

> Planen heißt, die zum Erreichen des Lern- und
> Arbeitszieles geeigneten Inhalte, Methoden, Si-
> tuationen und Kontrollen zu bestimmen und
> diese Faktoren entsprechenden zeitlichen Ab-
> schnitten zuzuordnen.

Bild 5.27

4. Ablauf der Planung

● Überprüfen der Grundvoraussetzungen (Eig-
nungsfeststellung/Situation beurteilen).
● Planen der Struktur und des inhaltlichen Ablau-
fes.
● Zeit- und Terminplanung.
● Methodisch-organisatorische Planung.
● Kontrollplanung.

Dabei erstreckt sich die Planung insgesamt auf die
Bereiche:

● Informationsaufnahme (Suchen, Finden, Ord-
nen),
● Informationsverarbeitung,
● Informationswiedergabe und -kontrolle.

5. Schlüsselfragen
Die Vorgehensplanung umfaßt in der allgemeinsten
Aussage folgende **Schlüsselfragen** (Bild 5.27).

6. Weitere Arbeitsschritte
Nach klarer Zielsetzung und eindeutiger Planung
erfolgen im Lern- und Arbeitsprozeß die Teilprozesse
Durchführen und Kontrollieren.

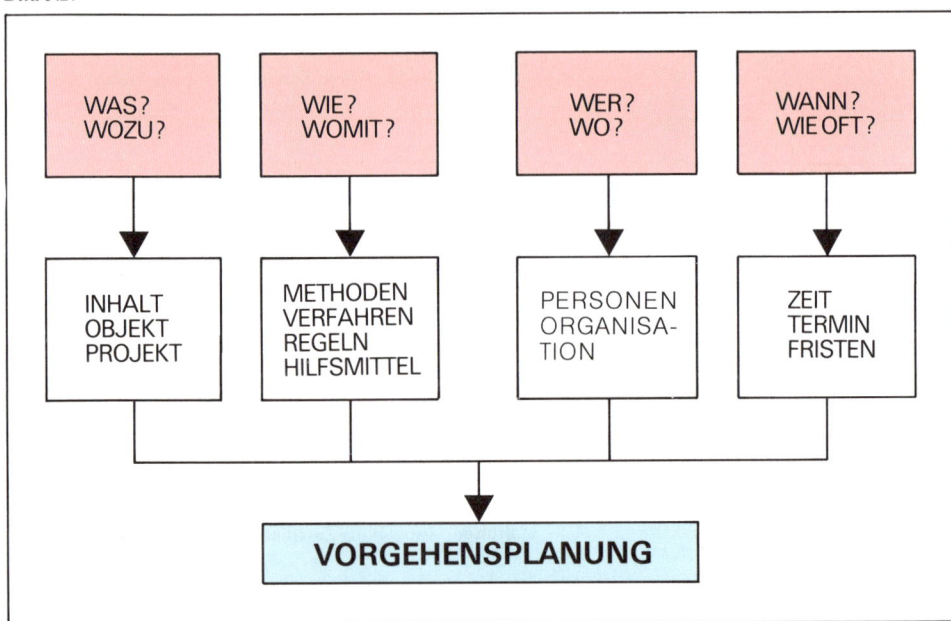

2 STRUKTUR- und ARBEITSPLAN

= Inhaltliche Ablaufplanung

1 Strukturplan

= inhaltliches Gliedern und Aufteilen von Vorgängen und Zusammenhängen zu einem überschaubaren Ganzen.

2 Arbeitsplan

Umsetzen der inhaltlichen Vorgänge in einen organisatorischen/zeitlichen Ablauf.

3 Aufbau, Inhalt und Umfang dieser Pläne

sind abhängig von
- Aufgabenstellung und Zielsetzung,
- Lern- und Arbeitsmethoden,
- organisatorischen und anderen Hilfsmitteln.

4
Besonders zu berücksichtigen ist bei der inhaltlichen Planung die **Auswahl geeigneter Lernregeln und Arbeitstechniken.**

3 ZEIT- und TERMINPLANUNG

= zeitbezogene Ablaufplanung

1 Tätigkeitsanalysen

- Ist-Feststellung über Art und Umfang jetziger Tätigkeiten.
- Änderungen überlegen und durchsetzen.

2 ZEIT-/TERMIN-/FRISTENPLAN:

zeitliches/terminliches Festlegen aller Lern- und Arbeitsvorgänge.

3 Voraussetzungen

Genaue Kenntnis der Faktoren
- Anzahl, Art und Umfang der Tätigkeiten,
- persönliche und inhaltliche Eigenheiten,
- Schwerpunkte.

4 Methoden
- Vorwärtsplanung,
- Rückwärtsplanung,
- Minimalplanung.

5 Hilfsmittel
- Arbeitsfortschrittspläne,
- Balkendiagramme,
- Netzpläne.

4 WO SIND INFORMATIONEN VORHANDEN?

1 Aufgabe

Informationen suchen und finden!

2 Abhängig von
- Art der Aufgabenstellung,
- persönlichen Voraussetzungen,
- vorhandenen Nutzungsmöglichkeiten.

3 Wie und womit?

■ ausgehend von:
Zielsetzung und Strukturplan,
■ mit Suchverfahren:
Billard-System (S. 145 ←),
Prinzip der konzentrischen Kreise (S. 145 ←),
Prinzip der Mehrfachschleifen (S. 147 ←).

4 Wo ?
- Bibliotheken,
- Büchereien,
- Kataloge und ÜBERALL!

SUCHEN SIE!

FRAGEN SIE!

Informations-Aufnahme:

RICHTIG
SCHNELL
VOLLSTÄNDIG
RATIONELL

5 FÜHRUNG DER ARBEITSUNTERLAGEN

1 Ergebnisse geistiger Arbeit

werden überwiegend **auf Papier festgehalten.** Schriftgut ist nach wie vor das wichtigste Kommunikationsmittel. Ein rationelles Bearbeiten der schriftlichen Unterlagen ist nur dann möglich, wenn dieses Schriftgut geordnet aufbewahrt wird.

2 Ordnungssystem

Übersichtliches und systematisches Sammeln, Ordnen und Wiederfinden aktueller Informationen.

3 Zweckmäßige Ordnungsformen

- alphabetische Ordnung,
- numerische Ordnung

- Schlagwort-Ordnung,
- Aktenplan (Dezimalklassifikation),
- Gliederung (Disposition).

- Ablage in Ringheftern und Ordnern (DIN A 4),
- Zettelkasten, Karteien.

5 Regeln für das Schriftgut

- Text aufgliedern,
- Übersichten bilden,
- gleiches Papierformat wählen,
- Blätter einseitig beschriften,
- nicht zu viel ablegen.

> Ordnung ist das zweite Gedächtnis

falls Sie Lust und Interesse haben...

6 NOCH EINIGE KONTROLLFRAGEN

Was heißt Planen?
Welcher Teilprozeß geht der Planung voraus?
Warum ist es so wichtig, daß Sie vor Beginn einer neuen Aufgabe Ihre Eingangsvoraussetzungen (persönliches Leistungsangebot) feststellen und diese den Leistungsanforderungen der Aufgabenstellung gegenüberstellen?
Welche Art von Plänen benutzen Sie z.Z. bei Ihren Lernaufgaben?
Welche Pläne könnten Sie nach Auswertung des Kapitels 5 übernehmen?
Welche Aufgaben haben Struktur- und Terminpläne?
Wodurch unterscheiden sie sich?
Kennen Sie Ihren Tagesablauf in den nächsten Tagen und Wochen?
Wie groß ist der Anteil der „Leer- und Zwischenzeiten" bei Ihren Tätigkeiten?
Können Sie bei Ihrer Zeitplanung die Methoden des „Balkendiagramms" und der „Netzplantechnik" anwenden?
Nennen Sie die Hauptschwierigkeiten, die Sie im Umgang mit Büchern, Bibliotheken und Katalogen haben?
Welche Ordnungssysteme (Registratursysteme und Ordnungsformen) wenden Sie an?

7 ... UND NOCH EIN TEST

Im Kapitel 4.4 „Lernziele und Abstraktionsniveau" sind einige Lernziele für das Kapitel 5.3 „Zeit- und Terminplanung" genannt worden.
Wurden sie erreicht? Was meinen Sie?   ... schlagen Sie S. 95 auf ...   nur Mut!

6. Organisation und Durchführung geistiger Arbeit

6.1. Durchführen von Lernprozessen, warum?

6.1.1. Anmerkungen zu dem WARUM von Lernprozessen

■ Auf die Frage „WARUM?" ist schon, wenn auch recht allgemein, im Kapitel 1.1.1: „Warum lernen wir?" die Antwort gegeben worden:

> Ohne Lernen ist der Mensch nicht lebensfähig.

● Während in der allgemeinen Diskussion über das Lernen die Notwendigkeit der Phasen: Zielsetzen, Planen und Kontrollieren teilweise umstritten ist, so besteht einhellige Meinung darüber, daß Lernprozesse durchgeführt werden müssen.
● Die Problematik bei der Durchführung von Lernprozessen besteht also weniger in dem WARUM, jedoch vielmehr in dem WAS, WIE und WO-

FÜR. In den Abschnitten 6.1.2 und 6.1.3 wird auf das WAS und WIE näher eingegangen.
■ Sind die Zielsetzungen bestimmt und der grobe inhaltliche, methodische und zeitliche Ablauf der Lernprozesse durch entsprechende Planungsmaßnahmen vorbereitet, können die ausgewählten Lerntätigkeiten durchgeführt werden (Bild 6.1).

6.1.2. Anmerkungen zu dem WIE

■ Im lernpsychologischen Sinn hat man nur das „verstanden" (gelernt!), was man selbst verarbeitet, selbst aktiv hervorgebracht hat und wofür man „bestärkt" wurde (Verstärkerwirkung durch Erfolgserlebnis, Kapitel 1.2.3, Lernen mit Erfolg ←).
● Diese beiden Begriffe „Verstärkung" und „aktiv bearbeiten" sind zwei wesentliche Merkmale eines optimalen Lernverhaltens.

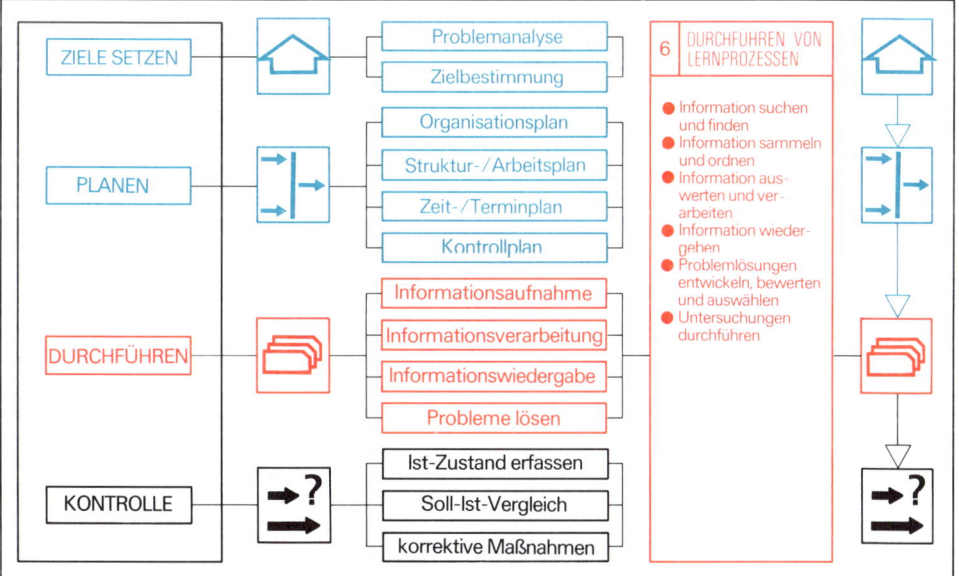

Bild 6.1

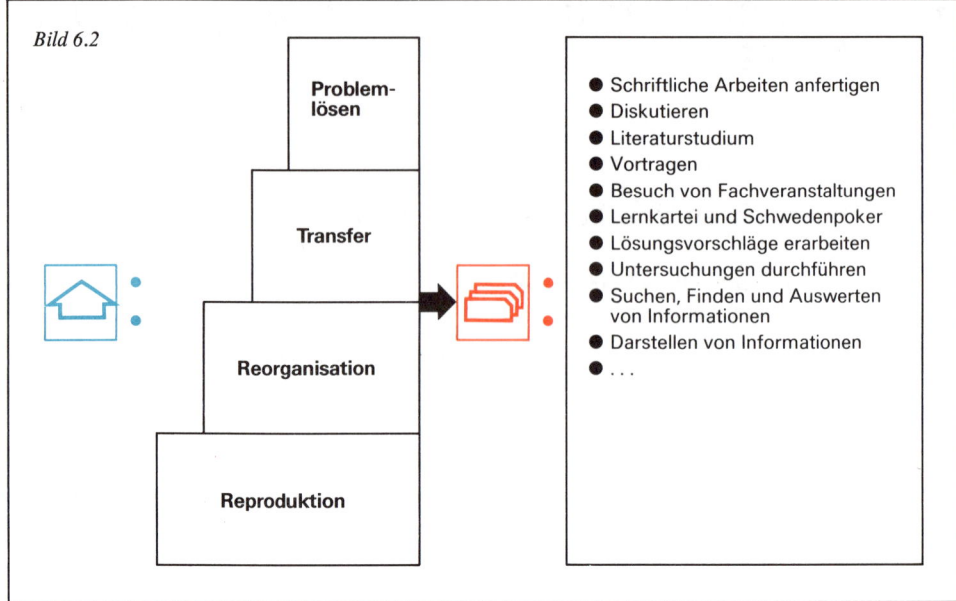

Bild 6.2

Problem-lösen

Transfer

Reorganisation

Reproduktion

- Schriftliche Arbeiten anfertigen
- Diskutieren
- Literaturstudium
- Vortragen
- Besuch von Fachveranstaltungen
- Lernkartei und Schwedenpoker
- Lösungsvorschläge erarbeiten
- Untersuchungen durchführen
- Suchen, Finden und Auswerten von Informationen
- Darstellen von Informationen
- ...

● Es genügt also nicht, etwas anzuhören und nach-vollziehend ein gewisses Verständnis dafür zu ent-wickeln, sondern es ist notwendig, durch selbständi-ges, aktives, problembewußtes Arbeiten und durch erfolgreiche Lernschritte die erforderliche Verstär-kung zu erzielen.

6.1.3. Anmerkungen zu dem WAS

■ Lernprozesse setzen bestimmte Eingangsvorausset-zungen an Kenntnissen, Fertigkeiten und Fähig-keiten voraus und versuchen bestimmte, meist schwierigere oder „höhere" Lernziele zu erreichen. Mitentscheidend für den Lernerfolg ist eine klare Vorstellung von den Lernzielen, den Lernmethoden und Kontrollformen, die eindeutig aufzeigen, inwie-weit Lernziele erreicht werden.

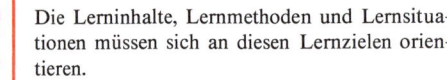

Die Lerninhalte, Lernmethoden und Lernsitua-tionen müssen sich an diesen Lernzielen orien-tieren.

In dem Kapitel 6 sind eine Fülle von Anregungen und Methoden für jede Lernzielstufe angegeben. Eine kleine Auswahl geben wir Ihnen bereits in Bild 6.2.

6.1.4. Welche Lernsituationen ermöglichen nun ein zweck-mäßiges Lernen

■ Es sind die Lernsituationen auszuwählen und zu bevorzugen,

● die den Lernenden aktiv beteiligen und ihm lau-fend die Möglichkeit geben, seine Lernleistung zu kontrollieren,

● die seine Eingangsvoraussetzungen berücksichti-gen und ihm ein sachbezogen motiviertes Lernen er-möglichen,

● deren Inhalte, Methoden und Kontrollen sich an vorher festgelegten Zielen orientieren und aufeinan-der abgestimmt sind.

■ Für ein erfolgreiches Lernen ist weiterhin ein fehlerfreies und — möglichst selbst — kontrolliertes Aufnehmen, Verarbeiten und Wiedergeben von In-formationen erforderlich.
Dazu müssen Informationen gesucht, gesammelt und ausgewertet werden. Inwieweit das Kapitel 6 mit sei-nen Abschnitten darüber informiert, zeigt die Über-sicht in Bild 6.3.

Darstellung in Kapitel		Informationen				
		suchen und finden	sammeln und ordnen	aufnehmen	ver-arbei-ten	wieder-geben
5.4.	Wo sind Informationen?	●	◐		○	
5.5.	Sammeln und Ordnen von Informationen	○	●			
6.2.	Besuch von Fachveranstaltungen	○		●	◐	◐
6.3.	Suchen, Finden und Auswerten von Informationen	●			●	
6.4.	Das Literaturstudium	●	◐	◐	●	◐
6.5.	Anfertigen schriftlicher Arbeiten	○	○	◐	●	●
6.6.	Informieren durch Vortragen und Diskutieren			◐	◐	●
6.7.	Lernkartei und Schwedenpoker		◐	●	●	●
6.8.	Darstellen und Informationen optisch aufbereiten	○	○	◐	◐	●

Information: ● viel, umfassend ◐ mittel ○ wenig, klein

Bild 6.3

6.2. Besuch von Fachveranstaltungen

6.2.1. Die Fachveranstaltung

■ **Fachveranstaltungen** sind heutzutage meistens **Vorträge ... und das geht dann so ...**
Der „Herr Vortragende" ...
Die Wahl des Vortragenden als männliches Wesen ist aus Höflichkeitsgründen gegenüber der Damenwelt geschehen, ... denn der hier beschriebene Vorgang ist doch ziemlich negativ!
Jetzt aber ...: Der „Herr Vortragende" wandelt geschriebene Information in akustische und optische Signale um. Der Zuhörende bemüht sich angestrengt, diese wichtigen Signale zu empfangen und in Geschriebenes zurückzuverwandeln. Daß dieses System der Informationsübertragung gewisse Fehlerquoten aufweist, hat jeder „am eigenen Leibe verspürt" und kann aus der Darstellung in Bild 6.4 auch erklärt werden (mehrfache Übertragungsverluste).
● **... und in schöner Eintracht wird weiter ...**
vorgetragen durch den Herrn Vortragenden, der zwar nur wenig weiß, was in dem Zuhörer (= Empfänger) vor sich geht, aber in dem Gefühl lebt, das sei der beste Vortrag aller Zeiten ... und weiter ...
mitgeschrieben durch den Zuhörer, der zwar nach kürzester Zeit den „roten Faden" verloren hat, das aber durch doppelt so eifriges Mitschreiben wettmacht. Er arbeitet mit dem Gefühl, der beste Schreiber aller Zeiten zu sein.
■ **... und wie macht man's besser?**
Auch wir können keine hundertprozentigen Lösungen anbieten. Wir möchten aber auch hier Anstöße geben, ein Gefühl für die Problematik wecken und einige brauchbare Wege zeigen.
... und so wollen wir vorgehen
■ Der Vergleich von
● allgemeinen Zielsetzungen und Anforderungen einer Lernveranstaltung mit den
● heutzutage üblichen Veranstaltungsformen erlaubt dem einzelnen Teilnehmer, eine annähernde Eignungsfeststellung zu treffen (Bild 6.5).

Ergänzt wird diese Übersicht durch einige Tips für das Vorbereiten und den Besuch solcher Veranstaltungen.

6.2.2. Allgemeine Zielsetzungen und Anforderungen an eine Fachveranstaltung

> Eine **Fachveranstaltung** ist eine Lernveranstaltung, bei der Informationen aufgenommen, verarbeitet und wiedergegeben werden.

■ Die erwünschten Zielsetzungen und Anforderungen an eine Lernveranstaltung erhalten wir, wenn wir die in diesem Buch mehrfach erwähnten **Grundsätze und Regeln** für Lernprozesse zusammenfassen, wie

● Regeln und Hinweise für die Informationsaufnahme, -verarbeitung und -wiedergabe.
● Begrenzung der Aufnahme- und Speicherkapazität.
● Forderung nach positiver Grundeinstellung (sachbezogener Motivation).
● Forderung nach ausreichenden und sinnvollen Erfolgserlebnissen.
● Lernen durch Strukturieren und Einsicht.
● Lernen im Regelkreis (Rückkopplungsprozeß).
● Hinweise für einen individuell zu wählenden Lernrhythmus.
● Regeln und Hinweise für die zweckmäßige Organisation des Arbeitsplatzes.
● Forderung nach systematisch aufgebauten Lernprozessen („konstruktive Lernplanung").

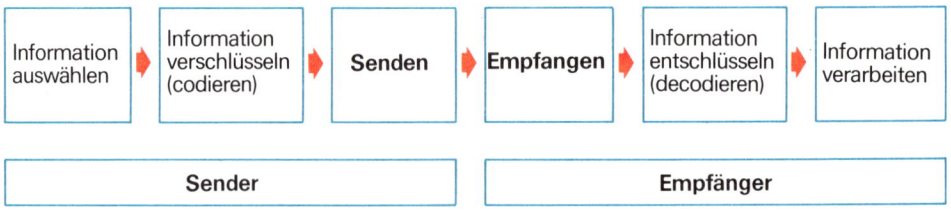

Bild 6.4

138

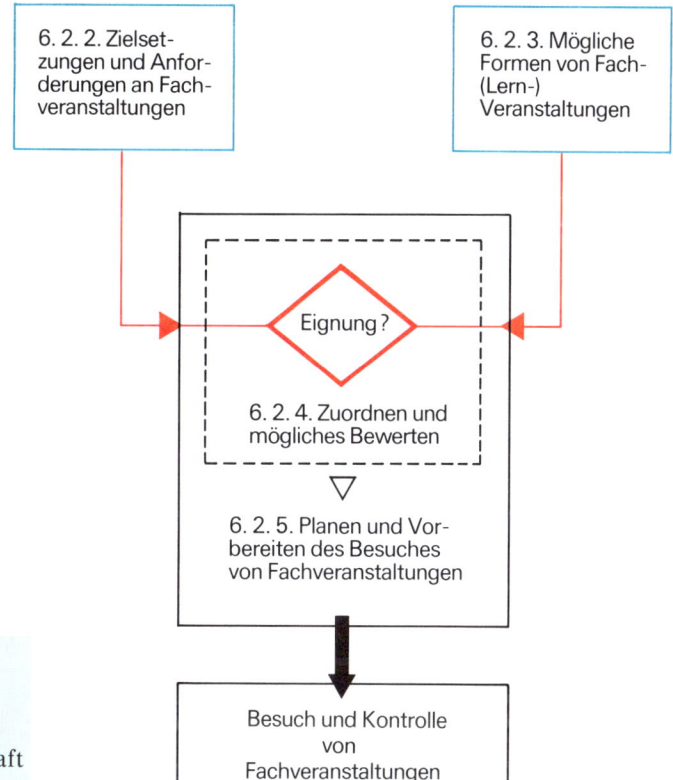

Besuch von Fachveranstaltungen

6. 2. 2. Zielset-
zungen und Anfor-
derungen an Fach-
veranstaltungen

6. 2. 3. Mögliche
Formen von Fach-
(Lern-)
Veranstaltungen

Eignung?

6. 2. 4. Zuordnen und
mögliches Bewerten

6. 2. 5. Planen und Vor-
bereiten des Besuches
von Fachveranstaltungen

Besuch und Kontrolle
von
Fachveranstaltungen

Bild 6.5

LÖRNIS Bewertung:
Arbeitsgemeinschaft ...
... ist kein Unterricht.
In der Arbeitsgemeinschaft
wird nämlich gearbeitet.

Diese Teilforderungen und Hinweise sind in den nachstehenden **sechs Grundforderungen** zusammengefaßt.

■ **Die Fachveranstaltung muß ...**

1. ... auf das Lernziel abgestimmt sein
Als Groborientierung können die verschiedenen Lernzielstufen dienen. Die fachlichen Ziele ergeben dann die jeweils feineren Abstufungen.

2. ... die verschiedenen **Eingangsvoraussetzungen** der Beteiligten **berücksichtigen,** d. h., die Veranstaltung muß in der Lage sein, sich den verschiedenen Voraussetzungen und Interessen von Lehrern und Lernenden möglichst eng anzupassen.

3. ... die **Fehlerfreiheit der Informationsübertragung sicherstellen** und die Information fehlerfrei reproduzierbar machen, d. h., die Information muß dem Lernenden so dargeboten werden, daß er sie fehlerfrei aufnehmen kann (keine Hör-, Seh- oder Schreibfehler). Die Information muß jederzeit zur Rückkontrolle und zur Entlastung des Gedächtnisses fehlerfrei greifbar sein.

4. ... **eine Kontrolle** (Rückmeldung) zwischen Lehrer (= Sender) und Lernenden (= Empfänger) **gewährleisten.** Diese Kontrolle sollte möglichst unmittelbar erfolgen. Der Lehrer muß prüfen können, ob der Lernende die Information exakt aufgenommen und verarbeitet hat. Der Lernende soll bei mangelhafter Übertragung oder bei Nichtverstehen unmittelbar in den Prozeß eingreifen und korrigieren können.

5. ... eine unmittelbar **sachbezogene Motivation** zum Lernen **enthalten.**

Das kann z. B. erfolgen durch:

- ausführliche Zielsetzung und Problemstellung,
- geschickte und sorgfältige Auswahl von Inhalten, Methoden und entsprechenden Kontrollverfahren,
- Ausnutzen der Neugier und Funktionslust.

6. ...dem Lernenden die Möglichkeit geben, **eigene Aktivitäten** zu entwickeln und damit **Erfolgserlebnisse** zu **haben**.
Das kann z. B. erfolgen durch:

- Teilziele bilden und Teilprobleme lösen,
- Zwischenkontrollen,
- anschauliche und zur Mitarbeit auffordernde Darbietungen,
- unmittelbares Anwenden und Üben des Gelernten.

6.2.3. Formen der Fachveranstaltungen

■ Der Versuch, die verschiedenen Formen von Fachveranstaltungen nach eindeutigen Kriterien zu charakterisieren, muß angesichts der in der Praxis herrschenden Vielfalt scheitern.
Kriterien oder Einordnungsaspekte können z. B. sein:

- Zielsetzung und Inhalte der Fachveranstaltung,
- Verhalten und Fähigkeiten der Lernenden und Lehrenden,
- Eingangsvoraussetzungen der Lernenden,
- Ablauf und Dauer der Fachveranstaltung,
- Zuordnung zu Bildungs- und Ausbildungsabläufen,
- technische Hilfsmittel,
- ...

● Die in Bild 6.6 aufgeführten Formen sind nach den heute üblichen Bezeichnungen eingetragen. Damit geben wir Ihnen einen ersten Überblick über die unterschiedlichen Veranstaltungen und einige ihrer Merkmale.
Die Übersicht soll dazu dienen, die Einsicht in die Vielfalt, Austauschbarkeit und Veränderbarkeit von Lernveranstaltungen zu fördern.

Weiterhin soll diese Übersicht dazu verhelfen, eine Zuordnung und Bewertung dieser Formen nach allgemeinen und speziellen Anforderungen zu ermöglichen.

6.2.4. Zuordnen und mögliches Bewerten von Fachveranstaltungen nach deren Anforderungen

■ **Welche Fachveranstaltungen ermöglichen nun das „beste" Lernen?**
Bei der großen Vielfalt unterschiedlicher Formen, Anwendungsbereiche und Anforderungen kann diese Frage nicht eindeutig beantwortet werden. Damit Sie aber eine annähernde Eignungsfeststellung der von Ihnen besuchten Fachveranstaltungen vornehmen können, möchten wir Ihnen ein **Bewertungsschema** (Bild 6.7) vorschlagen.
In der Spalte „Fachveranstaltung" tragen Sie die von Ihnen zu besuchenden Veranstaltungen ein. Die von uns vorgeschlagenen Anforderungen können Sie korrigieren oder durch für Sie wichtige ergänzen. Die einzelnen Veranstaltungen werden nun einer Beurteilung unterzogen, die in ihrer Summe eine — wenn auch grobe — Aussage über die Eignung zuläßt. Als **Bewertungsmaßstab** schlagen wir Ihnen vor:

Note 1   bedeutet: vorzüglich geeignet,
Note 2   bedeutet: gut geeignet,
Note 3   bedeutet: durchschnittlich geeignet,
Note 4   bedeutet: nur sehr bedingt geeignet,
Note 5   bedeutet: nicht geeignet.

Unser eingetragenes Beispiel gilt als Anhalt für die Ausführung einer derartigen Bewertung.
Beachten Sie aber auch:
Der wesentliche Faktor „Kosten" wurde in der Anforderungsliste nicht berücksichtigt.

■ **Zusammenfassende Betrachtungen**
● Es spricht vom Zusammenhang der Lernziele untereinander und von den Ergebnissen der Lernpsychologie vieles dafür, daß Kombinationen von Fachveranstaltungen das geeignetste Verfahren wäre. Das würde eine regelmäßige Konfrontation und ein sinnvoller Wechsel beim Aufnehmen, Verarbeiten und Wiedergeben von Informationen bedeuten. Ein solches **Verbundsystem** könnte z. B. bestehen aus: Vortrag/Lehrgepräch — Gruppenarbeit/Selbststudium und Diskussion, durchsetzt von Selbstkontrollen.

Mögliche Formen von Fachveranstaltungen

Lfd. Nr.	Bezeichnung	Lehrer (und seine Funktion)	Lernender (und seine Funktion)	Anmerkungen zum Ablauf und zur Funktion d. Veranst.	techn. Ausbildungs- und Lernhilfen
1	Massenvorlesung	1 Dozent als Vortragender	> 150 Lernende hören (und schreiben) mit	● Informations-übermittlung ● Fragen praktisch unmöglich	Massenhörsaal Wandtafel, Projektoren Anschauungsmaterial, . . .
2	Vorlesung	1 Dozent als Vortragender	≈ 50 Lernende hören (und schreiben) mit	● Info-Übermittlung ● Fragen bedingt möglich	Hörsaal Hilfsmittel (siehe 1)
3	Lehrgespräch	1 oder mehrere Dozenten als Vortragende **und** Diskutierende	begrenzte Anzahl (< 25) von Lernenden	● Grundwissen vorausgesetzt ● Problemerzeugen ● Informieren, Rückmelden	beliebige Räume, Spezialräume Hilfsmittel (siehe 1)
4	Gruppenstudium	Anleitung durch 1 oder mehrere Dozenten	< 8 Lernende (aktiv übend)	● Problemerzeugung, -lösung ● Motivation, Anwendung ● Rückmeldung	Seminarraum (Visuelle Hilfsmittel, wie Lehrtafeln, Projektoren, Lernautomaten [Bildschirm], . . .
5	Kolloquium (Rundgespräch)	Diskussion zwischen Dozenten, Assistenten und Lernenden über einen begrenzten Themenkreis ● Information ● Problemerzeugung ● Problemlösung			beliebiger Ort
6	Seminar (Vortrag + Diskussion + Übung)	Nach einem Vortrag (meist über Teilgebiete des Gesamtthemas) diskutieren die Teilnehmer und wenden das Gelernte anhand von Beispielen an			Seminarraum

Mögliche Formen von Fachveranstaltungen

Lfd. Nr.	Bezeichnung	Lehrer (und seine Funktion)	Lernender (und seine Funktion)	Anmerkungen zum Ablauf und zur Funktion d. Veranst.	techn. Ausbildungs- und Lernhilfen
7	Praktikum	Nach vorausgegangener Vorbereitung Durchführung und kritische Auswertung einer begrenzten Zahl von Versuchen unter Anleitung von Assistenten in Gruppen und/oder einzeln			Laborräume u. ä. Versuchsstände, ... Experimentiermodelle, . . .
8	Selbst-studium	–	1 Lernender Info.-Aufnahme und -verarbeitung	● selbständiges Aneignen von Kenntnissen aus Lehrbüchern, Skripten u. a. Unterlagen	am beliebigen Ort, Text, Tonband, Fernsehen, Lernmaschine u. a.
9	Gruppen-selbstarbeit (z. B. Planspiel)	–	ca. 6 – 10 Beteiligte	Arbeiten innerhalb d. Gruppe ● Problemerzeugung, Motivation, ● Anwendung, Rück-meldung	dem jeweiligen Zweck ent-sprechende Räumlichkeiten und Hilfsmittel (Seminar-raum, Planspielraum, . . .)
10	programmier-ter Unterricht (PU)	techn. „Ausbildungs-funktionsträger" Lehrer als Leitperson und Ansprechpartner	1 Lernender (parallel dazu noch „sehr viele")	● individuelles Lernen nach Kenntnisstand und Lernlust durch erprobte Lerneinheiten	Lernmaschine, Video-Recorder
11	computer-unterstütztes Lernen (CAL)	Computer als techn. Mittler	1 Lernender (parallel dazu bis zu 160)	● individuelle Unter-weisung nach Kennt-nisstand (Rückgriff auf vorangegangene Antwor-ten möglich!)	1 Zentraleinheit mit min-destens 2 Magnetplatten-speichern, Drucker, Dia-Karussell-Projektor
12	film- und computer-unterstützter Gruppenunter-richt (FCGU)	Info. durch Film Computer als technischer Mittler	Kleingruppen (< 8)	Problemlösen in Gruppen, Kontrolle durch Computer	Filmprojektor, Rückwand-projektor, verschied. Ar-beitsunterlagen, Ein- u. Ausgabeschreibmaschine verbunden mit Datenstation

Bild 6.6

142

6 BEWERTUNG der FORMEN von FACHVERANSTALTUNGEN aufgrund allgemeiner ANFORDERUNGEN											
FACHVERAN-STALTUNG		EIGNUNG für allgem. LERNZIELSTUFEN				Eignung für das Erreichen des fachlichen Lernziels	(eigene Kriterien)	Berücksichtigung der verschiedenen Eingangsvoraussetzungen	Fehlerfreiheit und Reproduzierbarkeit der Information	Kontroll-Möglichkeit der Lehrenden und Lernenden	Unmittelbare Motivation und Aktivierung der Lernenden	Σ der Wertzahlen (Noten)
Lfd. Nr.	Form/Bezeichnung	Reproduktion	Reorganisation	Transfer	Problemlösen							
1	Massenvorlesung	3	3	3	5	–	–	5	4	4	4	31
2	Seminar	1	1	1	1	2	–	3	2	1	1	13

Bild 6.7

Unterschiede in den Vorkenntnissen und in der Aufnahmefähigkeit, im individuellen Lerntempo und im Leistungswillen würden dabei am besten berücksichtigt.

● Fachkenntnisse und einfache Zusammenhänge sind mit der **„Programmierten Unterweisung"** wohl am günstigsten zu vermitteln. Diese „Programmierte Unterweisung" gewährleistet ein leicht verfügbares Sachwissen und eine intensive Motivation.

● Bei Gruppen mit gleichen Eingangsvoraussetzungen und Interessen eignen sich **Vorlesungen** und **Vorträge** für eine Informationsvermittlung, die viele Experimente, Versuche oder Abbildungen erforderlich macht.

6.2.5. Einige Hinweise und Regeln für das Vorbereiten und Besuchen von Fachveranstaltungen

■ Ein Großteil aller Studenten, Schüler und sonstiger Teilnehmer an Lernveranstaltungen „döst" in Vorträgen, Vorlesungen und Seminaren vor sich hin.
Totaler Blödsinn!
Entweder man ist „anwesend" (man arbeitet intensiv mit) oder man verläßt still das „Lokal".
Einfach herumzuhocken, ist vertane Zeit.
... denn später muß man zu Hause lernen.

■ **An dieser Stelle möchten wir Sie nochmals auf das Kapitel 3:** „Informationsaufnahme und -verarbeitung in der Anwendung" hinweisen. Es **enthält Hinweise und Regeln** für

● das Hören (Kapitel 3.5.3),
● das Mitschreiben (Kapitel 3.5.4),
● das Sehen (Kapitel 3.5.5),
● die Einzel- und Gruppenarbeit (Kapitel 3.5.7),
● Kritik und Zweifel (Kapitel 3.5.8).

■ **Hinweise für ein aufmerksames Zuhören**
● Bereiten Sie sich vor (Vororientieren, Informieren, Fragen vorbereiten).
● Wählen Sie einen geeigneten Platz, der günstig für das Hören und Sehen ist und gleichzeitig wenig Störinformationen bietet.
● Denken Sie immer kritisch mit.
● Finden Sie die Grundstruktur des Vortrages heraus, um sich einen Überblick zu verschaffen.
● Stellen Sie sich das Vorgetragene anschaulich vor.

143

● Fragen Sie nicht (immer) gleich den Nachbarn. Vielleicht sollten Sie mal selbst nachdenken.

● Lassen Sie sich nicht ablenken (Einfluß von Störinformationen).

● Leisten Sie (falls möglich) eigene Beiträge. Bringen Sie Gegenargumente und Anregungen. Stellen Sie Fragen.

■ **Mitschreiben, auch hierfür einige Hinweise**

● Bereiten Sie sich systematisch vor (Ordner, Papier, Schreibinstrumente, Vorinformationen, . . .).

● Schreiben Sie nur das Wichtige mit (Ziel, Gliederung, Struktur, Kernsätze, wichtige Daten, . . .).

● Schreiben Sie übersichtlich mit. (Die Struktur muß aus den Unterlagen sofort erkennbar sein.)

● Überarbeiten Sie Ihre Notizen anschließend (Wichtiges herausarbeiten, Lücken füllen).

■ **. . . und der Abschluß jedes Lernprozesses ist die Kontrolle.** Das ganze Kapitel 7 ist diesem Vorgang gewidmet.

● Führen Sie eine Selbstkontrolle durch. Fragen Sie sich, ob die Veranstaltung Ihren Vorstellungen, Zielsetzungen, Anwendungsmöglichkeiten und Ihrem Verständnis entspricht.

● Bemühen Sie sich um eine Veranstaltungskritik. (Entweder für sich allein oder in Zusammenarbeit mit dem Veranstalter!)

6.3. Suchen, Finden und Auswerten von Informationen

6.3.1. Wege, Möglichkeiten und Voraussetzungen

Da liegt sie nun . . . die Aufgabe, die Sie zu lösen haben.

■ **Welchen Weg müssen Sie einschlagen, um ohne großen Aufwand und Zeitverlust an die notwendigen Informationen zu gelangen?**
Der **erste Faktor,** den wir zu berücksichtigen haben, ist die Beantwortung der Frage:
Wie sind die persönlichen Voraussetzungen (Eingangsvoraussetzungen des Lernenden)?

> ● Fähigkeiten und Wissensstand,
> ● Vertrautsein mit dieser und ähnlichen Aufgabenstellungen (Erfahrungen).

Der **zweite Faktor ist** die **Art,** der **Umfang** und der **Schwierigkeitsgrad der Aufgabenstellung:**

> ● schriftliche Arbeit oder Vortrag,
> ● kurze oder lange Bearbeitungszeit.
> ● Sind viele Unterlagen vorhanden oder muß man gänzlich etwas Neues schaffen?
> ● Prüfungsvorbereitungen oder einfach „Lernen aus Spaß".
> ● . . .

Während wir auf die äußerst unterschiedlichen Eingangsvoraussetzungen nicht näher eingehen können,

ist für den Faktor „Art der Aufgabenstellung" die Vorarbeit durch die Teilprozesse „Zielsetzung" und „Planung" von großer Bedeutung. **Aus** der **Aufgabenstellung und** der **Problemanalyse** heraus sind die **Richt- und Grobziele** entwickelt worden, der Planungsprozeß hat die inhaltliche und zeitliche Grobstruktur festgelegt.

■ **Damit ist der grobe Rahmen der Informationssuche und -auswertung abgesteckt und der Weg wäre folgendermaßen zu beschreiben:**

> ● **Weg 1**
>
> Von den Zielsetzungen ausgehend wird dem Strukturplan entsprechend eine Grobgliederung aufgestellt und die Informationen werden nach den Untergliederungen gesucht.

Nun gibt es leider Aufgabenstellungen, die sehr allgemein und vage formuliert sind, deren Grobstruktur deshalb nur schemenhaft dargestellt werden kann. Dafür bieten sich zwei andere Wege an:

> ● **Weg 2**
>
> Es werden alle Einfälle, Anregungen und weiteren Teilinformationen zu einer Aufgabe niedergeschrieben. Anschließend werden sie geordnet, ausgewertet und ergänzt.

● **Weg 3**

Die „einschlägige" Literatur wird nach entsprechenden Informationen für die Problemlösung durchsucht. Diese Informationsfülle wird in Teilbereiche und Unterabschnitte zerlegt und ausgewertet.

Auch „Mischsysteme", in denen die angesprochenen Wege kombiniert werden, sind denkbar und können angewendet werden.
Grundsätzlich ist festzuhalten, daß eine gezielte und genau geplante Informationssuche und -auswertung den geringsten Aufwand erfordert. Bei sehr allgemein formulierten Aufgabenstellungen lohnt immer eine Rücksprache, ein erneutes Klären der Aufgabenstellung.
■ Um Ihnen beim Suchen, Finden und Auswerten umfangreicher Informationen behilflich zu sein, möchten wir Sie mit **drei** ausgewählten und erprobten **Verfahren** bekanntmachen, **die alle drei Wege abdecken:**

● das Billardsystem,
● das Prinzip der konzentrischen Kreise,
● das Prinzip der Mehrfachschleifen.

Diese drei Verfahren sind deshalb von so großer Bedeutung, weil sie nicht nur ein Hilfsmittel bei der Suche, dem Finden und dem Auswerten der Informationen sind, sondern sie können auch in leicht umgewandelter Form bei der Erarbeitung von Zielsetzungen, Plänen, Kontrollen, Problemlösungen u. ä. äußerst hilfreich sein.

6.3.2. Das „Billardsystem"

■ In jeder größeren Veröffentlichung oder in Jahresübersichten werden zu bestimmten Problemkreisen und Themen Literaturstellen genannt (Kapitel 9.3 ←).
Wenn Sie diese Literatur durchsuchen, finden Sie weitere Beiträge und Hinweise (neue und alte) . . . und dieses Spielchen können Sie immer weitertreiben.
Ein „Informationsball" (die Billardkugel) löst durch sein Auftreffen auf eine Vielzahl gleicher Bälle weitere Information aus.

■ **Woher Sie Ihren ersten Ball bekommen?**
● Mögliche Literaturangaben in der Aufgabenstellung.
● Fachbücher, Fachlexika, Bibliografien.
● Schlagwortkataloge größerer Büchereien.

Überwinden Sie dabei Ihre Abneigung gegen Bücher und Büchereien.

■ **„Schmökern Sie!"**
Sie müssen sie durchblättern und **orientierend lesen** (←).

■ **Wann hört man mit dem „Billard spielen" auf?**
● Nachdem Sie mehrmals die Billardreaktion (als eine Art Kettenreaktion) ausgelöst haben, stellen Sie fest, daß oft dieselben Literaturstellen zitiert, dieselben Titel und Verfasser genannt werden.
● Als weiterer Begrenzungsfaktor sollten Sie Ihren Zeit- und Terminplan ansehen.

■ **Haben Sie sich die Literaturstellen** (= Grob-Information) **„erspielt",** so wenden Sie beim Suchen der Teilinformationen (Inhalt) die gleiche Vorgehensweise an.
Auch hierbei kristallisieren sich nach einer gewissen Bearbeitungszeit Strukturen, Gegenstandsbereiche und Fragestellungen heraus.
Bestimmte Sachgebiete und Sachverhalte werden zusehends klarer, werden „griffiger" und einsichtiger (sie werden strukturiert [←], es bilden sich Superzeichen [←]).
Durch das unbewußte Wiederholen beim Lesen der verschiedenen Literatur prägen sich die Inhalte ohne große Anstrengungen ein. Hervorzuheben ist dabei das Kennenlernen unterschiedlicher Auffassungen und gegensätzlicher Meinungen zu dem Problemkreis.
Zum besseren Verständnis des beschriebenen „Billard-Systems" haben wir in Bild 6.8 ein Beispiel aus dem Bereich „Lerntechnik" entsprechend aufgebaut. In dieser Darstellung haben Sie einen Ausschnitt aus dem Geflecht „Lernen", das Sie mit Hilfe des „Billardsystems" erspielen können.

6.3.3. Das Prinzip der konzentrischen Kreise

■ Dieses **Prinzip** ist für das Finden und Auswerten von Informationen gleichermaßen bedeutungsvoll. Wir möchten es Ihnen **am Beispiel einer Literaturarbeit** (←), also einer quellenbetonten Arbeit (←), **erläutern.**

● **Ausgehend** von einer allgemeinen Problemanalyse, wird zügig und relativ „oberflächlich" eine Vielzahl von Veröffentlichungen durchgesehen. Dabei werden Informationen allgemeiner Art aufgenommen (z. B. durch orientierendes Lesen ←) und dazu einige wenige Stichpunkte niedergeschrieben (ein Gerippe, eine Struktur entsteht).

145

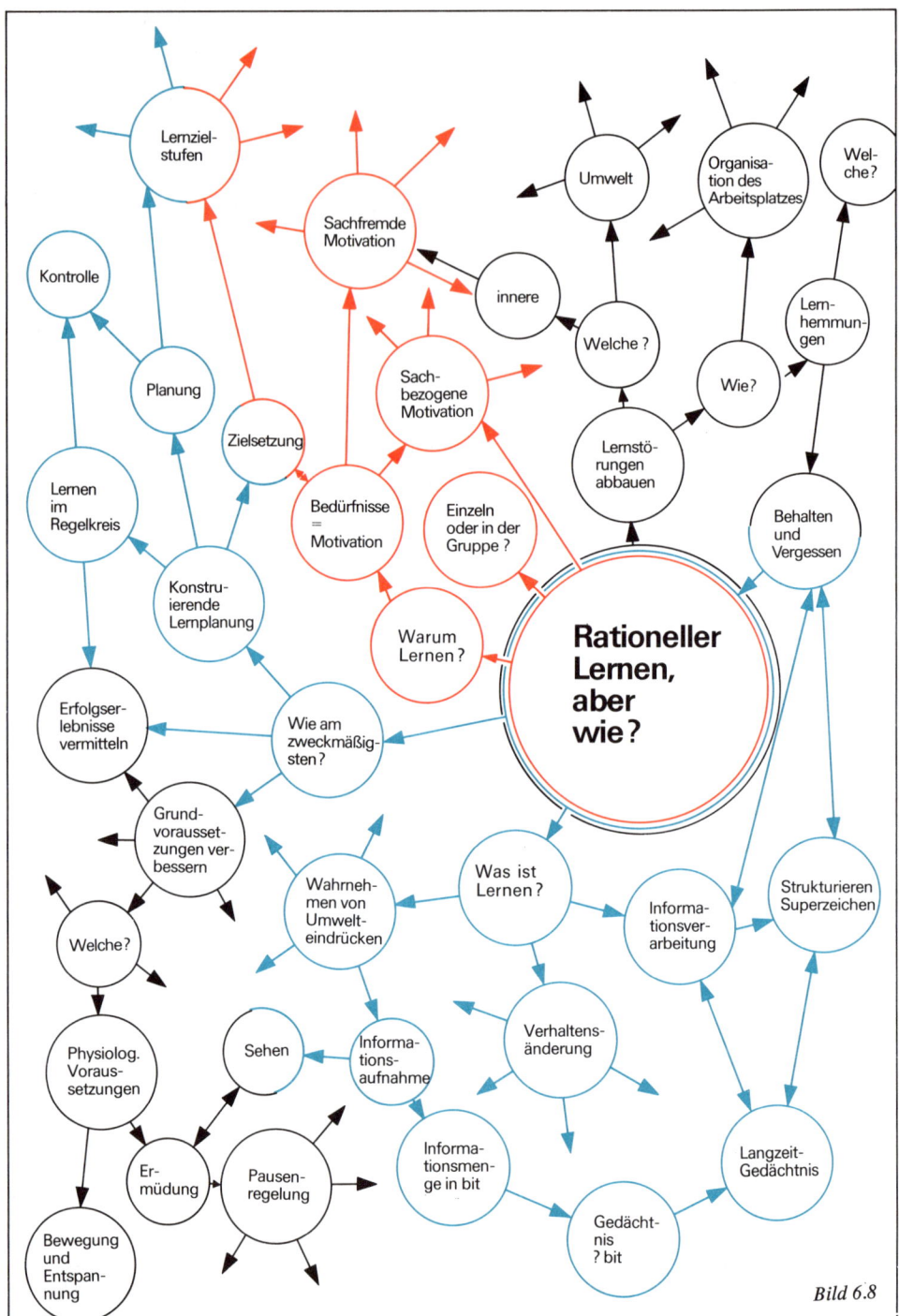

Bild 6.8

146

● In der **zweiten Phase** wird die Anzahl der Veröffentlichungen auf die wichtigsten eingeschränkt, und es werden wesentliche Aussagen notiert. (Das Problem oder dessen Lösung wird eingekreist [Bild 6.9]).

● In der **dritten Phase** wird die Anzahl der Literaturstellen noch weiter eingeschränkt und durch **studierendes Lesen** (←) erschöpfend ausgewertet.

■ **Das Prinzip der konzentrischen Kreise läßt sich umgekehrt ebenfalls anwenden.**

Sie haben ein eng begrenztes, genau beschriebenes Problem. Es ist zu untersuchen, welche Informationen über dieses Problem und seine möglichen Lösungen vorliegen.

Wie beim Billardsystem suchen Sie aus der Ihnen zugänglichen Literatur die entsprechenden Informationen und dehnen diese Suche in verschiedene Richtungen aus. (In die Breite und in die Tiefe gehen.) Durch mehrmaliges Umkreisen des Problems ermitteln Sie die Bedeutung (den Stellenwert) dieser Information (Bild 6.10).

Denn Einsicht und Überblick in bestimmte Problemanalysen und Lösungen können sich erst im Laufe der Bearbeitungszeit entwickeln.

6.3.4. Das Prinzip der „Mehrfachschleifen"

■ **Das Prinzip der „Mehrfachschleifen" anwenden, heißt, mit den Grundregeln** der Lern- und Arbeitstechnik **arbeiten:**

● Übersicht verschaffen und behalten.
● Gesamtproblem in Teilprobleme zerlegen.
● Grob- und Richtziele in Teilziele aufteilen.
● Maßnahmen der Teilplanung zur Gesamtplanung zusammenstellen.
● Zwischenkontrollen einführen.
● Ähnliches nicht zulange hintereinander bearbeiten.

■ Ein größeres Problem wird zerlegt in einzelne Probleme. Diese Einzelprobleme werden „grob" durchgearbeitet, und man begibt sich zum Ausgangspunkt zurück. Diese Schleifen werden mehrfach durchlaufen, bis die Aufgabe gelöst ist.

■ **Vorteil dieses Verfahrens:**
● Der rote Faden geht nicht so leicht verloren.
● Es erfolgt kein Festbeißen an Einzelheiten.
● Eine anfangs als unwichtig eingestufte Information kann wieder aufgegriffen und eingearbeitet werden.

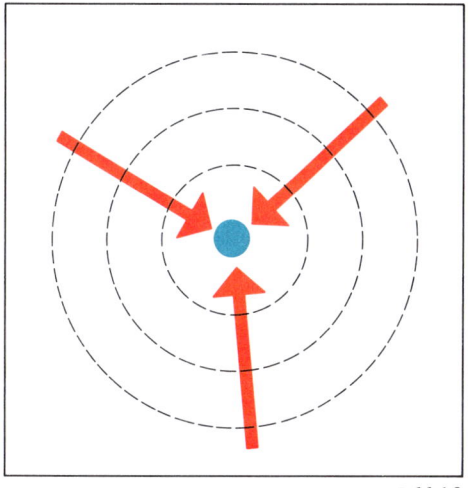

Bild 6.9

● Informationen, die zu Beginn als sehr bedeutsam empfunden wurden, im Laufe der Auswertung aber an Bedeutung verlieren, haben in der Bearbeitung relativ wenig Zeit beansprucht.

● Zweckmäßige Strukturierungen und Formulierungen kommen überraschend oft erst Stunden und Tage später.

Dieses selbstregelnde Verfahren der Mehrfachschleife wird besonders beim Sammeln von Informationen und bei der Durchführung von Lernprozessen angewandt.

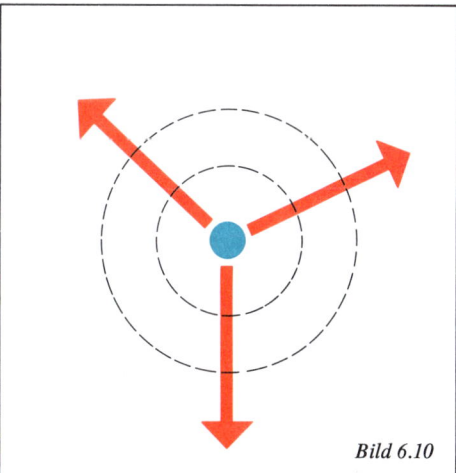

Bild 6.10

147

Beispiel: Anfertigen einer schriftlichen Hausarbeit mittleren Umfangs (etwa 20 Seiten Manuskript).

Fertigen Sie nicht Seite für Seite stilistisch einwandfrei, sondern betreiben Sie die Planung so, daß die Hausarbeit in Abschnitte gegliedert wird. Diese Abschnitte werden im Zusammenhang grob bearbeitet. Nunmehr zum Ausgangspunkt zurückgehen und die Schleife nochmals durchlaufen. Dieser Vorgang wird so oft wiederholt, bis die Hausarbeit „getippt" vorliegt.

■ Allen drei beschriebenen Verfahren ist ein stabilisierendes und korrigierendes, ein immer weiter verfeinerndes und informations-rückkoppelndes Vorgehen gemeinsam. Sie unterliegen dem bei allen Lern- und Arbeitsprozessen anzustrebenden **System des Regelkreises** (←).

Vor nicht allzu langer Zeit ließ LÖRNI auf dem Nachhauseweg auch etwas schleifen ... und kam zur der Feststellung: „Wer Staub aufwirbelt, muß auch welchen schlucken!"

6.4. Das Literaturstudium

6.4.1. Lesen, eine kurze Wiederholung

! Verbessern der **Lesetechnik** bedeutet Verbessern der Lerntechnik.

■ Im Kapitel 3.5.6 „Allgemeine Hinweise für das Lesen" haben wir Ihnen einige **Grundregeln** zur Beachtung empfohlen (S. 79 ←):

● Wählen Sie die Leseform nach der Zielsetzung aus (orientierendes, selektierendes, studierendes Lesen).
● Gewinnen Sie stets Überblick und behalten Sie ihn.
● Gliedern Sie den Text durch Markierungen und heben Sie Wichtiges optisch hervor.
● Lesen Sie Wichtiges laut. Stellen Sie sich das Gelesene anschaulich vor. Hinterfragen Sie.
● Fassen Sie wichtige Aussagen zusammen und setzen Sie es in Schemata um.
● Führen Sie nach dem Lesen einen Verständnistest durch.

Es ist zweckmäßig, in Ergänzung hierzu noch einmal zum Kapitel 2.2 „Informationen sind immer etwas Neues" zurückzublättern.

■ **Verwenden Sie Lesekennzeichen.** Unser Vorschlag im Kapitel 3.5.6 (Bild 3.10) sollte Ihnen als Anregung dienen.

■ **Lesen bedeutet** ein ständiges Aufnehmen, Einordnen, Vergleichen und Bewerten von Informationen. Beim Lesen werden neue Gedankenverbindungen geknüpft, neue Sachverhalte hergestellt und Erkenntnisse gewonnen.
Die Leseleistung ist damit abhängig vom richtigen Aufnehmen, gründlichen Verarbeiten und Behalten und vom optimalen Lesetempo. Das Lesetempo richtet sich dabei nach Zielsetzung und Inhalt.

6.4.2. Wortblöcke und Haltepunkte

■ ... bevor eine Lernaufgabe begonnen wird, müssen alle störenden Einflüsse beseitigt sein, so daß lernfördernde Motive und die Lernaufgabe selbst unser Gehirn beschäftigen ...
... haben Sie diesen Satz Wort für Wort gelesen ...
... oder mehrere Worte zu Blöcken zusammengefaßt gelesen, **vielleicht so ...?**

1. Block: ... bevor Lernaufgabe begonnen ...
2. Block: ... müssen störende Einflüsse beseitigt ...
3. Block: ... nur lernfördernde Motive und Lernaufgabe ...
4. Block: ... unser Gehirn beschäftigen ...

... oder nur:

Lernaufgabe — störende Einflüsse — lernfördernde Motive — Gehirn

■ Leider wird oft davon gesprochen, daß die „Augen über die Zeilen gleiten" und damit der Eindruck eines steten, fließenden Vorganges erweckt wird.

In Wirklichkeit läuft dieser Vorgang der Informationsaufnahme und -verarbeitung „ruckweise" ab. Je nach Lesegeschwindigkeit von Buchstabe zu Buchstabe oder von Wort zu Wort oder — als sehr vorteilhaft — von einer Wortgruppe zur nächsten. Je mehr **Haltepunkte** benötigt werden, desto langsamer liest man.
Über den Vorteil der **„Superzeichenbildung"** können Sie im Kapitel 2.2 mehr erfahren.

■ **Beachten Sie also:**

> ● Lesen heißt: Denken!

Das Lesetempo verbessern, bedeutet:
... nicht ein Beschleunigen der Augenbewegungen, sondern ein konzentriertes, wortgruppenbildendes Aufnehmen.

> ● Zum Lesen benötigt man Auge und Gehirn!

Schulen Sie deshalb Ihre Augen und Ihr Gehirn, größere Wortgruppen auf einmal aufzunehmen, schnell zu erfassen und immer „vorwärtszuspringen".

> ● „Rückwärtsspringen" bedeutet: Zeitverlust.

6.4.3.   Die Formen des Lesens

■ **Warum lesen Sie dieses Buch oder ein anderes? Was hoffen Sie aus ihm zu erfahren ... zu lernen?**
Ist es Entspannung, Erholung ...
... müssen Sie bestimmte Literaturstellen auswerten ... warten Sie auf einen Anruf und vertreiben sich mit dem Lesen die Zeit ... oder suchen Sie vielleicht eine bestimmte Definition?
Der Lesestoff (besser die Information) wird also mit einer bestimmten Zielsetzung gesucht und aufgenommen. Damit bestimmt die Zielsetzung eindeutig die Art und Weise des Lesevorganges.

■ Wenn wir von dem Lesen zur Erholung und Entspannung absehen, können wir **drei unterschiedliche Zielsetzungen** (und damit auch Leseformen) feststellen:

> ● **selektierendes Lesen** (... etwas Bestimmtes suchen ...),
> ● **orientierendes Lesen** (... mal sehen, was es so gibt ...),
> ● **studierendes Lesen** (... als gründliches und auswertendes Lesen ...).

■ Allen drei Leseformen geht die Einordnungs- und Übersichtsphase voran. Das Lesen des Inhaltsverzeichnisses, ein kurzes Durchblättern der Seiten und das Einprägen der Grobgliederung gibt Ihnen einen ersten Überblick über die Literaturstelle, die Verteilung der Schwerpunkte und damit der Hauptinformationen.
Diese **Vororientierung** — bevor das eigentliche Lesen beginnt — macht sich durch Zeitersparnis und besseres Verständnis bezahlt.

■ **Das selektierende Lesen**
Hin und wieder ist es notwendig, ganz bestimmte Informationen „nachzulesen". Das können z. B. Begriffe, Definitionen, Regeln, Aussagen und Lehrmeinungen sein.
Dabei sind Lexika, Nachschlagewerke, Lesenotizen, Buchauszüge eine große Hilfe bei dieser „gezielten" Informationssuche.

■ **Das orientierende Lesen**
● Sie wollen feststellen, ob der vorliegende Text für Sie brauchbare und notwendige Informationen enthält. Sie überfliegen ihn, um sich einen Überblick zu verschaffen.
Je nach Inhalt und Darbietung (Aufbereitung) der Information gibt es verschiedene **Lesemethoden,** von denen wir Ihnen drei vorstellen möchten (Bild 6.11):

> – vertikales Überfliegen,
> – Slalomtechnik,
> – Bonbonmethode.

● **Vertikales Überfliegen**
Um das Wesentliche zu erfassen, werden nur die **Hauptworte** und **Verben** vertikal von oben nach unten überflogen. Es handelt sich um eine Suche nach Worten mit „Hinweischarakter" auf wichtige Aussagen.
● **Slalomtechnik**
Rasches horizontales Lesen der „Schlüsselworte" (Hauptwörter mit den dazugehörenden Adjektiven oder Adverben). **Haltepunkte** sind dabei die **Wortgruppen.** (Etwa drei Wörter sind ohne Augenbewegung fixierbar = persönliche **Blickspanne**).
Wichtig: Der „horizontale Vorgang" ist dabei nicht mit dem Kopf auszuführen, sondern mit Auge und Gehirn.
● **Bonbonmethode**
Bei gut strukturierten (inhaltlich und optisch gegliederten) Texten kann man die wichtigsten Informationen (Hauptgedanken, wesentliche Aussagen und Er-

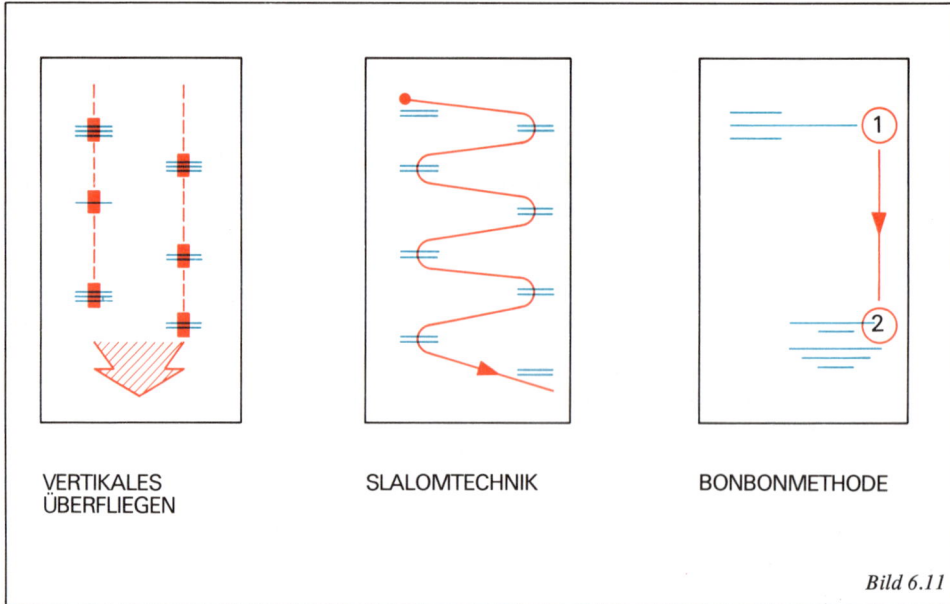

VERTIKALES
ÜBERFLIEGEN   SLALOMTECHNIK   BONBONMETHODE

Bild 6.11

gebnisse) den Einführungen, aus Zielsetzungen, den Zusammenfassungen, angegebenen Lösungswegen schnell entnehmen.

■ **Das studierende Lesen**
Unter studierendem Lesen verstehen wir eine gründliche, kritische und auswertende Auseinandersetzung mit der Information.
Der nächste Abschnitt wird sich eingehend mit dieser Leseform beschäftigen.

6.4.4. Mehrstufenplan für das Literaturstudium

■ Das Wesen der „konstruktiven Lernprozesse" liegt in dem systematischen und methodischen Vorgehen, in dem Teilprozesse logisch aufeinander aufbauen und durch rückkoppelnde Vorgänge verbunden werden.
Auch beim intensiven Literaturstudium müssen diese Grundsätze befolgt werden.
Der von uns vorgeschlagene **Mehrstufenplan** soll dabei den Ablauf verdeutlichen und als Anregung für Ihr eigenes studierendes Lesen (= Literaturstudium = quellenbetontes Arbeiten) gelten (Bild 6.12).

■ Die in Kapitel 6.3 beschriebenen Such- und Auswerteverfahren

● Billardsystem,
● Prinzip der konzentrischen Kreise,
● Prinzip der Mehrfachschleifen
sind nicht noch einmal aufgeführt. Sie sollten aber beachtet werden.

■ Die Aufgabe, abgeschlossene schriftliche Arbeiten anzufertigen, stellt sich für jeden in der Ausbildung oder im Berufsleben stehenden Menschen.
Derartige Arbeiten können sein:

Examensarbeiten,
Untersuchungsprotokolle oder -berichte,
Studien- oder Diplomarbeiten,
Forschungsberichte oder Gutachten,
Zeitungsartikel oder Stellungnahmen,
Fachaufsätze oder . . .

■ Erfahrungen haben deutlich gezeigt, daß bei aller Unterschiedlichkeit der Arbeiten doch allgemeine Regeln bei der Erarbeitung und Darstellung Anwendung finden können. Dieser Mindestbestand an Grundregeln, den jeder kennen sollte, darf natürlich nicht darüber hinwegtäuschen, daß schriftliche Arbeiten durch individuelle Gewohnheiten und spezifische Verfahren und Methoden der verschiedenen Fachgebiete eine große Streubreite haben.

1. Zielsetzung und grobe Einordnung

Warum Literatur-Auswertung?
Warum muß man diese Literaturstelle kennen?
Welchen „Stellenwert" hat dieses Werk?
Was ist über das Problem bekannt?
Was muß man nicht lesen und auswerten?
Was erwartet man von dieser Literaturstelle?

2. Vorgehensplanung

Vorgehensweise (inhaltlich) festlegen
(Literatur-Auswerteplan)
Zeit- und Terminplanung vornehmen
Arbeitsunterlagen vorbereiten
Organisatorische Maßnahmen treffen
Notwendige Hilfsmittel bereitstellen

3. Überblick über Problem, Autor und Inhalt verschaffen

Klappentext und Vorwort lesen
Inhaltsverzeichnis lesen
Zügiges Durchblättern (orientierend lesen)
Aufbau (Grobstruktur) herausfinden
Abschnitte festlegen (gezielte Auswahl)
Weitere Literatur beschaffen (Lücken)

4. Studium einzelner Abschnitte und Absätze

Rasches, aufmerksames Lesen mit aktiver
Umsetzung (Lesetempo dem Inhalt anpassen)
Wichtiges als Stichwort notieren (Fundort?)
Inhalt optisch aufbereiten (6.8.2.←)
Begriffe und Definitionen eindeutig?
Unverständliches erfassen und klären
Wichtige Aussagen erfassen (Zettelkasten)
Inhalt in ein Schema umsetzen (6.8.3.←)
Fragenkatalog für den Verständnistest

5. Auswertung der Literaturstelle

Gesamtinhalt strukturieren (Gedankenfluß)
Übersichten erstellen
Kritische Stellungnahme, Interpretation
Andere Kritiken zur Literaturstelle lesen
Ist Gesamtdarstellung schlüssig?
Was muß warum abgelehnt werden?

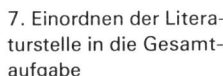

6. Verständnis-Test

Beantwortung des Fragenkataloges
Schriftliche Wiedergabe des Gelesenen
nach einigen Tagen aus der Erinnerung (Hauptpunkte)

7. Einordnen der Literaturstelle in die Gesamtaufgabe

Ergeben sich Differenzen zwischen den bisherigen Erfahrungen und Erkenntnissen und der („neuen") Information?

Beurteilung und Wertung im Vergleich
zu anderen Literaturstellen
Orientierendes Lesen anderer Veröffentlichungen
(Wer hat noch zum gleichen Problem geschrieben;
was hat der Autor noch veröffentlicht?)

Wie kann man das neue Wissen anwenden
und vertiefen?

Bild 6.12

151

Um den Anforderungen nach einfachen Grundregeln unter Berücksichtigung der Vielfalt schriftlicher Arbeiten zu genügen, möchten wir Ihnen im Abschnitt 6.5.1. drei wesentliche Arbeitsformen vorstellen.

Der im Abschnitt 6.5.2. wiedergegebene Mehrstufenplan soll Ihnen als Leitfaden für das Anfertigen Ihrer schriftlichen Arbeiten dienen. Hinweise über Zitierweise, Quellenangaben und Verzeichnisse runden das Kapitel 6.5. ab.

6.5. Das Anfertigen schriftlicher Arbeiten

6.5.1. Formen schriftlicher Arbeiten

■ Es sind verschiedene Einteilungen möglich. Die von uns vorgeschlagenen **drei Hauptformen** richten sich in erster Linie nach dem wesentlichen Inhalt:

- das textbetonte Arbeiten,
- das quellenbetonte Arbeiten,
- das feldbetonte Arbeiten.

Die Übergänge sind natürlich fließend. Kombinationen und Zwischenstufen sind oft vorzufinden. Um das Beschreiben und Gegenüberstellen der drei Formen zu erleichtern, sind die wichtigsten Kriterien in einer Tabelle zusammengefaßt (Bild 6.13).

■ **Das textbetonte Arbeiten**
Das sind in erster Linie Arbeiten, die von Journalisten, Philosophen, Publizisten, Lyrikern und anderen Schriftstellern angefertigt werden.
Im Extremfall kommen diese Autoren mit Bleistift und viel Papier beim Herstellen ihrer Produkte aus . . . und natürlich ihrem Kopf.

■ **Das quellenbetonte Arbeiten**
Quellenbetontes Arbeiten ist das systematische Suchen, Finden und Auswerten von Quellen aller Art, wie z. B. politische, wirtschaftliche, geistige, kulturelle und sozialgeschichtliche Vorgänge.

■ **Das feldbetonte Arbeiten**
Unter feldbetontem Arbeiten verstehen wir das Erfassen, Schaffen und Verarbeiten von Daten in praktischen, an Forschungsobjekten orientierten Untersuchungen. Also vor allem Tätigkeiten von Naturwissenschaftlern, Ingenieuren, Soziologen, Psychologen, Archäologen, . . .

■ Neben einer Überprüfung der Hauptform der anzufertigenden schriftlichen Arbeit müssen Sie sich Gewißheit über
● die Zielgruppe (Kreis der Leser) und über
● die Art der „Bestimmung" (selbst- oder fremdbestimmt) verschaffen.
● Vor jeder schriftlichen Arbeit (und auch vor jedem Vortrag) kommt es darauf an, daß Sie sich über die **Zielgruppe** im klaren sind:

Wer liest diese Arbeit?
Warum wird sie gelesen?
Wie ist die Zusammensetzung der Leser?
Welche Voraussetzungen haben die Leser?
Nach welchen Kriterien wird — voraussichtlich — diese Arbeit beurteilt?

Beispiel: Das Buch „Lern- und Arbeitstechnik"
Zielgruppe:
● Lernende aller Altersstufen (von 17 bis 70) und besonders
● Studierende an Hochschulen, Fachhochschulen und Fachschulen.
● Schulbildung: Mittlerer Schulabschluß und Abitur.
● Ziel: Information über Grundtechniken, um wirkungsvoller lernen und arbeiten zu können.

■ Im engen Zusammenhang mit der „Zielgruppenfindung" steht auch die Beantwortung der Frage nach der **Art der Bestimmung:**

Wer bestimmt Aufgabenstellung, Inhalt, Umfang und Termin des Buches?

Wenn Sie es selbst sind, ist die Arbeit „selbstbestimmt", wird die Aufgabenstellung von „außen" gesetzt, ist sie „fremdbestimmt" (durch Lehrer, Institute, . . .)

Beispiel: . . . das vorliegende Buch ist selbstbestimmt, da Zielsetzung, Inhalt und Aufbau von den Verfassern selbst bestimmt wurden.

● Hauptform, Zielgruppe und Art der Bestimmung beeinflussen die Form und den Aufbau, die anzuwendenden Methoden und Verfahren, die Darstellung und sprachliche Bewältigung der schriftlichen Arbeit im starken Maße.

6 DAS ANFERTIGEN SCHRIFTLICHER ARBEITEN, eine Übersicht (nach Formen geordnet)

FORM	einige Beispiele	Kennzeichen	Zielsetzung	Art des Vorgehens	Einige Methoden der Informationssuche, Sammlungen und Ordnungen — Allgemeine Suchverfahren	Dokumentation	Zettelkasten	Kartei	Datenverarbeitung	Kopf	Einige Methoden der Informationsauswertung/-verarbeitung	Datenverarbeitung
1 Text-betonte Arbeit	Gedichte Kurzgeschichten Zeitungsartikel	ein glatter Text	Unterhalten und Informieren über allgemeine Sachverhalte	Einfälle Improvisationen Anstöße Stichworte Konzipieren Einzelarbeit	Aktualität Ideenspeicher Privatarchiv Bibliothek	●	●	● (Handloch- und Sichtlochkarten)		●	im allgemeinen nur das Lesen vorhandener Information Prinzip der konzentrischen Kreise	
2 Quellen-betonte Arbeit	Literaturarbeit historisch-philologische Arbeiten	viele Zitate und Anmerkungen	Suchen, Zusammenstellen und Auswerten von vorhandenen Informationen („Historische Tatsachen")	systematisch/analytisch Erforschen/Kritisieren Auswählen des Wichtigsten mehr Einzelarbeit	Billardsystem Bibliografien Schlagworte Dokumentation	●	●	●	●	●	Billardsystem und Prinzip der Mehrfachschleifen	●
3 Feld-betonte Arbeit	Laborarbeit naturwissenschaftliche/technische Experimente Interview	viele Daten und Fakten	Erfassen, Verarbeiten und Schaffen neuer Informationen	system./analyt. Beobachten Befragen Testen/Experim. Berechnen Messen Einz./Teamarbeit	nach Grobstruktur des zu lös. Problems Schlagworte Prinzip der konz. Kreise		●	●	●	●	Prinzip der Mehrfachschleifen	●

Bild 6.13

153

6.5.2. Mehrstufenplan für das Anfertigen schriftlicher Arbeiten

■ In dem nun folgenden **Mehrstufenplan** sind allgemeingültige **Regeln und Lösungsschritte** für das Anfertigen von schriftlichen Arbeiten zusammengefaßt. (Bild 6.14).
Bei der Vielgestaltigkeit möglicher schriftlicher Arbeiten ist es unumgänglich, daß einzelne Lösungsschritte entfallen oder durch andere ergänzt werden müssen.
Dieser systematisch aufgebaute **Stufenplan** soll als Leitfaden dienen.

■ **Stufe 1: Aufgabenstellung analysieren und Problemlösung vorbereiten**
● Der erste Schritt jeder Aufgabenstellung ist die Analyse der darin enthaltenen Probleme. Aufgrund dieser Problemanalyse werden Ziele entwickelt, Lösungskonzepte entworfen und Strukturpläne erarbeitet. Die erste Stufe endet damit, daß Arbeits-, Zeit- und Terminpläne zusammengestellt sind.
● Nähere Angaben und **Beispiele** über die einzelnen Teilschritte finden Sie unter

- Problemanalyse (Kapitel 4.2).
- Ziele, warum? (Kapitel 4.1).
- Struktur- und Arbeitspläne (Kapitel 5.2).
- Zeit- und Terminplanung (Kapitel 5.3).

■ **Stufe 2: Informationen suchen, sammeln, ordnen und auswerten**
● Die Informationssammlung und -auswertung erfolgt nach einer auf der Zielsetzung und dem inhaltlichen Strukturplan aufbauenden Grobgliederung.
● **Beispiele** und weitere Hinweise unter:

- Wo sind Informationen vorhanden? (Kapitel 5.4).
- Sammeln und Ordnen von Informationen (Kapitel 5.5).
- Suchen, Finden und Auswerten von Informationen (Kapitel 6.3).
- Literaturstudium (Kapitel 6.4).

■ **Stufe 3: Lösungen entwickeln, einordnen, bewerten und auswählen**
Mit Hilfe des Lösungskonzeptes und der ausgewerteten Informationen werden für die einzelnen Teilprobleme Lösungen entwickelt, bewertet und ausge-

wählt. Alle wesentlichen Vor- und Nachteile und möglichen Auswirkungen sind dabei in der Bewertung mitzuerfassen.

■ **Stufe 4: Untersuchung durchführen**
Aufgrund der in der Stufe 3 ausgewählten Lösungen werden — soweit erforderlich — anschließend die notwendigen Untersuchungen durchgeführt. Das Feld möglicher Untersuchungen ist sehr weit: Umfragen, physikalisch-technische Experimente, Arbeitsstudien, Literaturauswertungen, konstruktive Entwürfe, historisch-philologische Arbeiten, . . .
Das systematische Auswerten der Untersuchung, das Darstellen der wesentlichen Ergebnisse und deren kritischer Betrachtung schließen die Stufe 4 ab.

■ **Stufe 5: Manuskript entwerfen und gestalten**
● Nach Abschluß der Stufe 4 liegt das Untersuchungsergebnis und alle damit verbundenen Unterlagen zur Gestaltung eines Manuskriptes vor. Alle Maßnahmen, wie z. B. Feingliederung entwerfen und ausarbeiten, Tabellen und Verzeichnisse fertigen und Zwischenergebnisse formulieren sind notwendige Teilschritte der Stufe 5, an deren Ende ein fertiges Rohmanuskript steht.
● Nun sollte man eine längere Pause einlegen. Die durch den zeitlichen Abstand gewonnene Distanz wirkt sich fruchtbar aus.

■ **Stufe 6: Feinkorrektur und Niederschrift durchführen**
Der Manuskriptentwurf wird nun — in dieser letzten Stufe — hinsichtlich des äußeren Aufbaues, der sachlichen Richtigkeit und des sprachlichen Ausdrucks gründlich überprüft. Ist diese Feinkorrektur beendet, kann die Arbeit in Reinschrift übertragen werden. Eine abschließende Schlußkorrektur soll auch die letzten Fehler beseitigen.

6 | ANFERTIGEN EINER SCHRIFTLICHEN ARBEIT (Mehrstufenplan)

Hauptstufe	Lfd. Nr.	Lösungsschritt	Lösungsteilschritte	Lösungsfragen Anmerkungen
1 Aufgaben- stellung analysie- ren und Problem- lösung vorbereiten	11	Gestellte Auf- gabe über- denken (Problem- analyse)	111 Gesamtproblem heraus- finden und beurteilen (Problemkatalog) 112 Die wichtigsten Probleme erkennen und analysieren 113 Untersuchung abgrenzen (Problemauswahl/ Wichtung) 114 Grundvoraussetzungen überprüfen	Welche Probleme sind warum zu lösen? Welches sind die wichtigsten Probleme? Ist Aufgabe aus- reichend formuliert? Ist sie schon einmal gelöst worden? Welche Randbedin- gungen bestehen? Ist Aufgabe von mir lösbar?
	12	Lösungs- konzept ent- werfen (Unter- suchungs- ziele bestim- men und Vor- gehen fest- legen)	121 Untersuchungsziele erarbeiten und festlegen 122 Teilziele bilden (Rang- ordnung, Kriterien, . . .) 123 Lösungskonzept (grob) entwerfen 124 Arbeitshypothesen bilden 125 Bestandsaufnahme machen 126 Bewertungskriterien festlegen (nach denen Problemlösungen bewertet werden sollen)	Wie kann ich das Ziel am besten erreichen? Wie sind Teilpro- bleme am eindeutig- sten in Teilziele um- zusetzen? Welche Ansatz- punkte gibt es? Was ist bereits ge- löst, was ist vor- handen?
	13	Vorläufige Gliederung aufstellen (inhaltlicher Strukturplan)	131 Inhaltlichen Ablauf (Struk- tur) erarbeiten und fest- legen („Grobstruktur") 132 Nach „Schwachstellen" in der Grobstruktur suchen	Welche Regeln oder Bedingungen sind zu beachten? Entspricht (vorläu- fige) Struktur den Zielsetzungen?
	14	Arbeits-/ Zeit- und Terminpläne erstellen	141 Zeitlichen/organisatorischen Ablauf festlegen (Arbeits- plan) 142 Zeit- und Terminplanung erarbeiten 143 Einzuhaltende Fristen beachten 144 Arbeitsunterlage vorbereiten 145 Aufgabenstellung und Lösungskonzept über- denken (Abstand gewinnen!)	Welche organisatori- schen Maßnahmen sind notwendig? Bis wann muß Arbeit fertig bzw. Teilprobleme gelöst sein?

Bild 6.14

Hauptstufe	Lfd. Nr.	Lösungsschritt	Lösungsteilschritte	Lösungsfragen Anmerkungen
2 Informationen suchen, sammeln ordnen und auswerten	21	Informationssammlung planen und vorbereiten	211 Organisation der Informationssammlung nach Zielsetzung und Lösungskonzept (Vorgehensplanung) festlegen 212 Informationsquellen-Übersicht erstellen 213 Informationssuchplan anfertigen (Ablauf nach Schwerpunkten ordnen!) 214 Eigene Gedanken (stichwortartig) fixieren, Maßstab für zu sammelnde Information	Welche Informationen werden benötigt? Wo sind die Hauptinformationen? Wo finde ich am schnellsten die Informationen?
	22	Informationen suchen, finden	221 Information suchen (dabei Wichtigkeit und Dringlichkeit beachten) 222 Auf Such- und Zeitplan achten	Wo finde ich Teil-Informationen? Welchen Stellenwert hat die einzelne Information? Sind alle Quellen ausgeschöpft?
	23	Informationen sammeln und ordnen	231 (Ein-)Ordnungssystem auswählen und vorbereiten 232 Information gründlich und genau durcharbeiten 233 Informationen überprüfen und nach Plan übersichtlich einordnen 234 Überblick über vorhandene Information schaffen	Welches Ordnungssystem, welche Ordnungsform ist für meine Aufgabenstellung am zweckmäßigsten?
	24	Vorhandene Informationen vergleichen und auswerten	241 Gesammelte Information mit Sollwert vergleichen 242 Informationen nach Umfang und Wertigkeit überprüfen 243 Information (für weitere Arbeit) auswählen 244 (Evtl.) weitere Informationen beschaffen	Sind die vorhandenen Informationen ausreichend? Welche Lücken sind vorhanden? Sind die wichtigsten Informationen stichhaltig?
3 Lösungen entwickeln, einordnen, bewerten und auswählen	31	Vorgeschlagenes Lösungskonzept überprüfen	311 Vorgeschlagenes Lösungskonzept — aufgrund der neuen Information — auf logische und inhaltliche Richtigkeit überprüfen 312 Endgültiges Lösungskonzept festlegen	Ergeben sich Differenzen zwischen dem alten Lösungskonzept und der neuen Information?

Hauptstufe	Lfd. Nr.	Lösungsschritt	Lösungsteilschritte	Lösungsfragen Anmerkungen
	32	Lösungen entwickeln und zusammenstellen	321 Für die einzelnen Teilziele (Teilprobleme) Lösungen entwickeln 322 Aufgrund des Lösungskonzeptes Lösungsvarianten bilden 323 Vor- und Nachteile zeigen 324 Auswirkungen auf die Umwelt überprüfen	Wie ist die Ideal-Lösung? Welche Einflüsse haben die Lösungen?
	33	Das endgültige Vorgehen festlegen	331 Bewerten und Auswählen der Teillösungen (Entscheidung) 332 Lösung überprüfen (erproben) 333 Optimale Lösung zur Durchführung vorbereiten 334 Ablauf festlegen	Wirklich beste Lösung?
	34	Untersuchung vorbereiten	341 Untersuchungspläne erweitern und ergänzen (Arbeits-, Ablauf- und Zeitpläne) 342 Methodisch-organisatorische Vorbereitungen treffen 343 (Evtl.) Voruntersuchungen durchführen	Welche Hilfsmittel sind notwendig?
4 Untersuchung durchführen	41	Untersuchung (Experimente, Literaturarbeit, Befragungen, . . .) durchführen	411 Untersuchung nach den ausgearbeiteten Plänen (Struktur-, Arbeits-, Zeit- und Terminpläne, . . .) durchführen 412 Untersuchungsprotokolle anfertigen	Sind alle für die Untersuchung wichtigen Angaben festgehalten?
	42	Untersuchung auswerten	421 Ergebnisse zusammenfassen und auswerten 422 Ergebnisse mit Bewertungskriterien vergleichen 423 Fehlerbetrachtung durchführen	Entsprechen die Ergebnisse den Zielsetzungen? Welche Aussagekraft haben die Ergebnisse?
	43	Ergebnisse darstellen	431 Untersuchungsergebnisse beschreiben (Ziele — Methoden — Ergebnisse) 432 Ergebnisse (möglichst) optisch aufbereiten	

Hauptstufe	Lfd. Nr.	Lösungsschritt	Lösungsteilschritte	Lösungsfragen Anmerkungen
			433 Bedeutung und Anwendung der Ergebnisse darstellen	In welchen anderen Bereichen sind die Ergebnisse anwendbar?
			434 Schlußfolgerungen	
	44	Ergebnisse kritisch untersuchen	441 Eigene Untersuchung kritisch nach „innen" betrachten	Welche groben Fehler wurden gemacht?
			442 Eigene Untersuchung nach „außen" einordnen und vergleichen	Was bringt der Vergleich mit anderen Untersuchungen?
			443 Abweichungen analysieren und Untersuchung gegebenenfalls korrigieren	
5 Manuskript entwerfen und gestalten	51	Untersuchung einordnen und Gliederungsabschnitte ausarbeiten	511 Untersuchung mit ihren Ergebnissen in die Grobgliederung (Grobstruktur) einordnen	Was soll übernommen werden?
			512 Feingliederung entwerfen	Sind Überschriften logisch, klar und knapp formuliert?
			513 Gliederungsabschnitte überarbeiten (Verdichten, Aussondern, prägnanter formulieren, ergänzen, . . .)	
	52	Manuskript zusammenstellen und überarbeiten	521 Einzelne Abschnitte zum Gesamtmanuskript zusammenfassen?	Was fehlt noch? Kommen Hauptpunkte entsprechend zum Ausdruck?
			522 Überleitungen und Übergänge schaffen	Wie sind die Aussagen am besten darzustellen?
			523 Einheit von Text und Darstellungen herstellen	
			524 Vorwort und Einleitung schreiben	
			525 Zwischenergebnisse überprüfen, Zusammenfassung formulieren	
	53	Verzeichnisse, Abbildungen und Tabellen anfertigen	531 Inhaltsverzeichnis	Sind alle notwendigen Angaben vollständig?
			532 Verzeichnis der Abkürzungen und Abbildungen	
			533 Literaturverzeichnis	
			534 Strukturbäume, Flußdiagramme, Tabellen, . . . (zur Darstellung funktionaler Zusammenhänge)	Ist der Inhalt ausreichend optisch aufbereitet?
	54	Problemstellung und Problemlösungen noch einmal überdenken	541 Aufgabenstellung überdenken	Ist das Problem wirklich erkannt und gelöst?
			542 Ergebnisse in Frage stellen, sie zu widerlegen versuchen, sie zur Diskussion stellen.	Wären andere Lösungen zweckmäßiger?
			543 Abstand gewinnen	

Hauptstufe	Lfd. Nr.	Lösungsschritt	Lösungsteilschritte	Lösungsfragen Anmerkungen
6 Feinkorrektur und Niederschrift durchführen	61	Äußeren Aufbau überprüfen	611 Gliederung überprüfen 612 Auf übersichtliche Aufteilung achten 613 Text, Fußnoten, Anhang u.ä. voneinander trennen 614 Anmerkungen, Zitate, Abkürzungen, Zahlenangaben überprüfen 615 Optische und technische Gestaltung der einzelnen Seiten festlegen	Wo ist das Optimum zwischen Aussagekraft und Aufwand?
	62	Inhalt auf sachliche Richtigkeit überprüfen	621 Den logischen Aufbau überprüfen 622 Auf gedankliche Widersprüche und Lücken achten 623 Auf ausreichende bzw. überflüssige Formulierungen achten	Wird der eingeschlagene Weg konsequent eingehalten? („Roter Faden") Ist die Gesamtdarstellung schlüssig?
	63	Den sprachlichen Ausdruck überprüfen	631 Ausdruck und Stil überprüfen 632 Grammatik und Interpunktion überprüfen 633 Aussagekraft der Ergebnisse überprüfen 634 „Bandwurmsätze" vermeiden	Sind alle Begriffe und Definitionen eindeutig? Sind alle Formulierungen kurz und präzis?
	64	Reinschrift anfertigen und Schlußkorrektur durchführen	641 Reinschrift anfertigen 642 Erste Schlußkorrektur durchführen 643 „Abstand gewinnen" 644 Zweite Schlußkorrektur durchführen	Ist das Manuskript vollständig korrigiert?

LÖRNI wischt sich den Schweiß von der Stirn und meint: „So eine Arbeit wird eigentlich nie fertig."

6.5.3. Zitierweise, Quellenangaben und Verzeichnisse

■ Fast jede größere schriftliche Arbeit stützt sich auf Informationen anderer Autoren.
Diese Quellen müssen stets angegeben werden, sie müssen zitiert werden.
Unter dem Begriff „Zitat" fassen wir den zitierten Text und die dazu gehörende Fußnote zusammen.
■ **Der zitierte Text**
● **Der wörtlich zitierte Text**
... die Textstelle muß Wort für Wort, Satzzeichen für Satzzeichen übernommen werden. Das Zitat beginnt und endet mit Anführungsstrichen.
Persönliche Einfügungen werden in eckige Klammern gesetzt.

Beispiel:
„Das Problemlösen beginnt wie jede andere Aufgabe auch mit der Klärung der Problemsituation und der Aufgabenstellung, in dem die wesentlichen Probleme erkannt, analysiert und gegeneinander abgegrenzt werden."

159

Sind Kürzungen innerhalb eines Zitates notwendig, so werden die ausgelassenen Wörter oder Satzteile durch drei Punkte gekennzeichnet.

Können die bei anderen Autoren aufgefundenen Zitate nicht im originalen Text überprüft werden, dann ist der Zusatz: „zitiert nach ..." oder „zitiert in ..." anzubringen.
Bei Übersetzungen ist ein Zusatz „Übersetzung" vorzusehen.
● **Der sinngemäß zitierte Text**
Bei längeren Originalausführungen ist es hin und wieder zweckmäßig, eine sinngemäße Wiedergabe zu formulieren.

■ **Fußnoten und Anmerkungen**
Sie dienen als:
● Belegstellen für wörtlich oder sinngemäß zitierte Texte,
● Hinweis auf ergänzende Literatur,
● Verweis auf andere Teile der Arbeit,
● Hinweis auf eigene kurze, kritische Anmerkungen, die sonst den Fluß der Gedanken stören würden,
● Hinweis auf Fakten und Daten im Zusammenhang mit dem Thema.

■ **Das Zitieren von Literaturstellen aller Art**
erfolgt in der üblichen Weise (DIN 1505)
● Name und Vorname des Verfassers:

● Titel der Arbeit, einschließlich Untertitel
Titel müssen wörtlich und vollständig angegeben werden.
● Band (wenn es von einem Werk mehrere Bände gibt)/Heft,
● Auflage (soweit es nicht die erste ist),

● Erscheinungsort,
● Verlag,
● Erscheinungsjahr/Jahrgang,
● Seitenzahl (wenn Quelle nicht als Ganzes genannt wird)/Seitenanfang/Seitenende,
● Angabe des Standortes (insbesondere bei seltenen Literaturstellen).

■ **Fußnoten zum Hinweis auf ergänzende Literatur**

■ **Fußnoten zum Verweis auf andere Teile der Arbeit**

■ **Fußnoten zum Hinweis auf eigene zusätzliche Anmerkungen**

■ **Verbindung zwischen Text und Fußnoten**
● Die Quellen der Zitate, die zusätzlichen Anmerkungen in einer Arbeit können folgendermaßen belegt werden:
1. Fußnote auf der entsprechenden Seite oder
2. in einem speziellen Anmerkungsblatt am Ende der Arbeit.
Bei sehr zahlreichen und längeren Zitaten und Anmerkungen sind diese in einem gesonderten Teil aufzuführen. Die Fußnote auf der gleichen Seite spart natürlich Suchzeit.
Auf eine Fußnote ist im Text durch eine hochgestellte arabische Ziffer hinzuweisen:

Beispiel:

Zitierter Text

„Von großer Bedeutung ist das Strukturieren ...[15]"

Fußnote

[15] BEELICH, K. H., und H. H. SCHWEDE
Lern- und Arbeitstechnik kurz und bündig
Vogel-Verlag, Würzburg 3. A. 1983
Seiten 68 bis 72

● Die Numerierung der Fußnoten kann
auf jeder Seite neu beginnen,
fortlaufend über ein Kapitel oder
fortlaufend über die ganze Arbeit erfolgen.

■ **Verzeichnisse**

Bei dem Anfertigen schriftlicher Arbeiten haben sich neben dem Zitieren weitere sinnvolle „Gepflogenheiten" im Laufe der Zeit ergeben:

● **Inhaltsverzeichnis**

Eine mehrfach gegliederte und aussagefähige Gliederung wird der Arbeit vorangestellt.

● **Literaturverzeichnis**

In diesem Verzeichnis sind alle zitierten Quellen aufgenommen. Zusätzliche Literaturhinweise müssen extra gekennzeichnet werden.

● **Abkürzungsverzeichnis**

Die verwendeten Abkürzungen werden in dieser Zusammenstellung erklärt (DIN-Unterlagen beachten!).

● **Abbildungs- oder Bildverzeichnis**

Es dient dem schnellen Auffinden von Abbildungen und Bildern.

● **Symbolverzeichnis**

Werden viele Symbole benutzt, so empfiehlt es sich, eine entsprechend zusammengefaßte Erklärung anzugeben.

6.6. Informieren durch Vortragen und Diskutieren

■ **Warum wollen Sie informieren?**
Worüber wollen Sie wo informieren?
Wie wollen Sie wann informieren?
Auf welche Weise überzeugen Sie am besten?
Das sind nur einige **Fragestellungen jeder Gesprächs- oder Sprechsituation,** ... und ... bevor Sie diese oder ähnliche Fragen nicht beantwortet haben oder können, sollten Sie vorerst schweigen.
... nun, eine sehr harte Aussage!

■ Damit Sie nicht schweigen müssen, geben wir Ihnen einige Hilfen für das Informieren durch Vortragen und Diskutieren.
Wir geben Anregungen für das zweckmäßige Planen, Vorbereiten und Durchführen von Vorträgen und Diskussionen.
Auch hier gelten die Grundsätze unseres konstruktiven Lernprozesses (Zielsetzen, Planen, Durchführen und Kontrollieren) und die Regeln für das Aufnehmen, Verarbeiten und Wiedergeben von Informationen.

6.6.1. Planen und Vorbereiten eines Vortrages

■ Das Informationsziel bestimmt den Aufbau und die Methode des Vortrages.

Am übersichtlichsten und wirkungsvollsten ist ein **Stufenplan:**

1. Ziel bestimmen,
2. Vorgehen festlegen (Grobstruktur/Vorgehensplan),
3. Informationen sammeln und ordnen,
4. Informationen sichten und auswählen,
5. Erste Stichworterfassung mit einzelnen Kernsätzen erarbeiten,
6. Schlußteil und Einleitung erstellen,
7. Redaktionelles Ausfeilen des Vortrages (Manuskript zusammenstellen),
8. Generalprobe,
9. (eventuell) schriftliche Zusatzinformation an die Zuhörer.

... und vergessen Sie nicht:
Die Informationsaufnahme eines „hörenden Ohres" ist anders als die eines „lesenden Auges".

■ **Zwischen Schreibstil und Vortragsstil bestehen Unterschiede!**

● Bemühen Sie sich beim Vortrag um äußerst klare Aussagen und eindeutige Zusammenhänge.

● Tragen Sie nur wesentliche Gedanken vor.

Es dürfen keine Widersprüche beim Zuhörer entstehen.

● Vermeiden Sie Gedankensprünge.

● Liefern Sie dem Zuhörer alle Voraussetzungen für das Verstehen. Versteht man beim Lesen eines Buches nicht alles, so kann man zurückschlagen oder an anderer Stelle nachlesen. Beim Zuhören ist die Aussage schnell „verflogen"... sie ist weg.

■ **Noch eine Anregung für „Nervöse"**

Neben der ausgiebigen Vorbereitung und dem Einüben eines Vortrages kommt es vor allem darauf an, daß Sie sich Vortragsinhalte (sprich: Themen) aussuchen, die Sie interessieren, die Sie beherrschen...

... so können Sie begeistern und sind allen Fragen gewachsen.

... und für Zuhörer: Denken Sie immer daran, ein Vortrag dient der Informationsübertragung und nicht der „Bewertung eines Vortragskandidaten".

> **... und nun eine Merkmalsliste für den Stufenplan:**

■ **1. Ziel bestimmen**

● Was ist das Ziel der Information?

Was soll erreicht werden?

Was ist der Schwerpunkt der Information?

● Welcher Personenkreis soll angesprochen werden?

Woher kommen die Zuhörer, was interessiert sie, welche Voraussetzungen bringen Sie mit?

● Ist das Ziel...

– Information von Mitarbeitern über die Entwicklungstendenzen von Organisationstheorien... oder

– Aufforderung von Bürgern, sich gegen bestimmte Stadtteilplanungen der Verwaltung zur Wehr zu setzen... oder

– die Gratulation zur Beförderung eines Vorgesetzten.

> **!** ... das Ziel bestimmt den Aufbau und die Methode eines Vortrages.

● Zielsetzungen müssen bewußt erarbeitet und eindeutig formuliert werden (Kapitel 4.1 und 4.2 ←)

■ **2. Vorgehen festlegen** (Grobstruktur des Vortragsablaufes)

Die übliche Einteilung in: Einleitung, Hauptteil und Schluß läßt sich am leichtesten merken.

● **Einleitung**
Kontaktaufnahme mit den Zuhörern,
Ausgangspunkt und Informationsziel,
Vortragsablauf.

● **Hauptteil**
Problemdarstellung,
Lösung,
Maßnahmen.

● **Schluß**
Ergebnisse — Folgerungen — Anregungen,
Ausblick.

Weiterhin müssen Fragen beantwortet werden, wie...

● **Welche organisatorischen und technischen Hilfsmittel werden benötigt und stehen zur Verfügung?**
Räumlichkeiten.

Besichtigen Sie Ihren „Tatort" und überlegen Sie sich Ausfall — Wechsel — Möglichkeiten.

Wo und wodurch können Störungen entstehen? Abhilfemaßnahmen vorbereiten.

● **Wieviel Zeit steht zur Verfügung?**
(Zeitplan ausarbeiten und testen!)

– Eine Schreibmaschinenseite Text ergibt etwa zwei bis drei Minuten Vortragszeit.

– Die Projektionszeit für ein Bild sollte mindestens 20 Sekunden betragen.

– Pro Textseite sind etwa drei Bilder zu berechnen.

– Auch Pausen in den Zeitplan mit eintragen.

■ **3. und 4. Informationen sammeln, ordnen und auswerten**

Die Wahl eines Themas, das Sammeln und Ordnen von Informationen, das Auswählen und Strukturieren erfolgt genauso wie wir es beim Anfertigen einer schriftlichen Arbeit in den Kapiteln 6.3 und 6.5 beschreiben.

... und vergessen Sie nicht,

● sich Anregungen durch Gespräche mit Bekannten und Fachleuten zu holen und

● Ihren Ideenspeicher zu benutzen, in dem Sie Ihre Einfälle vor dem Vergessen retten.

■ **5. Erste Stichworterfassung mit einzelnen Kernsätzen erarbeiten**

● In vielen Fällen kann — oft aus zeitlichen Gründen — kein vollständiges Manuskript angefertigt werden. Aus diesem Grunde empfiehlt es sich, die Stichworterfassung gleich als „Vortragskonzept" auszuarbeiten.

● Die Stichworte werden so gewählt, daß sie einen „roten Faden" darstellen und mit ganz bestimmten Inhalten verbunden werden können. Ein solches Stichwortkonzept können Sie ähnlich dem Muster in Bild 6.15 anfertigen.

● Der Umfang der Stichworte richtet sich nach Zielsetzung und Inhalt des Vortrages. In einer Spalte „Bemerkungen" können Hinweise:
– auf Lichtbilder, Tafelanschrieb,
– für den Zeitablauf und
– auf bestimmte Manuskriptseiten gegeben werden.

● Das **Stichwortkonzept** können Sie auf normalem DIN-A4-Papier oder auf Karteikarten (DIN A 5, A 6 oder A 7) unterbringen.
Die Verwendung von Karteikarten ist dann zweckmäßig, wenn für verschiedene Vorträge ähnliche Inhalte zusammengestellt werden sollen.

■ **6. Einleitung und Schlußteil erarbeiten**
Die Einleitung und den Schlußteil sollten Sie auf jeden Fall ausarbeiten. Oft ist es ratsam, beide Teile auswendig zu lernen.
Für den Hauptteil genügt in den meisten Fällen die Stichworterfassung.

■ **7. Redaktionelles Ausfeilen des Vortrages**
Manuskript so bearbeiten, daß man mit „schweifendem Blick lesen" kann, dazu gehört:
● Manuskriptblätter DIN A 4, nur einseitig beschreiben und durchnumerieren.
● Übersichtliche Aufteilung und große Schriftzüge wählen.
● Jeden Satz am linken Rand beginnen.
● Wiederholungen und wichtige Formulierungen optisch hervorheben.

■ **8. Generalprobe**
... und auch hier wieder: Üben und nochmals üben.
Nehmen Sie ein Tonband und halten Sie Ihren Vortrag.
Sie haben kein Tonband!
Dann bitten Sie Ihre Lernpartner oder Familienmitglieder darum, Ihre bedeutsamen Aussagen anhören zu dürfen.
Versuchen Sie beim Üben unterschiedliche Formulierungen.
Überprüfen Sie Ihren Zeitplan.

! Reden können Sie – lernen!

■ **9. Schriftliche Zusatzinformation an die Zuhörer**
Bei umfangreichen und komplizierten Ausführungen ist es ratsam, vor oder/und nach dem Vortrag den Zuhörern einen schriftlichen Überblick oder eine kurze schriftliche Zusammenfassung zu überreichen.

6.6.2. Das Halten eines Vortrages und was man dabei beachten sollte

... als **erstes** haben Sie das während der Vorbereitungszeit erarbeitete Manuskript oder das Stichwortverzeichnis zu beachten.
... und als **zweites:** die eingeplante (vorgeschriebene) Zeit unbedingt einzuhalten!
Dazu ein Tip: Hören Sie fünf Minuten früher als vorgesehen auf ... glückliche Gesichter werden Sie dabei anschauen.

■ **Einleitung**
● Persönliche Kontaktaufnahme mit den Zuhörern.
● Einführen in das Problem,
– Informationsziel,
– Begründung des Themas,
– Anknüpfen an die Vorerfahrung und die Kenntnisse der Zuhörer,
– Begriffserklärungen – Vortragsablauf.

■ **Hauptteil**
● Darstellen des Problems,
– Problem darstellen und abgrenzen,
– Schwierigkeiten aufzeigen,
● Problemlösungen vortragen,
verschiedene Lösungen mit Vor- und Nachteilen vorstellen.
● Problementscheidungen vorschlagen (Vorschläge, Entschlüsse, Maßnahmen).

■ **Schluß**
● Ergebnis zusammenfassen,
● Folgerungen und Anregungen entwickeln,
● Ausblick geben,
● persönliches Schlußwort.

■ **Kontrolle des Vortrages**
● Wie ist der Vortrag angekommen (Bild 7.3 ←)?
● War der Zeitplan richtig?
● Was ist besser zu machen?

■ **... und nun geht's los.**
● **Kontaktaufnahme mit dem Zuhörer**
In den ersten Minuten müssen sich Vortragender und Zuhörer aufeinander einstellen.

6   VORTRAGSKONZEPT

1 THEMA:	ORT
LERNEN, aber wie?	Hörsaal VII/103

2 UNTERTITEL:	ZEIT
Sachbezogene Motivation, eine wesentliche Grundvoraussetzung für ein erfolgreiches Lernen	08.03./18.00

Ablauf	Hauptstichwort	Nebenstichwort	Bemerkungen		
3 Ein-leitung	LERNEN, warum?	🔵 Bedürfnisse sind Motive 🔵 ohne Lernen kein Leben 🔵 Grundvoraussetzungen für das Lernen	Dia 6 Dia 7		Zeit: 12′
4 Haupt-teil	■ LERNMOTIVE	🔵 sachfremde (Lernen durch Strafe und Belohnung) 🔵 sachbezogene (Bedürfnis befriedigen)	Tafel 1 Tafel 2		8′
	■ SACHBEZOGENE MOTIVE fördern	🔵 Motive bewußt machen 🔵 Teilziele bilden 🔵 Zwischenkontrollen 🔵 Neugierde, Funktionslust 🔵 Motive bündeln 🔵 Arbeitsatmosphäre	Zettel „A" Dia 17		 12′
	■ ERFOLGSERLEB-NISSE schaffen	🔵 realistische Erwartungen 🔵 jeder Lernschritt hat angenehme Folgen 🔵 sofortiges Anwenden	Tafel 6 Dia 3		10′
5 Schluß	■ SACHBEZOGENE MOTIVATION	🔵 Lernen macht Spaß 🔵 Lernen dann weniger anstrengend	Tafel 3		8′ Pause
6 Dis-kussion	(Müller Stellung beziehen lassen!)	🔵 Dem Versammlungsleiter (evtl. auch bekannten Personen) Diskussions-fragen zur Verfügung stellen.			20′
7 Abschluß	■ Persönlicher Abgang	🔵 Mit dem Versammlungs-leiter vereinbaren, daß ich als Redner das **letzte Wort** habe.			

Bild 6.15

Also nicht sofort mit dem Thema beginnen, sondern

- etwas Gemeinsames herausstellen,
- eine Anekdote, ein Erlebnis bringen,
- eine Verknüpfung herstellen.

■ **Vortrag nach dem Strukturschema ablaufen lassen:**

- mit klarer und übersichtlicher Gedankenführung vortragen,
- einfache und allen Zuhörern verständliche Darstellungsweise wählen,
- nicht zu viele Informationen auf einmal geben (die Speicherkapazität ist begrenzt),
- die wichtigsten Informationen wiederholen.
- **Zitate, Merksätze, wichtige Aussagen langsam**
- **– zum Mitschreiben – vortragen**
  Begriffe und Fachausdrücke vorher erklären,
  Teilinformationen zusammenfassen.
- **Einen eigenen, persönlichen Stil finden.** Motivieren Sie Ihre Zuhörer... **Die AIDA hilft immer:**

A	**Aufmerksamkeit** – durch Anschaulichkeit, Auftreten und Gestik, – durch Erzeugung von Spannung.
I	**Interesse wecken** – durch Eingehen auf die Probleme der Zuhörer.
D	**Drang** nach weiterer Information **hervorrufen** – durch Fragen stellen.
A	**Aktion auslösen** – durch Hervorrufen von Fragen, Nachdenken, Applaus, Kritik.

- **Möglichst frei vortragen**!
- Nehmen Sie Wort- oder Satzblöcke aus dem Manuskript und sprechen Sie frei, indem Sie den Zuhörer dabei anschauen.
- Sprechen Sie laut genug, die Zuhörer in den hinteren Reihen sitzen doch nicht umsonst da.

- Denken Sie daran: Ausrufezeichen, Gedankenstriche, Unterstreichungen und Fragezeichen vom Schreiben müssen Sie beim Vortragen durch Ändern der Stimme und der Gestik darstellen.
- **Möglichst viele „visuelle Informationsträger"**
  wie Zeichnungen, Tafelanschrieb, Dias, Schaubilder,... benutzen. Bilder und Farben sind Mittel, um den Sachverhalt und den sprachlichen Ausdruck zu ergänzen und zu erweitern.
- Die Ausführungen sind mit treffenden Beispielen zu untermauern.
- **...und versuchen Sie Ihren Vortrag nicht mit einer „Trimm-Dich-Aktion" zu verwechseln.** Behalten Sie Ihre Gliedmaßen unter Kontrolle.

■ **...und nach dem Vortrag**

Lörni fragt einen Zuhörer und Leidensgenossen: „Worüber hat denn der Redner gesprochen?" Verdrießlich anwortet der Gefragte: „Das hat er nicht gesagt!"

6.6.3. Diskutieren, einige Grundübungen

■ Zu keiner Zeit gab es so viele Kongresse, Vorträge und Diskussionen wie in der unsrigen... und am Ende solcher Veranstaltungen fragt man sich oft:

Was habe ich dazu gelernt?
Was kann ich damit anfangen?
...und ebenso oft ist die Antwort negativ.

■ **Welche Fehler werden gemacht?**
...einige zur Auswahl:

- ungenügende Vorbereitung,
- Gebrauch mehrdeutiger Begriffe und Fremdwörter,
- ungenaue Ausdrucksweise,
- fehlende Konzentration
- Die Gedanken sind nicht strukturiert, in einer Äußerung sind zu viele Ideen enthalten.
- Man denkt an seine eigene Antwort und hört nicht zu.
- Angst vor den anderen.
- Es wird nicht aktuell geantwortet.
- Man erregt sich an Details und formellen Dingen.
- Man hört sich gern reden.
- Man verliert sich in ausschweifenden und ausholenden Betrachtungen.

● **Wir wollen es besser machen!**
Dazu sind einige Grundübungen nicht nur zweckmäßig, sondern notwendig.

■ **Grundübung 1:** „Laut denken — übt"
Bereiten Sie sich auf eine bevorstehende oder eine
denkbare Diskussion durch ein Selbstgespräch vor.
Sie sprechen laut Ihre Argumente und versetzen sich
dann in die Situation Ihres Diskussionspartners, in
dem Sie — wiederum laut — die Gegenargumente
vortragen.

■ **Grundübung 2:** „Zwei Lernpartner diskutieren"
● Sie (A) diskutieren mit Ihrem Lernpartner (B)
über ein — beide interessierendes — Thema:

1	A trägt vor,
2	B wiederholt „Beitrag A" inhaltlich,
3	B bringt seine Argumente vor,
4	A wiederholt „Beitrag B"
5	usw.

● Diese Übung schult die Konzentration und er-
weitert die Ausdrucksmöglichkeit. Sie fördert die
Selbstkontrolle und das intensive Eingehen auf die
Argumente des Diskussionspartners (Bild 6.16).

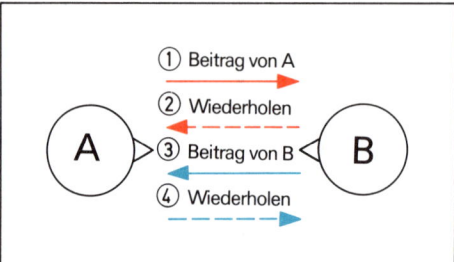

Bild 6.16

● **Worauf kommt es dabei an?**
– Genaues zuhören und sich auf den Partner ein-
stellen.
– Wichtiges einprägen.
– Gedanken des Partners strukturieren und richtig
wiedergeben.

■ **Grundübung 3:** „Zwei Lernpartner diskutieren,
ein dritter faßt die Argumente zusammen"
(Bild 6.17).
● Nach etwa fünfminütigen Beiträgen der Lernpartner A und B (entsprechend Grundübung 1) hat

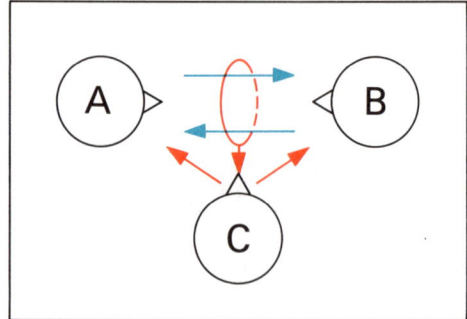

Bild 6.17

C die Aufgabe, diese Beiträge als Ergebnisse zusam-
menzufassen.
● Diese Übung dient vor allem der Schulung zum
Diskussionsleiter.

■ **Grundübung 4:** „Zwei gegen zwei"
In der von der Grundübung 1 eingeübten Form diskutieren jeweils zwei Lernpartner-Gruppen (Bild
6.18).

■ **Grundübung 5:** „Freies Sprechen"
Ein Teilnehmer muß etwa drei Minuten über ein vorgegebenes Thema sprechen. Hierbei können bestimmte (zu behandelnde) Stichworte vorgegeben
werden.

■ **Grundübung 6:** „Informationsverluste durch
mehrfaches Wiedergeben"
● Von einem Tonband wird einem Lernpartner ein
gut verständlicher drei Minuten langer Text abgespielt. Diese Information muß er einem weiteren
Lernpartner, der im Nebenraum gewartet hat, weitergeben. Dieser übermittelt wiederum das von ihm Er-
faßte dem nächsten, ...

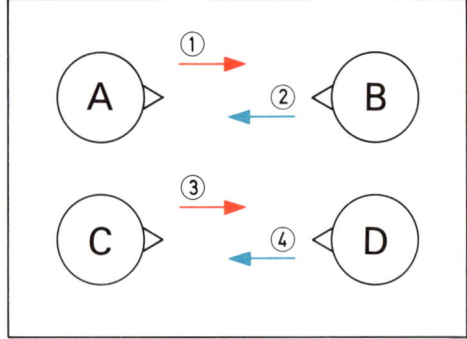

Bild 6.18

● Haben alle Übungsteilnehmer — fünf bis sechs Personen sind hierbei zweckmäßig — ihre Aufgabe als „Informations-Übermittlungsstelle" erfüllt, wird der gesamte Vorgang vor der Gruppe (vom Tonband) abgespielt und kontrolliert. Mit großer Wahrscheinlichkeit werden wesentliche Unterschiede zwischen „Anfangs- und Endinformation" bestehen.

● In dieser Übung soll erkannt werden, daß mehrfaches Aufnehmen und Wiedergeben von Informationen — auch unbeabsichtigt — zu Verfälschungen führen kann. Diese Übung schult jedoch das konzentrierte Zuhören und Mitarbeiten bei einer Diskussion.

■ **Grundübung 7:** „Informationsaufnahme und -wiedergabe"

● Eine Fünfminuteninformation wird der Lerngruppe vom Tonband vorgespielt. Jeder einzelne muß sie dann schriftlich festhalten und frei vortragen.

● Eine wichtige Grundübung für das Aufnehmen, Strukturieren und das richtige Wiedergeben wesentlicher Informationen.

■ **Diese sieben Grundübungen** sind nur ein kleiner Ausschnitt aus einer Fülle möglicher Varianten. Sie können diese abwandeln, ergänzen und sogar neue erfinden.
Wichtig ist nur, daß Sie üben und sich selbst kontrollieren.

6.6.4. Diskussion, Vorbereiten und Durchführen

■ **Diskussion, was ist das eigentlich?**
Diskussion ist eine Form des Gesprächs, des gegenseitigen Informierens. Sie dient der Auseinandersetzung verschiedener Auffassungen. Sie leitet Erkenntnisprozesse ein und verbessert die Urteilsbildung.

■ **Beim Vorbereiten** und **Durchführen** einer Diskussion sind zu **beachten:**
● **Zielsetzung und Problemdarstellung**

– Warum soll diskutiert werden?
– Worüber soll diskutiert werden?
– Das Ziel der Diskussion (das Thema) muß allen Teilnehmern vorher bekannt sein.

● **Ablauf der Diskussion**

– Ablauf der Diskussion durch die Teilnehmer festlegen oder bestätigen lassen.

● **Problemanalyse**

– Anknüpfungspunkt ist die konkrete Situation, sind unmittelbar interessierende Sachverhalte, sind mögliche Erfahrungen der Teilnehmer.
– Problem analysieren und strukturieren.
– Zusammenhänge aufzeigen.

● **Problemlösungen**

– Lösungsvorschläge entwickeln.
– Vor- und Nachteile gegeneinander abwägen.

● **Diskussionsergebnis**

– Inhaltliches Zusammenfassen des Diskussionsablaufes.
– Ordnen und Gegenüberstellen der Beiträge.
– Folgerungen, Vorschläge und Maßnahmen.

● **... und bedenken Sie:**
Alle Teilnehmer sollten möglichst gleiches Interesse haben und über die notwendige Grund- (oder Eingangs-) Information verfügen.

■ **Es darf diskutiert werden.** Einige Hinweise ...
● **Für alle:**

Grundforderung
Als erstes Diskussionsziel und Teilziele bestimmen.

● **Für den Diskussionsteilnehmer**

Grundforderung
Auf die Diskussion gründlich vorbereiten!
Vorher informieren, Diskussionsbeiträge und Fragen formulieren.
Welche Auffassungen könnten Ihre Diskussionspartner vertreten?

1.0. Planung und Vorbereitung	**2.0. Organisation, Durchführung und Kontrolle**
1.1. Wahl des Themas ● Bedarf, Interesse ● Koordinierung **1.2. Wahl des Raumes** ● Raum: Belüftung, Heizung, Beleuchtung, Sitzordnung, technische Hilfsmittel, Störeinflüsse ● Überprüfung des Ablaufes anhand einer Checkliste **1.3. Einladung** (sollte folgende Punkte enthalten: ● Thema (Programm, Tagesordnung, Anforderungen, Voraussetzungen) ● Zeit (Datum, Beginn, Ende, Uhrzeit) ● Ort, Straße (Verkehrsverbindungen, Telefon, Anfahrmöglichkeiten) ● Teilnehmerkreis (Anzahl, Tätigkeitsbereich) ● Bitte um Bestätigung/Absage, . . .	**2.1. Eröffnung** ● Begrüßung **2.2. Zielsetzung** ● Grund der Veranstaltung ● Themen ● Referenten **2.3. Ablauf der Veranstaltung** nach Tagesordnung (Vorträge, Referate, Arbeitsunterlagen) **2.4. Diskussion** (Aussprache, Meinungsaustausch) **2.5. Ergebnis** (Zusammenfassung, Abstimmung, Beschlüsse) **2.6. Schluß** (Dank) **2.7. Ergebnis- und Beschlußprotokoll** **2.8. Auswertung** (Kritik der Veranstaltung, Verbesserungen, Wünsche)

Bild 6.19

Noch weitere **Hinweise:**

– Laut und deutlich sprechen.
– Vermeiden Sie Wiederholungen.
– Jeder an der Zielsetzung und dem Inhalt orientierte Beitrag ist wichtig (. . . nur keine Scheu).
– Den Gesprächspartner ganz ausreden lassen.
– Persönliche Angriffe tragen Sie – anschließend
– sportlich aus.
– Wenn Sie etwas nicht verstehen . . . fragen Sie!

6.6.5. Konferenztechnik

Unter der **Konferenztechnik** versteht man den Einsatz aller psychologischen, sprachlichen und technischen Mittel bei der

● Planung und Vorbereitung.
● Organisation und Durchführung.
● Auswertung einer Konferenz.
. . . statt vieler Worte, eine kurze Zusammenfassung (Bild 6.19).
Sie stellen sich immer noch die Frage:
Was eine Konferenz ist?

6.7. Lernkartei und Schwedenpoker

Das Lernziel bestimmt die Lernmethode.

■ Im vorliegenden Buch haben wir vier Lernzielbereiche, die vier Lernzielstufen, unterschieden:
Reproduktion,
Reorganisation,
Transfer und
problemlösendes Denken.
In diesem Kapitel möchten wir Ihnen einige **Anregungen und Tips** vor allem **für** die erste Stufe: **Reproduktion** (= verfügbares Wissen reproduzieren) geben. Diese Stufe ist Grundlage und Ausgang für jede der folgenden Stufen.
● Wer z. B. grundlegende Begriffe, Definitionen, physikalische Einheiten und Zusammenhänge nicht kennt, kann nicht selbständig ein physikalisches Praktikum durchführen.
● Um sich in einer fremden Sprache unterhalten zu können, benötigen Sie beispielsweise Vokabeln, Grammatik und spezielle Redewendungen.

■ Das Beherrschen von notwendigen Grundlagen steht hier nicht zur Diskussion, sondern das „Wie des Lernens".
Wir möchten Ihnen zwei Möglichkeiten vorstellen, die das triste Pauken durch abwechslungsreiche und rationelle Verfahren ersetzen:

Schwedenpoker und Lernkartei

6.7.1. Die Lernkartei

■ Warum Sie mit dieser Lernkartei schneller und abwechslungsreicher lernen, erklären wir Ihnen im zweiten Teil.
Zunächst möchten wir Ihnen dieses Verfahren vorstellen.
Als erstes benötigen wir Karteikarten (zweckmäßig DIN A 7, das entspricht einer halben Postkarte), dann einen Karteikasten (Zigarrenkasten, Pappschachtel, Kunststoffschachtel aus der Kühltruhe o. ä.).
Der Karteikasten wird mit steifem Karton unterteilt (z. B. wie in Bild 6.20).
... und auf geht's!

Wir wählen das **Beispiel: „Vokabelnlernen"** **Spanisch**
1. Wir nehmen etwa 20 Kärtchen und beschreiben sie mit den Vokabeln, die wir lernen wollen. Auf der einen Seite: „Trauer", auf der anderen Seite: „luto" oder „Ich fühle mich nicht ganz wohl", und „no me encuentro del todo bien".
... und immer daran denken: Schon beim Eintragen halblaut vor sich hinsprechen (Vorteil des Speicherns ←)
2. Karten nun mischen und etwa 10 Minuten lernen. Versuchen Sie immer mit den zu lernenden Vokabeln kleine Sätze zu formulieren und „machen Sie sich von diesen Wörtern ein Bild".
3. Nach einer Ruhepause von etwa 5 Minuten erledigen Sie andere Lernaufgaben (Mathematik, Biologie, Zeichnen, . . .)
4. Mittlerweile sind vielleicht 30 Minuten vergangen und die Vokabeln sind wieder an der Reihe. Karten durchmischen und . . . man liest „alcade" und murmelt „Bürgermeister"
Kontrolle: stimmt!
Positives Ergebnis → Lernerfolg → Erfolgserlebnis → Karte in das Fach: „GEWUSST"!
Nicht beherrschte Vokabeln wandern in das Fach „BÖSARTIG" und werden im Laufe des Tages so oft wiederholt bis sie bekannt sind.
5. Die erste Gesamtwiederholung findet 1 bis 2 Tage später statt, die zweite 3 bis 4 Tage und die dritte etwa ein bis zwei Wochen nach dem ersten Lerntag.
„Gewußte" Vokabeln werden ein Fach weiterbefördert, die nicht gewußten marschieren ein Fach zurück.
6. Nach der dritten Gesamtwiederholung sollten die Vokabeln bekannt sein.
Sind sie es, so wandern sie in das alphabetisch geordnete Fach „Mein Wissen Spanisch".
Sind sie es nicht, zurückversetzen in das Fach „BÖSARTIG" und ein Vermerk auf der Fehlerliste (←).
7. Um den Anforderungen einer rationellen Zeit- und Terminplanung zu genügen, richten wir noch eine Abteilung „TERMINE" ein. Hier werden die vorgesehenen Wiederholungstermine eingetragen.
8. Könner besitzen noch eine Abteilung „KONTROLLERGEBNISSE", in der sie die jeweiligen Kontrollergebnisse festhalten.

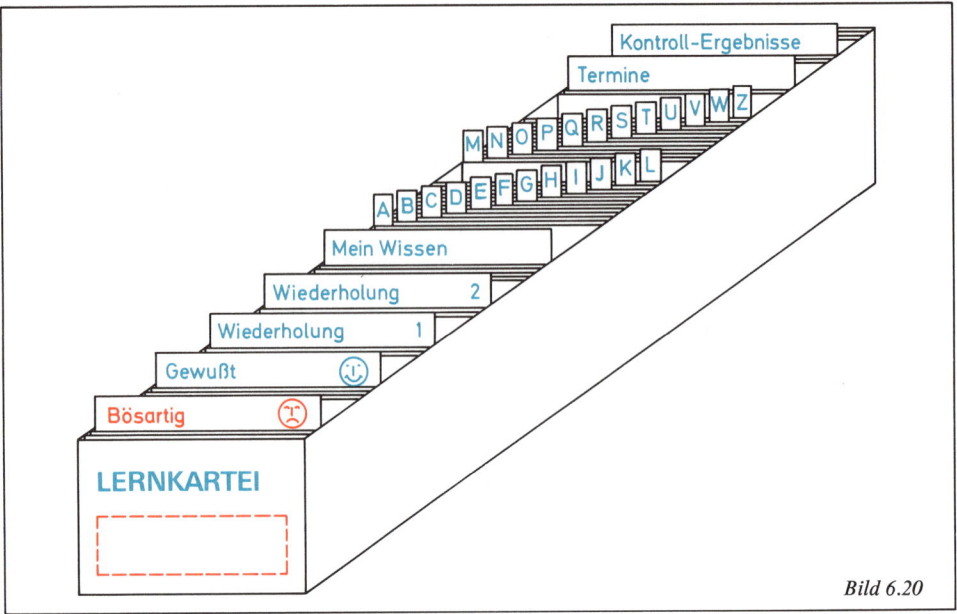

Bild 6.20

■ Auch bei der Methode „Lernen mit der Lernkartei" wurde eine Fülle von **Lernregeln** berücksichtigt. Hier einige **Beispiele:**

● Rationelle Pausenregelung
(Kapitel 1.3.3, Ermüdung, Pausen und Arbeitszeit).
● Individuell gewählter Lernrhythmus (der Lernende bestimmt das Tempo und die Anzahl der Wiederholungen).
● Rationelles Lernen
(Vermeiden überflüssiger Wiederholungen).
● Jeder Lernschritt muß kontrolliert werden. (Lernen im Regelkreis ←).
● Möglichst viele Sinnesorgane am Lernprozeß beteiligen (durch Lesen — Sprechen — Hören — Schreiben).
● Jeder Lernschritt muß angenehme Folgen haben.
● Berücksichtigung der Vorgänge beim „Speichern im Gedächtnis" (←) und der Grundregeln von „Behalten und Vergessen" (←).
(Nicht zu früh und nicht zu spät wiederholen.)

■ ... also ...

● Nicht zu viel auf einmal lernen. Vielleicht dreimal täglich je 15 Minuten.
● Pausen einlegen.
● Kurz vor dem Schlafen-Gehen lernen (Schlafvorteil nutzen).
● Sich vom Lehrer beim Anlegen der Kartei beraten lassen.

■ Mit der Lernkartei haben wir eine zweckmäßige Methode für das reproduzierende Lernen kennengelernt.

■ Aber auch **für** die nächste **Stufe „Reorganisation"** (= Selbständiges Verarbeiten und Anordnen von Gelerntem) **ist die Lernkartei anwendbar.**
● Da man beim Lernen möglichst **viel „in der fremden Sprache denken"** soll und möglichst wenig in der eigenen, macht man folgendes: Man lernt nicht nur „Friseur — peluquera", sondern man bildet kurze Sätze dazu, wie:

„Warmes oder kaltes Wasser?"
„aqua caliente o fria?"
„Sich die Haare schneiden lassen"
„hacerse cortar el pelo"
„Ich möchte zahlen"
„hage el favor de la cuenta"

... oder Sie versuchen Fragen zu beantworten, wie:
Was ist ein Friseur, was tut er. . . .?

● ... eine solche Lernkartei (wenn sie nicht zu groß ausfällt) können Sie überall mit hinnehmen . -. . auch zum Friseur oder zum Zahnarzt . . . überall dort, wo Sie „Totzeit" sinnvoll ausnutzen wollen.

● **Lernen sollte Spaß machen**
... und Spaß ist am ehesten zu erzielen, wenn Lernen spielerisch geschieht . . .
also funktionieren wir unsere Lernkartei um . . .

6.7.2.   Schwedenpoker

■ Wir nehmen nicht nur unsere beidseitig beschrifteten Kärtchen (Vorn: Fragestellung, hinten: Antwort), sondern auch so drei bis vier Lernpartner.
Mit diesen setzen wir uns an den Tisch, die Karten sind gemischt und die Runde kann beginnen:

> Karte aufnehmen → Frage stellen → diese Frage beantworten → Kontrolle usw. → immer reihum . . .

Nicht beantwortete Fragen gehen an den Nächsten. Kann er sie beantworten, bekommt er einen Zusatzpunkt . . .
Punktbeste erhalten einen Preis oder eine Vergünstigung, Punktschlechteste müssen einen ausgeben . . .

■ Mit einer solchen Lerngruppe und dem Schwedenpoker können umfangreiche Lerngebiete be- und erarbeitet werden.

> **1. Phase:** Lerngebiet wird auf die einzelnen Lernpartner aufgeteilt, die hierzu Fragen und Antworten erarbeiten (Vorbereiten der Karten).
> **2. Phase:** Pokern (auch mit allen Schikanen).
> **3. Phase:** Diskussion über Fragestellungen und Antworten (Warum?, Hintergründe, Zusammenhänge, . . .).
> **4. Phase:** Durchführen von Probeprüfungen (mit verteilten Rollen: Prüfer und Geprüfte wechseln).

■ **Fassen wir zusammen:**
Lernkartei und Schwedenpoker eignen sich für das Erreichen von Zielen der Lernzielstufen „Reproduktion und Reorganisation", wie z. B. das Lernen von:

> – Begriffen und Definitionen,
> – Vokabeln und Redewendungen,
> – geschichtlichen Ereignissen,
> – Formeln und Regeln,
> – Bestandteilen eines Raketenmotors,
> – Organisationsformen und Strukturen,
> – Kosten-Rechnungs-Systemen und von
> – . . . verschiedenen Maikäfer-Arten . . .

6.8.   Darstellen oder Informationen optisch aufbereiten

■ Unterbrechen Sie einen Augenblick das Lesen und schauen Sie sich für einige Sekunden ein Bild, eine Vase oder einen sonstigen Gegenstand im Raume an.
Schließen Sie die Augen und beschreiben Sie das Gesehene mit Worten.
. . . gar nicht so einfach . . .
und wenn Sie nun das Gesehene einem Lernpartner beschreiben sollten, werden Sie feststellen: Der persönliche Eindruck, das Bild ist immer stärker als eine Fülle sehr treffender Worte.

> Ein Bild sagt mehr als 1000 Worte!

. . . und deshalb benutzen wir . . .

6.8.1.   Visuelle Informationsträger

■ Zuvor ein **Beispiel** aus dem Kapitel 3.5.1, „Informationsaufnahme durch die Sinnesorgane"

> Die Kanalkapazitäten der Sinnesorgane sind äußerst unterschiedlich:
> – optischer Kanal etwa 10^7 bit/Sekunde
> – akustischer Kanal $1,5 \cdot 10^6$ bit/Sekunde
> – taktiler Kanal $0,4 \cdot 10^6$ bit/Sekunde
> Das wären Zahlenangaben, die optische Darstellung (Bild 6.21) ist aber viel aussagekräftiger.

Bemühen Sie sich daher Problemstellungen und ihre möglichen Lösungen „zeichnerisch zu Papier zu bringen".

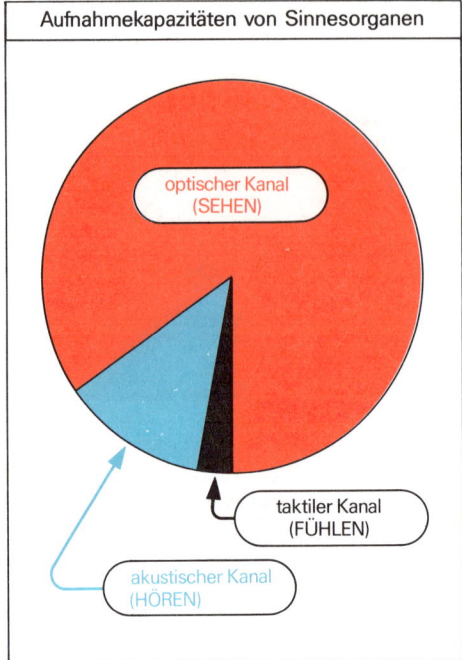

Aufnahmekapazitäten von Sinnesorganen

optischer Kanal
(SEHEN)

taktiler Kanal
(FÜHLEN)

akustischer Kanal
(HÖREN)

Bild 6.21

Damit werden Gedanken, Zusammenhänge, Irrwege und Abläufe sichtbarer.

■ **Sie zweifeln?**

Ein Beispiel:
Sie wollen einem anderen den Weg zu einem bestimmten Zielort beschreiben.
Was ist schneller und einprägsamer: Beschreibung mit Worten oder eine Skizze der Wegstrecke?
... die Wegskizze.
... und genauso — mit wenigen Strichen — sollen Sie Ihre Gedankenabläufe zu Papier bringen. Es erspart Arbeit und Zeit, es verdeutlicht Ihre Gedanken.

! Problemstellungen und Problemlösungen immer (auch) „optisch" strukturieren.

■ Als visuelle Informationsträger finden wir:

● symbolisch-bildliche Formen, wie Bilder, Skizzen, Karten, Symbole, Fotos, Filme, ...
● grafisch-schematische Formen, wie Tabellen, Schaubilder, Diagramme, Statistiken, Schemata, Strukturbäume, Systemskizzen, technische Zeichnungen, ...
● räumlich-gegenständliche Formen, wie Modelle, Werkzeuge, Produkte, Hafttafeln, Anschauungsgegenstände, Funktionsmodelle, ...

Einige **Beispiele** hierzu enthält Bild 6.22 ... und merken Sie sich:

Nicht „Schönheit" ist ausschlaggebend, sondern Lesbarkeit, Übersichtlichkeit und Aussagekraft.

6.8.2. Optisches Aufbereiten von Informationen

■ Rationelle Informationsaufnahme bedeutet:
Wie kann man möglichst viele Informationen in kürzester Zeit ohne große Ermüdung aufnehmen?
Dazu verhilft das optische und strukturelle Aufbereiten von Informationen. Das Beispiel in den Bildern 6.23a bis c zeigt es überdeutlich. Je nach Zielsetzung und Art der Information können Sie verschiedene Möglichkeiten anwenden. Hier einige **Tips für das Lesen:**

● Wichtiges im Text durch Markierungen hervorheben (bestimmte Kennzeichen, Text-Unterstreichungen).
● Bedeutsame Aussagen durch Einfärben mit Filz- oder Faserstiften kennzeichnen.
● Wichtige Aussagen in Schemata umsetzen (Fluß-Diagramme, Strukturbäume, Ablaufpläne, Netzpläne, Balkendiagramme, ...).

■ **Damit erreichen Sie:**
● eine erhöhte Übersichtlichkeit,
● ein besseres Einprägen (Speichern) der wichtigsten Aussagen.

Bilder und Farben sind ausgezeichnete Mittel, um Sachverhalte und Probleme anschaulich darzustellen und den sprachlichen Ausdruck zu ergänzen.

Beachten Sie auch die Hinweise in Kapitel 3.5.6 (←).

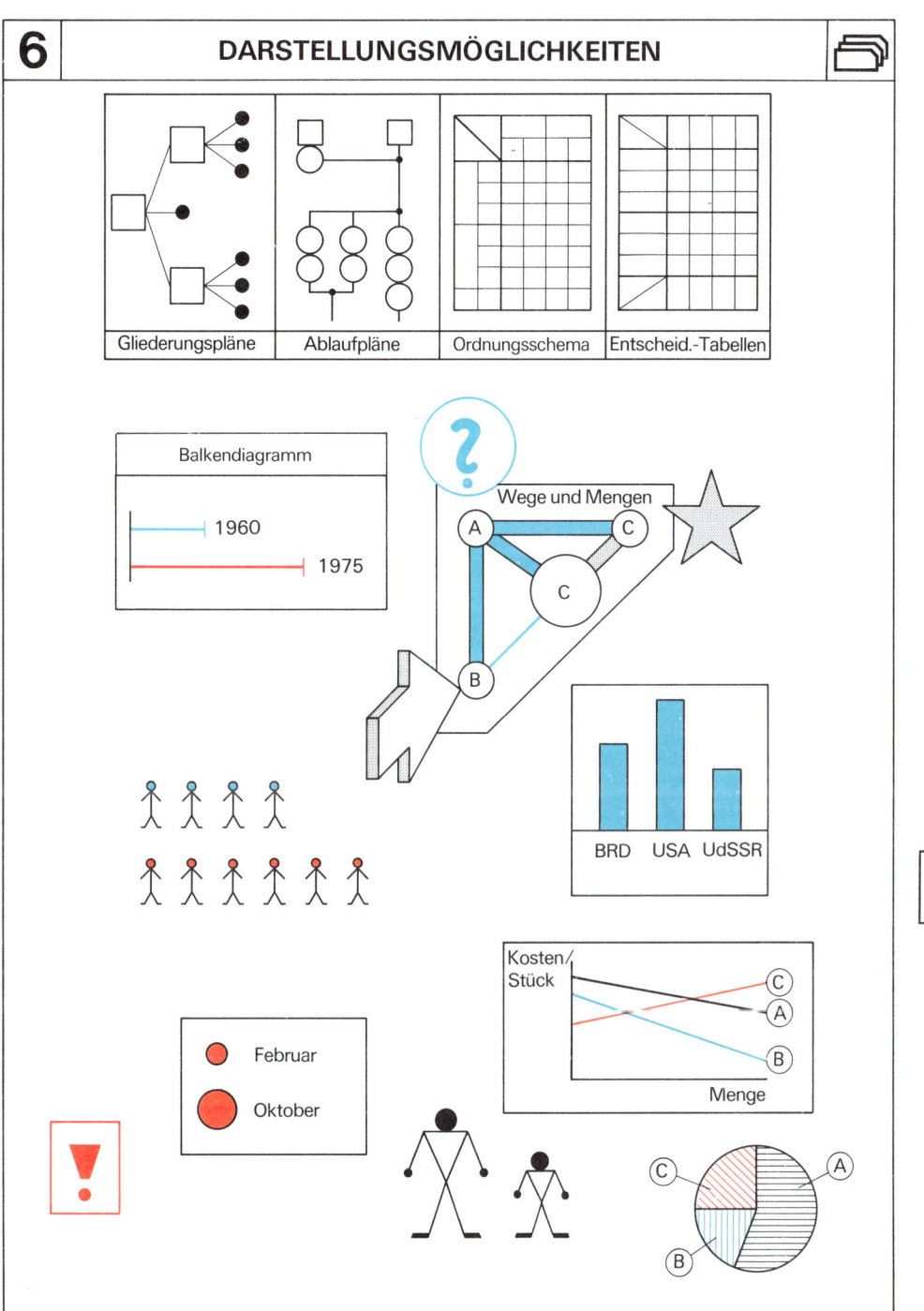

| Gliederungspläne | Ablaufpläne | Ordnungsschema | Entscheid.-Tabellen |

Balkendiagramm

1960

1975

Wege und Mengen

BRD   USA   UdSSR

Kosten/Stück

Menge

Februar

Oktober

Bild 6.22

173

Die Kenntnis der Bruchvorgänge bei einachsiger Beanspruchung gestattet, aus dem Bruchbild eines Bauteiles auf die Beanspruchungen vor dem Bruch und daraus auf die Bruchursache zu schließen. Der Bruch eines einachsig, zügig beanspruchten Blechstreifens geringer Dicke aus einem zähen Werkstoff verläuft unter einem Winkel von 45° zur Beanspruchungsrichtung. Es liegt ein Verformungsbruch vor. Bei Rundstäben aus dem gleichen Werkstoff tritt ein Mischbruch ein. Durch die sich kurz vor dem Bruch einstellende Einschnürung bildet sich ein mehrachsiger, gleichsinniger Spannungszustand aus. Dieser Spannungszustand verändert infolge Verformungsbehinderung das Bruchbild in Richtung auf Bruchformen spröder Werkstoffe.

Dagegen zerreißt ein Zugstab aus einem spröden Werkstoff infolge der Normalspannungen senkrecht zur Beanspruchungsrichtung (Trennbruch). Ähnliches Verhalten zeigen Verdrehstäbe:

Ein Verdrehbruch an einem zähen Werkstoff zeigt senkrecht zu den Achsen liegende glatte Bruchflächen. Bei einem spröden Werkstoff führen die unter einem Winkel von 45° zu den Schubspannungen gleichzeitig wirkenden Normalspannungen.

Bruch ➡ Bruchbild ➡ Bruchursache

Die Kenntnis der Bruchvorgänge bei einachsiger Beanspruchung gestattet, aus dem **Bruchbild** eines Bauteiles auf die Beanspruchungen vor dem Bruch und daraus auf die **Bruchursache** zu schließen.

Der Bruch eines einachsig, zügig beanspruchten Blechstreifens geringer Dicke aus einem zähen Werkstoff verläuft unter einem **Winkel von 45°** zur Beanspruchungsrichtung. Es liegt ein **Verformungsbruch** vor.

Bei Rundstäben aus dem gleichen Werkstoff tritt ein **Misch**bruch ein. Durch die sich kurz vor dem Bruch einstellende Einschnürung bildet sich ein mehrachsiger, gleichsinniger Spannungszustand aus. Dieser Spannungszustand verändert infolge Verformungsbehinderung das Bruchbild in Richtung auf Bruchformen spröder Werkstoffe.

Dagegen zerreißt ein Zugstab aus einem spröden Werkstoff infolge der Normalspannungen **senkrecht** zur Beanspruchungsrichtung **(Trennbruch).**

Ähnliches Verhalten zeigen Verdrehstäbe: Ein Verdrehbruch an einem zähen Werkstoff zeigt **senkrecht** zu den Achsen liegende glatte Bruchflächen. Bei einem spröden Werkstoff führen die unter einem Winkel von 45° zu den Schubspannungen gleichzeitig wirkenden Normalspannungen.

Bild 6.23a und b

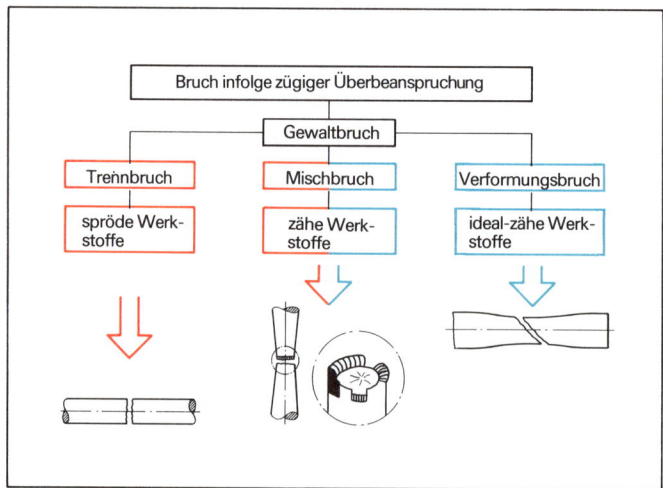

Bild 6.23c

6.8.3. Flußdiagramme und Entscheidungstabellen

■ Wir haben gelesen und gesehen (Bild 6.23), daß man gedankliche Vorgänge und Arbeitsabläufe grafisch darstellen kann. Eine weitere Möglichkeit ist der **Gedankenflußplan.** (Symbole in Bild 6.24).

● Aus einem solchen Diagramm gehen Art, Ablauf und eventuelle Wiederholungen von Tätigkeiten und Entscheidungen hervor.

● Es gibt an, in welcher Reihenfolge von einem bekannten Ausgangspunkt aus bestimmte Schritte erfolgen müssen, um ein festgelegtes Ziel zu erreichen.

■ Ein kleines **Beispiel: Übertragen Sie die nachfolgende sprachliche Beschreibung in den Gedankenflußplan (Bild 6.25):**

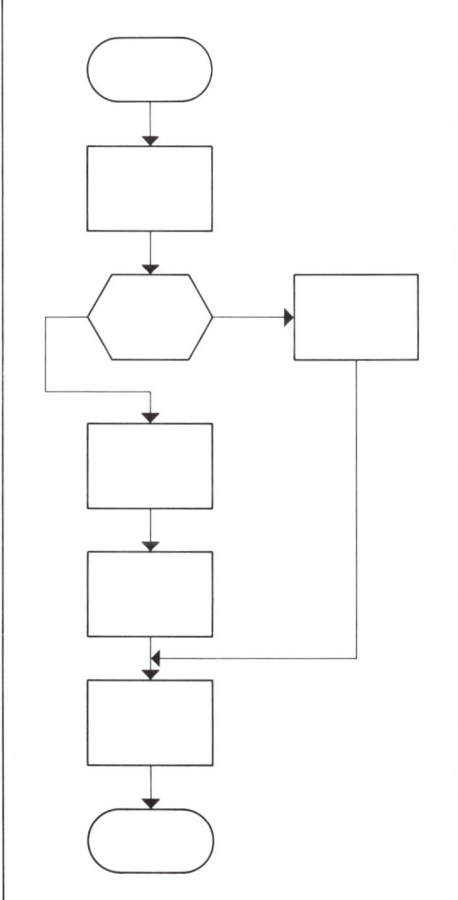

Bild 6.25

Sie lesen im Buch „Lern- und Arbeitstechnik — kurz und bündig" das Kapitel „Flußdiagramm". **Gefällt es Ihnen,** so holen Sie sich eine Flasche Bier aus dem Kühlschrank und lesen noch das Kapitel 8 „Lösungsmethoden".
Gefällt es Ihnen nicht, so schimpfen Sie auf die Verfasser und legen das Buch sofort zur Seite.

Hat der von Ihnen gezeichnete Gedankenflußplan dasselbe Aussehen wie Bild 6.26.?

■ **Wie liest man Gedankenflußpläne?**
Je nach Absicht und Erfahrung gibt es unterschiedliche Möglichkeiten ein Flußdiagramm zu lesen:

> 1. dem Hauptablauf folgen
> (gute Übersicht, kein Verzetteln) oder
> 2. den Verzweigungen der Reihe nach folgen
> (alle Verzweigungen werden sofort mit aufgenommen, die jeweils wichtigsten können ausgewählt werden).

Für Anfänger ist Methode 1 am zweckmäßigsten.

■ Sie müssen nun nicht alle Abläufe und Zusammenhänge in Flußplänen darstellen. Oft genügen Strukturbäume (←) oder einfache Auflistungen.

Wichtig ist nur:

> Abläufe und Zusammenhänge anschaulich darstellen.

Weiterhin müssen Sie die vorgeschlagenen Symbole nicht sklavisch einhalten. Sie können für Ihre Probleme auch eigene entwickeln.

SYMBOL	BESCHREIBUNG

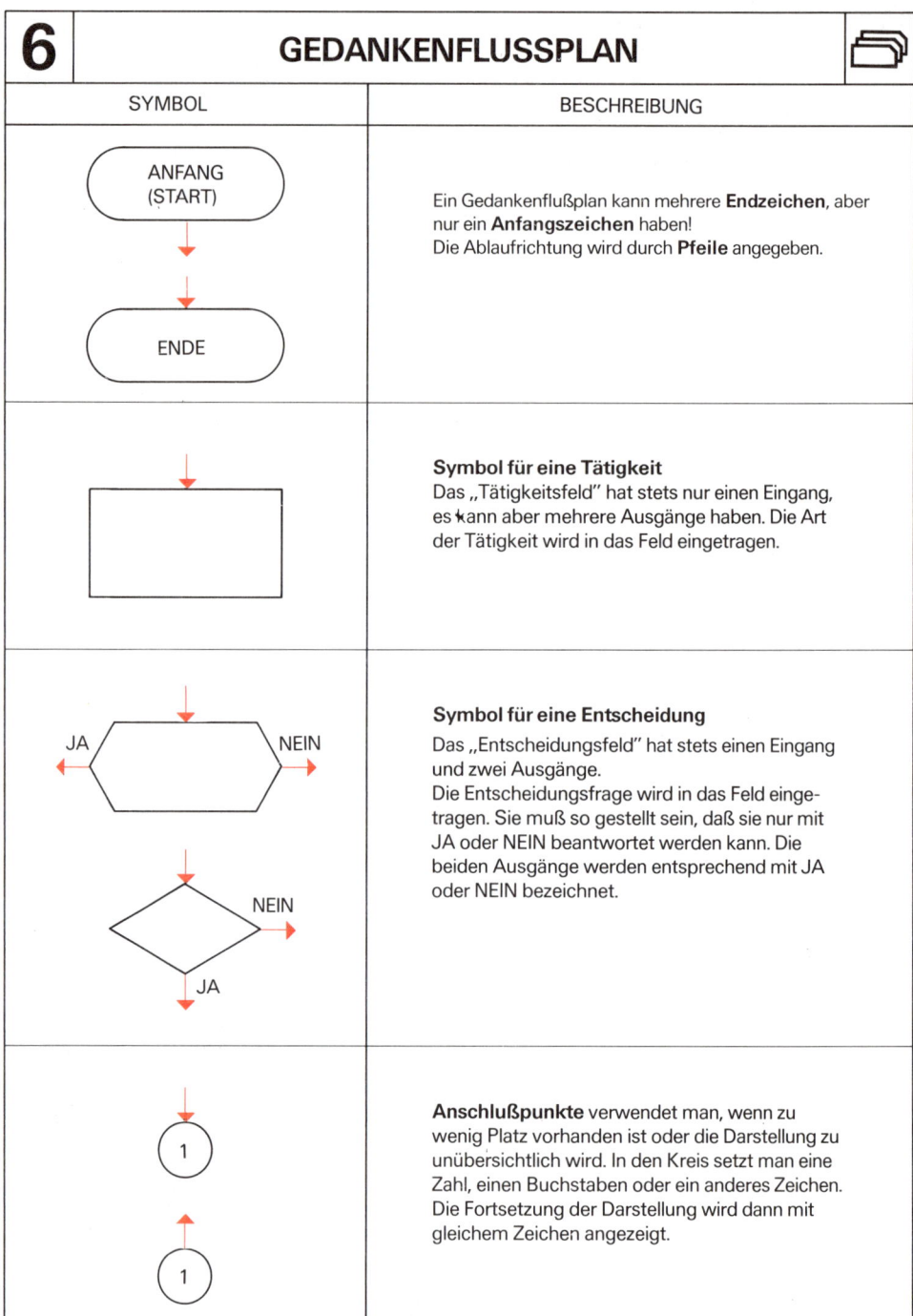

Ein Gedankenflußplan kann mehrere **Endzeichen**, aber nur ein **Anfangszeichen** haben!
Die Ablaufrichtung wird durch **Pfeile** angegeben.

Symbol für eine Tätigkeit
Das „Tätigkeitsfeld" hat stets nur einen Eingang, es kann aber mehrere Ausgänge haben. Die Art der Tätigkeit wird in das Feld eingetragen.

Symbol für eine Entscheidung
Das „Entscheidungsfeld" hat stets einen Eingang und zwei Ausgänge.
Die Entscheidungsfrage wird in das Feld eingetragen. Sie muß so gestellt sein, daß sie nur mit JA oder NEIN beantwortet werden kann. Die beiden Ausgänge werden entsprechend mit JA oder NEIN bezeichnet.

Anschlußpunkte verwendet man, wenn zu wenig Platz vorhanden ist oder die Darstellung zu unübersichtlich wird. In den Kreis setzt man eine Zahl, einen Buchstaben oder ein anderes Zeichen. Die Fortsetzung der Darstellung wird dann mit gleichem Zeichen angezeigt.

Bild 6.24

Entscheiden mit Entscheidungstabellen

● Entscheiden **heißt:** Informationen systematisch suchen, verarbeiten und wiedergeben. Nun stellen jedoch unsere sprachlichen Formulierungen ein lineares Hintereinander von Wörtern dar, so daß ein Beschreiben von unübersichtlichen und komplexen Situationen erschwert ist. Der Wunsch nach einem optischen Aufbereiten von Informationen wird um so dringlicher,
– je schwieriger es ist, einen Überblick über die Voraussetzungen und die Auswirkungen einer Entscheidung zu gewinnen,
– je schwerwiegender die Auswirkungen von Fehlentscheidungen sind und
– je schwieriger es ist, Fehlentscheidungen zu korrigieren.

● Die Entscheidungstabellentechnik schafft die **Grundlage zum logischen und konsequenten Erfassen von** derartigen **Vorgängen.** Sie ist besonders geeignet zur Darstellung vielfacher Verknüpfungen von Bedingungen und Maßnahmen. Der in Bild 6.26 verarbeitete textliche Ablauf hat — nach dieser Methode behandelt — das Aussehen (Tabelle siehe unten).

Hierbei nennt man einzelne oder zusammengehörende Bedingungen (B) und die daraus folgenden Maßnahmen (M) eine Regel (R). Dabei erfolgt das Abfragen aller Regeln nach der logischen ODER-Verknüpfung. Die verschiedenen Bedingungen und Maßnahmen gehorchen einer UND-Verknüpfung. Den Wahrheitswert der Bedingungen bezeichnet JA oder NEIN. Erfahrungsgemäß führt der Weg vom Problem zur Lösung über sehr viele logische Einzelschritte (Tabellen). Eine Verknüpfung erfolgt über entsprechende „Sprungbefehle".
... und das sind wiederum wesentliche Merkmale für die computergerechte Aufbereitung von Problemlösungen.

Zusammenfassung:
1. Beim Sammeln, Verarbeiten und Wiedergeben von Informationen sind Flußdiagramme („Gedankenflußpläne") eine wirkungsvolle Hilfe.
2. Entscheidungstabellen finden bei komplexen Problemlösungen Anwendung.

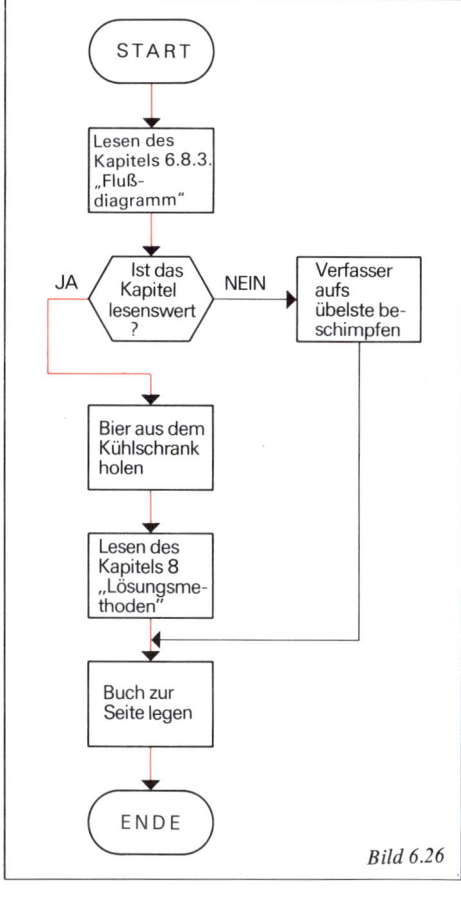

Bild 6.26

			Regel 1	Regel 2
Bedingungen	B1	Wenn Kapitel 6.8.3. „Flußdiagramme" gelesen	JA	JA
	B2	Wenn Kapitel 6.8.3. lesenswert ist	JA	NEIN
Maßnahmen	M1	Dann Bier aus dem Kühlschrank holen	X	
	M2	Dann Kapitel 8 „Methoden der Lösungsfindung" lesen	X	
	M3	Dann Verfasser aufs übelste beschimpfen		X
	M4	Dann Buch zur Seite legen	X	X

Möller, Christine			Lfd. Nr.	56
Technik der Lernplanung			Seiten	**226**
			Orig.	✕
Verlag J. Beltz, Weinheim/Berlin/Basel 5. A. 1976			Rep.	
21 Bilder ———— Diagramme ———— Tabellen 100 Literaturangaben			INFO-WERT	(+) ✱ ✱
				(−)

Bild 6.27

6.8.4. Vordrucke und Reproduktion

■ **Daß Vordrucke die Arbeit erleichtern,** wissen wir alle.
Wir kennen Vordrucke für:

> ● Danksagungen und allgemeine Informationen (Hochzeiten, Umzug, ...),
> ● Literatursammlungen,
> ● Testblätter, Fragebögen,
> ● Formulare für Gesprächsvorbereitungen, Telefonanrufe, ...
> ● Karteikarten für die verschiedensten Informationen,
> ● Rechnungen, Bestellungen, Lieferscheine, ...
> ● ...

Als **Beispiel** für die vielen Möglichkeiten... ein Vordruck-Vorschlag: Literaturliste (Bild 6.27).
... es gefällt Ihnen nicht?
Dann eben ein anderer (Bild 6.28).

... ebenfalls unzweckmäßig, dann denken Sie selbst einmal nach und entwerfen einen Vordruck.

■ **Fassen wir zusammen:**
● Vordrucke haben den Vorteil, daß sie
die Arbeitsabläufe vereinfachen und erleichtern,
die Vollständigkeit der Angaben sichern,
die Angaben in logischer und übersichtlicher Folge gliedern.

● Bei der Gestaltung ist zu beachten:
Papierformate der DIN-Reihen verwenden,
der Aufbau muß dem Verwendungszweck entsprechen (klar und übersichtlich dem Arbeitsablauf angepaßt).
optimale Vorarbeit anstreben
(Benutzer muß nur noch das Wichtigste eintragen, ankreuzen oder unterstreichen).

■ **Reproduktion**
Benutzen Sie die Möglichkeiten der Vervielfältigung. Fotokopien sind wirtschaftlicher als stundenlanges Abschreiben.

Blatt Nr. ☐	Thema: **Lerntechniken**		Untergruppe: **Lernziele**		
Lfd. Nr.	Autor	Titel	Verlag Zeitschrift	Jahr	INFO WERT
56	Möller Christine	Technik der Lern-planung	J. Beltz, Weinheim	76 5.A.	(+) ✱✱ (−)

Bild 6.28

1 Durchführen von Lernprozessen =

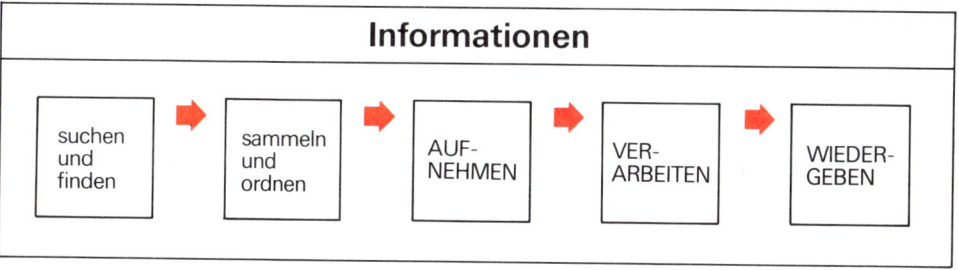

Informationen

suchen und finden → sammeln und ordnen → AUF-NEHMEN → VER-ARBEITEN → WIEDER-GEBEN

2 Lernsituationen müssen:

- auf das **Lernziel** abgestimmt sein,
- eine unmittelbare **sachbezogene Motivation** zum Lernen beinhalten,
- dem Lernenden die Möglichkeit geben, eigene **Aktivitäten** zu entwickeln und **Erfolgserlebnisse** zu haben,
- die verschiedenen **Eingangsvoraussetzungen** berücksichtigen,
- **fehlerfreie** und **reproduzierbare Informationsübertragungen** gewährleisten und
- eine unmittelbare **Kontrolle** (Rückmeldung) sicherstellen.

... das sind einige wesentliche Kriterien, nach denen Sie auch die von Ihnen zu besuchenden Fachveranstaltungen überprüfen sollten.

3 Suchen, Finden und Auswerten von Informationen

■ **Zwei wesentliche Faktoren,** die das Suchen und Finden von Informationen beeinflussen:
- die persönlichen Voraussetzungen (Fähigkeiten, Erfahrungen),
- Art und Umfang der Aufgabenstellung.

■ **Ein zweckmäßiger „Suchansatz":**
Zielsetzung → Strukturplan → Grobgliederung → Untergliederung = Stichworte zum Suchen.

■ **Drei bewährte Such- und Auswerteverfahren:**
- das Billardsystem,
- das Prinzip der konzentrischen Kreise,
- das Prinzip der Mehrfachschleifen.

Die Verfahren zeichnen sich durch ein immer weiter verfeinerndes und informations-rückkoppelndes Vorgehen aus (Regelkreis)

4 Eine schriftliche Arbeit anfertigen

■ **Wir können unterscheiden:**
- textbetonte Arbeiten,
- quellenbetonte Arbeiten,
- feldbetonte Arbeiten.

■ **Ein zweckmäßiger Mehrstufenplan**
1. Aufgabenstellung analysieren und Problemlösungen vorbereiten.
2. Informationen suchen, sammeln, ordnen und auswählen.
3. Lösungen entwickeln, bewerten und auswählen.
4. Untersuchungen durchführen.
5. Manuskript entwerfen und gestalten.
6. Feinkorrektur und Niederschrift ausführen.

5 ... das Literaturstudium

Lesen heißt — Denken!

■ **Mögliche Formen des Lesens**
- selektierendes Lesen,
- orientierendes Lesen,
  - vertikales Überfliegen,
  - Slalomtechnik,
  - Bonbonmethode,
- studierendes Lesen.

■ **Ein zweckmäßiger Mehrstufenplan**
1. Zielsetzung und grobe Einordnung,
2. Vorgehensplanung,
3. Überblick über Problem, Autor und Inhalt,
4. Studium einzelner Abschnitte und Absätze,
5. Auswertung der Literaturstelle,
6. Verständnistest,
7. Einordnen der Literaturstelle in die Gesamtaufgabe.

12*

6 Informieren durch Vortragen

! REDEN können Sie – lernen

■ **grundsätzlich:**
● gründlich vorbereiten,
● möglichst frei vortragen,
● Zuhörer motivieren,
● Zeitplan einhalten.

... **einen Vortrag erarbeiten**
1. Ziel bestimmen,
2. Vorgehen festlegen (Grobstruktur/Vorgehensplan),
3. Informationen sammeln, ordnen und auswählen,
4. erste Stichwortfassung mit einzelnen Kernsätzen,
5. Schlußteil und Einleitung,
6. Redaktionelles Ausfeilen,
7. Generalprobe,
8. schriftliche Zusatzinformation an die Zuhörer.

... **einen Vortrag halten:**

■ **Vortrag nach Strukturschema ablaufen lassen**
● **Einleitung:** Kontaktaufnahme und in das Problem einführen.
● **Hauptteil:** Problem darstellen, Lösungen vortragen, Entscheidungen erarbeiten.
● **Schluß:** Zusammenfassung, Folgerungen, persönliches Schlußwort.
● **Kontrolle** des Vortrages: Wie ist er angekommen?

7 Informieren durch Diskutieren

... **eine Diskussion vorbereiten**
● Das Grobziel der Diskussion muß allen Teilnehmern vorher bekannt sein.
● Anknüpfungspunkt ist die konkrete Situation, sind unmittelbar interessierende Sachverhalte.
● Inhaltlichen und organisatorischen Ablauf genau festlegen und vorbereiten.

... **während einer Diskussion**
● Zu Beginn Ziele und Teilziele festlegen und sich um das Einhalten bemühen,
● Zwischenergebnisse festhalten,
● Redezeiten begrenzen,
● Wiederholungen vermeiden,
● auf Argumente des Diskussionspartners eingehen,

● die eigenen Gedanken und die der anderen strukturieren.
● Jeder an der Zielsetzung orientierte Beitrag ist wichtig.

8 Lernen mit der Lernkartei und dem Schwedenpoker

... diese beiden Verfahren sind sehr bewährte Lernmethoden für ein reproduzierendes und reorganisierendes Lernen.

... und vielfältig anwendbar:
● Vokabeln,
● Begriffe und Definitionen,
● Prüfungsvorbereitungen.

9 Informationen optisch aufbereiten

Ein Bild sagt mehr als 1000 Worte !

Problemstellungen und Problemlösungen immer (auch) „optisch" strukturieren.

Visuelle Informationsträger geben Hilfen für ein schnelles Verständnis, für das Deutlichmachen von Zusammenhängen und das übersichtliche Darstellen von Sachverhalten.

Gedankenflußpläne stellen Art und Ablauf von Tätigkeiten und Entscheidungen in übersichtlicher Form dar.

Vordrucke
● vereinfachen Abläufe und
● gliedern Angaben in logischer und übersichtlicher Folge.

Mit Rednern ist es häufig wie mit dem Sekt, die größten Flaschen sind auch die lautesten.

7. Kontrollen

■ Sie haben Ihren Spanisch-Kurs absolviert und stehen kurz vor der Abschlußprüfung.
Wie bereiten Sie sich vor?
Etwa hinsetzen und Vokabeln lernen?
Das wäre ein äußerst unzweckmäßiges Verhalten, denn bevor Sie mit der Prüfungsvorbereitung beginnen, sollten Sie auch hier die notwendigen inhaltlichen und zeitlichen Maßnahmen planen. Sie erstellen also einen Vorbereitungsplan. Hinweise dazu erhalten Sie im Kapitel 7.3.

■ Sie wissen um die Bedeutung von Selbsttests und von sogenannten Probeprüfungen und suchen einige Anregungen für deren Durchführung. Diese Anregungen geben wir Ihnen in den Kapiteln 7.2 und 7.4.

■ Bevor wir uns weiteren Hinweisen und Beispielen widmen, ist es ratsam, sich mit dem Begriff, der Bedeutung und den Aufgaben von Kontrollen näher zu befassen.

7.1. Kontrollen, warum?

7.1.1. Grundgedanken zu Kontrollen

■ Tagtäglich werden wir zum Überwachen, Beaufsichtigen, Feststellen herausgefordert, ...
... alles Begriffe, die die Funktion „Kontrolle" umschreiben.

Nun, was kontrollieren wir?
Je nach Aufgabe kontrollieren wir
● **zu Hause:** den Ölverbrauch der Heizung, die Rechnungen des Neubaues, das Gewicht vieler Dinge, ...

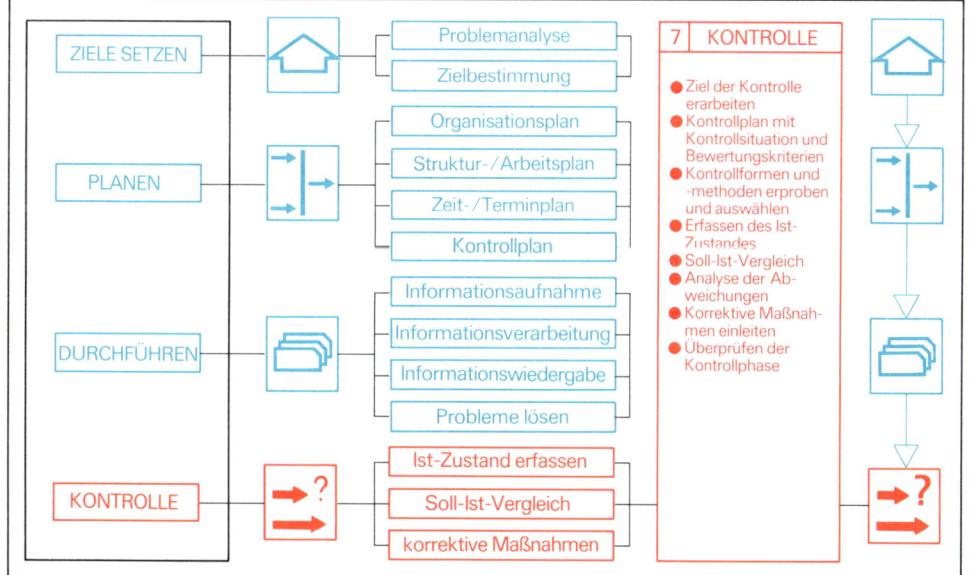

Bild 7.1

● **im Büro:** die ein- und ausgehende Post, den Aufbau, Inhalt und Schreibstil der Berichte, die Tageskasse, ...

● **im politischen Leben:** die Arbeit der Regierung (... na ja, etwas zu mindestens!), die Haushaltsführung, ...

● **im Sport:** die Leistung der Sprinter, die Kondition der Handballer, ...

Es sind alles Tätigkeiten und Vorgänge, die im Sinne unserer Vorgehensweise ebenfalls an bestimmte Phasen, wie Zielsetzung, Planen, Durchführung und Kontrollieren, gebunden sind. Phasen, die einfach notwendig sind, wenn ein Erfolg angestrebt wird.

■ Auch unser geplanter Lern- und Arbeitsprozeß sollte einem solchen Ablauf entsprechen, d.h. nach den bisher diskutierten drei Teilprozessen: Zielsetzen, Planen, Durchführen ist der abschließende vierte — **das Kontrollieren** — als überprüfende und regulierende Phase unbedingt erforderlich (Bild 7.1).

Wir kontrollieren

beim Lehrenden und Lernenden das Lernergebnis,

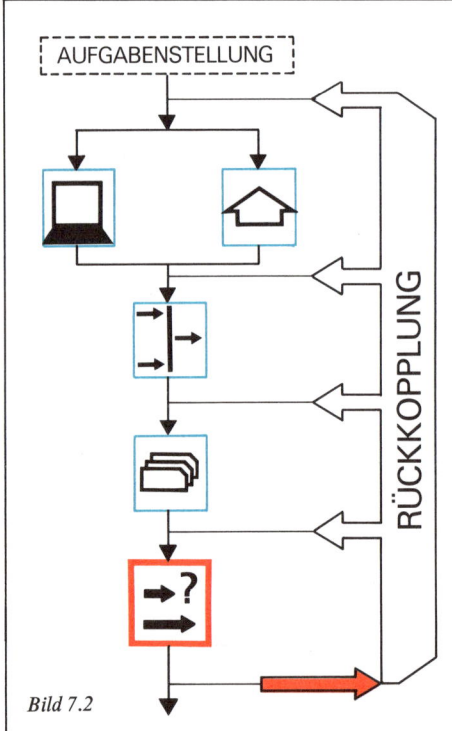

Bild 7.2

und diese Kontrollfunktion besteht aus

dem Erfassen der Lernergebnisse, deren Analyse und dem Einleiten korrektiver Maßnahmen,

um durch „Rückkopplung" (←) den **„Regelkreis des Lernens"** bilden zu können (Bild 7.2).

7.1.2. Aufgaben der Kontrollen

■ Kontrollen sind notwendige Teilprozesse bei allen Lernvorgängen und erfüllen dabei folgende **Hauptfunktionen:**

● **Rückmeldung** des Lernergebnisses (Ist-Zustand, Soll-Ist-Vergleich).

● Steigerung der sachbezogenen **Motivation** (Erfolgserlebnis, Impulse für neue Fragestellungen und Probleme).

● Inhaltliche Orientierung und zeitliche Gliederung der Lernvorgänge.

Lernkontrollen dienen der Optimierung der Lernprozesse. Sie machen deutlich, ob die angestrebten Lernziele erreicht werden.

■ Man kann als bekannt voraussetzen, daß Prüfungen

● Schweißtropfen verursachen,

● hin und wieder einseitig oder überflüssig sind,

● Angst und sachfremde Motivation auslösen können.

Bekannt ist weiterhin, daß das „Prüfungs(un)wesen" unserer Bildungs- und Ausbildungsstätten reformbedürftig ist. Haben Sie aber bitte Verständnis, daß wir auf diese Problematik nicht näher eingehen.

Grundsätzlich ist festzuhalten, daß wir uns alle bemühen müssen, die den Lernvorgang begleitenden Lernkontrollen und eine **„Selbstqualifizierung"** des Lernenden anzustreben. In diesem Sinne sollten Sie auch den von uns benutzten Begriff „Lernkontrolle" verstehen.

Denn,

● **wer** Gelegenheit hat mitzuplanen,

● **wem** vorher gesagt wird, was als Ziel anzustreben ist und wie man dessen Erreichen feststellen kann,

● **wer** mit Kontrolle nicht sogleich Aburteilung verbindet,

● **wer** auf sich selbst neugierig ist,

der mogelt nicht.

Selbstkontrolle motiviert zum Lernen; das programmierte Lernen hat es bereits erkannt.

7 | Beurteilung der einzelnen Themen der Weiterbildungsveranstaltung: Methodik der Ingenieurarbeit | K

Lfd. Nr.	Themenkreis	Qualität der Arbeitsunterlagen 1	2	3	4	5	Anforderungen zu hoch	richtig	zu niedrig	Darstellungsweise 1	2	3	4	5	Informationsgehalt 1	2	3	4	5	Vorbereitung des Vortrages 1	2	3	4	5	Anwendbarkeit für jetzige Tätigkeit ja	nein
1	Führungstechniken	17	58	25				65	35	33	42	25			31	38	31			50	33	17			✗	○
2	Projektbearbeitung	46	46	8			8	67	25	33	42	25			33	50	17			42	42	16			✗	○
3	Methodisches und systematisches Bearbeiten von Entwicklungen	67	33				8	67	25	40	54	6			50	50				46	46	8			✗	○
4	Informationsphase Anforderungsliste	83	17				8	85	7	65	35				72	28				70	22	8			✗	○
5	Funktionsstrukturen	58	25	17			8	75	17	54	23	23			46	38	16			50	42	8			✗	○
6	Methoden der Lösungssuche, Brainstorming, Synektik	80	20				8	71	21	50	38	12			50	38	12			46	46	8			✗	○
7	Morphologie, Bemessungslehre	70	23	7			8	84	8	35	50	15			15	62	15	8		42	50	8			○	✗
8	Bewertungsmethoden techn.-wirtsch. (Kesselring)	46	46	8			7	77	16	23	62	62			30	62	8			46	54				○	✗
9	Wertanalyse	8	42	42	8		8	70	22	22	71	7			21	71	8			46	46	8			✗	○
10	Entscheidungstechniken Flow-Chart, Entscheid. Tabellen	7	33	47	13		14	65	21	6	20	48	20	6	14	22	50	14		23	46	23	8		○	✗
11	Methodik bei einer schriftlichen Arbeit	11	75	8				90	10	18	45	37			27	46	27			27	55	18			✗	○

Erläuterungen: Notenschlüssel: 1 sehr gut / 2 gut / 3 befriedigend / 4 ausreichend / 5 ungenügend

Zahlenangaben = prozentuale Verteilung der Antworten

Bild 7.3

■ Natürlich muß die von uns dargestellte Selbstkontrolle des Lernenden schon in frühester Kindheit eingeübt sein, denn:

> **!** Lernen kann keiner für den anderen; jeder lernt für sich.

Auch Lehrende (man sollte bei dieser Bezeichnung nicht vergessen, daß auch sie gleichzeitig Lernende sind) müssen beim Erarbeiten von Zielsetzungen und Planungsabläufen die (d.h. ihre) Selbstkontrolle bereits berücksichtigen.

In Bild 7.3 ist das Bewertungsergebnis eines Weiterbildungsseminars als eine Möglichkeit für derartige Selbstkontrollen wiedergegeben. Dieses durch Lernende beurteilte Seminarergebnis zeigt dem Lehrenden — trotz aller Subjektivität — Schwächen und Stärken. Es hilft ihm, seine Lehr- (besser: Lern-) Veranstaltung zu korrigieren.

■ Aufgrund der bisherigen Ausführungen könnte man meinen, daß Kontrollen nicht nur als zweckmäßig angesehen werden, sondern auch als erstrebenswert.

Aber welche Reaktionen erleben wir immer wieder auf Kontrollen?

> ● **Furcht um das Selbstbewußtsein,** die Kontrolle könnte mangelhafte Leistungen entblößen.
> ● **Extreme Einstellungen,** wie:
> „Kontrollen sind totaler Blödsinn" und „Nur das Veranstalten von Prüfungen bringt Menschen zum Lernen" und nicht zuletzt:
> ● **Alle Phasen der Prüfungsangst,** die sich an sehr verschiedenen Symptomen, wie Übelsein, Magenbeschwerden, Schlafstörungen, ausweichendes Verhalten, . . . , zeigen.

■ Ach so, **kontrollieren Sie sich** doch einmal **selbst.** Anhand einiger **Übungsbeispiele im Kapitel 7.4.2** können Sie überprüfen, wie erfolgreich Sie mit diesem Buch bereits gearbeitet haben.

7.1.3.   Kontrollformen und Kontrollmethoden

■ Heutzutage sind hauptsächlich die in Bild 7.4 eingetragenen Kontrollmethoden üblich.

Alle Methoden sind in ihrer Anwendung so verbreitet (auch als Mischform), daß eine nähere Beschreibung überflüssig ist.

Kontrollmethode:	Beispiel:
mündlich	Kurzfragen, Referat
schriftlich	Aufsatz, Bericht, Test
praktisch	Laborarbeit Zeichnung anfertigen Fahrprüfung

Bild 7.4

■ Während mit dem Begriff **„Kontrollmethode"** die Methode der Durchführung gemeint ist, kommt in den **Kontrollformen** der Zeitpunkt und derjenige, der die Kontrolle veranlaßt, zum Ausdruck (Bild 7.5).

Kontrollform:	Beschreibung:
Spontan-Kontrolle	während eines Lernvorganges („automatisch")
(Freiwillige) Selbst-Kontrolle	freiwilliger Test, Kontrollen bei Lern- und Arbeitsvorgängen
(Zwangs-)Fremd-Kontrollen	vorgeschriebene, angeordnete Tests, Klausuren, Prüfungen

Bild 7.5

■ Wenn auch die **Selbstkontrolle** ein entscheidender Teilprozeß der in diesem Buch dargestellten „konstruierenden Planung und Durchführung von Lernvorgängen" ist, müssen wir auf die immer noch sehr verbreitete Form der Fremdkontrolle eingehen, um auch hierzu Ratschläge und Hinweise zu geben (Kapitel 7.3 und 7.4).

7.1.4.   Kontrollen und Lernziele

■ **Fassen wir zusammen:**
1. Präzis definierte Lernziele stellen eine unerläßliche Voraussetzung für sachbezogen motiviertes und rationelles Lernen dar.
2. Kontrollmethoden und -formen müssen sich an diesen Lernzielen orientieren.
3. Kontrollen sind in ihrem Aufbau und Umfang, in ihren Formen und Methoden genau so differenziert, wie es die verschiedenen Lernziele sind.

■ **Welche Kontrolle eignet sich nun für ein bestimmtes Lernziel?**
Eine erste, grobe Orientierung erhalten wir, wenn wir Kontrollmethoden und Aufgabentypen den Lernzielstufen zuordnen (Bild 7.6).

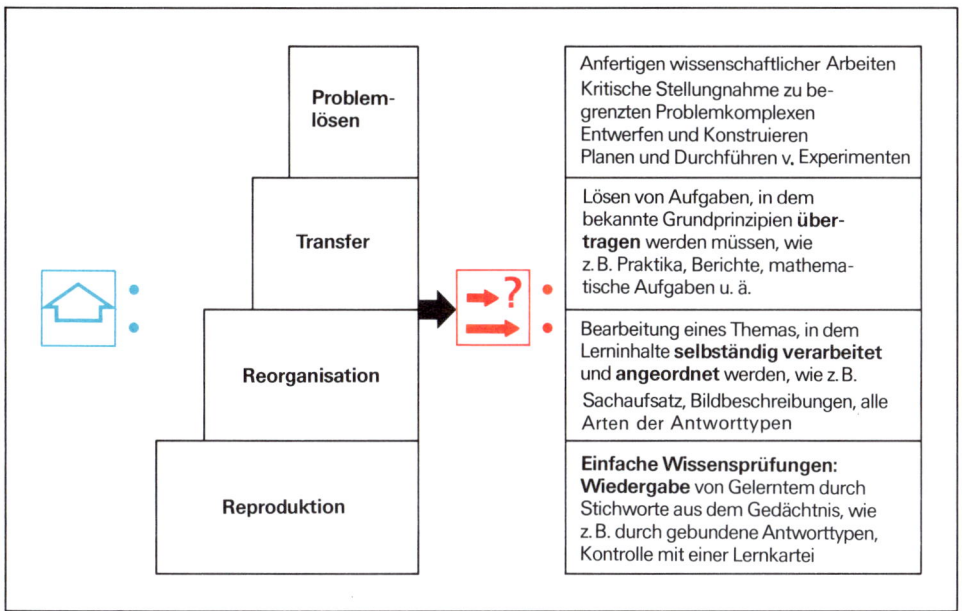

Bild 7.6

Aus den Beschreibungen ist klar ersichtlich, wie mit zunehmender Lernzielstufe die Kontrollfunktion in die eigentliche Aufgaben-(Problem-)Lösung hineinwächst. Das bedeutet, daß beim Abfragen von Vokabeln der Lernvorgang vom Kontrollvorgang ziemlich getrennt ist, während beim Problemlösen das Lernen, Aufgabenlösen und das Kontrollieren „miteinander verwoben" sind.

7.2. Phasen eines Kontrollprozesses und der Kontrollplan (ein Beispiel)

7.2.1. Die Stufen des Kontrollplanes

■ Durch den ständigen Vergleich von Soll- und Istwerten kann der aus mehreren Phasen aufgebaute Lern- und Arbeitsprozeß geregelt werden. Mit der **Kontrollphase** verfolgen wir vorrangig **dreierlei Aufgaben:**

> ● Erfassen des Ist-Zustandes, d. h. das, was bis zum Kontroll-Zeitpunkt gelernt wurde.
> ● Soll-Ist-Vergleich, d. h. Vergleich zwischen dem Sollzustand (Lernziele) und dem vorhandenen Ist-Zustand (tatsächlicher Endzustand).
> ● Einleiten korrektiver Maßnahmen bei festgestellten Abweichungen.

■ Nur dann kann eindeutig kontrolliert und damit auch gelernt (gearbeitet) werden, wenn vorher klare Ziele und Bewertungskriterien vorgegeben werden. Diese Aussage setzt aber methodisches und systematisches Vorgehen voraus.

... am zweckmäßigsten erscheint es, wiederum in einem Arbeitsplan die wichtigsten Anforderungen zu erfassen. Wir nennen diesen Plan: **Kontrollplan.** Mit diesem Plan geben wir Ihnen eine Anregung zum selbständigen Vorgehen (Bild 7.7).

Das detaillierte Aufstellen eines solchen „**Mehrstufenplanes**" ist natürlich nur für umfangreiche Lernaufgaben zweckmäßig. Eine genauso vorteilhafte Darstellung des Kontrollplans ist in Form eines Ablaufdiagrammes möglich (Bild 7.8). Ein kleines Beispiel für die Anwendung des Kontrollplanes finden Sie in Kapitel 7.2.8.

1   **Zielsetzung** des Lern- und Arbeitsprozesses ist festgelegt (Zielverhalten definiert)

2   **Ziel** der Kontrolle **bestimmen. Kontrollobjekte** (-situationen) **auswählen.**
Was will ich mit der Kontrolle erreichen?
Welche Lernziele sollen kontrolliert werden?

3   **Bewertungsmaßstäbe** (-kriterien) **überprüfen.** Gewichtung im Rahmen des Grob-Lernziels bestimmen.

4   **Kontrollplan** aufstellen (Beispiel im Kapitel 7.2.8.)
Inhaltliches und zeitliches Vorgehen angeben.

5   Geeignete **Kontrollmethoden** unter Berücksichtigung der Zielsetzung auswählen. Möglichst anhand einer Matrix ($\leftarrow$) entscheiden. Gewählte Kontrollaufgaben in einem Sonderprogramm erproben, korrigieren, eventuell neu formulieren.

6   **Zuverlässigkeit und Gültigkeit überprüfen.**
Welche Höchstwerte können erzielt werden?
Welche Durchschnittsleistung ist zu erwarten?
Welche Vergleiche lassen Kontrollergebnisse zu?

7   **Ist-Zustand erfassen**

8   Vergleich der tatsächlichen Leistung mit der entsprechenden Zielsetzung (**Soll-Ist-Vergleich**)

9   **Abweichungen analysieren.**
Ursachen für mögliche Abweichungen feststellen.

10   **Korrektive Maßnahmen** bei festgestellten Abweichungen **durchführen.**

11   **Kontrolle analysieren**
(Zielsetzung, Methoden, Bewertungsmaßstäbe, Abläufe, . . .)

War die Kontrolle in der vorgenommenen Form richtig?

7 Vorgehen bei einer Bewertung

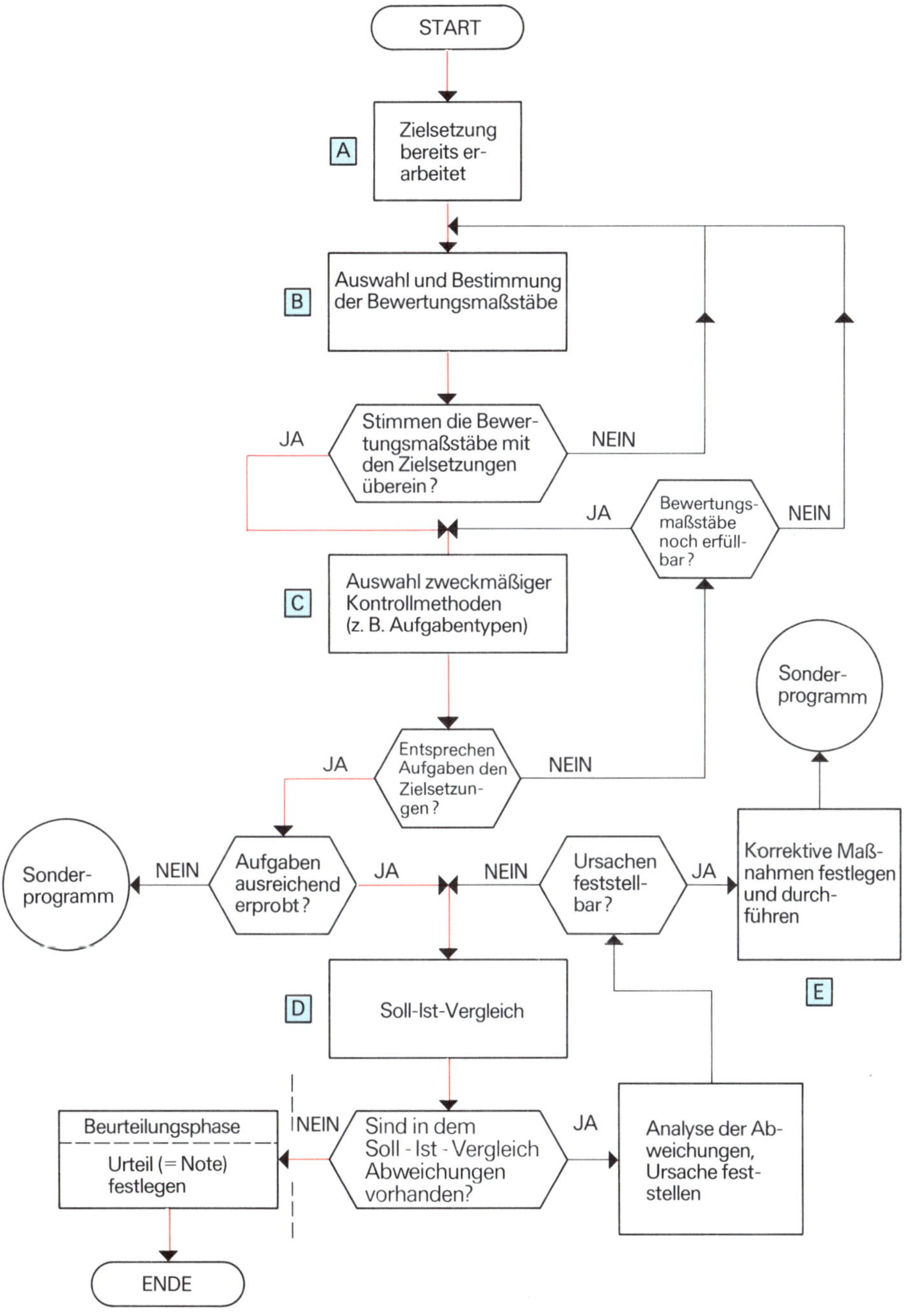
START
A
Zielsetzung bereits erarbeitet
B
Auswahl und Bestimmung der Bewertungsmaßstäbe
Stimmen die Bewertungsmaßstäbe mit den Zielsetzungen überein?
JA
NEIN
Bewertungsmaßstäbe noch erfüllbar?
JA
NEIN
C
Auswahl zweckmäßiger Kontrollmethoden (z. B. Aufgabentypen)
Entsprechen Aufgaben den Zielsetzungen?
JA
NEIN
Sonderprogramm
NEIN
Aufgaben ausreichend erprobt?
JA
NEIN
Ursachen feststellbar?
JA
Korrektive Maßnahmen festlegen und durchführen
Sonderprogramm
E
D
Soll-Ist-Vergleich
Beurteilungsphase
Urteil (= Note) festlegen
NEIN
Sind in dem Soll - Ist - Vergleich Abweichungen vorhanden?
JA
Analyse der Abweichungen, Ursache feststellen
ENDE

A bis E : Zuordnung s. S. 190

7.2.2. Erarbeiten von Bewertungskriterien

■ Diese **Bewertungskriterien** sind bereits parallel mit der Zielsetzung zu bestimmen (Kapitel 4.4 ←). Die aufgestellten Lernziele werden in Teilziele zerlegt. Gleichzeitig sind die Bewertungsmaßstäbe für das gewünschte Endverhalten zu nennen. Teilziele und Bewertungsmaßstäbe stellt man möglichst in einer **Anforderungsliste** zusammen.

Beispiel: Meßbare Bewertungskriterien

Wenn dem Lernenden bekannt ist, daß er zum erfolgreichen Abschluß seiner Ausbildung beispielsweise mindestens acht (8) europäische Hauptstädte, alle Grundregeln der Logarithmenrechnung oder alle Elemente des Satzbaues wissen muß, hat er einen eindeutigen Bewertungsmaßstab für seinen Lernprozeß gesetzt bekommen (Höchstwert = 100% = Anzahl der erreichbaren Punkte).

■ Alle an den Zielsetzungen erarbeiteten Bewertungskriterien erfüllen nur dann ihren Zweck, wenn sie in der Kontrollphase auch wirklich anwendbar sind. Eine wesentliche **Voraussetzung** ist dabei, daß die **Lernergebnisse** auch **bewertbar** sind. Nur an bewertbaren Ergebnissen von Lern- und Arbeitsprozessen läßt sich eine Bewertung (Soll-Ist-Vergleich) vornehmen und nur diese ist die Grundlage für sich selbstregulierende Lernprozesse.

■ Weiterhin müssen Sie beim Erfassen der Lernleistung solche Maßstäbe anlegen,
● die nicht die Abweichung vom Mittelwert (der Durchschnittsleistung einer Gruppe),
● sondern die Abweichung vom Höchstwert (100%) definieren.

■ Wollen Sie Noten — sich selbst oder anderen — vorgeben, ist die **Fünferteilung** zweckmäßig, wie z. B.:

●   5%: Note „eins" und „fünf",
● 20%: Note „zwei" und „vier",
● 50%: Note „drei".

7.2.3. Fragen zur Zuverlässigkeit und Gültigkeit

Können wir uns auf das Ergebnis der ausgewählten Lernkontrolle verlassen?

„Messen" die Kontrollaufgaben die in den Lernzielen genannten Verhaltensweisen?
Wie genau tun sie dieses?
Damit haben wir nur einige Fragestellungen zur Überprüfung der **Zuverlässigkeit** und **Gültigkeit** von Kontrollmethoden gegeben.

7.2.4. Erfassen des Ist-Zustandes

In dieser Phase erfolgt das Aufnehmen des tatsächlichen Ist-Zustandes. Dabei sind Kontrollstationen an den Stellen (Teilziele, Lernschritte, Lerneinheiten) vorzusehen, an denen ein Soll-Ist-Vergleich einen Fortschritt auf dem Weg zum Lernziel erkennen läßt.

Beispiel: Vokabeln lernen mit der Lernkartei. Kontrolle bedeutet hier: Feststellen, ob nach bestimmten Zeiten eine Anzahl der Vokabeln behalten oder vergessen wurden.

Ein weiteres Beispiel: Lösen von Mathematikaufgaben.
Hier wird z. B. überprüft, ob
– bestimmte trigonometrische Funktionen bekannt sind oder
– der Begriff „Seitenhalbierende" geläufig ist oder
– der „Satz des Thales" angewandt werden kann.

7.2.5. Soll-Ist-Vergleich

Für den Lernenden sind Kontrollen „Stationen" in einem Prozeß, in dem Soll- und Ist-Werte im Sinne eines Regelkreises verglichen werden. Damit wird das Ziel verfolgt, mögliche Abweichungen rechtzeitig zu erkennen.

Beispiel: Vokabeln lernen
Soll: 30 ausgewählte Vokabeln sind in der Zeit von einer Stunde zu lernen.
Ist: 18 Vokabeln wurden danach nur behalten. Somit wurden 12 Vokabeln nicht gespeichert.

Mit diesem Beispiel möchten wir Ihnen eine Hilfe zeigen, wie man seine häufigsten Fehler erfaßt: durch eine „statistisch" geführte **Fehlerliste!** Um sich einen Überblick über häufig auftretende Fehler zu verschaffen, sammelt man diese in Form einer

Fehler/Fehlerart	Beispiel	Häufigkeit
A. Mathematik A. 1. Falsche Zuordnung von Winkel und Seiten A. 2. Eingekleidete Aufgaben	Sinus-Satz Aufstellen der Gleichung	⃥⃥⃥⃥ I
B. Falsche Schreibweise	parallel meistens	II III

Bild 7.9

Liste, wie in Bild 7.9 gezeigt. Dieses können Rechtschreibefehler, falsche Geschichtszahlen oder falsche mathematische Ansätze, ungenaue Definitionen oder nichtverstandene Begriffe, Lehrmeinungen und Hypothesen sein. Solche Fehlerlisten geben Auskunft über Lücken und Schwierigkeiten und bieten damit ausgezeichnete Ansatzmöglichkeiten zum Verbessern und „Ausmerzen".

7.2.6.   Korrektive Maßnahmen

■ **Ist der Soll-Ist-Vergleich gleich Null,** konnten alle Lernaufgaben gelöst oder erfüllt werden.
Das Lernziel wurde voll erreicht.
Dieser Zustand wirkt sich infolge seiner optimalen Erfolgsmeldung besonders günstig auf die Lernmotivation aus.
Korrigierende Maßnahmen sind also nicht erforderlich!

■ Leider ist das nur ein seltener Fall, denn meistens werden Abweichungen festgestellt.
„Korrektive Maßnahmen einleiten" bedeutet dann:
● festgestellte Abweichungen analysieren und
● Lernprozeß korrigieren.
Zum Beispiel:
Lerninhalte, die „als nicht bekannt" ermittelt wurden, müssen nachgelernt werden. Oder aufgrund ein-

seitiger Darstellung im Unterricht ergaben sich falsche Zusammenhänge, die nunmehr abgewandelt werden müssen.

7.2.7.   Überprüfen des Kontrollprozesses

Ja, Sie haben richtig gelesen, auch der Kontrollvorgang selbst muß stets überprüft werden. Es gilt die Fragestellung: **War der Kontrollvorgang richtig?**

> **Beispiel für ein solches Ergebnis:**
> Der bei der Kontrolle eingesetzte Aufgabentyp war für die Überprüfung der gewünschten Fähigkeiten und Fertigkeiten nicht geeignet.

Oder:

> Fragestellungen setzten bestimmte Grundlagen (Faktenwissen) voraus, die dem Lernenden noch nicht bekannt sein konnten.

7.2.8.   Der Kontrollplan, ein Beispiel

Wir möchten Ihnen einen **Kontrollplan** am Beispiel vorführen.
Ziel unserer Darstellung ist es, Ihnen dabei den Ablauf und die Zusammenhänge bei Kontrollen zu erläutern.

■ Wollen Sie einen Kontrollplan erarbeiten, dann ist das Vorgehen nach dem Ablaufdiagramm (Bild 7.8) sinnvoll. Wir wählten den Kontrollplan für den Leistungsnachweis im Fach: **Werkstoffkunde/Werkstoffprüfung.**
Um einen schnellen Vergleich zu unserem Ablaufdiagramm (Bild 7.8) zu ermöglichen, werden die einzelnen mit Großbuchstaben gekennzeichneten Blöcke nachvollzogen.

189

A Zielsetzung (Grobziel)

Welche Lernziele soll die Kontrollmethode überprüfen?

● **Kenntnisse** (Faktenwissen, Methoden) in der

a) Technologie der Stoffgewinnung,

b) Metallkunde (vorrangig: Werkstoffaufbau),

c) Werkstoffprüfung (statisches und dynamisches Verhalten der Werkstoffe und Bauteile).

● **Fähigkeiten:** Übertragen dieser Kenntnisse auf Laborversuche und deren Anwendung.

B Bewertungsmaßstäbe

Aufteilen des Faches in die drei Stoffgebiete der Zielsetzung. Hier gilt der „Primitivansatz": Kontrollzeit entspricht Punktzahl, somit:

● Stoffgebiet a mit Klausurdauer 45′ auf 50 Punkte,

● Stoffgebiet b mit Klausurdauer 45′ auf 50 Punkte,

● Stoffgebiet c mit Klausurdauer 90′ auf 100 Punkte.

Das Lernziel ist erreicht, wenn von den insgesamt 200 geforderten Punkten mindestens 100 Punkte erreicht werden (90′ bedeutet 90 Minuten).

C Kontrollmethoden

Es wird die schriftliche Prüfung gewählt. Die in Kapitel 7.4 beschriebenen Aufgabentypen werden dabei mit unterschiedlicher Gewichtung verwendet. Schwierigkeitsgrad und Trennschärfe werden beachtet.

D Soll-Ist-Vergleich

● Die Auswertung erfolgt nach einem vorbereiteten Sollsystem, d.h., das Ergebnis wird unter Berücksichtigung von Grenzfällen variiert.

● In Abhängigkeit vom Sollwert wird eine statistische Wertung der Einzelergebnisse vorgenommen. Die Ergebnisse dieser Wertung werden nach Maximal-, Minimal- und Durchschnittswert geordnet.

● Die Wertung ist zu analysieren und die Abweichungen sind zu ermitteln.

E Korrektive Maßnahmen

● Der Lehrplan (Ziele, Inhalte) ist zu korrigieren, wenn einzelne Themenkreise nicht behandelt oder der Lernstruktur der Lernenden nicht angepaßt waren.

● Die Ausbildung (Lernen) ist nachzuholen, wenn Unterschiede zwischen Soll- und Istwerten ermittelt werden.

● Der Maßstab ist zu verändern, wenn bei der Analyse beobachtet wird, daß die Abweichungen allgemein gelten (verursacht durch Fehler des Kontrollierenden).

F Überprüfen des Kontrollprozesses

● Haben die Kontrollaufgaben das getroffen, was als Lernziel angestrebt wurde?

● Fragestellungen verbessern, wenn bei der Kontrolle und einer anschließenden Besprechung erhebliche Einwände in bezug auf das Verstehen vorgebracht werden.

■ Die in diesem Beispiel angesprochene Vorgehensweise gilt gleichermaßen für einen „Lehrer" wie auch für einen „Lernenden".

In einer **Selbstkontrolle** sind die gleichen Schritte und Schleifen zu durchlaufen, wie:

Wir sprechen gerade über Selbstkontrolle

haben Sie den Eingangstest auf Seite 16 und 17 durchgeführt?

● Auswahl und Bestimmen von Bewertungskriterien.

● Kontrollfragen selbsttätig entwickeln.

● Soll-Ist-Vergleich durchführen.

● Korrektive Maßnahmen vornehmen.

● Die eigene Leistung beurteilen.

Selbstkontrolle

Sie haben den Eingangstest (Kapitel 0.5, Seite 16 und 17) durchgeführt.
Die Verfasser dieses Buches haben nebenstehende Antworten gegeben;
vergleichen Sie:

JA/Richtig: 6, 9, 11, 13, 14, 17, 18, 19, 20,
21, 24, 25, 26, 27, 28, 29, 30, 31,
34, 36, 39

NEIN/Falsch: 1, 2, 3, 4, 7, 8, 10, 12, 15, 16,
23, 32, 33, 35, 37, 38, 40

7.3. Fremdkontrollen

■ Wenn Sie die „Kontrollsituation" an unseren **Schulen und Ausbildungsstätten** betrachten, kann man von der Kontrolle der Lernergebnisse nur sagen: es handelt sich vornehmlich um eine **Fremdkontrolle.**

7.3.1. Einige Grundgedanken zur Fremdkontrolle

■ **Wie schaut's aus?**

Der Lehrer übernimmt das Amt des „Kontrolleurs". Der Lernende steht vor einer „Prüfungskommission" und muß Farbe bekennen.

Und auch die Eltern greifen in diesen Prozeß ein. Sie kontrollieren Hausaufgaben, zahlen gern für Erfolge ihrer Sprößlinge und zähneknirschend (in Form eines Nachhilfe-Unterrichts) für die Mißerfolge.

■ Übrigens **Hausaufgaben!**

Was geschieht, wenn diese nicht zum Termin erledigt sind?

> – Nachliefern der Arbeit zum nächsten Termin.
> – Nachliefern einer erweiterten Arbeit.
> – Nachsitzen.
> – Fleiß- und Ordnungs-Note: negativ.
> – Leistung nicht erbracht, Fachnote „sechs".

Sicherlich sind das Ergebnisse, die für einen Lernerfolg fraglich sind. Außerdem sind es Gründe dafür, daß man „Prüfungen" immer (und damit oft auch das Lernen) als unangenehm empfindet.

■ **... und wie geht's weiter?**

Lernende (Schüler, Studenten u. a.), die sich überlastet und überfordert — oder einfach desinteressiert — fühlen, suchen Auswege und finden sie, z. B. Abschreiben, Mogeln und Spicken.

Man sollte bedenken:

Wer sich bereits in der Schule daran gewöhnt hat, Leistungen vorzutäuschen, Mitmenschen hinter das Licht zu führen, wird das auch im privaten Bereich oder im späteren Berufsleben versuchen.

Er betrügt sich aber damit selbst!

■ Da diese Fremdkontrollen auch in den nächsten Jahrzehnten noch von sehr großer Bedeutung sein werden, müssen wir uns damit näher beschäftigen.

Das geschieht durch

● Aufzeigen von Zusammenhängen zwischen Lehrenden (= Prüfenden) und Lernenden,

● Anbieten von Regeln und Hinweisen für eine rationelle Prüfungsvorbereitung und entsprechend zweckmäßiges Verhalten in Prüfungen.

Bedenken wir immer:

Lernen, das unter äußerem Zwang abläuft, steht im Gegensatz zum natürlichen Interesse des Lernenden, Sinnvolles zu tun, seine Neugier zu stillen und Genugtuung über seinen Erfolg zu empfinden.

7.3.2. Lehrende und Lernende, eine kurze Betrachtung

Bevor Sie weiterlesen, schauen Sie sich das Bild 7.10 etwas genauer an.

Was fällt Ihnen auf?

Was fällt Ihnen vor allem auf, wenn Sie die Übergänge („Systemgrenze") zwischen den beiden Systemen „Lehrender" und „Lernender" überprüfen?

Richtig, der gerade in diesem Buch als so wichtig dargestellte Prozeßablauf — entsprechend Bild 7.11 — wechselt mehrfach zwischen dem Lehrenden und dem Lernenden. Weiterhin findet der so entscheidende „Soll-Ist-Vergleich" (die Lernkontrolle) mit einer anschließenden Beurteilung durch den Lehrer selbst statt.

Im Kapitel 7.5 „Beurteilungsphase und der gute Lehrer" werden wir diese Problematik noch einmal aufgreifen und trösten uns vorläufig mit „LÖRNI".

> *LÖRNI meint: Gehen Sie zu Ihrem Prüfer und stellen Sie ihm exakte Fragen über Zielsetzung, Umfang, Art, Dauer und Bewertungskriterien der Prüfung.*
> *Erstens wird er dafür bezahlt, daß er sie prüfen darf und zweitens sind Prüfer auch Menschen und (meist) auch vernünftige, die ein solches Gespräch gern benutzen, um ihre eigene Situation zu überdenken.*

7.3.3. Die vier (Lern-) Teilprozesse (auch) bei der Prüfung

Die vier universellen Teilprozesse der „konstruierenden Planung und Durchführung von Lernprozessen" finden selbstverständlich auch bei der Vorbereitung und dem Verhalten bei Fremdkontrollen Anwendung.

> **Grundregel:**
> Der Erfolg einer Prüfung ist in erster Linie von der Prüfungsvorbereitung abhängig.

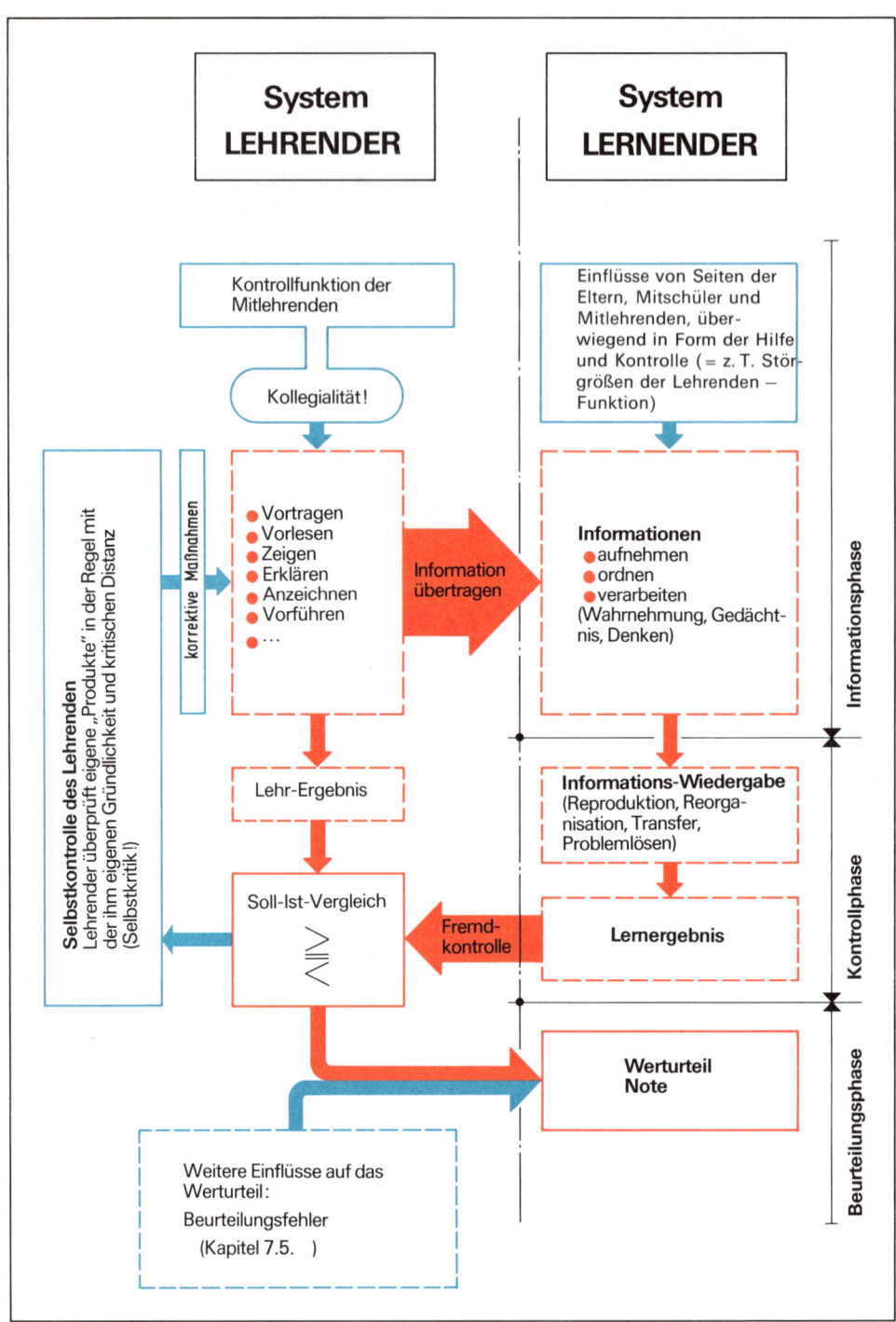

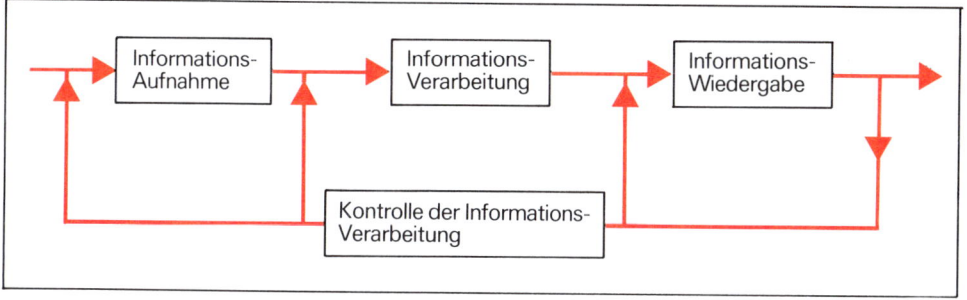

Bild 7.11

■ **Zielsetzung:**
● **Was wird warum verlangt?**
– Prüfer fragen.
– Prüfungsbestimmungen durchlesen.
– Prüfungsanforderungen zusammenstellen.
● **Welche Bedeutung hat die bevorstehende Prüfung überhaupt für mich?** (Realistische Einschätzung der positiven und negativen Auswirkungen.)
● **Wie gewinnt man einen Überblick über das Prüfungsgeschehen?** Differenz zwischen verlangtem und schon beherrschtem Wissen ermitteln (Soll-Ist-Vergleich).
● **Wie wird geprüft und bewertet?**
Ort, Zeit, Hilfsmittel, Bewertungskriterien, . . . , ermitteln und festlegen.

■ **Planen (Vorbereitungsplan)**
● Umsetzen des Lernsolls in einem Vorbereitungs- und Zeitplan.
– Zwischenziele auf die zur Verfügung stehende Zeit aufteilen.
– Zwischenkontrollen festlegen.
– Pausenregelung beachten.
● Beachten Sie bei Ihrer Planung:
Die Prüfungsvorbereitung sollte den Kontrollmethoden und -formen möglichst entsprechen!
Das bedeutet z. B. für mündliche Prüfungen: Selbst Fragen beantworten, laut formulieren, strukturieren.

■ **Organisieren und Durchführen (der Prüfungsvorbereitung).**
● Allgemeine Vorbereitungen: Arbeitsplatz vorbereiten, Hilfsmittel bereitstellen, . . .
● Informationen suchen, sammeln und ordnen.
● Lernen und Wiederholen der verschiedenen Sachgebiete nach dem **Vorbereitungsplan:**
● Schwerpunktmäßig vorhandene Lücken schließen.
● Gelerntes immer wieder einüben und anwenden.
● (Falls möglich) Lernmethoden variieren (lesen, laut formulieren, Abläufe zeichnen, kontrollieren, notieren usw.).
● Lernhilfen einschalten (Lernkartei, Strukturpläne, Kataloge über Prüfungsfragen, ältere Aufgaben).
● Zweckmäßige Lernregeln anwenden.

■ **Kontrolle (Verständnistests)**
● Versetzen Sie sich in die Situation des Prüfers. (Was ist wesentlich; worauf kommt es an?)
● Durchführen von „**Selbst-Tests**" (Probeprüfungen).
– Sehr günstig: mit einem Lernpartner (gegenseitiges Abfragen) lernen.
– Falls Lernpartner nicht vorhanden sind, stellen Sie sich selbst Fragen! Und zwar solche Fragen, die in bezug auf Anzahl, Umfang und Schwierigkeitsgrad möglichen Prüfungsfragen ähnlich sind.
● Fragestellungen selbständig zu suchen und zu entwickeln hilft sehr, vorhandenes Wissen zu überprüfen und zu vertiefen.
● **Sie meinen, es sei zu schwierig?**
„Hinterfragen" Sie den Sachverhalt, den Sie zu lernen haben:
Warum, wozu, womit, warum nicht, welche Zusammenhänge bestehen . . .?

■ **Noch eine kleine Anmerkung**
Falls es Ihnen möglich ist, führen Sie diese Probe-

prüfung in der gleichen Atmosphäre, unter gleichen Bedingungen, möglichst im selben Raum durch.

LÖRNI und andere kluge Leute wissen schon:

> **Grundregel:**
> Gewohnte Arbeitsumgebung bewirkt bessere Lernleistungen.

> **Grundregel:**
> Je wirklichkeitsnäher die Probeprüfung durchgeführt wird, um so günstiger gelingt der Ernstfall.

■ Auch darüber sollten Sie einmal nachdenken:

> **Grundregel:**
> Rechtzeitig damit anfangen und dabei die angemessene Lernspanne wählen.

Die zweckmäßigste Prüfungsvorbereitung ist das ständige, motivierte Lernen. Beachten Sie die Auswirkungen des Speicherns (←) und der Superzeichenbildung (←).

7.3.4. Vorbereitungsplan und Prüfungsspirale

■ Das Planungsergebnis der vier Teilprozesse können Sie in einem Vorbereitungsplan darstellen (Bild 7.12).
Dieser Plan ist relativ einfach zu erarbeiten, indem Sie die Antworten zu nachstehenden Fragen umsetzen:

> 1. Was wird verlangt?
> 2. Was ist bereits bekannt?
> 3. Was fehlt mir noch?
> 4. Was will ich wann lernen?
> 5. Was muß wann von mir kontrolliert werden?

■ In dem von uns dargestellten **Vorbereitungsplan** beanspruchen Sie etwa 50% der zur Verfügung stehenden Zeit für die einzelnen (hier: vier) Sachgebiete (hier: A, B, C, D genannt). Die übrige Zeit von 50% wird aufgeteilt:
● 30% Reservezeit („Puffer" für nicht voraussehbare Lücken),

7	**Vorbereitungsplan** für die Prüfung in					am			➡?
Fach/Sachgebiet/ Kapitel/ Abschnitt	Wird von mir beherrscht zu ... %					Geschätzter notwendiger Zeitaufwand in h, Tage, Wochen, ...	Zeit- plan Datum	Bemerkungen	
	100	75	50	25	0				
A B C D E									

Erläuterungen:
1. Aufteilung des geschätzten Zeitaufwandes auf die zur Verfügung stehende Zeit (ein Vorschlag):
   11. Summe der Vorbereitungszeit = 50%, anteilmäßig auf die Sachgebiete verteilt
   12. Restliche Zeit verteilt auf: 30% Reservezeit, 10% Zeit für einen Selbst-Test, 10% Zeit für die Gesamt-Überprüfung
2. Anmerkung: Die Pausen sind in den Zeitblöcken mit enthalten

Bild 7.12

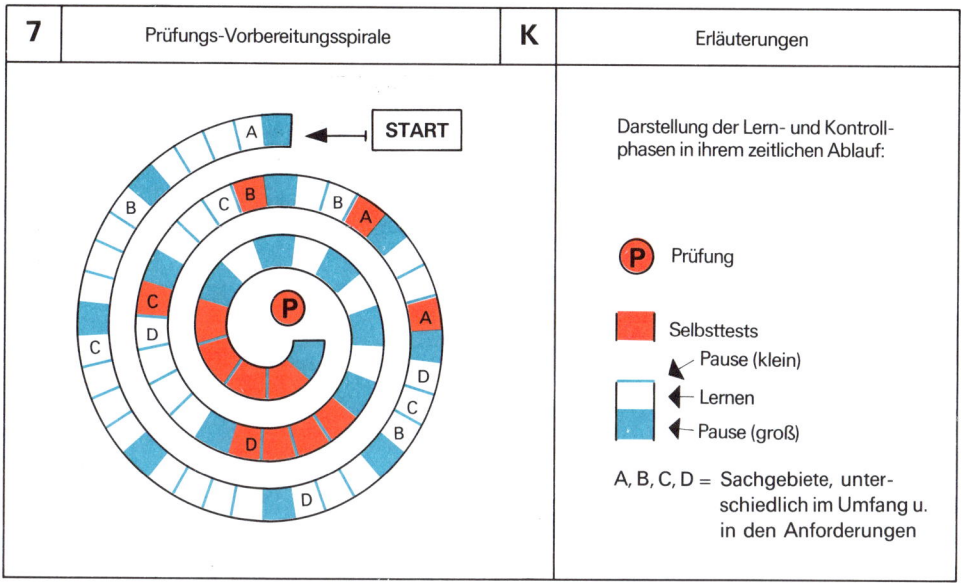

| 7 | Prüfungs-Vorbereitungsspirale | K | Erläuterungen |

Darstellung der Lern- und Kontroll-
phasen in ihrem zeitlichen Ablauf:

(P) Prüfung

Selbsttests

Pause (klein)

Lernen

Pause (groß)

A, B, C, D = Sachgebiete, unterschiedlich im Umfang u.
in den Anforderungen

Bild 7.13

● 10% für mehrere „Selbst-Tests" (möglichst mit einem Lernpartner),

● 10% für eine Gesamtüberprüfung am Schluß.

■ Nun können wir diese Zeiten nicht einfach „aneinanderklatschen" und so drauf loslernen. Um erfolgreich lernen zu können, müssen wir unbedingt die **Lernregeln** der folgenden Bereiche beachten:

● Lernen durch Strukturieren (Superzeichenbildung) (←),
● Speichern und Gedächtnis (←),
● Lernzeit und Pausenregelung (←),
● Erfolgserlebnisse schaffen (←),
● Planung des Arbeitsablaufes (←).

Als Ergebnis erhalten wir die **„Lernspirale"** (hier genauer: „Prüfungsvorbereitungs-Spirale" genannt, Bild 7.13).

Sich mit dieser Spirale auf eine Prüfung vorbereiten, bedeutet:

Eine inhaltliche Verdichtung der Lerninhalte in immer kürzer werdenden zeitlichen Abschnitten, jeweils unterbrochen von notwendigen Zwischenkontrollen und zweckmäßigen Pausen.

Zum besseren Verständnis schauen Sie sich Bild 7.12 an. In diesem Beispiel sind die Reservezeiten anteilmäßig auf die vier Sachgebiete A, B, C und D aufgeteilt.

Auch, wenn Ihnen dieses Gebilde — zumindest optisch — zusagt, ist es zweckmäßig, die Zeitblöcke in Tages-, Wochen- und Monatspläne umzuarbeiten.

Die Kapitel 5.3.3/5.3.4 und das Bild 7.14 helfen Ihnen sicherlich dabei.

■ Nachdem wir Ihnen einige **Tips für die Prüfungsvorbereitungen** gegeben haben, machen wir nun den nächsten Schritt: Wir steigen in die Prüfung ein, und auch hierzu einige Anregungen.

Kritik an anderen hat noch keinem die eigene Leistung erspart.

Garry Essendine

195

		WOCHENPLAN	Monat: März 11. Woche	➡? ➡

7

Prüfungsvorbereitung zum Fach

Volkswirtschaftslehre

Tag	TA		K
Montag	v	Testfragen der verschiedenen Sachgebiete für die Probe-Prüfung zusammenstellen	√
	n	Gesamt-Struktur des Faches nochmals durchdenken, skizzieren; Zusammenhänge aufzeigen	√
	a	Freizeit: Lesen/Fernsehen	√
Dienstag	v	Selbst-Test: Probe-Prüfung	√
	n	Probe-Prüfung analysieren, Lücken ermitteln	√
	a	Programm für Mittwoch ausarbeiten: Nacharbeiten	√
Mittwoch	v	Nacharbeiten (Lücken A und B)	√
	n	Nacharbeiten (Lücken C und D)	√
	a	Freizeit: Theaterbesuch	
Donnerstag	v	Letztes Überarbeiten des Prüfungsstoffes (A, B, C, D)	
	n	Freizeit: Sport/Schwimmen	
	a	Freizeit: Entspannen	
Freitag	v	Prüfung: Fach „. . ."	
	n	Prüfung kritisch analysieren	
	a	Freizeit: in die Kneipe mit M.	

Erläuterungen: v = vormittags, n = nachmittags, a = abends
TA = Tagesabschnitt, K = Kontrollspalte, wenn erledigt!

Bild 7.14

7.3.5. Regeln und Hinweise für das Verhalten bei den verschiedenen Kontrollmethoden

1. Mündliche Prüfungen

- Nicht sofort losreden.
- Gestellte Frage überdenken.
- Antwort (in Gedanken) grob strukturieren.
- „Stichpunkte" schriftlich (falls möglich) fixieren.
- Bei allgemeinen Fragestellungen auch „allgemein" antworten, d. h. erst einen Überblick (= Grobgliederung der Antwort) geben.
- Auch in mündlichen Prüfungen Papier und Schreibinstrument benutzen (eine Zeichnung sagt oft mehr als 1000 Worte!).
- Keine Ausreden versuchen („... wirklich, gestern habe ich es noch gewußt!").
- Eigene wohldurchdachte Aussagen sind wichtiger als alles heruntergebetete Lehrbuchwissen.
- Haben Sie eine Frage nicht verstanden, sofort um Wiederholung und/oder Klärung bitten.

Bei Gruppenprüfungen:
- Auch wenn andere gefragt werden, immer mitdenken.
- Nicht in den Vordergrund drängen, aber auch nicht verschüchtert zu große Zurückhaltung üben („mittleres" Verhalten anstreben).

2. Schriftliche Prüfungen

■ **Aufsätze, Berichte, Beschreibungen**
- Aufgabenstellung in Ruhe durchlesen.
- Zielsetzung aus der Aufgabenstellung herausarbeiten (Aufgaben abgrenzen, Schwerpunkte bilden).
- Grobstruktur bilden, Ablauf festlegen.
- Zeitplan (grob) aufstellen.
- Zügig formulieren („Roter Faden" = Grobstruktur) („Feinst"-Formulierungen am Schluß vornehmen, wenn noch Zeit vorhanden ist).
- Zwischenkontrollen machen. (Wird das Thema noch beachtet oder ist es schon verfehlt?)
- Nicht „ausufern" und in Nebensächlichkeiten ergeben.
- Übersichtlich und leserlich schreiben.
- Gliederung immer mit abgeben.
- Etwa 10% der zur Verfügung stehenden Zeit sollten Sie zur Kontrolle benutzen.
(Aussagen überprüfen, Struktur klar [optisch] her-

vorheben. Sind alle Fragen und Teilprobleme gelöst?)

■ **Kurzfragen**
- Überblick verschaffen über Umfang und Schwierigkeitsgrad der Aufgaben.
- Reihenfolge (der Lösung) bestimmen; Zeitplan (grob) festlegen.
- Mit den leichteren Fragestellungen beginnen. (Erfolgserlebnis!)
- Sich nicht „festbeißen" und sich nicht länger als mit dem doppelten Zeitansatz beim Lösungsversuch aufhalten.

■ **Mathematik**
- Überblick verschaffen.
- Reihenfolge (der Lösung) festlegen.
- Mit der leichtesten Aufgabe beginnen (Erfolgserlebnis!).
- Auf jeden Fall den Lösungsweg angeben.
- Zwischenkontrollen durchführen (Überprüfung).

■ Übrigens:

Grundregel:
Einfach aufgeben (... und abgeben) gibt es nicht!

3. Praktische Prüfungen

■ Hier hilft nur eines:
Vorher üben und nochmals üben; ganz egal, ob Fahrpraxis, Physikpraktikum, Laborübungen, Maschinenpraktika, Bewegungsabläufe, konstruktive Entwürfe, Computerprogramme, Auswertungen von Fragebogen und anderen Dingen, es gilt ... nochmals üben.

7.3.6. Hinweise für „Henker" und „Gehenkte"

■ **So kurz vor der Hinrichtung**
- sollten Sie den gewohnten Lern- und Lebensrhythmus beibehalten.
- Lassen Sie sich einige Stunden vorher nicht mehr auf eine Diskussion und „Löcherung" mit eventuellen Prüfungsfragen und über Wissenslücken ein.
- Überprüfen Sie Ihr „Handwerkszeug" für die Prüfung. (Schreibutensilien, Papier, Hilfsmittel ausreichend und funktionierend vorhanden?)
- Kurz davor: Versuchen Sie zu entspannen und gehen Sie früh ins Bett.

Grundregel: Rechtzeitig aufhören!	

● Sie werden es nicht glauben wollen, aber es gibt Wichtigeres auf der Welt als Prüfungen!

■ **Einige Vorschläge für „Prüfer"**

● Bemühen Sie sich um lernbegleitende Kontrollen.

● Veranstalten Sie „Probeprüfungen".

● Geben Sie vor einer Prüfung inhaltliche Schwerpunkte, Anforderungen, Bewertungskriterien und auch ähnliche Prüfungsfragen bekannt.

● Informieren Sie nach der Prüfung den „Prüfling" über Ihren Soll-Ist-Vergleich und beraten Sie ihn. Begründen Sie gleichzeitig, weshalb das beste Ergebnis gerade dieses Lob verdient. Nur so ist es dem Lernenden möglich, eindeutige Bewertungsmaßstäbe zu erkennen.

■ **LÖRNIs Prüfungsregeln (nur für Geübte)**

● Verschwende Deine Vorbereitungszeit nicht mit Lernen. Das Aufsetzen einer Leidensmiene, das Suchen von Lücken am Prüfungsort, das ständige Wiederholen, wie wichtig und schwierig diese Prüfung für Dich ist und wie sadistisch und unfair der Prüfer . . .

. . . das sind geeignete Vorbereitungsmaßnahmen.

● Beginne drei Tage vor dem Prüfungstermin mit dem Lernen. Dabei ist es zweckmäßig:

– möglichst viel auf einmal aufzunehmen, denn sonst lohnt es sich ja gar nicht.

– die Nächte durchzuarbeiten, denn man schläft ja sowieso schlecht.

– möglichst viel Kaffee zu trinken und Zigaretten zu rauchen. Dieses Vorgehen muß sich bewährt haben, weil es von sehr vielen „Kandidaten" bevorzugt wird.

– die notwendigen Aufputsch- und Beruhigungsmittel möglichst abwechselnd und in ausreichender Menge zu nehmen.

– Kontakte mit „Schon-Durchgefallenen" aufzunehmen, denn das sind die „Einzigen", die wissen, worauf es ankommt, die großen „Durchblicker".

● Überlege Dir aber auch beizeiten eine Ausrede für das Nichtbestehen einer Prüfung, denn sonst könnte jemand glauben, Du wärest absichtlich durchgefallen.

7.4. Auswahl und Konstruktion von schriftlichen Kontrollmethoden

7.4.1. Einige Grundgedanken zu den Auswahlkriterien

Die drei üblichen Kontrollmethoden, um Lernleistungen zu überprüfen, sind die schriftliche, die mündliche und die praktische. Diese Methoden treten in den verschiedensten Formen auf, auch gemischte Methoden sind in vielen Fällen zweckmäßig.

■ Bei der Wahl einer Kontrollmethode steht an erster Stelle die Frage:

Entspricht diese Methode der Lernzielüberprüfung am besten?

Die nächste Frage lautet:

Ist diese so ausgewählte Methode ausreichend erprobt und dementsprechend zuverlässig?

■ Die Auswahl der Kontrollmethode geschieht vorrangig nach den **Kriterien:** Lernzielgerechte Re-

präsentanz, Schwierigkeitsgrad, Trennschärfe und Zuverlässigkeit. Da eine Kontrolle in einer ökonomisch vertretbaren Zeit durchgeführt werden sollte, wird mit den gestellten Fragen in der Regel nur eine sehr begrenzte Auswahl möglicher Aufgaben erfaßt werden. Diese Aufgaben sollen den repräsentativen Querschnitt durch die Gesamtheit aller Aufgaben bilden und müssen vor allem das Erreichen oder Nichterreichen des angestrebten Lernzieles aufzeigen können.

■ Zur **Entscheidungshilfe** wird von den Verfassern vorgeschlagen, didaktische Anforderungen und Kontrollmethoden in „Matrixformen" (←) anzuordnen und „Wirksamkeitswerte" zu ermitteln, inwieweit bestimmte Lerninhalte, gekoppelt mit zweckmäßigen Ausbildungsmethoden ein vorgegebenes Lernziel wirksam erreichen lassen.

Aufgrund der großen Vielfalt von Lernzielen, Inhalten und Methoden ist die Entscheidung für eine Prüfungsart ein recht komplizierter Vorgang. Wie man sich trotzdem mit einfachen Mitteln helfen kann, zeigt Ihnen Bild 7.15.
Diese Zusammenstellung gibt Ihnen eine Möglichkeit, abhängig von der jeweiligen Lernzielstufe zweckmäßige Aufgabentypen auszuwählen. Mit der Beschreibung einzelner Aufgaben-(Antwort-)Typen sind gleichzeitig Vor- und Nachteile angegeben.
Bei den **„Antworttypen"** unterscheiden wir die drei Gruppen:

> - ungebundene Antworttypen,
> - halbgebundene Antworttypen,
> - gebundene Antworttypen.

Bei dem **gebundenen** Antworttyp handelt es sich um einen begrenzten Problemkern in Form einer Frage, Aufforderung oder Behauptung. Ein Antwortfeld mit vorgegebenen Antworten steht zur Auswahl, oder verschiedene Antwortelemente müssen richtig zusammengestellt werden.
Der **ungebundene** Antworttyp kennt relativ weite und allgemein formulierte Problemstellungen mit entsprechend weit gefächerten, selbst zu gestaltenden Antwortfeldern.
Die Auswertungsobjektivität und -ökonomie ist natürlich bei dem gebundenen Antworttyp am größten.

7.4.2. Möglichkeiten und Beispiele für die Konstruktion von halbgebundenen und gebundenen Aufgabentypen

A Auswahlantworten

> **Beispiel 1:** An welche Inhalte — meinen Sie — können Sie sich 30 Tage nach dem Lernen noch am besten erinnern?
>
> | | |
> |---|---|
> | Literaturauszüge | ○ |
> | Vokabeln | ○ |
> | Regeln | ○ |

Beispiel 2:
Sender (z. B. Radio) und Empfänger (z. B. Hörer) von Informationen

> - müssen denselben Code,   ○
> - können verschiedenen Code,   ○
> - können sowohl denselben als auch
>   verschiedene Codes   ○

benutzen, wenn sie sich miteinander verständigen wollen. Aus dem Katalog alternativer Antworten ist lediglich diejenige zu markieren, die nach Ihrer Meinung die Frage am besten beantwortet.

Beachten Sie bei der Konstruktion von Auswahlantworten:
- Jede der aufgeführten Antworten muß dem „Beantworter" gleichermaßen plausibel, also möglich sein.
- Erschweren Sie durch geschickten Aufbau das Raten.

B Richtig-Falsch-Antworten

> **Beispiel:** Informationsübertragung ist nur mit Hilfe von Zeichen (Signalen) möglich?
> Richtig ○   Falsch ○

Beachten Sie:
Es dürfen nur solche Aussagen verwendet werden, die absolut wahr oder falsch sind.

C Zuordnungsaufgaben

Einzelne Elemente einer Menge A werden den entsprechenden Elementen der Menge B zugeordnet.

> **Beispiel:** Informationsaufnahme eines Menschen (Aufnahmekapazität der Rezeptionsorgane).
> Ordnen Sie die entsprechenden Prozentsätze der Menge B den Begriffen der Menge A zu.
>
> | **Beispiel:** | Menge A | Menge B |
> |---|---|---|
> | 1 | Hören | 1% |
> | 2 | Schmecken | 2% |
> | 3 | Sehen | 3% |
> | 4 | Riechen | 11% |
> | 5 | Tasten | 83% |

Art der Antwort (Antworttyp)	Lernaufgabe Aufgabentyp	Eignung für Lernzielstufe				Beschreibung	Vorteile	Nachteile
		Probl.	Trans.	Reorg.	Repr.			
ungebunden	wissenschaftliche Arbeit	●	●			Sachdarstellung und kritische Stellungnahme zu begrenzten Problemkomplexen mit unterschiedlichem Schwierigkeitsgrad und Umfang	Erraten von Antworten kaum möglich Breites Fähigkeits-/Qualifikations-Spektrum überprüfbar	Auswertung ist erschwert, Fehlinterpretation nicht ausschließbar
	Aufsatz, Bericht	●	●					
	Interpretation Stellungnahme	●	●	●				
halbgebunden	Kurzantwortaufgaben	●	●	●	●	exakte Frage, um ebenso exakte Antworten zu erzwingen	der Geprüfte formuliert die Antwort selbständig	Auswerter kann durch die Antwort in Verlegenheit gebracht werden, weil er sie nicht vorgesehen hatte und unsicher ist, ob sie richtig ist!
	Vervollständigungsaufgaben		●	●	●	Ergänzungstext mit Lücken oder Fehlinformationen		
	Substitutionsaufgaben		●	●	●	Aufgabentext enthält einige Fehlinformationen		
gebunden	Zuordnungsaufgaben		●	●	●	Zuordnen von Einzelelementen zu verschiedener Gruppen (Klassifizierung)	Verständnis, Begriffe und Zusammenhänge überprüfbar. Erschwertes Antwortraten	setzt hohe Begriffsklarheit voraus
	Antwort-Auswahl-Aufgaben			●	●	mehrere naheliegende Vorgabeantworten		
	Richtig-Falsch-Aufgaben			●	●	Richtig-Falsch-Alternativen	Konstruktion nicht aufwendig	blindes Raten bringt richtige/falsche Antwort

Bild 7.15

- **Weitere Beispiele** lassen sich aus folgenden Kombinationen konstruieren:
Menge A/Menge B, wie Volksgruppen/Trachten, Städte/Typische Merkmale, Lernzielstufen/Kontrollformen und Antworttypen.
- Beachten Sie, daß es Zuordnungsmöglichkeiten gibt, bei denen ein gegebenes Element der Menge A mehreren Elementen der Menge B zugeordnet werden kann. Ist es der Fall, dann sollten Sie es in der Anweisung vermerken.

D Vervollständigungsaufgaben (Lückentest)

Beispiel:

Sachbezogene Motivation liegt vor, wenn mit

....

gelernt wird.

Beispiele für sachfremde Motivation sind:

....

Nachdem Lörni eine dreiviertel Stunde über einen Lückentest gebrütet hatte, meinte er: „Klug zu fragen ist schwieriger als klug zu antworten!"

- Achten Sie bei dem Lückentest darauf, daß kurze und präzise Antworten möglich sind, die sich folgerichtig aus dem geschriebenen Text ergeben. Deshalb sollten Sie mehrere Lücken hintereinander vermeiden.
- Das Lückenteil sollte möglichst weit am Ende der Aussage mit genügend „Schreibraum" stehen.

E Kurzantwortaufgaben

Beispiele:
- Nennen Sie einige Ursachen für Ihre Prüfungsängste!
- Schreiben Sie in Stichworten die Phasen Ihres Vorgehens beim Schreiben eines Berichtes auf!
- Nennen Sie Vorteile einer Zeit- und Terminplanung!

- Bei dieser Konstruktion ist ebenfalls eine präzise Aufgabenstellung notwendig, die eindeutige Antworten „erzwingt".
- Umfangreichere Aufgaben sind dabei in Teilaufgaben zu zerlegen.
- Der Arbeitsaufwand für eine Antwort ist durch die Art der Aufgabenstellung zu begrenzen. Das ist meistens dadurch möglich, daß man nach bewertbaren Kriterien und Aussagen fragt.

7.4.3. Anwendung der verschiedenen Aufgabentypen

A Die Auswahlantwortmethode

ist vor dem Einsatz unbedingt auf sachlich richtige Zuordnung der Antwort zu untersuchen.
Entnimmt man dieser Konstruktion wirklich die richtige Antwort?
Diese Frage sollten Sie anhand der zugeordneten Antworten überprüfen.
Beachten Sie aber auch, daß sich mit einer derart geschlossenen Form, die die Lösungen vorgibt, nicht ohne weiteres alle Qualifikationen testen lassen, die als Ergebnis eines Lernprozesses wünschenswert erscheinen.
Der Vorteil dieser Methode liegt natürlich darin, daß sie einer maschinellen Auswertung zugänglich ist.

B Richtig-Falsch-Aufgaben

sollten nur dann angewendet werden, wenn kein anderer Typus möglich ist oder wenn es einer gewissen Abwechslung bedarf. Beachten Sie jedoch, daß die „Rate-Wahrscheinlichkeit" 50% beträgt.

C Probleme der Zuordnung

und der Klassifizierung sind zweckmäßigerweise mit **Zuordnungsaufgaben** darstellbar. Die Anforderungen sind dabei höher als bei der Auswahlantwortmethode.

D Vervollständigungsaufgaben

erlauben es, engumrissene Kenntnisse und Fähigkeiten rationell abzufragen.

E Die direkte Frage,

die eine freiformulierte Antwort erfordert, ist dann anzuwenden, wenn bestimmte Einstellungen und Meinungen erforscht werden sollen.
Bei diesen Fragen kennt der „Fragende" nur den Bereich, das Feld, aus dem die Antworten kommen können.
Beachten Sie hierbei, daß freiformulierte Antworten die Testauswertung erschweren und dementsprechend Fehlinterpretationen möglich machen.

7.4.4. Hinweise zum Aufbau und zur Organisation von Fragekomplexen

● Stellen Sie Ihrem Fragenkatalog eine kurze Zielsetzung und Einordnung voran.

● Formulieren Sie alle Fragestellungen eindeutig und für Ihre Ansprechpartner verständlich.

● Beachten Sie, daß sich jede Fragestellung nur auf ein Problem bezieht.

● Stellen Sie keine Suggestivfragen.

● Ordnen Sie die richtigen Antworten nicht immer auf dem gleichen Platz an.

● Starten Sie den Test mit leichten Aufgaben (Anwärmeffekt). Jeder Sportler verhält sich nicht anders.

● Fassen Sie Aufgaben ähnlichen Inhalts zu Blöcken zusammen (mit Ausnahme von Kontrollfragen).

● Achten Sie auf einen ausreichenden Zeilenabstand und ein klares, übersichtliches Bild.

● Machen Sie Vortests in Ihrem Bekanntenkreis und überprüfen Sie den Text auf inhaltliche und orthografische Mängel und Fehler.

● Entkleiden Sie Ihre Aufgaben von funktionslosen Wörtern, Leerformeln, Füllwörtern, unwesentlichen Einzelheiten, ungewollten Lösungshilfen im Aufgabenstamm oder in der Vorgabeantwort.

● Numerieren Sie alle Aufgaben und Fragen.

● Vermeiden Sie, daß sich Fragestellungen auf zwei oder mehrere Seiten verteilen.

7.4.5. Hinweise für das Verfassen von Kontrollfragen

● Geben Sie klare und eindeutige Anweisungen für die Lösung oder Beantwortung einer jeden Frage oder Aufgabe.

● Nennen Sie Lösungsbeispiele bei schwierigen Aufgabenstellungen.

● Teilen Sie es mit, wenn eine bestimmte Reihenfolge bei der Lösung einzuhalten ist.

● Gliedern Sie die Fragestellungen optisch.

● Benutzen Sie eindeutige Wörter und Begriffe.

● Vermeiden Sie eine doppelte Negation.

● Vermeiden Sie aufeinanderfolgende „Bandwurm-Prüfungskomplexe" (auftretende Folgefehler erschweren sonst die Auswertung).

● Geben Sie die Möglichkeit, daß trotz Bindung an bestimmte Aufgabentypen eine freie persönliche Antwort zulässig ist (halbgebundene Antworten).

7.4.6. Hinweise für die Auswertung

● Ordnen Sie die Antwortstellen in einer senkrechten Spalte an.

● Verbinden Sie Aufgabenteil und Antwortstelle unmittelbar, um Mißverständnisse zu vermeiden.

● Stellen Sie die Ergebnisse anschaulich dar.

● Erleichtern Sie sich die Arbeit durch zusätzliche Antwortblätter.

7.5. Beurteilungsphase und der „gute" Lehrer

Dieses kurze Kapitel ist für Lehrer und Schüler gleichermaßen gedacht: für den Lehrer (der ein Kontroll- und Beurteilungsmonopol im allgemeinen besitzt) zum Überdenken und für den Lernenden als **Anregung**

● bei der Durchführung von Selbstkontrollen,
● bei der Tätigkeit als kritischer Lernpartner,
● bei der nachsichtigen und gefühlvollen Behandlung von Lehrern.

aussetzung für das Berufsleben oder für den nächsten Ausbildungsabschnitt zählt und

● die „Mitmenschen" ein Urteil über die Person des „Geprüften" wünschen.

■ Inwieweit es als Aussage für erfolgreiches Lernen zu werten ist, darüber haben sich viele Leidensgenossen unter den Ausbildern die Köpfe heiß geredet.

■ Diese Beurteilungsphase ist durch recht subjektive Aussagen gekennzeichnet.

7.5.1. Die Beurteilungsphase

■ Diese in unserem Lernprozeß nicht unmittelbar angesprochene Phase **wird** überall **dort verlangt, wo**
● der Abschluß einer Ausbildung als Eingangsvor-

> „Der Frosch, der im Brunnen lebt, beurteilt das Ausmaß des Himmels nach dem Brunnenrand."
>
> ... LÖRNIS Froschperspektive

Einen gewissen Einblick in diese Phase wollen wir Ihnen im folgenden geben: Das menschliche Urteil unterliegt — trotz allem Bemühen um objektives Handeln — bestimmten subjektiven Einflüssen; hierzu gehören u.a.:

- zwischenmenschliche Probleme, wie sie z.B. durch den „Nasenfaktor", durch irgendwelche Äußerlichkeiten oder durch die soziale Schichtung charakterisiert werden.
- schwankendes Interesse und unterschiedliche Neigung der Lernenden für bestimmte Fächer und Sachgebiete.
- äußerst unterschiedliche Eingangsvoraussetzungen (meist sozial bedingt) und die Umweltbedingungen, in denen die Lernenden leben.
- Beurteilungsfehler bei der Bewertung von Lernleistungen.

■ **Der Beurteilende sollte immer bedenken:**
- Die Prüfungsaufgaben stellen oft nur eine Auswahl der möglichen Aufgaben dar, die zu einem Lernziel gehören.
- Der Geprüfte unterliegt einer zu der Prüfzeit vorhandenen persönlichen „Disposition" (Müdigkeit, Konzentration oder Ablenkung durch andere Gedanken).
- Auch die Prüfungsangst kann sehr starke negative Einflüsse auf ein Lernergebnis haben.

... die bittere Erfahrung des Herrn L.:

Man kann aus einer Kuh nicht mehr herausmelken, als sie im Euter hat, auch dann nicht, wenn man ihr einen goldenen Eimer unterschiebt.

... und deshalb meint Herr L.:

Geist muß verkümmern, wenn man sich nicht um ihn kümmert.

7.5.2. Ein „guter" Lehrer ...

■ **... bemüht sich darum,**
- Lernziele immer klar und deutlich voranzustellen; ebenso die möglichen und notwendigen Lernschritte, die zum Erreichen dieser Ziele führen.
- — wenn es möglich ist — immer mehrere Lernmethoden oder Lösungsverfahren vorzuschlagen, aus denen die Lernenden (hier: Schüler) frei wählen können.
- auch Kollegen und interessierte Eltern an der Planung und Durchführung des Unterrichts zu beteiligen.
- Lerngruppen die Verantwortung für den Erfolg bestimmter Lernvorgänge selbst zu übertragen.
- bei der Wahl der Lern- und Arbeitspartner mitbestimmen zu lassen.
- ein kameradschaftliches Verhalten zu zeigen (keine „Anbiederei" und keine „Laisser-faire-Haltung"),
- Lob und Kritik in sachlicher Form zu begründen.
- Schüler (= Lernende) ihre Leistungen selbst überprüfen zu lassen.
- — auch wenn es schwer fällt — sachbezogene Lernmotivation bei den Lernenden zu erzeugen.
- nicht zu vergessen, daß Lernen vor allem Spaß machen soll!

■ **... fragt sich:**
- Welche Aufgabe hat eigentlich diese (meine) Ausbildungsstätte zu erfüllen?
- Unter welchen Zielsetzungen und Bedingungen wird die Lösung dieser Aufgabe versucht?

■ **...und hat deshalb „negative" Eintragungen** im Bild 7.16 **nicht zu befürchten.**

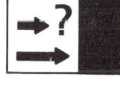

SCHÜLER-KONTROLL-RAT

der

_____

Schule / Universität / Hochschule

ZEUGNIS

nach Abschluß des _____   Schul- / Studienjahres

für _____

Studienzweig / Fach: _____

_____

Benehmen _____
(Höflich und zuvorkommend)

Mitbestimmung _____
(Gemeinsames Erarbeiten von Aufgabenstellungen und Lösungen)

Gerechtigkeit _____
(Bevorzugt niemanden)

Persönlichkeit _____
(kann so bleiben)

Fleiß _____
(Meistens gut vorbereitet)

Toleranz _____
(Läßt auch andere Meinungen gelten)

Humor _____
(Lacht über eigene Fehler)

Verständnis _____
(Versteht nicht nur sein Fach,
sondern auch uns)

Gesamtbeurteilung _____

_____ , den _____
Ort

(Siegel)

_____
Vorsitzer
(Dr. (prüf) L. L. LÖRNI)

_____
Beurteilter
und seine   ⇨ [   ]
Stellungnahme

Bild 7.16

1. Kontrollen: Ziele, Methoden und Phasen

Kontrollen sind notwendige Teilprozesse bei allen Lernvorgängen.

In allen Bereichen und von allen Beteiligten ist stets die Selbstkontrolle anzustreben (sie fördert eine positive Lerneinstellung).

1.1. Ziel

● Die Kontrolle hat die Aufgabe, Lernergebnisse zu erfassen, sie zu analysieren und korrektive Maßnahmen einzuleiten.
● Sie dient der Optimierung von Lernprozessen („Rückkopplung im Regelkreis").

1.2. Kontrollmethoden

● mündlich,
● schriftlich,
● praktisch.

1.3. Kontrollformen

● Spontankontrolle,
● Selbstkontrolle,
● Fremdkontrolle.

1.4. Phasen des Kontrollprozesses

1 Ziel der Kontrolle erarbeiten.

2 Kontrollplan aufstellen. Kontrollsituationen und Bewertungskriterien bestimmen.

3 Kontrollmethoden und -formen festlegen.

4 Ist-Zustand erfassen.

5 Soll-Ist-Vergleich durchführen.

6 Abweichungen analysieren.

7 Korrektive Maßnahmen einleiten.

8 Kontrollphase überprüfen.

Die Seiten 16 und 17 enthalten einige Kontrollfragen!

Vielleicht beantworten Sie diese Fragen ein weiteres Mal . . .
. . . um einen evtl. Lernerfolg festzustellen.

2. Einige Regeln und Hinweise für die Prüfungsvorbereitungen

Der Erfolg einer Prüfung ist in erster Linie von den Prüfungsvorbereitungen abhängig.

Gegen Prüfungsangst helfen zwei Dinge: Gut vorbereiten und Prüfungen üben!

2.1. Vorbereitungsplan

1 Was wird verlangt?
2 Was ist bereits bekannt?
3 Was fehlt noch?
4 Was ist wann zu lernen?
5 Was muß wann kontrolliert werden?

2.2. Die vier Teilprozesse bei der Prüfungs- vorbereitung

1 Zielsetzung
- Welche Bedeutung hat die Prüfung?
- Was wird warum verlangt?

2 Planung
- Vorbereitungs- und Zeitplan entwik- keln.
- Zwischenziele mit Zwischenkontrolle bilden.
- Pausenregelung beachten.

3 Durchführung
- Lernen und Wiederholen nach dem Vorbereitungsplan.
- Zweckmäßige Lernregeln anwenden.

4 Kontrolle
- Selbst-Tests durchführen.
- Kontrolle durch Lernpartner.
- Probeprüfungen (reale Prüfungssitua- tion).

2.3. Prüfungs-(Vorbereitungs-)Spirale

Eine inhaltliche Verdichtung der Lerninhalte in immer kürzer werdenden zeitlichen Abschnitten, jeweils unterbrochen von notwendigen Zwischen- kontrollen und zweckmäßigen Pausen.

Immer daran denken:

„EINE

HINRICHTUNG

FINDET NICHT

STATT!"

---

3. Einige Regeln und Hinweise für das Verhalten während der Prüfungen

3.1. Allgemein

1 Aufgabenstellung in Ruhe durchlesen.

2 Überblick verschaffen (Umfang, Schwierig- keitsgrad).

3 Reihenfolge der Lösung festlegen (Grobstruk- tur).

4 Zeitplan (grob) aufstellen.

5 Mit den leichtesten Aufgaben beginnen.

6 Zwischenkontrollen durchführen.

7 Sich nicht „festbeißen".

8 Zügig formulieren („roten Faden" nicht verlie- ren).

3.2. ...bei schriftlichen Arbeiten

- Aufgabenstellung und Lösungen strukturieren.
- Nicht „ausufern". Übersichtlich schreiben.

3.3. ...bei mündlichen Prüfungen

- Nicht sofort losreden, Frage überden- ken und Antwort (in Gedanken) struktu- rieren.
- Auch wenn andere gefragt werden, immer mitdenken.

3.4. ...bei praktischen Prüfungen

- Üben und nochmals üben.

8. Methoden der Lösungsfindung

8.1. Zwischen Reagieren und Denken

8.1.1. Die Wippe, ein Beispiel

■ Der Psychologieprofessor Székely erschien zu einer seiner Vorlesungen mit folgenden Utensilien:
- einer Kerze,
- einem Holzbrett, dünn (150 mm × 500 mm),
- einer Dreikantleiste, 200 mm lang,
- einer Schachtel mit Zündhölzern.

Er begann seine Vorlesung mit einer **Aufgabenstellung:**

> „Mit der Dreikantleiste und dem Holzbrett ist ein Waagebalken (Wippe) aufzubauen, auf dessen einer Seite die Kerze gestellt werden kann. Diese Anordnung soll dabei in Gleichgewichtsstellung verbleiben. Der Aufbau ist nunmehr so zu erweitern, daß der Waagebalken nach einigen Minuten von selbst nach links unten kippt."

Unsere Aufforderung an Sie:

> ● Lesen Sie jetzt nochmal die Hinweise in dem blau umrandeten Feld.
> ● Überlegen Sie sich einige Lösungen und skizzieren oder beschreiben Sie diese in der eingerahmten Freifläche.
> ● Notieren Sie den Ablauf Ihres Vorgehens und vergleichen Sie anschließend Ihre Niederschrift mit unserem Vorschlag auf der nächsten Seite.

Und wenn Sie bisher noch keine oder nur eine Lösung erarbeitet haben, dann:

> ● Fragen Sie sich, warum diese Aufgabe für Sie zum Problem wurde ... und fangen Sie – nach einer kurzen Pause – nochmal an.
> ● Entwickeln Sie aus Ihrer ersten Lösung neue Lösungsvarianten.

MEINE VORSCHLÄGE:

?

Und noch ein Vorschlag:

> • Stellen Sie Modelle her, oder besorgen Sie sich die gleichen Utensilien.
> • Fordern Sie Mitschüler, Kollegen oder die Gäste Ihrer Geburtstagsparty zu diesem Spielchen heraus.
> • Notieren Sie hierbei deren Vorgehensweise und vergleichen Sie diese mit Ihren Lösungen.

■ Professor Szèkelys Studenten waren auch nicht denkfaul. Nach kurzer Anlaufzeit kamen die ersten **Lösungsvorschläge.** Zwei Beispiele wollen wir Ihnen vorstellen, Bild 8.1. (Weitere Hinweise und Anregungen hierzu finden Sie im Buch von Leitner, S. [←].) Bestimmt haben Sie andere Lösungen gefunden. Daran ersehen Sie die große Vielfalt von Lösungsmöglichkeiten zu einer Problemstellung.

■ **Sie haben keine Lösung gefunden?**
Vielleicht finden Sie einige Gründe dafür, wenn Sie mit Aufmerksamkeit die nächsten Seiten lesen.

8.1.2. Methodisch vorgehen, aber wie?

■ **Wie gingen wir bisher vor?**
Trat ein Problem auf, so waren Intuition (←) und Erfahrung die maßgebenden Helfer beim Finden von Lösungen.
Sie kennen gewiß jene scherzhaft gemeinten Rechnungen:

• Arbeit	5,— DM	
Gewußt, wo	45,— DM	
Summe	50,— DM	
• Nachts aufgewacht und über den Fall nachgedacht:		
	500,— DM	

Damit wird sichtbar, daß es beim Lösen von Problemen – jenseits von Nachschlagewerk und Betriebsanleitung – Vorgänge gibt, die sich nicht ohne weiteres nennen lassen, wie hier „Know-how" (←) und „Inspiration" (←).
Feste Gewohnheiten („... das haben wir immer so gemacht..."), das Warten auf Ideen („... dazu wird mir schon etwas einfallen...") und das Sichverschließen vor neuen Ideen („... was soll dabei schon herauskommen?") sind weitere negative Merkmale.

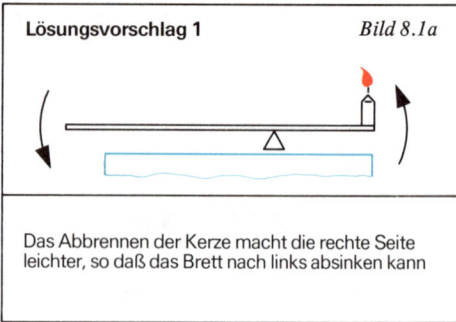

Lösungsvorschlag 1   *Bild 8.1a*

Das Abbrennen der Kerze macht die rechte Seite leichter, so daß das Brett nach links absinken kann

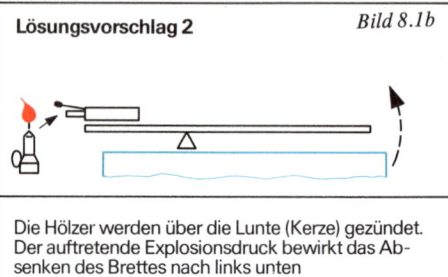

Lösungsvorschlag 2   *Bild 8.1b*

Die Hölzer werden über die Lunte (Kerze) gezündet. Der auftretende Explosionsdruck bewirkt das Absenken des Brettes nach links unten

■ **Warum muß sich etwas ändern?**
• Die Probleme (und damit auch der Lernprozeß) bewegen sich immer mehr in Richtung größerer Vielgliedrigkeit (Komplexität) und Vielartigkeit (Kompliziertheit): Sie sind deshalb schwieriger zu lösen.
• Voreingenommenheit, Hemmungen, stereotype Denkansätze und Gedankenführungen engen Lösungsmöglichkeiten ein: Der richtige Weg wird nicht erkannt.
• Die notwendigen Einfälle kommen oft nicht zur rechten Zeit: Intuition läßt sich nicht erzwingen.
• Das einfache Addieren vorhandener Kenntnisse und Fertigkeiten reicht oft nicht aus, schwierige Probleme zu lösen.

■ **Was benötigen wir denn?**
Wir benötigen also mehr als nur Erfahrung und Intuition.
Wir benötigen **methodische Vorgehensweisen,** die sich der Intuition und der vielfältigen Erfahrungen bedienen:
Vorgehensweisen, die die Fantasie, das Vorstellungsvermögen, das sachbezogene Interesse und das Streben nach dem Neuen bei dem einzelnen „Problemlöser" wachrufen und diese Faktoren bei der Problemlösung nutzbringend mit einbeziehen.

Vorgehensweisen, die systematisch und mit geringem Aufwand die gesteckten Ziele erreichen lassen. Wir benötigen also zweckmäßige Lösungsmethoden und eine entsprechende Problemlösefähigkeit des einzelnen.

Bevor Sie weiterlesen, sollten Sie nochmals zu Abschnitt 3.4.2 zurückblättern, um dort die Grundgedanken über die Problemlösefähigkeit aufzunehmen.

■ **Was ist beim Problemlösen zu beachten?**
(Wo sind Hinweise darüber zu finden?)
Sie finden:
1. die **lernpsychologischen Erfahrungen** und Gesetzmäßigkeiten (über das gesamte Buch verteilt)
2. die Anregungen dazu, wie die allgemeinen und speziellen **Regeln für produktives Denken** zu befolgen sind, vor allem in Abschnitt 8.2.
3. Hinweise über **flexibles Denken** und eine **offene Haltung** in Abschnitt 8.4.
4. das **strukturgerechte, schrittweise Vorgehen** in Abschnitt 8.5.
5. Angaben über geeignete **Methoden** und deren Anwendung in Abschnitt 8.6.

■ **Wie sieht nun das methodische Vorgehen aus?**
Hinsichtlich eines methodischen Vorgehens sind beim Lösen eines Problems oder Finden von Lösungen folgende **Phasen** erkennbar:

- Zwangslage, Unbehagen empfinden
  (**Konfrontation** mit dem Problem)
- Relevant erscheinende Informationen sammeln
  (**Information** zum Abbau der Konfrontation)

- Wesenskern erkennen und Problem strukturieren
  (**Definition** der geklärten Aufgabe/Teilaufgabe)
- Lösungen suchen/finden, ordnen und kombinieren
  (**Kreation** zum Erreichen einer Lösungsvielfalt)
- Lösungen auswählen und bewerten
  (**Beurteilung** und **Kontrolle**)
- Realisation herbeiführen
  (**Entscheidung** für günstigste Lösung)

Diese Phasen im Problemlöseprozeß sind durch unterschiedlich betonte und wechselseitig wirkende kreative und korrektive Anteile gekennzeichnet. Sie werden je nach Komplexität des Problems mehrfach wiederholend (iterativ (← B)) durchlaufen. **Wichtigstes Merkmal** dabei ist jedoch:

Die kritischen Phasen sind zeitlich möglichst von den mehr kreativen zu trennen.

■ **...und dazu einige Grundregeln:**
Bei allen Ihren Problemlösungen sollten Sie grundsätzlich nachstehende Regeln beachten! Der **Erkenntnisweg** vollzieht sich zunächst vom
● Einfachen zum Zusammengesetzten,
● Konkreten zum Abstrakten,
● Allgemeinen zum Besonderen,
● Bekannten zum Unbekannten,
● Naheliegendem zum Weiterentfernten.
Sind Sie bereits ein großer „Problemlöser", dann sind umgekehrte Wege genauso möglich.

8.2. Grundlagen einer Lösungsfindung

Aus den bisherigen Ausführungen ist deutlich zu erkennen, daß auch das systematische Problemlösen **mehrstufig** erfolgt und die Teilprozesse eines konstruktiven Lernens „Ziele setzen, Planen, Durchführen und Kontrollieren" hier ebenfalls Gültigkeit besitzen.

8.2.1. Stufen der Lösungsfindung

Bereits in Abschnitt 4.1.2 (Bild 4.1 ←) wird der Ablauf beim Problemlösen beschrieben. Gehen wir darüber hinaus und vergleichen ihn mit den Phasen des Problemlöseprozesses in Abschnitt 8.1.2, so lassen

Ein guter Einfall ist wie ein Hahn am Morgen. Gleich krähen andere Hähne mit.
KARL·HEINR. WAGGERL

?

8	Mehrstufenplan der Lösungsfindung	?
Lfd. Nr.	Stufe/Phase	
1	Probleme entdecken, erkennen und beurteilen	
2	Strukturen und Funktionen erkennen und analysieren	
3	Ideen suchen und Vorstellungen erweitern	
4	Lösungen suchen und entwickeln	
5	Lösungsalternativen und Analogien bilden	
6	Lösungen begründen, bewerten und auswählen	
7	Lösungen kontrollieren, kritisieren und verbessern	

Bild 8.2

sich die Stufen einer Lösungsfindung nennen (Mehrstufenplan, Bild 8.2).

Die in den Stufen zu nutzenden **Methoden,** zu beachtenden Regeln und Voraussetzungen werden in den nachfolgenden Abschnitten detailliert dargestellt. Eine **Zuordnung** von Methoden zu den einzelnen Stufen der Lösungsfindung entnehmen Sie Abschnitt 8.6, Bild 8.10.

8.2.2. Regeln, Hinweise und Voraussetzungen

 Grundvoraussetzungen

● Beobachten Sie stets Ihre Umgebung. Gehen Sie mit offenen Augen durch das Leben.
● Stellen Sie sich und auch anderen Fragen.
● Denken Sie auch in Grenzanwendungen und Extremen.
● Schaffen Sie für das problemlösende Denken Voraussetzungen, wie sie durch die Begriffe: Aufgeschlossenheit, Motivation und Spontaneität charakterisiert sind.
● Vermeiden Sie Gewohnheitsbremsen, aber auch Faktoren, wie Mißtrauen, Furcht vor Fehlern und Angst, bei anderen dumm oder lächerlich zu wirken.
● Überdenken Sie auch Ihr Verhalten, das oft geprägt ist, vom persönlichen Ehrgeiz, von Wünschen und persönlichem Prestige.

● Fördern Sie die freie Entfaltung des Gedankenspiels, die Atmosphäre des Vorwärtsstürmens und der gegenseitigen Anregung.
● Wählen Sie bestimmte Tageszeiten für das Bearbeiten besonders schwieriger Probleme. Beachten Sie dabei den persönlichen Tagesrhythmus (←).
● Teilen Sie Ihre Arbeit in 45-Minuten-Abschnitte ein.

 Zielsetzen

● Analysieren und strukturieren Sie das Problem. Versuchen Sie den Aufbau, die Zusammenhänge und die Auswirkungen dieses Problems zu erkennen. Gliedern Sie das Hauptproblem in Teilprobleme auf.
● Lassen Sie sich durch bestimmte Problemsituationen reizen.
● Vergewissern Sie sich, ob Sie das Problem wirklich erkannt und richtig strukturiert haben.
● Erarbeiten Sie aus der Problemstellung die entsprechenden Zielsetzungen.
● Bilden Sie Teilziele, und setzen Sie sich Zwischenziele.
● Erarbeiten Sie sich einen Katalog von Fragen aus den Zielsetzungen.

 Planen

● Planen Sie das inhaltliche und zeitliche Vorgehen.
● Legen Sie dabei keine zu strengen Vorschriften fest.

Überlegen Sie, inwieweit bei der Lösung des Problems verschiedene Methoden gleichzeitig, gekoppelt oder abwechselnd verwendet werden können.

Planen Sie das Vorgehen so, daß sämtliche Lösungsideen für eine Auswahl offen sind.

 Durchführen

● Wechseln Sie ab zwischen produktiver und kritischer Tätigkeit.
● Sammeln Sie Ideen vielfältiger Art (Ideenspeicher, Abschnitt 8.8 ←) und speichern Sie diese wiederauffindbar.
● Sammeln Sie Erfahrungen aus häufig vorkommenden Fehlern und erfolgreichen Lösungen anderer.
● Erweitern Sie ständig Ihren Wissensstand auch in Richtung bekannter Lösungen.
● Üben Sie problemlösendes Denken regelmäßig an kleinen Beispielen.
● Untersuchen Sie die Problemstellung und stellen Sie die Funktion der möglichen Lösungen dar.
● Benutzen Sie vor allem optische Darstellungen.
● Leiten Sie aus jeder Antwort weitere Fragen ab.
● Unterlassen Sie kritische Bemerkungen (als Bewerten oder Kritisieren) bei der Suche von Alternativen und Varianten, um die Dynamik des Vorgehens aufrechtzuerhalten.
● Denken Sie daran, daß es mit Sicherheit immer eine Vielzahl von Möglichkeiten geben kann, um eine gewünschte Funktion zu erreichen.
● Notieren Sie auch Irrwege, Umwege und Sackgassen.
● Mißtrauen Sie Ihren Lösungen.
● Überprüfen Sie nicht nur die gefundenen Informationen, sondern auch die Quellen.
● Legen Sie einige Tage Pause ein, wenn Sie trotz vieler Bemühungen keine Lösung finden.

 Kontrollieren

● Geben Sie sich nicht einfach mit der gefundenen Lösung zufrieden.
● Kontrollieren Sie nochmals alle Bedingungen und Voraussetzungen. (Ist das Ganze wirklich im Sinne der Zielsetzung und Anforderungen durchführbar? Oder: Gibt es nicht doch bessere Möglichkeiten?)
● Ermitteln Sie mögliche Abweichungen und korrigieren Sie evtl. Ihr Vorgehen.

■ Bevor Sie so richtig einsteigen, sollten sie LÖRNIS interessanten Vorschlag lesen und überdenken.

LÖRNIS Methode des systematischen Auseinandernehmens einer nach den Regeln der Vernunft aufgebauten Vorgehensweise:
● Stelle die Probleme fest und suche die Ursache für Abweichungen.
● Sammle Argumente für Deine Lieblingstheorie.
● Entwickle eine Lösung für diese Lieblingstheorie.
● Erarbeite überzeugende Unterlagen darüber, daß Du die vollständige Klärung des Problems kennst.
● Baue einen widerstandsfähigen Schutzwall gegen andere Erklärungen.
● Bekämpfe Kritiker und Zweifler.
● Sei stolz auf die Urheberschaft Deiner Theorie.
● Verteidige Deine Idee bis aufs Messer, errichte Barrikaden.
● Sammle Freunde, die mit Dir gern die Ideen möglicher Gegner bekämpfen.

Vergessen Sie aber nicht:

Alle Denker, „Lerner" und Problemlöser sind gleichberechtigt.

8.2.3. Einige Bemerkungen zur Anwendung der verschiedenen Lösungsmethoden

Bevor wir uns mit der Beschreibung und Vorgehensweise einzelner Lösungsmethoden beschäftigen, sollten Sie – gedanklich – folgendes berücksichtigen:
● **Unterschiedliche Probleme und Zielsetzungen** (Aufgabenstellungen) **erfordern verschiedene Lösungsmethoden.**
In den Abschnitten 8.3 bis 8.6 werden aus der Fülle von mehr als 600 Lösungsmethoden einige wesentliche herausgegriffen und dargestellt. Daran anschließend wird der Versuch unternommen, diese Methoden bestimmten Stufen/Zielsetzungen zuzuordnen (Abschnitt 8.6).
Abschließend ein Hinweis und eine Aufforderung:

?

● **Jede Methode hat ihre Anwendungsgrenzen!**

● **Auch Sie können neue Methoden entwickeln oder bekannte weiterentwickeln!**

8.3. Methoden des Problemerkennens und der Informationsgewinnung

8.3.1. Methode des gezielten Fragens (Fragenkataloge)

Fragestellungen regen Lern- und Denkprozesse an, fördern eine selbstkritische Einstellung, geben Anstöße für neue Problemlösungen und verhelfen damit zu einer sachbezogenen Motivation. Das Beantworten selbstgestellter Fragen ist eine wichtige Lösungshilfe sowohl beim schrittweisen, systematischen Vorgehen als auch beim intuitiven Ideensuchen.

Bei oft wiederkehrenden ähnlichen Problemstellungen hat sich das Entwickeln und Aufstellen von Fragenkatalogen und Merkmalslisten bewährt.

Entscheidend ist eine offene und nie ermüdende Fragehaltung, die durch W-Fragen (Warum, Wie, Wozu, Womit, ...) besonders gefördert wird.

Beispiele dazu:
– Schlüsselfragen, Bild 5.27
– Fragenkatalog, Abschnitt 4.2
– Billardsystem, Bild 6.8
– Lösungsfragen im Mehrstufenplan, Bild 6.14

8.3.2. Fragenbogentechnik

■ Ein Fragebogen verfolgt vorwiegend den Hauptzweck, Informationen zu gewinnen.

Erarbeitung, Einsatz und Auswertung eines Fragebogens sollte in nachstehender Reihenfolge durchgeführt werden.
– Zielsetzung festlegen.
– Problem-, Aufgabenstellung beschreiben.
– Fragenkomplex erfassen und in Testfragen umformen.
– Vortests durchführen (kritische Überprüfung).
– Korrektive Maßnahmen einarbeiten.
– Haupttest (Fragebogenaktion).
– Auswertung und Interpretation der gesammelten Informationen vornehmen.

■ Beim **Zusammenstellen der Fragen** sind je nach Zielsetzung zwischen
● Tatsachen- oder Faktenfragen,
● Verhaltensfragen,
● Einstellungsfragen und
● Meinungsfragen
zu unterscheiden. Eine weitere sinnvolle Aufgliederung nach
● Einleitungsfragen,

● Pufferfragen (zur Überleitung in andere Themenbereiche),
● Übergangsfragen (zur Spezifizierung der thematischen Richtung) und
● Filterfragen (Befragte nach Merkmalsgruppen trennen) schaffen Ihnen eine günstige Voraussetzung für die Auswertung.

8.3.3. Methode des kritischen Zweifelns und des Verneinens

In Abschnitt 3.8 wird ausführlich auf die Bedeutung und die Notwendigkeit einer kritischen Einstellung beim Lösen von Problemen hingewiesen.

■ **Warum muß es sein?**
Warum muß es so sein?
... und wenn es umgekehrt ist? Was geschieht dann?
Vorhandene Lösungen werden bewußt kritisiert, also in Frage gestellt.

Aussagen, Ergebnisse und Abläufe werden absichtlich umgestellt, sie werden verneint oder in das Gegenteil gekehrt.

Dieses „Infragestellen", Umkehren und Verneinen öffnet „Blickfeld und Denkspielraum", bringt neue oder variierte Lösungsmöglichkeiten und fördert die selbstkritische Einstellung.

Wichtig ist hierbei, daß der Fragesteller nicht bei dem Verneinen verharrt, sondern nach dem Prinzip der Umkehr im Sinne einer Neukonzeption abgewandelte und/oder neue Merkmale, Lösungen und Anwendungen ableitet.

8.3.4. Delphi-Methode

Experten oder Expertengruppen werden mehrfach hintereinander zu bestimmten Problemkreisen befragt. Hierbei werden zu einem konkreten Thema ebenso konkrete Fragen gestellt. Durch zwischenzeitliches Rückmelden der Teilergebnisse wird eine relativ hohe Aussagenverdichtung und Informationsverarbeitung erreicht.

8.3.5. Trendanalysen

Diese Methode baut auf der Überlegung auf, daß sich eine Entwicklungsbewegung evolutionär fortsetzt. So zeigen z.B. viele technische und wirtschaftliche Größen (Geschwindigkeiten, Wirkungsgrade, Einkommenverteilungen, ...) einen bestimmten Verlauf.

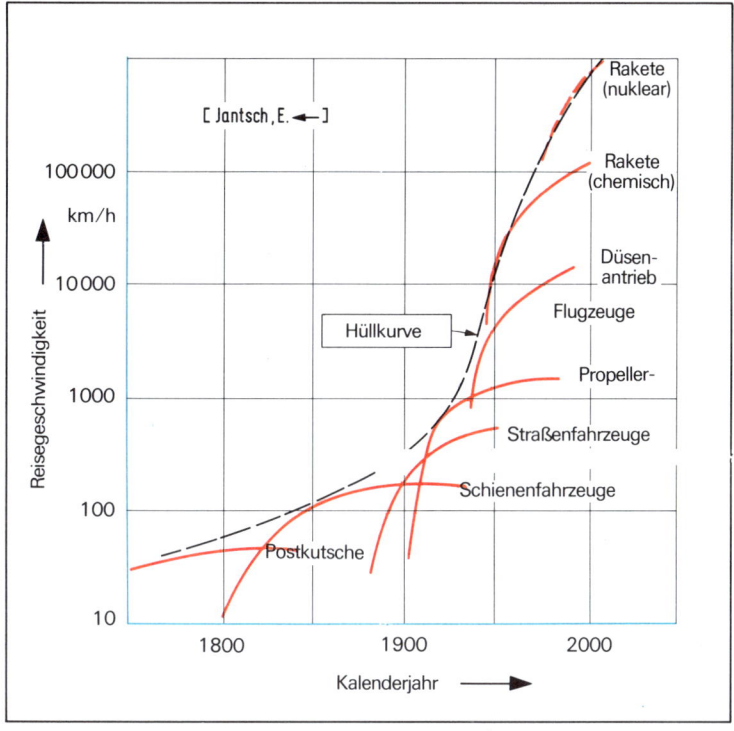

Bild 8.3

Graph labels:
- Rakete (nuklear)
- Rakete (chemisch)
- Düsenantrieb
- Flugzeuge
- Propeller-
- Straßenfahrzeuge
- Schienenfahrzeuge
- Postkutsche
- Hüllkurve
- [Jantsch, E. ←]
- Reisegeschwindigkeit (y-axis): 100 000 / km/h / 10 000 / 1000 / 100 / 10
- Kalenderjahr (x-axis): 1800 / 1900 / 2000

Bleiben die gestellten Anforderungen bestehen, so ist man in der Lage, diesen Verlauf auch für die Zukunft zu unterstellen (Bild 8.3). Man spricht von Trendstudien, Marktanalysen, ..., die eine Extrapolation als Prognoseansatz benutzen.

Stets bleibt hierbei zu prüfen, ob ein weit in die Zukunft fortgeführter Trend an eine physikalische (Temperaturnullpunkt, Lichtgeschwindigkeit, ...), technische (Werkstoffgrenzdaten, ...), wirtschaftliche (Produktionskapazität, ...) Grenze stößt oder ob sich der in das System einbezogene Mensch mit seinen natürlichen Fähigkeiten (Belastbarkeit, ...) als natürliche Grenze erweist.

Das Ermitteln von Trends ist auch mit Hilfe der Fragebogentechnik und der Delphi-Methode möglich.

8.3.6. Anforderungs- und Kriterienliste

In diesen Listen werden die zu einem Problem gesammelten Informationen zusammengestellt, wobei die ordnenden Gesichtspunkte insbesondere von der Zielsetzung und der Aufgabenstellung abhängen. **Beispiele** für diese Formen finden Sie:

● in Abschnitt 6.2.2 „Anforderung an eine Fachveranstaltung" (also: Anforderungsliste) und

● in Abschnitt 7.2.2 „Erarbeiten von Bewertungskriterien" (also: Kriterienliste).

Solche Anforderungen lassen sich grundlegend in Forderungen (unbedingt zu erfüllen) und Wünsche unterscheiden. Während die Forderungen in der Kriterienliste mit einer **Ja-/Nein-Entscheidung** (Auswahlverfahren) eingehen, lassen sich Wünsche und sonstige allgemeine Bedingungen über eine **Punktbewertung** (Bewertungsmethoden) einarbeiten.

8.4.   Methoden der „Blitzideen"

8.4.1.   Brainstorming

Diese von Osborn (←) vorgestellte Methode der „Gehirnstürme" ist eine einfache Problemlöse-Methode, um möglichst viele Lösungsideen zu einem vorab beschriebenen Problem zu gewinnen.

■ Nun, was spielt sich denn hierbei so ab?
Sie kommen mit Ihrer Aufgabe nicht mehr weiter. Es fehlen die richtigen Einfälle, also Ideen.
Bevor Sie aufgeben, sollten Sie einmal folgenden Weg erproben:
Suchen Sie mit ein paar Freunden einen ideenanregenden Ort auf, nennen Sie Ihr Problem und lassen Sie die Blitzideen nur so sprudeln.
Halt!
Zuerst sind **fünf wichtige Aspekte** zu beachten:
1. Kritik ist in den Ideenfindungsphasen vollkommen untersagt; Kritik findet später statt.
2. Gedanken sind frei und ungehemmt zu äußern; auch sinnlos erscheinende Ideen sind willkommen.
3. Ideen anderer sind aufzugreifen und weiterzuspinnen – sogenannte „Rucksackideen".
4. Lösungsvielfalt zur Problemstellung ist anzustreben.
5. Ein Bewerten während der Sitzungen ist zu unterlassen.
Ein jedes Gruppenmitglied redet also seine Einfälle spontan daher; der eine oder andere fühlt sich sogar zu weiteren Vorschlägen herausgefordert. Er ergänzt und entwickelt neue Varianten...
... und das Großartige dabei ist, daß kein Teilnehmer der Runde diese Ideenflut „killt" oder bremst.
Killerphrasen (dämpfende Einwände) wie
– Eine prima Idee... aber!
– Ähnliches probierten wir bereits.
– Geht niemals!
unterbleiben. Sonst bezahlt dieser Teilnehmer ein Bier oder schreibt seine Killerphrase auf ein extra großes Stück Papier. **Sie** protokollieren und/oder spielen (natürlich mit Einverständnis) alles aufs Band.
Nach der schöpferischen Sitzungsphase...
... erst werten Sie aus. Hilfen zum Ordnen und Systematisieren finden Sie u.a. in Abschnitt 8.5.6.

■ **Was müssen Sie bedenken?**
Anfänger sind oft von einem konsequent durchgeführten „Brainstorming" enttäuscht. Als rational denkende Menschen drängen sie, vermeintlich Unsinniges und Abwegiges sofort zu kritisieren und richtigzustellen. „Sich der Kritik zu enthalten" behindert sie, und diese Enthaltsamkeit hinterläßt bei

ihnen ein Gefühl der Unzufriedenheit.
Weiterhin wird oft die Problemstellung hinsichtlich ihrer Sinnfälligkeit diskutiert, die Lösungssuche ständig unterbrochen und die Sitzungen zu Problemerörterungen umfunktioniert: Sie halten damit den Regeln des „Brainstormens" nicht stand.
Aus diesen Überlegungen entstanden einige Variationen, die die genannten Mängel teilweise vermeiden.

8.4.2.   Reizwortmethode – schöpferische Konfrontation

Das intuitive Hervorbringen von Lösungsideen wird bei dieser Methode durch die **Konfrontation** mit Bedeutungsinhalten (Worten und Bildern) stimuliert, die scheinbar keinen Zusammenhang zu der Problemstellung aufweisen. Das Prinzip läßt sich an einem Beispiel verdeutlichen:

Problem: Ein verbesserter Kugelschreiber ist zu entwickeln
Zusammenhangloses Reizwort: **Weinglas**
Im **Reizwort** enthaltene Lösungskeime sind:
1 durchsichtig
2 Flüssigkeitsbehälter
3 griffig
4 zerbrechlich
5 ...
Erkennbare und ableitbare **Lösungsansätze**
aus 1: Kugelschreiber mit sichtbarer Funktionskontrolle (Füllstandsanzeige), Werbefläche, ...
aus 2: Fest als Gegensatz zu flüssig – Feststoffschreiber, ...
aus 3: ergonomisch gestalten, ...
aus 4: lageunabhängige Füllung, robuster „Baustift", ...

Diese Analyse des Reizgegenstandes mit seinen Merkmalen und das Entwickeln von Lösungsideen daraus sind ein Denkprozeß, der sich in kürzester Zeit vollzieht. Derartige Anregungen sind u.a. aber auch aus Bildmappen, Fahrten durch die Landschaft oder Filmen möglich. Entscheidend ist hierbei, daß nach dem Vertrautmachen mit dem Problem dieses Vertraute verfremdet wird, in dem **Analogien** und **Vergleiche** zu bewußt anderen Sachgebieten gebildet werden.
Die bekannteste Methode, die „Synektik" (Gor-

don ←), stellt jedoch in ihrem Ablauf der stufenweisen Analogienbildung besonders hohe Anforderungen an die Ausbildung und Zusammensetzung der Gruppe und erfordert einen großen Aufwand.

8.4.3. Methode „635"

Ein abgewandeltes Brainstorming ist die stärker formalisierte „**Methode 635**" (Rohrbach ←). Jeder der 6 Teilnehmer einer Kreativitätsgruppe erhält ein Formblatt, auf das er 3 Lösungsideen zum Problem einträgt oder skizziert. Nach etwa 5 Minuten gibt er sein Formblatt an den links oder rechts von ihm Sitzenden weiter. Dieser Vorgang „Ideen aufschreiben oder skizzieren und dem Nachbarn zur Assoziation weiterreichen" wird so oft wiederholt, bis jeder Teilnehmer sein Ausgangsblatt zurückerhält.

Beispiel zum Problem: „**Warum werden Weiterbildungsveranstaltungen so schlecht besucht?**"

Person 1
Antworten
a) Alle Mitarbeiter zu den Themen befragen.
b) Bessere Vorweginformationen bieten.
c) Teilnehmerkreis begrenzen.

Person 2 (anschließend)
Antworten
a) Teilnehmer während der Kurse zur Mitarbeit auffordern.
b) Gute räumliche Umgebung schaffen.
c) Der Referent soll gelockert und zielsicher vortragen.

Wesentliches Element dieser Methode 635 ist die **gegenseitige Assoziation.** Der vorgeschriebene Rotationsrhythmus setzt jedoch die Teilnehmer unter Zeitdruck. So wiederholen sie früher beschriebene Ideen und entwickeln nicht – wie gewünscht – assoziativ weiter. Ein wesentlicher Vorteil liegt in dem dokumentierten Erfassen der Ideen.

8.5.4. Die Galeriemethode

Die Erfahrungen mit den anderen Problemlösemethoden führte zu der Galeriemethode (Hellfritz ←). Durch die Vorgehensweise bedingt, unterscheidet sie Phasen der Einzel- und Gruppenarbeit, wobei sie vorrangig das „visuelle" Überlegen fordert.

■ **Wie werden die Ideen gewonnen?**
Nach dem Klären der Aufgabenstellung werden die Teilnehmer aufgefordert, auf DIN-A1-Bogen ihre Aussagen (Meinungen, Wertungen, Vorschläge,...) niederzuschreiben oder zu skizzieren. Dieser **1. Ideenbildungsphase** schließt sich in der **Assoziationsphase** ein Galerierundgang an. Die Teilnehmer lesen nun die Niederschrift der anderen und lassen sich zu abgewandelten und/oder neuen Ideen anregen. In einer anschließenden **2. Ideenbildungsphase** notieren oder skizzieren die Teilnehmer die nunmehr erkannten Ideenvarianten. Wichtigstes Merkmal dieser drei Phasen ist, daß kritische Bemerkungen unterbleiben, denn...
...die sind erst in den **Auswertephasen** vorzubringen.

■ **Was passiert in den Auswertephasen?**
Ohne großen Wortschwall ist dies am Beispiel ersichtlich. Aussagen zum **Thema** „Was kann ich beim

Thema: Was kann ich beim Lehren/Lernen verkehrt (–)/richtig (+) machen?									
Lfd. Nr. / Gedanke, Aussage ——— Teilnehmer		A	B	C	D	E	F	G	H	I
1 Überblick richtig eingegrenzt verschaffen		1				4				
2 Innere Einstellung gut, positiv		2								
3 In richtiger Umgebung		3		7						
4 Stimulans-Motivation fördern		4	5		6	7	5			7
5 Textausarbeitungen durch Gruppen		5								
6 Mit Inhalt vertraut machen		6								
7 Denkpausen einlegen		7					4			4

Erläuterung: Jeder Teilnehmer der Ideenfindungssitzung hat ein eigenes Blatt vor sich hängen. Bild 8.4 nennt die Aussagen des Teilnehmers A in der angegebenen Reihenfolge. Der Teilnehmer E machte z. B. die Aussage 1 auf seinem Blatt an 4. Stelle. In Bild 8.5 entsprechen die Zahlen der laufenden Nummer dieser Zusammenfassungen.

Bild 8.4

Thema: Was kann ich beim Lehren/Lernen verkehrt (–)/richtig (+) machen?
Auswertung der Ideenfindung nach der Galeriemethode (Auszug)

–	Ordnende Begriffe	+
7 Vorher zu wenig Gedanken gemacht 24 Stoff zu unübersichtlich 25/40 Belastung mit unwichtigem Lernstoff/Redundanz 30 Lernen ohne Umsetzen 1, 3, 6, 24, 29, 32, 42 Stoff nicht richtig ausgewählt und nicht geordnet 49 Stoff nicht richtig abgegrenzt 37 Wortwahl/Ausdrucksweise zu schwierig	Inhaltliche Vorbereitung und Durchführung am Lernziel orientieren	1 Überblick verschaffen 6 Mit Inhalt vertraut machen (27, 28) 8 Notizen machen/ Textstellen hervorheben 18 Unterschiedliches Niveau der Schüler beachten 22, 23, 26 Stoffplan/ Zusammenhänge herstellen 24 Bezug Stoff–Schüler schaffen 30 Nicht stur mit dem Inhalt beschäftigen 34 Stoffverarbeitungskatalog aufstellen 35 Konzentrierte Stoffauswahl 2, 3, 4, 5 Textausarbeitung durch Gruppen
4, 5, 9, 42 Zu oberflächlich, zu gründlich, ungünstige Lernmenge, Stoff holt zu weit aus 6, 25, 29 Aufhalten mit Unwesentlichem, unwichtiges Material, Abweichen vom Thema 10, 11 Überforderung/Unterforderung 39 Stoffmenge für Stunde zu groß 26 Konzentration ungenügend 43 Konsumhaltung des Lernenden	Neugier/ Motivation schaffen	4 Stimulanz, Motivation fördern/ schaffen 33 Mehr das „entdeckende" Lernen fördern 34 Aufstellen eines Stoffverarbeitungskatalogs 41 Alle Schüler erfassen 49 Gruppenunterricht bevorzugen
14 Zu lebensfremd (Bezug zwischen Lernstoff und Anwendung/Praxis) 38 Beispiele fehlen 30 Lernen ohne Umsetzen	Bezugspunkte/ Assoziationen schaffen	11 Bezug des Gelernten zur Praxis zeigen 24 Bezug Stoff–Schüler schaffen 27 Verknüpfung neuer–alter Lernstoff 28 Veranschaulichen des Stoffes 37 Vertiefen des Lernstoffes 41 Alle Schüler erfassen
35, 46 Bevorzugen bestimmter Gruppen und/oder Schüler 47 Ausschließlich Frontalunterricht 16 Schülerinteressen nicht berücksichtigt	Vertrauensvolle Atmosphäre schaffen	2 Innere Einstellung positiv 12 Selbstbewußtsein heben, Lernverstärker 13 Emanzipation fördern 15 Selbstwerdung der Schüler beachten 16 Schüler häufiger sprechen lassen 17 Mehr auf Ideen der Schüler eingehen

10, 11 Überforderung/Unterforderung 12 Kontrolle des Lernerfolgs fehlt, keine Bekräftigung (31, 23) 41 Fehlendes Lob bei Lernerfolgen 30 Lernen ohne Umsetzen 13, 15 Psychologischer Druck, zu doktrinär 44 Festbeißen in der Aufgabe	Erfolgserlebnisse schaffen	9 Kontrolle des Gelernten (Gruppe !) 10, 19 Bestärkung des Lernenden/ genaue Dosierung 41 Alle Schüler erfassen 49 Sachlichen Konflikt über Neugier austragen lassen (Problemlösung!)
2 Falscher Zeitpunkt der Arbeitszeit 9 Ungünstige Lernmenge/ 39 Stoffmenge zu groß 10, 11 Überforderung/Unterforderung 23 Mangelnde Wiederholung 26 Konzentration ungenügend 34 Zu große Pause 36 Zu schnelles Vortragen/Fehlende Aufgaben	Richtige Arbeits- bedingungen beachten	3 in richtiger Umgebung 7, 20, 25, 29 Pausen einlegen, Arbeitsintervalle 21 Wiederholung dem Lerntempo anpassen 43 Mehr Zeit zum eigenen Über- arbeiten haben/geben 48 Richtige Lern- und Lese- techniken verwenden

Bild 8.5

Lehren/Lernen verkehrt (–)/richtig (+) machen?" sind auszugsweise in Bild 8.4 wiedergegeben. Die Aussagen lassen sich um Oberbegriffe (ordnende Gesichtspunkte) gruppieren (Bild 8.5). Diese Darstellung ist das Ergebnis einer Gruppenarbeit mit 40 Studenten, die nach einer Stunde gemeinsamer Arbeit diese Anregungen und Hinweise aus eigener Erfahrung zusammenstellten.

■ **Was bietet die Methode dem einzelnen?**

● Nutzen Sie die Pinnwand (← 1.4.4) und heften Sie die ersten Ideen als Notizen oder Skizzen daran.
● Lassen Sie sich im weiteren visuell anregen. Das Beschäftigen mit anderen Dingen und **erneute visuelle Erfassen** bringt neue Lösungsideen/-varianten.

8.5. Methoden des Strukturierens und Systematisierens

8.5.1. Abstrahieren ... oder die Kunst, Unwesentliches wegzulassen

■ ... die Anzahl der Bücher in Ihrem Zimmer nimmt immer mehr zu. Was ist zu tun?
Eine Bücherwand muß her! (...sieht ja auch sehr schick aus!)
Man könnte in eine Möbelhandlung gehen und sich einen Satz „Bücherwand" – schön verpackt mit allen Befestigungsteilen – kaufen. Sie aber sagen: Wird selbst gemacht!... und schon geht's an die Arbeit. Als vorsichtiger Mensch machen Sie sich einige Gedanken, und schon sind Sie mittendrin. – ... Sie denken in Abmessungen (wie lang, wie dick, ...), sie denken an Belastungen und Kräften (wie schwer, ...), Sie denken an Befestigungsmöglichkeiten (wie krieg' ich das Ding an die Wand?)... Sie „entkleiden" damit das Problem von allem Unwesentlichen. Sie schaffen sich ein „Ersatzsystem": Ihr Brett wird zu einer Linie, gestützt durch die Auflegepunkte (Befestigungsprofile). Ihre Bücher werden zu einer Masse mit einem überschlägig ermittelten Gewicht. Die Wand wird auf „Tragfähigkeit" überprüft.

■ Diese **Methode der gedanklichen Abstraktion** finden wir bei vielen unseren Überlegungen:
● Ein Kran wird zum Hebel.
● Ein Fahrzeug ist nur noch Massenpunkt.
● Die Erde wird zum Globus (oder genauer zur Birne!)

■ Beim Anwenden dieser Methode müssen Sie sich bemühen,

?

– das Wesentliche herauszuarbeiten, um die Einzelheiten zu erkennen, die beim Betrachten des Ganzen verborgen bleiben.
– idealisierte Darstellungen und Vorstellungen zu wählen.
– sich von konventionellen Vorstellungen und gedanklichen Vorfixierungen zu befreien.
Eine besondere (extreme) Form des Abstrahierens finden wir in der „Black-box"-Methode.

8.5.2. „Black-box"-Methode Input/Output-Analyse

■ Die aus der Regelungstechnik bekannte „Black-box"-Darstellung ist eine zweckmäßige Betrachtungsweise, um komplexe Systeme mit zunächst unbekannter innerer Struktur grob zu strukturieren. Der Ausgangspunkt des Aufgliederns eines Systems in Untersysteme bildet die „black box", von der lediglich die Ein- und Ausgangsgrößen bekannt sind. Sie möchten z. B. „heißen Kaffee" trinken. Ihre Gedanken drehen sich dabei um
– Wasser, Kaffee, Erwärmung (Eingangsgrößen) und um
– Ihre Tasse „heißen Kaffee" (Ausgangsgröße). Mit welchem Gerät Sie zum Ziel kommen, ist uninteressant.
Ohne viel Worte können Sie diesen Vorgang wie in Bild 8.6 darstellen. Sie benutzen bei dieser Darstellung die Methode des „schwarzen Kastens" (der „black box").
Ein solches Kästchen heißt nicht deshalb „schwarzer Kasten", weil es innen meist weiß ist, ...
... sondern, weil sich der Beobachter damit begnügt, zuerst das „Außenleben" des Untersuchungsgegenstandes zu betrachten. Erst wenn man sich eine Übersicht geschaffen hat, wird er „von innen" untersucht und damit zum „weißen Kasten".
Durch stufenweises Auflösen der verschiedenen Ebenen entsteht eine Struktur, die „black box" wird geöffnet.

■ Die „Black-box"-Methode findet in vielen Bereichen **Anwendung:**
– Technik und Naturwissenschaft,
– Wirtschaftswissenschaft (Input/Output-Analyse),
– Sozial- und Politikwissenschaft,
– ...

■ Das Öffnen der „black box" stellt bereits eine **Funktionsanalyse** dar, deren Ergebnis eine Struktur (Strukturbaum) ist. Mit dieser Funktionsstruktur nehmen wir eine sinnvolle Verknüpfung von einzelnen Funktionen zu der beabsichtigten Gesamtfunktion vor.
Umgekehrt ist die Gesamtfunktion (Gesamtaufgabe) in ihren Teilfunktionen (Teilaufgaben) überschaubarer, leichter zu verstehen und eindeutiger zu bearbeiten.
Ausgangspunkt einer derartigen Betrachtung sind die Anforderungen, die von den Lösungen unbedingt bzw. wünschenswert zu erfüllen sind. Diese Anforderungen sollten Sie in Anforderungslisten (Abschnitt 8.3.5) zusammenstellen.

8.5.3. Funktionsanalyse

Eine Tätigkeit, ein Produkt oder ein Verfahren wird nach dieser Methode in seine Haupt-, Unter- und Unter-Unterfunktionen aufgegliedert. Dabei sind die letztgenannten Unterfunktionen meistens die eigentlichen Meßpunkte, die einer weiteren Untersuchung unterzogen werden. Hierbei sind je nach Zielsetzung der Untersuchung physikalische, chemische, ergonomische oder ästhetische Eigenschaften der Funktion gefragt. Derartige Analysen finden Sie im Prinzip der Warenprüfung von Testinstituten genauso wie bei einer Funktionszeitenanalyse im Arbeitsbereich.

8.5.4. Strukturbaummethode

Der Vorgang des Strukturierens wird optisch meist in einem hierarchisch gegliederten System dargestellt. **dem Strukturbaum,** Abschnitt 3.2.2 (←). Strukturen und Abläufe von Problemfeldern können durch diese grafische Darstellung übersichtlicher, eindeutiger und mit geringerem Fehleranteil gezeigt werden.
Die Strukturbaummethode finden Sie in verschiedenen Anwendungsbereichen:
● Darstellen von Abläufen in Betriebsorganisationen.
● Suchen und Finden von Lücken und Fehlern bei technischen und nichttechnischen Strukturen
● Aufstellen von Ablaufprogrammen
● ...

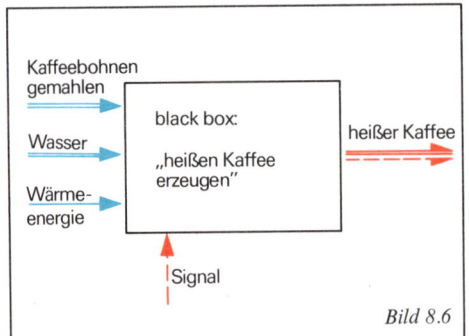

Bild 8.6

218

8.5.5. Morphologische Vorgehensweise nach Zwicky

Wir erinnern uns:

> Erfolgreiches Lernen und Arbeiten bedingen ein gezieltes und sicheres Austauschen und Verarbeiten von Informationen.

	B1	B2	B3	B4	B5	...	...	...	Bn
G1		X							
G2	X		X	X					X
G3		X		X	X				
Gn		X		X	X				X

Erklärung:

B1 bis Bn sind die Begriffe eines Gebietes als Spaltenüberschriften

G1 bis Gn sind als Zeilenüberschriften die Literaturstellen (Gegenstände)

■ Leider steigt die Informationsflut von Jahr zu Jahr. Um trotzdem relativ schnell die zur Verfügung stehende Information zu sammeln und sie damit für einen späteren Zugriff geordnet aufzubereiten, möchten wir Ihnen dafür die **Informationsmatrix** (Bild 8.7) vorschlagen. Sie können nunmehr im Sinne einer Ja-Nein-Aussage verhältnismäßig einfach festhalten, ob die Literaturstelle (G1 bis Gn) bestimmte Problembereiche (Begriffe B1 bis Bn) enthält. Damit schaffen Sie sich ein Ordnungssystem im Rahmen eines Literaturstudiums.

8	Morphologische Vorgehensweise	?
Stufe	**Bezeichnung**	**Beschreibung**
1	Definition des Problems	Detaillierte Beschreibung des vorliegenden Problems
2	Aufstellen der Parameter (ordnende Gesichtspunkte)	Genaue Bestimmung aller die Lösung des vorgegebenen Problems beeinflussenden Größen und Randbedingungen (Parameter des Problems)
3	Aufstellen des morphologischen Schemas	Einordnen aller möglichen Lösungsvarianten zu den gewählten Funktionen
4	Analyse der Lösungsmöglichkeiten	Analyse aller im morphologischen Schema enthaltenen Lösungen aufgrund vorher festgelegter Bewertungskriterien
5	Auswahl der optimalen Lösung	Wahl der optimalen Lösung, die bis zur endgültigen Realisierung weiter verfolgt wird (Verträglichkeit beachten!)

Bild 8.8

Diese Methode ist ohne weiteres auf andere Systeme übertragbar, bei denen Sie Abhängigkeiten zueinander erfassen wollen. Zu allen Funktionsstrukturen, Funktionsabläufen oder Funktionsketten (eingetragen als Zeilenüberschriften G 1 bis G n) lassen sich denkbare Lösungen (Elemente, Wirkprinzipien, physikalische Effekte, ...) erarbeiten. Wie man bei dieser Methode vorgeht, hat Zwicky – als deren Begründer – wie in Bild 8.8 dargestellt – formuliert.

Wir erkennen also, daß durch diese Vorgehensweise (Morphologie)
– das **Aufteilen des Problems** in wesentliche Teilelemente und
– die **systematische Suche von Einzellösungen** (Lösungsvarianten) unabhängig von dem zu untersuchenden Gesamtproblem angestrebt **wird.**
Ihr **Vorteil** besteht außerdem darin, daß Sie neben einem gesteigerten Einfallsreichtum der Wunsch nach „lückenloser Feldüberdeckung" anregt.

8.5.6.　Das Ordnungsschema

Um Ihnen diese Methode näherzubringen, wollen wir uns erneut dem Beispiel der Kaffeemaschine zuwenden. Wir wissen, daß in dieses Gerät Kaffeebohnen (gemahlen), Wasser und Wärmeenergie hineingetan werden und nach dem „Signal erzeugen" irgendwie „heißer Kaffee" herauskommt. Bei diesem Prozeß müssen verschiedene Teilfunktionen ablau-

fen, die in ihrer Verknüpfung zur Funktionsstruktur die Gesamtfunktion ergeben. Welche Lösungsvarianten dabei beispielsweise möglich sind, zeigt Ihnen Bild 8.9. Das Kombinieren der Teilfunktionen mit ihren Lösungsvarianten geschieht anhand von Auswahlkriterien wie Verträglichkeit, Funktionserfüllung, Verwirklichung, Kosten, ...

Allgemein läßt sich jedes Lösungsfeld durch beschreibende Merkmalsverknüpfungen in Ordnungsschemata überführen, die zum Suchen nach weiteren Lösungen in der durch die Merkmale vorgegebenen Richtungen anregen.

8.5.7.　Relevanzbaummethode

Ein einfaches Bewertungsverfahren ist die Relevanzbaummethode, bei der bei vorhandenen Strukturen/Strukturbäumen
– die aufgefächerten Einzelelemente gegeneinander gewichtet und
– verschiedene Lösungen hinsichtlich ihrer Funktionserfüllung, Kosten u. a. Bewertungskriterien gewertet werden.
Durch die Gewichtung und Bewertung erhält man Aussagen über die Bedeutung des Einzelelements in der Gesamtstruktur, Hinweise auf Stärken und Schwächen verschiedener Lösungen und damit eine Grundlage bei der Auswahl der zweckmäßigen.

8 Herstellen von heißem Kaffee				?
Funktionen	LÖSUNGSVARIANTEN			
Kaffee-wasser kochen	Heizspirale innen	Heizplatte	Chemische Reaktion, bei der kochendes Wasser anfällt	...
Kaffee filtern	Filterpapier	Porzellan porös	Elektrostatische Absonderung	...
Kaffee warmhalten	Wärmeisolierendes Material	Wärmezufuhr	Wärmehaube	...
Kaffee ausschenken	Hahn	Pumpeinrichtung	Zweitbehälter (ausgießen)	...
...	...	...	...	...

Bild 8.9.

Beispiel 1:

Wenn Sie in dem Strukturbaum „Hausbau"
(Bild 3.6) die Kosten für die Einzelelemente
eintragen, haben Sie sofort einen Überblick über
die Kostenverteilung.

Beispiel 2:

Sie wollen zweckmäßige Lösungen für das
„Herstellen von heißem Kaffee" (Bild 8.9)
auswählen. Sie wichten die einzelnen Funktionen nach ihrer Bedeutung, und anschließend
bewerten Sie die gefundenen Lösungen z. B.
nach ihrer Funktionserfüllung, Realisierbarkeit,
Kosten oder nach anderen für die Aufgabenstellung wichtigen Kriterien.

8.6. Zuordnung von Lösungsmethoden zu den verschiedenen Zielsetzungen

● Um dem Benutzer die Auswahl zweckmäßiger
Lösungsmethoden zu erleichtern, sind diese in Bild
8.10 den verschiedenen Zielsetzungen (= Stufen des
Ablaufs einer Lösungsfindung) übersichtlich zuge-
ordnet.
● Diese Übersicht ist bei weitem nicht vollständig.
Die darin enthaltene Wertung ist als „Schwerpunkt-
wertung" zu verstehen.

■ **...und vergessen Sie nicht:**
Wie für alle Lernmethoden gilt auch hierzu: Kein
sklavisches Festhalten an eine Methode, sondern ...

Wechseln Sie die Methoden.
Kombinieren Sie die Methoden zu der sinnvoll-
sten Vorgehensweise.

8.7. Der Ideenspeicher

Dieser Vorschlag soll Ihnen beim Sammeln von
Einfällen aller Art, Ansichten und Meinungen, Plänen
und Überlegungen, Beobachtungen und Beispielen
helfen.
Dieser Speicher hat jedoch nur dann seinen Sinn,
wenn Sie die gespeicherte Information wieder auffinden.

Wir empfehlen Ihnen, die **Ideenzettel** fortlaufend zu
numerieren und über ein **Stichwortregister** zu speichern (Ideenkartei).

Und...
Beginnen Sie eine neue Arbeit...
Vergessen Sie nicht, Ihre **Ideenkartei** durchzublättern.

?

Eigene Ideen (durch Lörni angeregt):

Problem A: Lösungen:

Problem B:

Zuordnen von Methoden und Stufen der Lösungsfindung

Methoden

Anwendung:
● hauptsächlich
○ hilfsweise

Zielsetzungen/Stufen

Methoden		Probleme erkennen, analysieren, formulieren	Strukturen, Funktionen erkennen, analysieren	Vorstellungen erweitern, Lösungsideen finden	Lösungen suchen, Analogien bilden	Lösungsvarianten entwickeln, kombinieren	Lösungen konkretisieren, auswählen, bewerten	Lösungen kontrollieren, kritisieren, verbessern
		1	2	3	4	5	6	7
Gezieltes Fragen	A	●	●	●	○	○	○	●
Delphi-Methode	B	●			○			
Trendanalyse	C	●						●
Zweifel, Negation	D	●	○	○	●			
Abstrahieren	E	●	●	○				
Black box	F		●	○				
Funktionsanalyse	G		●	○		○		
Strukturbaum	H		●	○				
Brainstorming	I	○		●	●	○		
Reizwortmethode	K			●	●			
Methode 635	L			●	●			
Galeriemethode	M	○	○	●	●	●		
Morphologie	N				●	●		
Ordnungsschema	O	○			○	○		
Auswahlverfahren	P	○	○				●	●
Bewertungsmethoden	Q						●	○

?

9. Begriffe, Definitionen und Literaturverzeichnis

9.1. Begriffe und Definitionen

Abstraktion Prozeß gedanklichen Herauslösens bestimmter Teilinhalte aus einem Ganzen durch Hervorheben wesentlicher und Zurückdrängen unwesentlicher Merkmale oder Eigenschaften

affektiv gefühlsmäßig, das Gemütsleben betreffend, gemütsbedingt

Aggression Angriff, Wirksamwerden des Aggressionstriebes im Menschen

Analogie Vergleiche, bei denen zwei verschiedene Sachverhalte in wesentlichen Merkmalen übereinstimmen

Analyse Zerlegen einer mehr oder weniger komplexen Ganzheit in die sie begründenden Glieder

analysieren zergliedern, zerlegen, auflösen, um Einzelheiten und Zusammenhänge sichtbar zu machen

Anfangszustand Zustand, in dem sich der Lernende zu Beginn eines Lernvorganges befindet

Antrieb Bezeichnung für die das Handeln motivierenden Impulse

Apperzeption Durch gesteigerte Aufmerksamkeit erstrebte eindeutige Auffassung eines Inhalts und Eingliedern in das vorhandene Wissen

Arbeit Jede zweckgerichtete körperliche und/oder geistige Betätigung, Umsatz von Energie

Arbeitsplan Umsetzen inhaltlicher Strukturen und Vorgänge in einen organisatorischen/zeitlichen Ablauf

Assoziierung Verknüpfen von Erlebnissen und Gedächtnisinhalten

Aufgabe Gedachtes Ziel (Zweck) unter gegebenen bestimmten Bedingungen, Lernauftrag mit einer noch zu suchenden Lösung

binäre Signale die durch 0 und 1 gekennzeichneten Zustände, aus zwei Einheiten bestehend, zweigliedrig

Code Sprachmuster, Schlüssel, nach dem Informationen verschlüsselt werden

Dendrit baumartig verästelter Nervenfortsatz, Ausläufer einer Nervenzelle

diskursiv von einem Gedankeninhalt zum anderen fortschreitend

dual in Zweizahl auftretend, eine Zweiheit bildend, wechselseitig einander entsprechend

Endzustand Zustand, den der Lernende nach einem Lernvorgang erreicht hat

Engagement Verpflichtung, Einstellung, Stellung

Ergonomie Erforschung der Leistungsmöglichkeiten und optimalen Arbeitsbedingungen des Menschen

Fantasie Vorstellungskraft, Erfindungsgabe

Flair Ahnungsvermögen, feiner Instinkt

Frustration extremes Gefühl der Enttäuschung, wenn eine erwartete Befriedigung von Bedürfnissen verhindert wird

Funktion Allgemeiner Zusammenhang zwischen Eingang und Ausgang eines Systems mit dem Ziel, eine Aufgabe zu erfüllen. Bezeichnung für unterscheidbare psychische Prozesse wie Gedächtnis-, Denkfähigkeit

Funktionsstruktur Verknüpfung von Teilfunktionen zu einer Gesamtfunktion

generalisieren verallgemeinern; aus Einzelfällen allgemeine Begriffe gewinnen

Hypothese Annahme, Voraussetzung, unbewiesene Grundlage, Vermutung

Identifikation Feststellung völliger Übereinstimmung mehrerer Begriffe oder Gegenstände

Information räumliche oder zeitliche Folge von physikalischen Signalen (sie besteht aus der materiellen Form [physikalischer Träger] und dem Inhalt [Bedeutung])

225

Input	Eingangsgröße, Eingangswerte eines Systems
Inspiration	Anregung, Einfall, plötzliche Eingebung
Intuition	Mutmaßung, plötzliche Eingebung, instinktives Erfassen
Kapazität	Aufnahmefähigkeit, Fassungsvermögen
Konditionieren	Das Verknüpfen von bestimmten Reizen mit entsprechenden Reaktionen
Konflikt	Zusammenstoß, Streitfall, Zwiespalt, Widerstreit
Konfrontation	Gegenüberstellung
Know-how	Wissen um die praktische Verwirklichung einer Sache
Kontrolle (Lern-)	Erfassen der Lernergebnisse, deren Analyse und das Einleiten korrektiver Maßnahmen. Sie dient der Optimierung von Lernprozessen
Konzentration	Anspannung, gespannte Aufmerksamkeit (geistige) Sammlung
kreatives Denken	schöpferisches, offenes Denken
Kreativität	s. a. Problemlösefähigkeit
Lernen	Verhaltensänderung durch Wahrnehmung von Umwelteindrücken
Lernvorgang	Verhaltensänderung; Gesamtheit der inneren und äußeren Handlungen, durch die der Lernende sein Verhalten verändert
Lösung	Erfüllung der Aufgabe
Matrix	Schema von irgendwie zusammengehörenden Größen
Methode	planmäßiges, folgerichtiges (systematisches) Vorgehen, um ein bestimmtes Ziel zu erreichen
Motiv	Beweggrund, Triebfeder einer Handlung
Motivation	Bestimmung des Willens durch Motive (= Bedürfnisse)
Neurit	Achsenzylinderfortsatz einer Nervenzelle
Organisation	räumlich-zeitliche Verteilung vorher bestimmter Objekte, Handlungen und Hilfsmittel
Output	Ausgangsgröße, Ausgangswert eines Systems
Planung (Lern-)	eindeutiges Bestimmen und räumlich/zeitliches Zuordnen von Inhalten, Methoden, Situationen und Kontrollen, die zum Erreichen eines vorgegebenen Lernzieles notwendig sind
Prestige	Ansehen, Geltung bei anderen
Problem	Zu lösende Aufgabe, Fragestellung
Problemlösefähigkeit	Neuproduktion von Lösungen und Arbeitsergebnissen, produktive Neuleistungen
Redundanz	Weitschweifigkeit, Vorhersagbarkeit
Rekapitulation	(zusammenfassende) Wiederholung
Reorganisation	Neugestaltung, Neuordnung (selbständige Verarbeitung und Anordnung des Gelernten aufgrund eigener Initiative)
Reproduktion	Nachbildung, Wiederholung, Wiedergabe (verfügbares Wissen reproduzieren)
Rezeptoren	reizaufnehmende Organe oder Nervenfasern
Rückkopplung (Rückmeldung)	Ergebnis, erreichtes Ziel, erreichter Ist-Zustand wird an das „lernende System" zurückgemeldet/wieder eingegeben
Stimulans	Anregungsmittel
Struktur	innere Gliederung, Aufbau, Einrichtung, Anordnung
Strukturieren (Lernen durch)	umfassendes, überschaubares Zusammenfügen von Einzelvorgängen zu größeren Einheiten. Das Gliedern und Aufteilen unübersichtlicher Vorgänge nach logischen Gesichtspunkten
Systematik	Ganzheitliche Betrachtung
Test	qualitative oder quantitative Prüfung, Wertbestimmung, Probe
Transfer	Mitübung, Übungsübertrag (Übertragen von Grundprinzipien des Gelernten auf neue Aufgaben und Sachverhalte)
Variation	Abänderung, Abwechslung, Abwandlung
Vergessen	Verdrängen und Überlagern „alter" Informationen durch „neue"
Wahrnehmung	das bewußt gewordene seelische Abbild eines körperlichen oder äußeren Vorgangs
Ziel (Lern-)	Beschreibung eines Endzustandes, in den der Lernende durch einen geplanten Lernprozeß versetzt werden soll

9.2. Lösungen der Kontrollfragen

A | **Auswahlantworten**

Beispiel 1: An welche Inhalte — meinen Sie — können Sie sich 30 Tage nach dem Lernen noch am besten erinnern?

Literaturauszüge ○
Vokabeln ○
Regeln ⊗

Beispiel 2:
Sender (z. B. Radio) und Empfänger (z. B. Hörer) von Informationen
   müssen denselben Code ⊗
   können verschiedene Codes ○
   können sowohl denselben als auch
verschiedene Codes ○
benutzen, wenn sie sich miteinander verständigen wollen. Aus dem Katalog alternativer Antworten ist lediglich diejenige zu markieren, die nach Ihrer Meinung die Frage am besten beantwortet.

B | **Richtig-Falsch-Antworten**

Beispiel 1: Informationsübertragung ist nur mit Hilfe von Zeichen (Signalen) möglich?
Richtig ⊗   Falsch ○

C | **Zuordnungsaufgaben**

Einzelne Elemente einer Menge A werden den entsprechenden Elementen der Menge B zugeordnet.

Beispiel: Informationsaufnahme eines Menschen (Aufnahmekapazität der Rezeptionsorgane)
Ordnen Sie die entsprechenden Prozentsätze der Menge B den Begriffen der Menge A zu.

Beispiel:	Menge A	Menge B
1	Hören	11%
2	Schmecken	1%
3	Sehen	83%
4	Riechen	2%
5	Tasten	3%

D | **Vervollständigungsaufgaben (Lückentest)**

Beispiel:
Sachbezogene Motivation liegt vor, wenn mit Interesse gelernt wird.
Beispiele für sachfremde Motivation sind: Prüfungsangst, Prestige, . . .

Selbstkontrolle

Sie haben den Eingangstest (Kapitel 0.5, Seite 16 und 17) durchgeführt.
Die Verfasser dieses Buches haben nebenstehende Antworten gegeben;
vergleichen Sie:

JA/Richtig: 6, 9, 11, 13, 14, 17, 18, 19, 20, 21, 24, 25, 26, 27, 28, 29, 30, 31, 34, 36, 39

NEIN/Falsch 1, 2, 3, 4, 7, 8, 10, 12, 15, 16, 23, 32, 33, 35, 37, 38

9.3. Literaturverzeichnis

Alsheimer, H.:
Studientechnik für Betriebswirte,
Gabler Verlag, Wiesbaden 1973.

Anschütz, H.:
Kybernetik, Kamprath-Reihe Taschenbuch,
Vogel-Buchverlag, Würzburg 1979.

Bangen, G.:
Die schriftliche Form germanistischer Arbeiten,
Metzler Verlag, Stuttgart 1971.

Bartmann, T.:
Denkerziehung im programmierten Unterricht,
Mainz Verlag, München 1966.

Beard, R.:
Lehren und Lernen an der Hochschule,
Schwann Verlag, Düsseldorf 1972.

Beer, K.:
Die Technik des schriftlichen wissenschaftlichen
Arbeitens.
Fränkische Verlagsanstalt, Nürnberg 1964.

Beer, U.:
Methoden der geistigen Arbeit,
Katzmann Verlag, Tübingen 1978.

Beitz, W., Pahl, G.:
Aufsatzreihe „Für die Konstruktionspraxis" Zt.
Konstruktion, Springer-Verlag, Berlin 1972, 1973,
1974.

Beyer, A.:
Schule des Denkens,
Verlag Quelle & Meyer, Leipzig 1928.

Bischoff, U., u. a.:
Schaubilder als Führungsinstrument,
Verlag moderne industrie, München 1971.

Blankertz, H.:
Theorien und Modelle der Didaktik,
Juventa, 11 A. 1980.

Bochenski, J. M.:
Die zeitgenössischen Denkmethoden,
Lehmann-Verlag, München 1971.

Bono, E. de:
Das spielerische Denken,
Scherz-Verlag, Bern 1970.

Bono, E. de:
In 15 Tagen denken lernen,
Rowohlt Verlag, Hamburg 1973.

Bono, E. de:
Laterales Denken für Führungskräfte,
Rowohlt Verlag, Reinbeck 1972.

Brauchlin, E.:
Problemlösungs- und Entscheidungsmethodik, Verlag P. Haupt, Bern und Stuttgart, 1978.

Brück, G., u. a.:
Funktionelle Bürowirtschaft,
Merkur-Lehrmittel-Verlag, Rinteln/München 1971.

Bürdek, B. E.:
Design Theorie – Methodische und systematische
Verfahren im Industrial Design,
Selbstverlag, Stuttgart 1971.

Christiansen, B.:
Plane und lebe erfolgreich,
List-Verlag, München 1954.

Clark, Ch.:
Brainstorming,
Verlag moderne industrie, München 1973.

Corell, W.:
Lernpsychologie,
Verlag L. Auer, Donauwörth 1971.

Corell, W.:
Pädagogische Verhaltenspsychologie,
Reinhardt-Verlag, München/Basel 1971.

Cube, F. von:
Was ist Kybernetik,
Schünemann-Verlag, Bremen 1970.

Cube, F. von:
Kybernetische Grundlagen des Lernens und Lehrens,
Klett-Verlag, Stuttgart 1971.

Denk, F.:
Kleine Anleitung für Erwachsene zum Umgang mit
Geschriebenem und Gedrucktem,
Habbel-Verlag, Regensburg 1946.

Diederichsen, U.:
Einführung in das wissenschaftliche Denken
Werner-Verlag, Düsseldorf 1970.

Dimnet, E.:
Die Kunst des Denkens,
Verlag J. Knecht, Frankfurt 1961.

Dohmen, G.:
Forschungstechniken für die Hochschuldidaktik,
Verlag C. H. Beck, München 1971.

Dunker, K.:
Zur Psychologie des produktiven Denkens,
Springer Verlag, Berlin/Heidelberg 1963.

Dux, W.:
Methodik und Technik der Bearbeitung und Nutzung
von Bibliographien,
Bibliographisches Institut, Leipzig 1967.

Eckstein, B.:
Hochschulprüfungen – Rückmeldung oder Repression, AHD, Hamburg 1971.

Endres, W.:
So macht Lernen Spaß,
Beltz-Verlag, Weinheim und Basel, 1981.

Engel, P., Riedmann, W.:
Die neuen Managementtechniken in Fällen,
Verlag moderne industrie, München 1971.

Esterhues, J., Rutt, T.:
Didaktik,
Schöningh-Verlag, Paderborn 1970.

Gärtner-Harnach, V.:
Angst und Leistung,
Verlag J. Beltz, Weinheim 1972.

Gellermann, S.W.:
Motivation und Leistung,
Econ-Verlag, Düsseldorf Wien 1979.

Gilbert, O.:
Arbeitsstudium und Management,
Sauer-Verlag, Heidelberg 1971.

Glaser, R.:
Programmiertes Lernen und Unterrichtstechnologie,
Cornelsen-Velhagen & Klasing, Bielefeld 1971.

Goerttler, V.:
Vom literarischen Handwerk der Wissenschaft,
Verlag P. Parey, Berlin Hamburg 1965.

Gordon, W.:
Synectics,
Harper-Row-Verlag, New York 1961.

Grandjean, E.:
Physiologische Arbeitsgestaltung,
Ott Verlag, Thun/München 1967.

Grüner, G., u. a.:
Kleines berufspädagogisches Lexikon,
W.-Bertelsmann-Verlag KG, Bielefeld 1974.

Guyer, W.:
Wie wir lernen,
Rentsch Verlag, Erlenbach-Zürich 1967.

Haseloff, O.W., Jorswiek, E.:
Psychologie des Lernens,
Verlag de Gruyter, Berlin 1970.

Hellfritz, F.:
Innovation via Galeriemethode,
Eigenverlag, Königstein/Ts 1978

Hertel, H.:
Struktur, Form, Bewegung,
Krausskopf-Verlag, Mainz 1963.

Heyde, J.E.:
Technik des wissenschaftlichen Arbeitens,
Kiepert-Verlag, Berlin 1970.

Hilgard, E.R., Bower, G.H.:
Theorien des Lernens,
Klett-Verlag, Stuttgart 1971.

Ingenkamp, K.:
Die Fragwürdigkeit der Zensurengebung,
Verlag J. Beltz, Weinheim 7. A. 1977

Ingenkamp, K.:
Der deutsche Schulleistungstest,
Verlag J. Beltz, Weinheim 1962.

Ingenkamp, K.:
Psychologische Test für Hand des Lehrers,
Verlag J. Beltz, Weinheim 1964.

Ingenkamp, K.:
Lese- und Rechtschreibeschwäche bei Schulkindern,
Verlag J. Beltz, Weinheim 1966.

Jantsch, E.:
Technological Forecasting in Perspectives
Organisation for Economic Co-operation and
Development, Paris 1967, S. 161.

Kliemann, H.:
Anleitungen zum wissenschaftlichen Arbeiten,
Verlag Rombach, Freiburg 1973.

Kluth, R.:
Einführung in die Bibliotheksbenutzung,
Verlag de Gruyter, Berlin 1971.

König, E., Riedel, H.:
Unterrichtsplanung als Konstruktion,
Verlag J. Beltz, Weinheim 1971.

Kroeber, W.:
Kunst und Technik der geistigen Arbeit,
Verlag Quelle & Meyer, Heidelberg 1971.

Kugemann, W. F.:
Kopfarbeit mit Köpfchen,
Verlag J. Pfeiffer, München 1971.

Kugemann, W. F.:
Lerntechniken für Erwachsene,
Dt. Verlagsanstalt GmbH, Stuttgart 1978.

Kutzner, O.:
Allgemeine Methodik des Studiums,
Winter-Verlag, Heidelberg 1944.

Kunze, H.:
Wissenschaftliches Arbeiten,
Akademie-Verlag, Berlin 1958.

Kunze, H. H.:
Systematisch rationalisieren,
Beuth-Vertrieb GmbH, Berlin/Köln/Frankfurt
1971.

Lambeck, A.:
Zwischen Tabu und Toleranz
(Handbuch der Pressearbeit),
Vogel-Buchverlag, Würzburg, 1981.

Lattmann, E.:
Sammeln und Ordnen – Gedächtnis-Entlastung durch
Wissenssammlung,
Bildungsverlag, Zürich 1947.

Leitner, S.:
So lernt man lernen,
Herder-Verlag, Freiburg/Basel/Wien 1972.

Mager, R. F.:
Motivation und Lernerfolg,
Verlag J. Beltz, Weinheim 1979

Mager, R. F.:
Lernziele und programmierter Unterricht,
Verlag J. Beltz, Weinheim 1971.

Marks, E.:
Der technische Bericht,
VDI-Verlag, Düsseldorf 1971.

Menzel, W.:
Theorie der Lernsysteme,
Springer-Verlag, Berlin 1970.

Mertens, P.:
Betriebswirtschaftliche Hochschuldidaktik,
Betriebswirtschaftlicher Verlag, Wiesbaden 1971.

Metzger, W.:
Stimmmung und Leistung – Die affektiven Grundlagen des Lernerfolgs,
Aschendorff-Verlag, Münster 1967.

Meyer, H. L.:
Einführung in die Curriculum-Methodologie,
Kösel-Verlag, München, 2. A. 1974

Mierke, K.:
Konzentrationsfähigkeit und Konzentrationsschwäche,
Huber-Klett-Verlag, Bern/Stuttgart 1957.

Möller, Ch.:
Technik der Lernplanung,
Verlag J. Beltz, Weinheim 5. A. 1976.

Mouton/Blake·
Instrumentiertes Lernen in Gruppen,
Kamprath-Taschenbuch,
Vogel-Buchverlag, Würzburg 1978.

Müller-Pleuss, J. H.:
Besser organisieren im Büro,
Sauer-Verlag, Heidelberg 1974.

Naef, R. D.:
Rationeller Lernen lernen,
Verlag J. Beltz, Weinheim 10 A., 1980

Nippoldt, A.:
Anleitung zum wissenschaftlichen Denken,
Verlag Müller-Albrechts, Düsseldorf 1970.

Oppen, D. von:
Lehrfreiheit und Selbstbestimmung,
Kreuz-Verlag, Stuttgart/Berlin 1969.

Pachtner, F.:
Richtig denken – richtig arbeiten,
Goldmann-Verlag, München 1953.

Pahl, G., Beitz, W.:
Aufsatzreihe „Für die Konstruktionspraxis" Zt.
Konstruktion, Springer Verlag, Berlin 1972, 1973, 1974.

Poenicke, K.:
Das wissenschaftliche Manuskript,
Langenscheidt-Verlag, München 1964.

Raphael, P.:
Nichts vergessen! Der erfolgreiche Weg zum guten Gedächtnis,
Econ-Verlag, Düsseldorf/Wien 1976.

Rehm, M.:
Das Planspiel als Bildungsmittel,
Verlag Quelle & Meyer, Heidelberg 1964.

Riechert, J.:
Schreiben, Lehren und Verstehen,
Dt. Verlag der Wissenschaften, Berlin 1959.

Roloff, H.:
Lehrbuch der Sachkatalogisierung,
Verlag Dokumentation, München-Pullach 1969.

Roth, H.:
Pädagogische Psychologie des Lehrens und Lernens,
Schroedel-Verlag, Berlin/Hannover/Darmstadt
15. A. 1976

Roth, H.:
Technik als Bildungsaufgabe der Schulen,
Schroedel-Verlag, Berlin/Hannover/Darmstadt.

Roth, H.:
Begabung und Lernen,
E. Klett Verlag, Stuttgart 1971.

Sader, M., u. a.:
Kleine Fibel zum Hochschulunterricht,
Verlag C. H. Beck, München 1970.

Saterdag, H., Apenburg, E.:
Orientierungsprobleme und Erfolgsbeeinträchtigung bei Studierenden,
Saarbrückener Studien zur Hochschulentwicklung,
Saarbrücken 1972.

Seidenspinner, G.:
Wissenschaftliches Arbeiten,
Verlag Mayer & Söhne KG, Aichbach 1976

Seiffert, H.:
Einführung in das wissenschaftliche Arbeiten,
Vieweg Verlag, Braunschweig 1972.

Sennewald, H.:
Bedürfnisse, Konflikte, Reaktionen,
Verlag Gutenberg, Melsungen.

Spandl, O. P.:
Die Organisation der wissenschaftlichen Arbeit,
Vieweg Verlag, Braunschweig 1973.

Speiser, A.:
Die mathematische Denkweise,
Rascher Verlag, Zürich 1932.

Spieler, J.:
Einführung und Anleitung zum wissenschaftlichen Denken und Arbeiten.
Lichter Verlag, Olten 1946.

230

Spindler, D.:
Hochschuldidaktik,
Verlag Studentenschaft, Bonn 1968.

Spohr, W.:
Die Geistesschulung,
Wirtschafts- und Steuerberatung, Stade 1959.

Scheele, M.:
Wissenschaftliche Dokumentation,
Verlag Dokumentation, München-Pullach 1970.

Schiefele, H.:
Programmierte Unterweisung,
Ehrenwirth-Verlag, München 1964.

Schiffler, H.:
Fragen zur Kreativität,
O.-Maier-Verlag, Ravensburg 1976.

Schneider, W.:
Die einheitliche Systematik,
Verlag für Buch- und Bibliothekswesen, Leipzig 1959.

Schnelle, K., u. a.:
Modernes Büromanagement,
Verlag moderne industrie, München 1971.

Schmidt, W.:
Lernen – aber wie?
List-Verlag, München 1966.

Schramm, W., u. a.:
Vier Fallstudien über programmierten Unterricht,
Cornelsen Verlag, Berlin.

Steinbuch, K.:
Automat und Mensch,
Springer-Verlag, Berlin/Heidelberg/New York 1965.

Steinbuch, K., Blohm, H.:
Technologische Prognosen in der Praxis,
VDI-Verlag, Düsseldorf 1972.

Stier, F.:
Zur Methodik der Arbeitsgestaltung,
Beuth-Vertrieb GmbH, Berlin/Köln/Frankfurt 1969.

Stöcker, G.:
Neuzeitliche Unterrichtsgestaltung,
Ehrenwirth-Verlag, München 1970.

Stones, E.:
Psychologie des Lernens und Lehrens,
Verlag J. Beltz, Weinheim 1972.

Tumm, G.W., u. a.:
Die Methoden der Entscheidungsfindung,
Verlag moderne industrie, München 1972.

Ullmann, G.:
Kreativität,
Verlag J. Beltz, Weinheim 1968.

Uris, A.
Die persönliche Arbeitsgestaltung des Chefs,
Verlag moderne industrie, München 1969.

Vester, F.:
Denken, Lernen, Vergessen,
Dt. Taschenbuch-Verlag, München 1975.

Vickery, B.C.:
Zur Theorie von Dokumentationssystemen,
Verlag Dokumentation, München 1970.

Weidig, E.-R.:
Die Bewertung von Schülerleistungen,
Verlag J. Beltz, Weinheim 1961.

Weitzel, R.:
Bibliographische Suchpraxis,
Poeschel-Verlag, Stuttgart 1962.

Wiedemann, F.:
Geistig mehr leisten,
Forkel-Verlag, Stuttgart 1977.

Zielinski, J.:
Pädagogische Grundlagen der Erwachsenenbildung,
DGB-Technikum, 1970.

Zielke, W.:
Leichter lernen – mehr behalten,
Verlag moderne industrie, München 1970.

Zielke, W.:
Schneller lesen – selbst trainiert,
Verlag moderne industrie, München 1970.

Zielke, W.:
Methodik geistiger Arbeit – programmiert lernen.
Verlag moderne industrie, München 1978.

Zimmermann, J.:
Die Diplom-Arbeit,
Gabler-Verlag, Wiesbaden 1975.

Zöpfel, H., u. a.:
Kleines Lexikon der Pädagogik und Didaktik,
Verlag L. Auer, Donauwörth 1970.

Zwicky, F.:
Entdecken, Erfinden, Forschen im morphologischen Weltbild,
Droemer Knaur, München 1966.

Über die Kunst der Führung
Verband für Arbeitsstudien – REFA – E. V., Darmstadt.

Dudenredaktion:
Fremdwörterbuch,
Bibliographisches Institut, Mannheim 1982

9.4.　Stichwortverzeichnis

Vogel Fachbuch
Reihe Management

Ruhleder, Rolf (Hrsg.)

Methoden

224 Seiten, ISBN 3-8023-**0672**-4

Erfolgreiches Management beginnt bei der eigenen Person. Arbeitsorganisation und Arbeitstechniken sind wichtige, jedoch meist vernachlässigte Gebiete des Managers. Alle Beiträge des ersten Kapitels helfen dabei, im eigenen Bereich diese Schwachstellen zu erkennen und abzubauen.
Ein ebenso bedeutendes Merkmal des erfolgreichen Managers ist seine Fähigkeit zur Kommunikation. Das zweite Kapitel zeigt Methoden für erfolgreiches Reden, geschickte Verhandlungen und Diskussionen.
Eine entscheidende Qualifikation einer Führungskraft ist der Umgang mit dem täglichen Streß im Berufsleben. Streßbewältigung und Selbstmanagement sind die Themen des dritten Kapitels.
Das Buch bietet zahlreiche anerkannte Methoden, Anwendungstechniken und Strategien für die tägliche Praxis.

Schlicksupp, Helmut

Ideenfindung

208 Seiten, ISBN 3-8023-**0650**-3

Methoden zur Ideenfindung sind anerkannt von grundsätzlicher Bedeutung im Unternehmen. Sie beschränken sich in der Praxis jedoch weitgehend nur auf die Instrumentarien Brainstorming und Ideenkärtchen. Die weitaus leistungsfähigeren, kreative Impulse und innovatives Denken viel stärker anregenden Methoden stehen völlig zu Unrecht noch zu sehr im Abseits. Auch diese Methoden für sich zu entdecken und zu nutzen ist ein wesentliches Anliegen des Buches.
Die vorliegende 3. Neuauflage wurde neueren Erkenntnissen folgend ergänzt und erweitert.

 **VOGEL**

Unser neues
Fachbuch-Verzeichnis
erhalten Sie kostenlos!

Vogel Buchverlag
Postfach 67 40
8700 Würzburg